U0734888

21世纪高等院校教材

四川省"十二五"普通高等教育本科规划教材

形势与政策基础教程

（第二版）

赖廷谦　龚秀勇　主编

敖天颖　郑　莉　刘松涛　副主编

四川省2014—2016高等教育人才培养质量和教学改革项目"高校思想政治理论课SSRP教学模式的探索与实践"（川教函[2014]450号）研究成果

科学出版社

北京

内 容 简 介

本书主要介绍形势与政策的基础理论和背景知识，包括国际国内形势、党和国家对内对外的方针政策、党和国家制定方针政策的理论基础与现实依据等。具体内容分为绪论、政治、经济、文化、民族宗教、台湾问题、环境保护、中国外交 8 个部分。本书旨在帮助本科和高职院校的新生准确地理解形势与政策的内涵和价值，建立正确的形势与政策分析框架，提高理论分析能力，为学习"形势与政策"课程后续内容奠定坚实的理论基础。

本书体例新颖活泼，具有很强的可读性，适合作为本科和高职院校的新生教材，也可供对时事感兴趣的人士参考。

图书在版编目（CIP）数据

形势与政策基础教程 / 赖廷谦, 龚秀勇主编. —2 版. —北京:科学出版社, 2016
21 世纪高等院校教材. 四川省"十二五"普通高等教育本科规划教材
ISBN 978-7-03-046726-3

Ⅰ. ①形… Ⅱ. ①赖… ②龚… Ⅲ. ①时事政策教育–高等学校–教材 Ⅳ.
①G641.41

中国版本图书馆 CIP 数据核字（2015）第 302386 号

责任编辑:陈 亮 王京苏 / 责任校对:马显杰
责任印制:霍 兵 / 封面设计:蓝正设计

科 学 出 版 社 出版
北京东黄城根北街 16 号
邮政编码:100717
http://www.sciencep.com

保定市中画美凯印刷有限公司 印刷
科学出版社发行 各地新华书店经销
*

2010 年 3 月第 一 版 开本:787×1092 1/16
2016 年 3 月第 二 版 印张:15
2018 年 12 月第 十 次印刷 字数:272 000

定价: 36.00元
（如有印装质量问题，我社负责调换）

前　言

　　党的十八大报告指出：世界多极化、经济全球化深入发展，文化多样化、社会信息化持续推进，科技革命孕育新突破，全球合作向多层次全方位拓展，新兴市场国家和发展中国家整体实力增强，国际力量对比朝着有利于维护世界和平方向发展，保持国际形势总体稳定具备更多有利条件。中国将继续高举和平、发展、合作、共赢的旗帜，坚定不移致力于维护世界和平、促进共同发展。

　　伟大的新中国已经奏出了 67 年的华彩篇章，特别是改革开放近 40 年来，我们取得了举世瞩目的成就！13 亿中国人民在毛泽东思想、邓小平理论、"三个代表"重要思想、科学发展观、习近平同志四个全面战略布局思想和实现中华民族伟大复兴中国梦的指导下，大步行进在建设中国特色社会主义的伟大征程上，行进在中华民族伟大复兴的伟大征程上！

　　然而，国际国内局势总是纷繁复杂的，中国的国家地位在得到空前提高的同时，也面临着一些国家严峻的挑战；中国的国力在得到空前发展的同时，也遇到了社会转型期间的众多难题。祖国的未来发展，取决于青年一代，特别是当代中国大学生的素质、能力和作为。面对迅速变化、纷繁复杂的国际国内局势，大学生该如何应对？大学生该怎样以自觉的行动与人民、党和国家保持高度一致？答案是，大学生应当切实关心和分析天下大事——形势，应当自觉学习理解并执行党和国家制定的各种因应之策——政策。

　　形势与政策的教学内容，包括不断变化的时事性内容和稳定性内容两部分。其中稳定性内容是指一个历史时期内对有关形势与政策的一些重大问题及对其发展总体趋势和规律的概括，具体包括基本理论、国际国内现状的历史由来，以及国家对内对外的大政方针等。本教材针对大学生的思想特点及他们关注的社会热点问题，着眼于引导学生学好这些具有稳定性的基本理论和基础知识，并为他们进一步学好整个"形势与政策"课程打下坚实的基础。学习本教材有助于大学生审时度势，开阔视野，把握时代脉搏，紧跟时代步伐；有助于他们正确分析认识国内外形势，提高全面理解和执行党的基本路线、方针和政策的能力；有助于青年一代坚定在中国共产党领导下、走中国特色社会主义道路的信心和决心，积极投身到改革开放和现代化建设伟大事业中去。

　　本书是成都信息工程大学本科教材建设项目研究成果（成信院教务发[2015]32 号），

以及成都信息工程大学教育教学改革项目（Y2013116）研究成果（成信院发[2013]85号）。本书的主编为赖廷谦、龚秀勇教授，副主编为敖天颖、郑莉、刘松涛教授。各章作者如下：绪论，敖天颖；第一章，周晶晶；第二章，李忠伟、丁小珊；第三章，曾利；第四章，尹吉；第五章，钟家全；第六章，郑莉；第七章，付立杰。主编和副主编负责全书的修改、统稿和定稿。

各章作者在本教材的编写过程中，参考了近年来一些专家学者的研究成果，在此特致敬意！科学出版社的有关领导和编辑为本教材的再版付出了大量的心血，在此表示衷心的感谢！

编者

2016年1月

目　　录

绪　　论

第一节　课程简介

　　"形势与政策"是一门什么样的课程？其主要目的是什么？让我们先来看看两个小故事。

　　1938年5月，在徐州会战后，由于数次大会战的失利，华北华中相对发达地带的大片国土沦丧，抗日战争形势十分严峻。面对这种形势，人们思想很混乱，许多人对于能否取得抗日战争的胜利及如何取得胜利的认识很不清楚，国内甚至出现了"再战必亡"的论调。与此同时，还有一些人幻想依靠国际外援来迅速取胜，他们认为再打三个月战争就可以结束了。在此背景下，毛泽东同志于5月26日在延安进行了题为《论持久战》的演讲，全面分析了中日战争的历史条件和双方特点，最后得出结论："中国会亡吗？答复：不会亡，最后胜利是中国的。中国能够速胜吗？答复：不能速胜，抗日战争是持久战。"[1]《论持久战》对抗战形势做出了深入思考和分析，从而科学地提出了对策思路，并成功地预见了战争的前途。

　　1993年的一天，王传福在一份国际电池行业动态简报上读到，日本宣布本土将不再生产镍镉电池，王传福立刻意识到：这将引发镍镉电池生产基地的国际大转移，自己创业的机会来了。果然，随后几年，王传福利用日本企业撤出留下的市场空隙，加之自己原先在电池行业多年的技术和基础，成功创业。现在的比亚迪集团就是这份简报的结果。

　　从以上两个故事可以看到，科学地判断形势并制定正确的政策，对于一场战争的胜负、一个民族的存亡和国家的发展至关重要；同样，对于一个人事业的兴衰和人生成败也是不可或缺的。"形势与政策"课程的基本任务，就是帮助学生开阔视野，及时了解和正确对待国内外重大时事，使学生在改革开放的环境下有坚定的立场，有分析形势和适应社会的能力，并具备一定预测时势发展的眼光。为帮助大家对"形势与政策"课程有一个

---

　　① 毛泽东. 毛泽东选集（第2卷）. 北京：人民出版社，1991：442-443.

基本的认识和了解，现从如下四个方面对其进行简要的介绍。

一、课程性质

2004 年 11 月，中共中央宣传部、教育部下发了《关于进一步加强高等学校学生形势与政策教育的通知》（教社政[2004]13 号），该通知对"形势与政策"课程的性质做出了明确规定：形势与政策教育是高等学校学生思想政治教育的重要内容。形势与政策课是高校思想政治理论课的重要组成部分，是对学生进行形势与政策教育的主渠道、主阵地，是每个学生的必修课程，在大学生思想政治教育中担负着重要使命，具有不可替代的重要作用。

形势与政策教育要高举中国特色社会主义伟大旗帜，以马克思列宁主义、毛泽东思想、邓小平理论、"三个代表"重要思想、科学发展观为指导，深入贯彻习近平总书记系列重要讲话精神，紧密结合全面建成小康社会的实际，为实现"两个一百年"奋斗目标、实现中华民族伟大复兴的中国梦，针对学生关注的热点问题和思想特点，帮助学生认清国内外形势，教育和引导学生全面准确地理解党的路线、方针和政策，坚定在中国共产党领导下走中国特色社会主义道路的信心和决心，积极投身改革开放和现代化建设伟大事业。

二、课程沿革

1987 年，国家教育委员会决定在大学生思想政治教育课程中设置"形势与政策"必修课。其实，在此之前，形势与政策的教育早已有之。

早在新中国成立初期，国家教育部在《关于华北区各高等学校 1951 年度上学期进行"辩证唯物论与历史唯物论"等课教学工作的指示》中提到："时事学习委员会"的组织仍予保持并应加强，在教务长领导下，负责计划、组织时事政策的学习，结合社会政治运动，解决学生对时事政策方面的一般思想问题。

1961 年，国家教育部公布了《改进高等学校共同政治理论课程教学的意见》，其中专门指出：形势和任务课为各专业、各年级的必修课程；主要内容是讲解国内外形势，党和国家的任务、方针、政策。

1964 年，《中共中央宣传部、高等教育部党组、教育部临时党组关于改进高等学校、中等学校政治理论课的意见》明确规定：今后高等学校共同政治理论课，除继续开设"形势与任务"课外，设置"中共党史""哲学""政治经济学"等课。"形势与任务"课的教学内容及方式：阅读和讲解当前重大政策文件、报刊的重要社论和反对现代修正主义的文章；学校党委负责同志应当经常作报告。

1987 年，国家教育委员会《关于高等学校思想教育课程建设的意见》，明确了"形势与政策"课程的名称和必修课性质，并规定："形势与政策"每学期均开设，时数根据需要由各校自行安排。该意见同时对课程的教学目的与要求做出了明确要求：帮助学生了解国内外重大时事，学习党的路线、方针、政策，全面掌握"一个中心、两个基本点"，认清形势和任务，激发爱国主义精神，增强民族自信心，珍惜安定团结的局面，为建设有中国特色的社会主义而奋发学习、健康成长。

1988 年，国家教育委员会专门颁布了《关于高等学校开设〈形势与政策〉课的实施意见》，对课程的性质和任务、教学内容、教学原则、教学安排、师资、教材和经费问题等，都做出了明确详细的规定。

1995 年，国家教育委员会颁布了《关于高校马克思主义理论课和思想品德课教学改革的若干意见》，其中提到："形势与政策"课程可以不占教学计划内学时，利用政治学习时间，采取专题或讲座的形式，集中或分散安排教学，平均每周不少于一学时，并要作为必修课列入教学计划。

1996 年，国家教育委员会再次专门颁布《关于进一步加强高等学校〈形势与政策〉课程建设的意见》，该意见要求：进一步明确"形势与政策"课程的性质和重要地位，切实重视课程建设；进一步明确思想品德课改革的目的和任务，加强"形势与政策"课程教学内容和方法的改革；进一步加强领导，规范"形势与政策"课程教学管理工作。

1998 年，中共中央宣传部、教育部印发了《关于普通高等学校"两课"课程设置的规定及其实施工作的意见》的通知，其中对"形势与政策"课程的基本内容规定如下：主要是帮助学生全面正确地认识党和国家面临的形势和任务，拥护党的路线、方针和政策，增强实现改革开放和社会主义现代化建设宏伟目标的信心和社会责任感①。

2004 年，中共中央宣传部、教育部又一次专门下发了《关于进一步加强高等学校学生形势与政策教育的通知》，突出体现了国家对"形势与政策"课程的高度重视。

2005 年，中共中央宣传部、教育部印发了《关于进一步加强和改进高等学校思想政治理论课的意见》实施方案，即大家熟悉的"05 新方案"，保持了"形势与政策"的课程性质、任务和地位。

总之，《形势与政策》课程是一门有着悠久历史的重要课程，虽几经改革，但其传播国内外形势与国家政策的任务、必修课的地位从来没有改变过，并随着时代的发展日益得到强化。

三、课程内容

根据中共中央宣传部、教育部下发的《关于进一步加强高等学校学生形势与政策教育的通知》（教社政[2004]13 号），"形势与政策"课程要着重进行党的基本理论、基本路线、基本纲领和基本经验教育；进行我国改革开放和社会主义现代化建设的形势、任务和发展成就教育；进行党和国家重大方针政策、重大活动和重大改革措施教育；进行当前国际形势与国际关系的状况、发展趋势和我国的对外政策、世界重大事件及我国政府的原则立场教育；进行马克思主义形势观、政策观教育。根据当下形势与政策课程教学中存在的一些实际情况，要不断增强形势与政策教育的针对性和实效性。

---

① 段忠桥. 建国以来普通高校马克思主义理论课和思想品德课课程设置及教学内容历史沿革资料汇编. 北京：高等教育出版社，2004.

课程主要包括以下内容。

（1）基本理论与基础知识。基本理论与基础知识包括形势、政策的基本概念和定义，科学认识分析形势的基本观点和方法，正确理解和把握政策的基础知识与方法，世界基本格局和中国基本国情的比较分析等。

（2）国际、国内形势。国际形势包括世界发展的主题，国际的经济形势、政治格局、科技发展、大国关系，国际形势的新特点和发展大趋势；国内形势包括国内的经济形势、政治形势、社会形势、思想文化状况、环保发展及突发事件演变等。

（3）国际、国内政策。认识中国现在所处的国际环境，党和政府对国际形势及世界重大问题的基本立场；中国对外交往的方针政策，处理重大国际事务的基本主张；中国的基本国策；国内经济、政治、文化和社会的发展纲领；党的路线、方针、政策的制定与实施；国家的发展战略及规划；落实政策的措施、方法等。

由于形势和政策不可能一成不变，甚至有的变化还可能较大较快，党和国家必须根据新的形势，在政策上迅速做出相应的调整，课程在显性上主要表现为不断变化的时事性内容。这些内容主要是指在形势发展中的突发性、偶然性事件，以及党和国家对现行方针政策所做的一些变更和调整。由于紧跟时事发展，"形势与政策"课程教学内容每学期都会有变化。可是，在这些变化中又有很多指导思想、背景知识、历史传承或相对稳定的政策及执政理念等，它们构成了课程的隐性教学内容。这些隐性教学内容具有稳定性，主要是指一个历史时期内对有关形势与政策的一些重大问题及对其发展总体趋势和规律的概括，具体包括基本理论、国际国内现状的历史由来，以及国家对内对外大政方针等。学生学习这些基本理论和基础知识是进一步学好"形势与政策"课程的基础，它们可以帮助学生正确运用马克思主义的基本原理去判断、认识和观察分析形势及国家、政党制定政策的依据。相对稳定的内容，我们从政治、经济、文化、民族宗教、台湾问题、环境保护和中国外交七个方面做了介绍和说明，这构成了本教程的基本框架。稳定性内容和不断变化的时事性内容是密切相关的：不断变化的时事性内容对于稳定性内容来说，既可能是其延续和发展，也可能是其调整和补充。

为介绍稳定性内容，本教程分绪论和七章内容分别予以阐述。

"绪论"，主要介绍"形势与政策"课程的各项基本知识，形势和政策的概念、特点，以及学习课程的意义和方法。该部分内容集中介绍了课程的基本理论，为学生学习各章内容奠定基础知识。

第一章"政治制度与民主进程"，主要介绍我国各项基本政治常识。该章集中阐释我国基本政治制度与民主进程，对我国国体、政体、基本政治制度及其发展历程进行了综述，并对党的历次代表大会做了简要说明，帮助学生正确认识我国的政治构架及由此产生的各项决策。

第二章"改革开放与经济发展"，主要介绍改革开放的成就和我国基本经济制度。该章梳理了改革开放近40年来我国经济体制变革的重大决策及我国经济建设发展所取得的辉煌成就。该章还对我国区域经济发展的现状、特点及趋势进行了阐释，论证了经济全球化背景下我国经济发展面临的机遇和挑战。

第三章"文化建设与科教兴国"，主要介绍我国文化制度和教育事业发展状况。该章主要涉及社会主义先进文化建设，论述了文化是国家重要的软实力及如何建设社会主义先进文化，阐明社会主义核心价值体系是先进文化的根本。文化的发展离不开教育，加强先进文化建设必须坚持科教兴国战略。

第四章"民族团结与宗教信仰"，主要介绍我国民族和宗教的现状和政策。我国是56个民族的大家庭，60多年来，党和政府坚持民族平等、团结互助，创造性地实施民族区域自治制度，使我国实现了多民族和平团结、共同发展。我国也是一个多种宗教并存的国家，实行宗教信仰自由政策。在我国，各宗教、各教派之间相互尊重和宽容，共同促进文明的发展。

第五章"台湾问题与祖国统一"，主要介绍台湾问题的历史由来及我国的对台政策。台湾自古以来就是我国的领土，台湾问题是我国内战的遗留问题，属于我国内政，其实质是国家主权问题。"和平统一、一国两制"是解决台湾问题的基本方针。在中国政府和两岸人民的努力推动下，两岸关系从隔绝、对立走向交流、对话，沿着和平稳定的方向不断前行。

第六章"科学发展与环境保护"，主要介绍当前环保问题及对策。新中国建立60多年来，发展成就举世瞩目，经济持续高速增长，但是我国的发展模式基本沿袭了工业发达国家的老路，我国脆弱的生态环境和有限的资源正在危险地支撑着有史以来最多的人口，承受着最大的发展压力。环境是人类赖以生存和发展的基础，保护环境成为我国的一项基本国策，环保成为政府和社会的共识。

第七章"国际形势与中国外交"，主要介绍当今国际政治经济格局、大国关系及我国的外交政策。当今世界的主题是和平与发展，我国基于独立自主的和平外交政策，在新时期提出了"和谐世界"的重大外交理念。在这一理念的指导下，我国的外交关系正不断在全方位多层次取得新的突破。

四、课程特点

"形势与政策"课程具有不同于其他公共基础课的显著特点。

（一）动态时效性

"形势与政策"课程紧跟党和国家事业的发展步伐，集中反映当前党和国家工作重心和社会现实问题。国际国内重大事件是某个特定时期"形势与政策"课程教学的主要内容。形势不断变化，呈现出明显的突发性、多变性和复杂性。随着形势的变化，国家的政策既具有相对稳定的一面，同时又必然随着形势变化不断进行相应的调整，从而具有鲜明的时效性。

（二）强烈现实性

"形势与政策"课程内容集中于党的现实政策，强烈关注现实社会问题，深入理解现实社会生活的变化发展。对形势的准确判断源于对现实社会生活的理解和认知，而政策本身具有强烈的现实针对性，政策是否合理有效，也必须回到现实社会实践活动中去检验，并根据现实社会生活的变化加以调整。

（三）内容广泛性

"形势与政策"课程涉及的知识十分广泛，涵盖政治、经济、文化、教育、科技、军事、外交等各个领域，涉及哲学社会科学乃至自然科学的诸多学科领域。其中，哲学、政治学、经济学、历史学、教育学、军事学、社会学的基础知识在"形势与政策"课程中被经常性地普遍运用。

第二节　形势与政策概述

一、形势概述

> 称胜者之战民也，若决积水于千仞之溪者，形也。
>
> ——《孙子兵法·军形第四》
>
> 故善战人之势，如转圆石于千仞之山者，势也。
>
> ——《孙子兵法·兵势第五》

慧眼洞察天下大势，方能运筹于帷幄之中、决胜于千里之外，对形势的正确预测和把握，是我们制定良好政策的重要前提。形势是指客观事物发展的状况和趋势，包含两层含义：一是指事物某一时期、某一阶段的现实状态，即事物的静态概念；二是指事物的发展趋势，即事物的动态概念，包括事物变化的方向、态势等。形势的现状和发展趋势、静态和动态是辩证统一的。在人类活动领域中，形势是社会各领域事物的现状和发展态势的综合反映。

形势具有以下几点基本特征。

（一）客观性

形势的内容和判断形势的标准都是客观的。一方面，形势的内容是指客观存在的社会经济、政治等领域事物的现状和发展态势，是不以人的意志为转移的客观事实。另一方面，判断形势好坏的根本标准——生产力标准，也是不以人的意志为转移的客观存在。当前，我们正走在从贫穷落后的旧中国到繁荣富强的新中国的复兴之路上，这是不以任何人、任何敌对势力意志为转移的客观事实。当然，意识能动地反映和改造物质世界，人们可以在尊重形势客观性的前提下，充分发挥人的主观能动性，利用客观规律促进形势朝着符合人们主观愿望的方向良性发展。

（二）变化性

变化时时刻刻都在发生，形势正像是一幅社会运动的复杂图像，是静态和动态的统一。古希腊哲学家赫拉克利特那句著名的箴言"人不能两次踏入同一条河流"，充分说明了变化的恒常性。我们要从形势的动态方面、形势的发展过程和趋势中去观察形势。我们身处的客观世界，每时每刻都在不断发生变化。尤其是在科学技术一日千里的今天，正处于伟大民族复兴大业中的中国，更是在发生日新月异的变化。对于变化，中国共产党有充分的认识，十八大报告中明确指出："当前，世情、国情、党情继续发生深刻变化，我们面临的发展机遇和风险挑战前所未有。"

（三）规律性

形势的规律性是指形势本质的、内在的、必然的联系。形势的规律性一方面提供了人们科学预见形势和引导形势向良性方向发展的可能性；另一方面，则要求人们在观察形势和制定政策时必须从客观形势的实际出发，努力使自己的结论观点和方针政策符合形势发展的客观规律。只有正确认识形势的规律性，才能正确发挥人的主观能动性，减少执行方针政策的盲目性，促使形势朝着人们希望的方向发展。

（四）相关性

形势的相关性即形势在时间、内容、范围等方面相互关联并相互影响的特性，其相关性可以从以下几个方面来看。从发展过程上来看，在形势的变化过程中，形势各阶段之间必然会发生各种相互关联。从内容上看，政治形势、经济形势等之间显然相互影响。从范围上看，国内形势与国际形势、省市形势与全国形势及省市之间的形势也存在明显的相关性。形势的相关性也带来了复杂性、交错性，这为我们认知和分析形势带来了困难。当今世界，随着科技的迅速发展，人与人、民族与民族、国家与国家之间，正在发生着越来越多、越来越密切的联系。相关性加强了，联系加强了，碰撞和摩擦也增多了，在碰撞和摩擦中，也更加了解和融合了。

（五）阶段性

形势既具有变化性，又具有相对稳定性。如果形势只有变化性而没有相对稳定性，那么我们就无法认知和掌握时事了。由于形势的稳定性是相对的，变化性是绝对的，因此，形势的稳定性具有一定时间范围的限制，这种相对稳定性使形势在量变过程中呈现出明显的阶段性。从哲学上讲，事物经过一定的量变之后才会发生质变，这是形势具有阶段性特点的道理所在。

那么，当今世界和中国的总形势如何呢？

2001年"9·11"事件后，各国对世界局势的发展做出了不同判断。从中国的立场看来，江泽民同志明确指出：总体和平局部战争、总体缓和局部紧张、总体稳定局部震荡是当前和今后一个时期内国际局势发展的基本态势，世界的多极化是时代进步的要求，其形成将是充满复杂斗争的漫长过程，但其发展趋势不可逆转。十八大报告明确指出："当今世界正在发生深刻复杂变化，和平与发展仍然是时代主题。世界多极化、经济全球化深入发展，文化多样化、社会信息化持续推进，科技革命孕育新突破，全球合作向多层次全方位拓展，新兴市场国家和发展中国家整体实力增强，国际力量对比朝着有利于维护世界和平方向发展，保持国际形势总体稳定具备更多有利条件。同时，世界仍然很不安宁。国际金融危机影响深远，世界经济增长不稳定不确定因素增多，全球发展不平衡加剧，霸权主义、强权政治和新干涉主义有所上升，局部动荡频繁发生，粮食安全、能源资源安全、网络安全等全球性问题更加突出。"

当前，我国社会发展形势也进入了新阶段。十八大报告明确指出："我们必须清醒认识到，我国仍处于并将长期处于社会主义初级阶段的基本国情没有变，人民日益增长的物质文化需要同落后的社会生产之间的矛盾这一社会主要矛盾没有变，我国是世界最大发展中国家的国际地位没有变。在任何情况下都要牢牢把握社会主义初级阶段这个最大国情，推进任何方面的改革发展都要牢牢立足社会主义初级阶段这个最大实际。党的基本路线是党和国家的生命线，必须坚持把以经济建设为中心同四项基本原则、改革开放这两个基本点统一于中国特色社会主义伟大实践，既不妄自菲薄，也不妄自尊大，扎扎实实夺取中国特色社会主义新胜利。"这是对我国当前的国内形势做出的总体概况。

二、政策概述

> 风声雨声读书声，声声入耳
> 家事国事天下事，事事关心
>
> ——（明）顾宪成

政策是指国家、政党等组织机构为实现某一目标而确定的行为准则。具体而言，政策是国家政权机关、政党组织和其他社会政治集团为了实现本阶级、阶层的利益与意志，权威化、标准化地规定其的奋斗目标、行动原则、工作方式和具体措施等。政策是对客观形势的反映，体现了人类努力认识规律、利用规律的主观能动性。

政策具有以下一些基本特征。

（一）阶级性和权威性

政策是国家或政党为了实现自己所代表的阶级、阶层的利益与意志而制定或颁布的权威准则。马克思主义国家理论认为，国家是阶级统治的工具。由国家所制定和执行的政策也同样具有鲜明的阶级性。拥有公共权力的统治阶级所选择和制订并施行的政策方案，一定体现出本阶级的利益和意志。由于政策具有阶级性，当某阶级成为统治阶级之后，阶级意志就上升为国家意志，而该阶级制定和实施的政策就具备了权威性。政策的权威性主要体现在政策客体方面，对其而言，政策具有强制约束力，不管其是否愿意，都必须坚决执行。权威性是保障政策有效运行的必要条件。

（二）现实性和目的性

政策的现实性源于形势的客观性特征，政策的本质是对现实形势的反映。只有符合现实形势的政策才能够引导形势的良性发展，反之则可能导致形势的恶性变化。政策在现实实践中产生，又回到现实指导实践活动，并接受客观形势的检验。任何政策都是为实现特定任务服务的，在时间、空间、人群、行业等方面都带有严格的限定，具有很强的现实性，一旦时空条件变化，政策就要随之变化。制定和执行政策的根源与根本目的，都是为了有针对性地解决现实形势中的某些问题。由于时刻为现实服务、解决现实问题，政策具有很强的目的性。

（三）稳定性和动态性

政策具有相对稳定性和阶段性特征，形势虽然瞬息万变，但政策不能变化无常。政策要有效发挥作用，必须是相对固定并延续发展的。针对某一段较长时间，甚至整个时代的宏观基本政策，就更要具有稳定性，绝不能朝令夕改，否则，就会导致政策失效、形势失控，政策制定和执行者也会丧失权威。同时，时事千变万化，随着认识与实践的不断深化，政策需要不断完善、补充、修改，甚至取消，只有不断调整政策，才能更好适应新形势的要求。合适的政策体现了稳定性与动态性的统一。

（四）原则性和灵活性

作为指导人们执行和完成任务的行为准则，政策具有高度的原则性。政策的原则性不仅体现在政策的制定和调整必须遵循各项原则规定，还体现在必须严格按照政策规范的要求去执行。同时，政策在原则允许的范围内具有一定的灵活性，因为政策的制定者总是难以掌握所有有效信息，同时政策常常具有滞后性，所以政策需要执行者因时、因地制宜，灵活掌握和运用，才能取得良好的效果。政策的原则性和灵活性是有机统一的，前者是后者的必要前提和制约条件，后者是前者的有益补充和现实依据。二者的结合是具体的，在贯彻实施政策时，必须结合具体情况，在严格遵循原则规定的条件下灵活机动地运用和执行政策。

（五）层次性和相关性

政策要解决的现实问题总是纷繁复杂的，人们不能指望某一项政策可以解决现实生活中的所有问题。在某一项总的基本政策下，政策总是分为平行的若干分类政策，并不断向下细分，由此构成了政策的层次性。基本政策和分类政策之间，也是相互影响、相互制约的，构成政策的网状体系。政策不仅具有纵向的相关性，同时也具有横向的相关性，尽管某一个具体的政策是针对某个特定问题制定的，但这些问题总是与其他问题结成一个整体，相互影响、相互依存、相互制约，牵一发而动全身。政策的相关性也可以理解为政策的整体性。

（六）具体性和可操作性

运用先进理论来指导客观实践，是以政策为中介的。政策总有理论作为依据和支撑，但是政策不等于理论本身。如果政策深奥难懂，那么这样的政策就无法在客观现实中实现。所以，政策必须不抽象、不笼统、细节明确、对象明晰，具备具体性特征。党和国家依据对社会客观规律的认识，制定相应的政策，去具体调整社会关系和规范人们的行为。由于政策是具体调节的中介，这就要求政策有明确的条件、准确的指标及具体的措施等，从而具备实际的可操作性。我们在制定政策的时候如果不考虑其可操作性，就会导致政策仅仅成为一张白纸，而不能真正起到调节现实社会关系、指导实践的作用。

以上是政策的一些基本特征，此外，政策还需具有一定的前瞻性、综合性、全面性等。在一个国家的政策体系中，有一些政策是由基本国情决定的某类具有全局性、长期性、战略性意义问题的系统对策，我们称之为基本国策。

三、形势与政策的关系

总体而言，形势是政策的客观依据，而制定和实施政策都是为了顺应形势，并努力使形势按照人们的主观意愿来发展。制定政策必须从政治、经济、文化、外交等实际国情出发，明确目标，以客观形势为依据，以科学理论为指导，按客观规律办事。正如党的十八大报告中指出的那样，当前我们"建设中国特色社会主义，总依据是社会主义初级阶段，总布局是五位一体，总任务是实现社会主义现代化和中华民族伟大复兴"。形势瞬息万变，我们又必须及时迅速捕捉形势的变化，调查研究、尊重规律，才能科学地制定出相应的政策。十八大报告提出"全面建成小康社会"，将建"设"改为建"成"；十八届三中全会又提出"市场在资源配置中起决定性作用"，将"基础"性改为了"决定"性。这样的改动，充分说明政策制定者对新形势、新信息的准确把握，以及对新变化的及时应对。总之，脱离现实、无视变化的政策，最终只能被历史所抛弃。只有符合客观形势、符合科学理论的政策，才能促进形势向良好的方向发展。

以高校毕业生就业形势和国家就业政策为例，可以明显看出形势与政策相辅相成的关系。从1999年开始，为了培养更多的高级专门人才，我国高校开始实施扩招政策。2001年大学毕业生为114万人、2002年为145万人、2003年为212万人、2004年为280万人、2005年为338万人、2006年为413万人、2007年为495万人、2008年为559万人、2009年为611万人、2010年为631万人、2011年为660万人、2012年为680万人、2013年为699万人、2014年为727万人，2015年为749万人，几乎年年都是"最难就业季"。20世纪80年代，全国高校毕业生每年只有二三十万人，而现阶段已达到七百万人，增长了近35倍，显然高等教育已经从"精英教育"过渡到"大众教育"时代。与此同时，虽然我国经济快速发展，但是大学生就业难已经成为一个客观存在的现实问题。面对这样的客观形势，我们无法在很短的时间内全面解决就业难的问题；并且我国是一个社会主义市场经济国家，对劳动力的调配要由市场来决定，而不是使用政府行政命令强行调整。面对这些客观形势，政府实施了更加积极的就业政策，把目标放在"全方位促进就业增长，确保就业形势基本稳定"上。

促进就业的根本对策，是大力发展经济。综合各项情况，考虑各种因素，本着"从人民利益出发"的原则，2002 年以来，党中央国务院每年制定一系列专门针对就业问题的政策。2003 年，扩招后第一届本科生毕业的整体就业情况还比较宽松。2004 年，政府文件明确了高校毕业生就业的管理体制，提出中央和地方两级管理，以地方为主。2005 年，就业难问题开始有所凸现，中央下发鼓励毕业生自主就业的文件。2006 年，中央又提出要建立学生就业数据发布制度。2007 年，中央明确提出要突出强调政府的职责，采取救济毕业生就业的各项措施。2008 年，中央进一步提出加强公共就业服务和开展毕业生培训。2009 年 1 月 7 日，时任国务院总理温家宝主持召开国务院常务会议，部署做好高校毕业生就业工作，会议研究确定了加强高校毕业生就业工作的七项具体措施：鼓励和引导毕业生到城乡基层就业；鼓励毕业生到中小企业和非公有制企业就业；鼓励骨干企业和科研项目吸纳和稳定高校毕业生就业；鼓励和支持毕业生自主创业；强化毕业生就业服务；提升毕业生就业能力；建立和完善困难毕业生援助制度。2010 年，教育部下发《关于做好 2010 年普通高等学校毕业生就业工作的通知》，要求各部门积极开辟高校毕业生就业的新渠道，并大力推进高校毕业生自主创业，同时以社会需求为导向，推动新一轮高等教育改革。2011 年，中央要求各地把高校毕业生就业工作摆在突出重要位置，同时拓宽渠道、完善政策，更大力度引导高校毕业生到基层就业，鼓励高校毕业生应征入伍服兵役，高校毕业生创业将享受微利小额担保贷款，并深化高等教育改革，提高毕业生就业创业能力。2012 年，国家对高校毕业生到基层和中西部就业、自主创业给出了更多具体的优惠政策。2013 年，国务院办公厅下发通知，开展对高校毕业生的就业帮扶和就业援助，并要求大力促进就业公平。2014 年，教育部发布了 2014 版"高校毕业生就业政策百问"，就"企业吸纳""基层就业""应征入伍""科研项目""自主创业""见习培训""指导服务""就业政策法规库""毕业生自主创业证申领流程""劳动合同法知识问答""大学生落户指南"等诸多学生和企业关注的问题给出了具体优惠政策，更加实际地指导高校毕业生顺利完成就业。

实践证明，这些政策及其他促进经济发展的政策对促进大学生就业形势的好转是起到了积极作用的。目前，随着各高校就业数据的逐渐公布，大多数高校毕业生将平稳度过 2015 年"最难就业季"。

总之，形势是客观实际，政策是主观能动，形势是政策的依据和根源，政策引导形势的变化，二者有机联系、相辅相成。只有符合形势发展客观规律的政策，才是好的政策；只有好的政策，才会有好的形势；只有好的形势，才能检验政策的正确性。两者协同互动、良性循环，形成不可分割的系统。

第三节　课程意义与学习方法

一、重大意义

　　社会性是人的本质属性，个人总是生活在错综复杂的社会中，任何个体的人生意义只能建立在一定的社会关系和社会条件基础上，并在社会环境中创造和实现自己的人生价值。正如马克思在《青年在选择职业时的考虑》中谈到："在选择职业时，我们应该遵循的主要指针是人类的幸福和我们自身的完美。不应认为，这两种利益会彼此敌对，互相冲突，一种利益必须消灭另一种利益；相反，人的本性是这样的：人只有为同时代人的完美、为他们的幸福而工作，自己才能达到完美。"①可以说，国家前途对个体命运几乎起着决定性的作用，正确了解和把握国际国内大势发展，是每一个个人创造幸福人生的基础。"形势与政策"课程，紧密结合国际国内形势，特别是我国改革开放和社会主义现代化建设的形势，针对学生的思想实际开展教育。对于帮助学生了解国内外重大时事，全面认识和正确理解党的基本路线、重大方针和政策，认清形势和任务，激发爱国主义精神，增强民族自信心和社会责任感，珍惜和维护国家稳定的大局，为建设中国特色的社会主义而奋发学习、健康成长具有重要意义。只有正确认识国内外形势，深刻理解党的基本路线、方针和政策，确立为建设有中国特色的社会主义而奋斗的政治方向，才能找准这个时代的脉搏。我国现阶段社会主义制度的建立和完善，改革开放以来形成的良好的政治、经济、文化和社会条件，为我们新时代的大学生实现自己的人生价值提供了广阔的舞台。

　　在"形势与政策"的教学中，教师遵循理论联系实际的根本原则，密切结合省情、国情和国内外大事，充分运用社会主义现代化建设和改革开放丰富生动的实践，回答学生普遍关心的热点问题。在教学中要突出马克思主义形势观、政策观教育，引导学生学会运用马克思主义的立场、观点、方法观察形势，从总体上把握改革开放和社会主义现代化建设的大局。学好这门课，具体说来对学生有以下几个方面的帮助。

（一）有利于提高政治思想素养

　　"形势与政策"课程介绍海内外大事和国家政策，目的是帮助学生正确认识分析国内国际形势，洞察社会未来发展的趋势，深刻理解党的大政方针，并在此基础上对国家政策达成共识和认同。该课程帮助学生在纷繁复杂的世事中，认清是非、辨别真伪，从而坚决支持中国共产党的领导，坚定共产主义信念。

（二）有利于培养社会责任感

　　"形势与政策"课程训练学生对时政的敏锐感和准确判断的能力，了解和掌握天下

---

① 中共中央马克思恩格斯列宁斯大林著作编译局. 马克思恩格斯选集（第1卷）. 北京：人民出版社，1995:459.

大势，方能成为具备社会责任感的人才。一个具有社会责任感的当代大学生，不可能也不应该对国际国内大事毫不关心；而对社会焦点、市场发展走势等没有认知的大学生，也不会是现代社会需要的人才。认清风云变幻的国际国内形势，才能识大体、顾大局，与祖国同呼吸、共命运。

（三）有利于开阔眼光

世界已经成为一个"地球村"，全球化时代的大学生要放眼世界，胸怀天下，充分了解国际形势发展、了解国际竞争现状，把中国的发展与世界的变化有机联系起来，把个人的发展与世界局势的变迁结合起来。这样才能了解全球各项事业最新的发展前沿，才能准确把握个人人生价值的定位，并能与不同地域和不同文化背景的人员共事，成为具备国际竞争能力的人才。

总之，学好"形势与政策"课程，有利于成长成才。每个人都要学会了解世界、认识社会，辨别正邪、善恶、美丑，把握人生，选择自己的成才道路。把自己的人生选择与社会发展统一起来，才能实现自我美好的人生价值。只有认清时代发展的主题，顺应社会发展的潮流，才能成为时代的弄潮儿。

当今的世界形势风云变幻，冷战结束后，世界格局向多极化发展，和平与发展仍是今后或相当一段时期的世界主流，国与国之间的竞争也将会日趋激烈。同时，我国社会主义现代化建设进入一个新的历史阶段，建设中国特色社会主义、推进改革开放已成为历史发展的必然趋势。我们每一个人始终生活在一定的形势政策环境中，每一个人都和观察分析形势、认识执行政策有着密不可分的联系。当代大学生只有掌握科学分析和判断形势的方法，才能正确理解和处理现象与本质、主流与支流、局部与全局、暂时与长远的关系，从而把握时代脉搏，正确认识国情，正确理解党的路线、方针和政策，坚定中国特色社会主义的理想信念，肩负起民族振兴的重任，在未来人生的实践中，与祖国共创成功与辉煌，共铸美好中国梦。

二、学习方法

"形势与政策"课程侧重于提高学生的政策修养、思维素质和审时度势的能力，注重引导和帮助学生关心国际国内大事，正确分析时事，树立良好的形势与政策观。要学好这门课程，具体说来要做到以下几个结合。

（一）课内与课外相结合

课堂上的专题讲授，是学生获取知识的主要途径，但仅仅依靠课堂教学是不够的，还需要通过课外丰富多彩的活动来充实和延伸。面对千变万化的社会，电视、报纸、广播、网络等媒体的宣传报道，时事杂志、时政评论及文艺作品等，都是很好的学习资料，甚至可以深入农村、社区等社会基层开展实践调查活动，去获取鲜活的第一手资料。以网络为例，1998 年，以"宗马列之说，承毛邓之学，怀寰宇之心，励报国之志"为宗旨的全国第一家"红色"网站在清华大学诞生，自此"红色"网站成为思想政治教育战线的新生力量，并深受莘莘学子的认可和赞扬。

（二）理论与实践相结合

学是基础，用是目的；理论源于实践，又指导实践。正如习近平总书记一再说到的那样，"人世间的一切幸福都是要靠辛勤的劳动来创造的"，离开实践，再高深的理论都仅仅只是空谈，离开实践，也是不可能学得好理论的。所以，学生一定要在学习中时刻将理论与实践结合起来，要把学习到的理论知识与现实生活实际有机结合起来，运用相关知识和思维方法，正确认识形势，领会方针政策，准确判断趋势，预测形势发展。

（三）学习与讨论相结合

一个人所获得的信息量总是有限的，而社会又是纷繁复杂的，对于形势和政策的分析理解，人们常常会出现一些偏差。通过讨论，师生之间可以相互分享获得的信息，交流对社会问题的看法，从而逐步接近事件的真相，理解政策的含义。课堂上学生要多听取、多思考、多发言、多碰撞，使"教"和"学"两个积极性有机结合。

总之，形势的发展日新月异，学好这门课程需要解放思想、实事求是、与时俱进，需要开放的心态和开阔的眼界，需要锻炼好认知能力、思维能力、写作能力和表达能力。

第一章　政治制度与民主进程

作为一名新时期的大学生，了解基本的形势政策知识对于我们在纷繁复杂的国际形势面前保持清醒的头脑、做出准确的判断有极为重要的作用。如何看待我国在内政外交中采取的措施？为什么要制定这样的政策？这些都有一个最基本的前提，即我国的基本政治制度与国情。只有以此为认知前提，我们才能更全面、更真实、更透彻地看待世界发展变化及我国所担负的责任。

本章集中介绍我国的基本政治制度与民主进程，对我国国体、政体、基本政治制度及其发展历程进行综述，帮助学生们正确地认识我国的政治构架及由此产生的各项决策。

第一节　我国的政治制度

一、我国的国体和政体

（一）人民民主专政是我国的国体

国体亦称国家性质，或者说国家的阶级本质。马克思主义认为，国家是阶级矛盾不可调和的产物和表现，是实现阶级统治的重要工具，因而国家的实质必然表现为一个阶级对另一个阶级的专政。因此，国家政权掌握在哪一个阶级手中，谁是统治阶级，谁是被统治阶级，在国家生活和社会生活中，各阶级之间的关系如何等问题，是构成马克思主义宪法学中国体的基本内容。概而言之，所谓国体就是指社会各阶级在国家生活中的地位和作用。

人民民主专政是我国的国体。《中华人民共和国宪法》（简称《宪法》）规定："中华人民共和国是工人阶级领导的，以工农联盟为基础的人民民主专政的社会主义国家。"

这一规定表明，人民民主专政是工人阶级（通过中国共产党）领导的、以工农联盟为基础的、对人民实行民主和对敌人实行专政的国家政权。正如毛泽东所说："对人民内部的民主方面和对反对派的专政方面，互相结合起来，就是人民民主专政。"①

1. 人民民主专政实质上是无产阶级专政

第一，工人阶级掌握国家政权、成为领导力量，是无产阶级专政和人民民主专政的根本标志。不管是马克思、恩格斯主张的建立无产阶级的政治统治，还是列宁认为的无产阶级专政是一个阶级独掌的政权，其含义都是指无产阶级，即工人阶级在革命胜利后要掌握国家领导权，成为国家政权的领导力量。毛泽东在创立人民民主专政理论时，同样强调了工人阶级的领导地位和作用。

工人阶级成为国家的领导阶级是由工人阶级的阶级本质和历史使命决定的。工人阶级是现代化大工业的产物，是先进生产力的代表，这就决定了工人阶级最有远见、最大公无私和最具有革命的彻底性。同时，只有工人阶级才能担负起消灭剥削，消灭阶级，解放全人类，最终使人类进入共产主义社会的伟大使命。更何况中国的工人阶级还有自己的特点：它深受帝国主义、封建主义和官僚资本主义的三重压迫，因此革命最坚决；它从承担新民主主义革命的领导重任开始，就始终处于中国共产党的领导之下，成为中国社会中最有觉悟的阶级；它同占中国人口绝大多数的农民有着天然的密切联系，从而能够结成牢固的工农联盟，并以此为基础团结一切爱国者，为振兴中华共同奋斗。因此，工人阶级成为我国的领导阶级是历史发展的必然。经过新中国成立以来六十多年的发展，中国工人阶级自身也发生了极为可喜的变化，如工人阶级队伍的数量有了很大增长，工人阶级的素质有了普遍提高，工人阶级（通过中国共产党）对国家的领导更加富有经验，政治上更加成熟。

第二，无产阶级专政和人民民主专政的国家政权都以工农联盟为阶级基础。列宁认为，社会主义革命中最根本、最重大的问题，就是工人阶级同农民的关系问题、工人阶级同农民的联盟问题，工农联盟是无产阶级专政的最高原则。

由于我国是农业人口占多数的国家，因此，农民问题不论是在民主革命时期，还是在社会主义革命和建设时期，始终都是我国革命和现代化建设的根本问题。我国革命和现代化建设的历史经验表明，工农联盟不仅是夺取新民主主义革命胜利的重要保证，而且是社会主义事业胜利发展的重要保证。可以说，没有工农联盟，我国就不可能建立起人民民主专政的国家政权。因此，工农联盟同样也是我国人民民主专政的阶级基础。

第三，无产阶级专政和人民民主专政的国家职能是相同的。国家职能是国家本质的反映和外在表现，是国家在管理社会过程中担负的职责和应起的作用。不管是无产阶级专政的国家，还是人民民主专政的国家，都担负着以下职能：一是维护人民当家做主的权利，在保障人民民主的前提下，不断扩大民主的范围；二是保卫社会主义制度，对那些利用各种机会与方式破坏社会主义建设事业的犯罪分子，进行无情的镇压；三是组织社会主义经济建设和社会主义精神文明建设；四是维护世界和平与促进人类进步事业；等等。

---

① 毛泽东. 毛泽东选集（第4卷）. 北京：人民出版社，1991：1475.

第四，无产阶级专政和人民民主专政的历史使命也是一样的，都是为了建设社会主义，消灭剥削，消灭阶级，最终实现共产主义。

由上述四个方面我们可以看出，人民民主专政与无产阶级专政存在着根本上的一致性，因此人民民主专政实质上就是无产阶级专政。

当然，我国的人民民主专政又具有自己的特点，那就是以中国共产党为领导的，有各民主党派和各人民团体参加的，包括全体社会主义劳动者、拥护社会主义的爱国者和拥护祖国统一的爱国者的广泛的爱国统一战线；有中国共产党领导的多党合作和政治协商制度。我国的人民民主专政具有极其广泛的群众基础。因此，以"人民民主专政"来表述我国的国家阶级性质，完全符合我国的国体，也体现了我国国家政权的民主性质。

2.人民民主专政是对人民实行民主与对敌人实行专政的统一

人民民主专政是新型的民主与新型的专政相结合，对人民实行民主与对敌人实行专政，是我国人民民主专政的两个方面。在人民内部实行民主是实现对敌人专政的前提和基础，而对敌人实行专政又是人民民主的有力保障。民主与专政是辩证统一的，两者紧密相连，相辅相成，不可偏废。

人民民主，即社会主义民主，就是社会绝大多数人享有管理国家和社会的一切权力，即人民当家做主。人民民主专政，还有全体人民对极少数敌对分子实行专政的一面。在我国，尽管阶级状况发生了极其深刻的变化，但是对敌对分子专政的职能并未消失。人民民主专政的国家政权在保障人民群众享有民主的同时，还必须对极少数的危害国家安全的犯罪分子、严重破坏社会主义和严重危害社会治安的犯罪分子实行专政。在我国，剥削阶级作为阶级已经被消灭，阶级斗争已经不是社会的主要矛盾，但是阶级斗争并没有消失，还将在一定范围内长期存在，在某种条件下还可能激化。同时，人民民主专政在对外方面还必须执行抵御和防止外来侵略，保卫祖国的领土和主权完整，同国家外部敌人作斗争的职能。

（二）人民代表大会制度是我国的政体

政体又称政权的组织形式，是指一定社会的统治阶级采取的一定组织形式去组织反对敌人、保护自己的政权机关。《宪法》规定："中华人民共和国的一切权力属于人民"和"人民行使国家权力的机关是全国人民代表大会和地方各级人民代表大会"。这就表明了我国的政体是人民代表大会制度。人民代表大会制度同时也是我国的根本政治制度。社会主义民主的本质是人民当家做主，国家的一切权力属于人民，这是我国国家制度的核心内容和根本准则。

人民代表大会制度是体现我国国家性质的最好形式。人民民主专政的国家性质决定：在我国，人民，且只有人民，才是国家和社会的主人。《宪法》明确规定："中华人民共和国的一切权力属于人民。"这是我国国家制度的核心内容和基本准则。人民当家做主，最根本、最重要的就是掌握国家权力。人民掌握国家权力，需要由相应的组织形式和制度来实现。人民代表大会制度准确体现了人民与国家权力之间的关系，也就是：人民通过民主选举代表，组成国家权力机关，行使国家权力。人民通过人民代表大会制度，保证法律的制定和国家重大问题的决策真正集中人民的意志、代表人民的利益，这是社会主义民主政治的本质特征①。

人民行使国家权力的机关是全国人民代表大会和地方各级人民代表大会。全国人民代表大会是最高国家权力机关，决定国家大政方针，行使国家立法权。各级人民代表大会的代表都由民主选举产生，对人民负责，受人民监督。各级人民代表大会的代表来自各族各界，具有广泛性。全国人民代表大会行使下列职权：修改宪法；监督宪法的实施；制定和修改刑事、民事、国家机构的和其他的基本法律；选举中华人民共和国主席、副主席。

人民代表大会制度是中国共产党领导全国各族人民，根据我国的实际情况，在长期的革命和建设历程中创造、发展起来的。我国长期的革命和建设实践充分表明，人民代表大会制度是具有中国特色、符合我国国情、体现我国人民民主专政政权性质和适应社会主义现代化建设需要的政权组织形式。其含义有如下三点。

第一，人民代表大会制度是我国人民民主专政最适宜的政权组织形式。首先，人民代表大会制度最能反映我国的阶级本质。其次，人民代表大会制度最能反映我国的阶级结构。人民代表大会制度作为我国的政权组织形式，最能充分代表和反映我国的国体，是与人民民主专政完全相适应的政治制度。

第二，人民代表大会制度保证人民通过各级人民代表大会统一行使国家权力。首先，人民代表大会制度是一种代议制度。这是现代国家最普遍采用、也是最有效的民主制度。其次，我国人民代表大会制度实行民主集中制原则，便于人民统一行使国家权力。《宪法》第3条第3款规定：国家行政机关、审判机关、检察机关都由人民代表大会产生，对它负责，受它监督。这种体制可以有效防止人民选举产生的代表滥用职权，切实保障人民民主权利的实现。

第三，人民代表大会制度是直接民主与间接民主相结合的制度。在我国，人民除了选举代表组成各级人民代表大会，代表人民行使国家权力以外，还依照法律规定，通过各种途径和形式，管理国家和社会事务、经济和文化事业②。

邓小平认为，我们必须坚持和完善人民代表大会制度。"与资产阶级国家完全相反，我们是人民当家做主的国家，我们的国家政权属于人民，全体人民都有权利选派自己的代表去管理国家的事务，而人民自己则有权利并有各种机会去经常地监督国家机关的工作。所以，我们愈充分发扬民主，人民民主专政就愈加巩固，人民政府与人民之间的联系就愈加密切，就愈能在充分发挥人民积极性的基础上，完成国家每一个具体的任务。"③"必须健全党的和国家的民主生活，使党的和政府的下级组织，有充分的便利和保证，可以及时地无所顾忌地批评上级机关工作中的错误和缺点，使党和国家的各种会议，特别是各级党的代表大会和人民代表大会，成为充分反映群众意见、开展批评和争论的讲坛。"④

江泽民指出："世界上的民主，都是具体的、相对的，而不是抽象的、绝对的。任何

---

① 胡康生. 谈我国人大制度与西方国家政体区别. http://news.qq.com/a.20090303/000333.htm，2009-03-03.

② 宪法和宪法修正案学习问答. http://218.33.177.254/ptzx/Xxview.asp?lmid=5&id-125，2009-06-30.

③ 《关于〈中华人民共和国全国人民代表大会及地方各级人民代表大会选举法〉草案的说明》(1953年2月11日)；肖尉云，王禹，张翔. 宪法学参考资料. 北京：北京大学出版社，2003：150.

④ 中共中央文献编辑委员会. 邓小平文选（第1卷）. 第2版. 北京：人民出版社，1994：223-224.

一种民主的本质、内容和形式，都是由本国的社会制度所决定的，并且都是随着本国经济文化的发展而发展的。我们的社会主义民主，是全国各族人民享有的最广大的民主，它的本质就是人民当家做主。共产党执政，就是领导和支持人民掌握和行使管理国家的权力，实行民主选举、民主决策、民主管理、民主监督，保证人民依法享有广泛的权利和自由，尊重和保护人权。"①

胡锦涛指出："我们要抓住坚持和完善人民代表大会制度这个重要环节，进一步健全民主制度，丰富民主形式，扩大公民有序的政治参与，保证人民依照法律规定，通过各种途径和形式，管理国家事务，管理经济和文化事业，管理社会事务。"②

在新的形势下，党的十八大报告进一步指出："人民代表大会制度是保证人民当家做主的根本政治制度。要善于使党的主张通过法定程序成为国家意志，支持人大及其常委会充分发挥国家权力机关作用，依法行使立法、监督、决定、任免等职权，加强立法工作组织协调，加强对'一府两院'的监督，加强对政府全口径预算决算的审查和监督。"

2014 年 9 月 5 日，习近平在庆祝全国人民代表大会成立 60 周年大会上发表重要讲话指出，坚持和完善人民代表大会制度必须毫不动摇坚持中国共产党的领导、必须保证和发展人民当家做主、必须全面推进依法治国、必须坚持民主集中制。人民代表大会制度是中国特色社会主义制度的重要组成部分，也是支撑中国国家治理体系和治理能力的根本政治制度③。中国发展社会主义民主政治，必须立足于中国实际，对人类社会创造的一切文明成果，包括政治文明的有益成果，中国要积极借鉴，但中国不照搬别国政治体制的模式。

二、我国的基本政治制度

我国是人民民主专政的社会主义国家，人民民主专政是我国的国体，与国体相适应的政权组织是人民代表大会制度，这是我国的根本政治制度。而同这种国体相适应的政党制度是中国共产党领导的多党合作和政治协商制度，它与民族区域自治制度构成我国的基本政治制度。坚持和完善中国共产党领导的多党合作和政治协商制度是坚持和完善我国基本政治制度的重要内容，是发扬社会主义民主、建设社会主义政治文明的重要内容。

十八大报告指出："中国特色社会主义制度，就是人民代表大会制度的根本政治制度，中国共产党领导的多党合作和政治协商制度、民族区域自治制度以及基层群众自治制度等基本政治制度，中国特色社会主义法律体系，公有制为主体、多种所有制经济共同发展的基本经济制度，以及建立在这些制度基础上的经济体制、政治体制、文化体制、社

---

① 中共中央文献编辑委员会. 江泽民文选（第 2 卷）. 北京：人民出版社，2006：237-238.
② 胡锦涛. 在首都各界纪念全国人民代表大会成立 50 周年大会上的讲话//全国人大常委会办公厅. 纪念全国人民代表大会成立 50 周年文集. 北京：中国民主法制出版社，2004：9.
③ 坚定不移推进人民代表大会制度与时俱进——专家解读习近平总书记在庆祝全国人大成立 60 周年大会上的讲话. http://news.xinhuanet.com/2014-09/08/c_1112392999.htm.

会体制等各项具体制度。"①

（一）我国政党制度的基本内容

中国共产党领导的多党合作和政治协商制度，是适合中国国情的一项基本政治制度，是具有中国特色的社会主义政党制度，是社会主义民主政治的重要组成部分。中国的政党制度与人民代表大会制度、民族区域自治制度、基层民主制度，共同构成了中国政治制度的基本框架。

中国共产党领导的多党合作和政治协商制度的主要内容是：中国共产党是执政党，是我国革命和建设事业的领导核心；各民主党派是参政党，与中国共产党长期共存、互相监督、肝胆相照、荣辱与共；人民政协是各民主党派、各人民团体和社会各方面代表人士组成的爱国统一战线组织，其基本职能是政治协商、民主监督和参政议政。民族区域自治制度是我国在少数民族聚居地方实行的一项重要政治制度。民族自治地方设立自治机关，依照宪法法律的规定行使地方国家机关的职权和区域自治权。坚持和完善中国共产党领导的多党合作与政治协商制度及民族区域自治制度，对于巩固和发展广泛的爱国统一战线，促进民族团结，维护祖国统一，推进我国社会主义现代化事业具有重要意义。

（二）中国共产党领导的多党合作制度

中国共产党领导的多党合作制度中包括中国共产党和八个民主党派。八个民主党派分别是中国国民党革命委员会、中国民主同盟、中国民主建国会、中国民主促进会、中国农工民主党、中国致公党、九三学社、台湾民主自治同盟。中国人民政治协商会议（简称人民政协）是中国共产党领导的多党合作和政治协商制度的重要机构。

1. 多党合作制度的形成和发展

中国共产党领导的多党合作制度，是以 1949 年 9 月人民政协的召开为标志开始形成的。在其创立、发展和不断完善的过程中，不仅充分体现了各党派和全体中国人民的意愿，而且上升为国家意志，显示出这一基本政治制度强大的生命力。

1921 年成立的中国共产党，把马克思列宁主义与中国实际相结合，提出了新民主主义革命纲领，团结全国各革命阶级为实现民族独立、人民解放和国家富强、人民幸福而奋斗，并在领导新民主主义革命走向胜利的伟大斗争中，确立了在中国各种革命力量中的领导核心地位。1948 年 4 月，中国共产党提出召开新政治协商会议，成立民主联合政府的主张，得到各民主党派和无党派民主人士的热烈响应。1949 年 9 月人民政协的召开，标志着中国共产党领导的多党合作和政治协商制度的正式确立，中国共产党与各民主党派和无党派民主人士共同参加新中国的国家政权建设。这次会议协商制定了《中国人民政治协商会议共同纲领》，选举产生了中央人民政府。从此，中国共产党成为领导全国政权的执政党，各民主党派成为共产党领导下参加人民民主政权的参政党，共产党领导的多党合作制度作为我国的一项重要政治制度得以确立。

---

① 新华网，http://www.xj.xinhuanet.com/2012-11/19/c_113722546_5.htm.

新中国成立后，中国共产党在执政条件下进一步加强同各民主党派团结合作，不断推进多党合作制度的理论创新和实践发展。例如，广泛团结各民主党派和无党派民主人士，充分吸收他们中的代表人物参加中央和地方各级人民政权并担任领导工作，共同进行国家事务的管理；就国家政治生活和统一战线中的重大问题，在决策前同各民主党派领导人进行协商；鼓励和支持各民主党派成员和所联系的人们参加各项民主改革运动及社会主义改造和建设的实践；维护他们的合法权益，反映他们的意见和要求，并且积极协助民主党派进行自我教育和发展新党员。所有这些对于扩大统一战线，巩固人民民主专政，彻底完成新民主主义革命的历史任务，顺利实现社会主义改造和推进社会主义经济文化建设发挥了重大作用。

1956 年社会主义改造基本完成以后，我国进入了社会主义社会。中共中央和毛泽东明确肯定了多党合作制度，并在中共八大的决议中正式提出了同各民主党派"长期共存、互相监督"的方针，使中国共产党领导的多党合作制度成为社会主义社会新型的政党关系与制度。

中共十一届三中全会以后，中国共产党领导的多党合作制度得到了进一步发展。1982年，中国共产党第十二次全国代表大会进一步提出同各民主党派"长期共存、互相监督、肝胆相照、荣辱与共"的方针。1987 年，中国共产党第十三次全国代表大会的决议，正式提出了"共产党领导的多党合作和政治协商制度"，并将其作为我国政治体制改革的一项重要内容。1993 年全国人大八届一次会议把"中国共产党领导的多党合作和政治协商制度将长期存在和发展"载入《宪法》、上升为国家意志。2002 年中共十六大后，从建设社会主义政治文明的高度，中国共产党先后制定了进一步加强中国共产党领导的多党合作和政治协商制度建设的意见和加强人民政协工作的意见，使多党合作制度进一步规范化和程序化。中国共产党领导的多党合作制度不断巩固和发展，在国家政治和社会生活中发挥着重要作用[①]。

2. 多党合作制度是符合中国国情的新型政党制度

中国共产党领导的多党合作制度是中国人民政治经验和政治智慧的结晶，是中国政党制度发展的必然结果。这一政党制度之所以符合中国国情，就在于中国共产党和各民主党派有着共同的政治基础和客观的社会基础。

第一，多党合作的政治基础。中国共产党同各民主党派之间的合作是政治合作，政治合作必须以共同的政治基础为前提。没有共同的政治基础，就不可能有联合和合作行为，也不可能形成合作关系。在社会主义初级阶段，我国的多党合作必须坚持"一个中心，两个基本点"的基本路线和基本纲领，这是中国共产党同各民主党派亲密合作的政治基础。中国共产党和各民主党派必须共同维护这个政治基础，在建设有中国特色社会主义的整个历史过程中，自觉坚持并切实把它落实到各项工作中去。

第二，多党合作的社会基础。多党合作的社会基础是指中国共产党与各民主党派长期合作的社会历史和现实条件。具体表现为我国以公有制为主体，多种所有制经济长期

---

① 秋石. 为什么必须坚持中国共产党领导的多党合作和政治协商制度，而不能搞西方的多党制. 求是, 2009, （8）: 4.

并存、共同发展的基本经济结构和社会多元结构。

一个国家实行何种政党制度，是由这个国家的特定社会历史和现实条件所决定的。中国共产党领导的多党合作制度完全符合中国国情，它有利于巩固和加强中国共产党的集中统一领导，而这种集中统一领导，对于中国这样一个经济文化比较落后，发展很不平衡的大国来说，是完全有必要的。

3. 多党合作制度是社会主义民主政治建设的重要组成部分

我国是人民民主专政的社会主义国家，人民当家做主，享有广泛的民主权利。人民民主专政，就是以工人阶级领导的、以工农联盟为基础的，包括全体社会主义劳动者、拥护社会主义的爱国者在内的全体人民的政权。与这一国体和国家政权相适应，在政党制度上需要实行中国共产党领导的多党合作制度。

中国共产党领导的多党合作制度，既体现了全国各族人民根本利益的一致性又体现了某些具体利益的差异性，是真正的人民民主的体现。这一政党制度是我国民主政治的重要组成部分，它的实质是社会主义民主制度。我国实行中国共产党领导的多党合作制度，说到底是为了使我国各方面、各阶层人民群众更好地参政议政，使他们的利益和愿望都能充分地反映、表达出来，并得到实现，从根本上讲是为了建设和发展有中国特色的社会主义民主政治。

4. 多党合作制度的优越性

首先，有利于推进社会主义民主政治建设。各民主党派作为参政党参加国家政权，能够对执政党实行监督，可以避免或减少一党长期执政条件下因缺乏政党监督而导致的政治腐败。新中国成立之初，毛泽东、周恩来等中共领导人一再主张保留民主党派，一个根本初衷就是希望听到民主党派的不同声音，对中国共产党实行监督，从而减少执政党在长期执政过程中的权力腐败。

其次，有利于政局稳定。中国这样一个拥有 960 万平方千米土地、56 个民族、十几亿人口的大国，必须有带头人。中国共产党与各民主党派在国家重大问题上进行民主协商、科学决策，集中力量办大事。这种政党制度的优点就是不存在"倒阁"现象，从而有利于保持政局稳定，促进国家长治久安、祖国繁荣昌盛，有利于团结一切可以团结的力量，调动一切积极因素，广开言路、广求良策、广谋善举，为实现中华民族的伟大复兴而奋斗。

最后，有利于社会主义现代化建设。无论是举办奥运会、修建青藏铁路，还是抗击冰雪灾害、汶川地震，中国的政治优势主要来自于我们所实行的中国共产党领导的多党合作和政治协商制度，这种具有中国特色的政党制度能够集中力量办大事，集中社会各种资源，动员全国性力量，集中精力做一件事。

5. 中国共产党和各民主党派的地位、作用和相互关系

中国共产党处于领导和执政地位。中国共产党的领导地位是在长期革命、建设、改革实践中形成并巩固起来的，是历史的选择、人民的选择。在 90 多年的奋斗历程中，中国共产党领导中国人民完成了新民主主义革命的任务，实现了民族独立和人民解放；建立

了人民当家做主的国家政权，维护了国家统一和各民族团结；建立了社会主义制度，实现了中国历史上最广泛、最深刻的社会变革；开创了中国特色社会主义事业，为实现国家富强和人民幸福探索出了一条正确的道路。中国共产党代表中国先进生产力的发展要求，代表中国先进文化的前进方向，代表中国最广大人民的根本利益。中国共产党的坚强领导是中国实现社会主义现代化的根本保证，是维护中国国家统一、社会和谐稳定的根本保证，是把亿万人民团结起来、共同建设美好未来的根本保证。这是中国各族人民在长期革命、建设、改革实践中形成的政治共识。

各民主党派是中国的参政党。中国人民民主专政的内在要求和各民主党派在中国政治生活中的实际作用，决定了民主党派的参政党地位。各民主党派作为各自所联系的一部分社会主义劳动者、社会主义事业建设者和拥护社会主义爱国者的政治联盟，属于人民的范畴，他们在中国共产党的领导下参政，是人民民主的重要体现。民主党派参政的基本点是：参加国家政权，参与国家大政方针和国家领导人选的协商，参与国家事务的管理，参与国家方针政策、法律法规的制定和执行。参政党的地位和参政权利受到宪法和法律的保护。

中国共产党与各民主党派形成了团结合作的新型政党关系。中国共产党与各民主党派在长期的共同奋斗中，形成了亲密的友党关系。中国共产党的基本理论、基本路线、基本纲领、基本经验得到各民主党派的认同，建设中国特色社会主义成为中国各政党的共同目标。在保持宽松稳定、团结和谐的政治环境中，中国共产党与各民主党派实行广泛的政治合作，照顾同盟者的政治利益和物质利益，团结他们一道前进。

中国共产党与各民主党派的合作具有丰富的内容。第一，中国共产党就重大方针政策和重要事务同各民主党派进行政治协商，实行相互监督。第二，各民主党派成员在国家权力机关中占有适当数量，依法履行职权。第三，各民主党派成员担任国家及地方人民政府和司法机关的领导职务；各级人民政府通过多种形式与民主党派联系，发挥其参政议政作用。第四，各民主党派通过人民政协参加国家重大事务的协商。第五，中国共产党支持民主党派参加改革开放和社会主义现代化建设。为经济社会发展服务，是各民主党派履行参政党职能的重要内容，是中国多党合作制度的一大特色。

中国共产党与各民主党派互相监督。这种监督是通过提出意见、批评、建议的方式进行的政治监督。由于中国共产党处于领导和执政地位，更需要来自民主党派的监督。民主党派监督的内容是：国家宪法和法律法规的实施情况；中国共产党和政府重要方针政策的制定和贯彻执行情况；中国共产党各级党委的工作和中共党员领导干部履行职责、为政清廉等方面的情况。民主党派的监督，对于加强和改善中国共产党的领导，健全社会主义监督体系，有着重要而独特的作用①。

总之，中国共产党领导的多党合作制度，是适合中国国情、具有中国特色的政党制度，它既有利于发扬社会主义民主，又有利于加强执政和改善共产党的领导，提供了一个不同于世界各国政党制度的一个全新的中国政党模式，在世界政党史上添写了崭新的一页。

---

① 国务院新闻办公室发表《中国的政党制度》白皮书. http://news.xinhuanet.com/newscenter/2007-11/15/content_7078834.htm，2007-11-15.

（三）人民政协

人民政协是中国人民爱国统一战线的组织，是中国共产党领导的多党合作和政治协商的重要机构，是中国政治生活中发扬社会主义民主的重要形式。团结和民主是人民政协的两大主题。

1. 人民政协的成立

人民政协成立于 1949 年 9 月 21 日。

1949 年 9 月 21 日~30 日，人民政协第一届全体会议在北京召开。这次会议代行全国人民代表大会的职权，代表全国人民的意志，宣告了中华人民共和国的成立。会议通过了具有临时宪法性质的《中国人民政治协商会议共同纲领》，通过了《中国人民政治协商会议组织法》和《中华人民共和国中央人民政府组织法》；决定中华人民共和国定都于北京，国旗为五星红旗，以《义勇军进行曲》为国歌，采用公元作为中国纪年；选举产生了中华人民共和国中央人民政府委员会和人民政协第一届全国委员会。1949 年 12 月 2 日，中央人民政府委员会根据政协全国委员会的建议案，决定以 10 月 1 日为国庆节。

1954 年 9 月，第一届全国人民代表大会举行第一次会议，通过了《宪法》。同年 12 月，召开了政协第二届全国委员会第一次会议，制定了《中国人民政治协商会议章程》。该章程宣告，共同纲领已经为宪法所代替，人民政协全体会议代行全国人民代表大会职权的任务已经完成。但是人民政协作为人民民主统一战线组织，将继续存在和发挥作用。

从 1955 年至 1966 年的十多年里，人民政协在团结各族人民和各界爱国力量，发挥人民民主，活跃国家政治和社会生活，以及调动一切积极因素为国家建设服务等方面发挥了十分重要的作用。

1978 年，中国进入了改革开放和现代化建设的新时期，人民政协也步入了一个新的发展时期。中国的统一战线进一步扩大，发展成为由全体社会主义劳动者、社会主义事业的建设者、拥护社会主义的爱国者和拥护祖国统一的爱国者组成的最广泛的爱国统一战线，人民政协也发展成为包括以上各个方面的、由各党派团体和各族各界代表人士组成的爱国统一战线组织。新时期以来，人民政协围绕推进改革开放、推进现代化建设和推进祖国统一大业，积极议政建言，维护社会安定团结，加强同港澳台同胞和海外侨胞的联系，增进同各国和各国人民的相互了解与交流合作，在国家政治、经济、文化和社会生活中发挥了重要作用。

人民政协半个多世纪不平凡的发展历程，可以归结为两大主题，即团结和民主。在中国共产党领导下实行团结和民主，是人民政协性质的集中体现，是人民政协产生和发展的历史依据，是人民政协继往开来的方向和使命。

人民政协全国委员会第一届至第十二届主席（1949~2014 年）分别是：毛泽东（第一届；第二届至第四届名誉主席）、周恩来（第二届至第四届）、邓小平（第五届）、邓颖超（第六届）、李先念（第七届）、李瑞环（第八届、第九届）、贾庆林（第十届、第十一届）、俞正声（第十二届）。

2. 性质和地位

人民政协是中国人民爱国统一战线的组织，是中国共产党领导的多党合作和政治协商的重要机构，是中国政治生活中发扬社会主义民主的重要形式。

中国政治制度的基本结构是在中国共产党的统一领导下，实行人民代表大会制度、多党合作和政治协商制度、民族区域自治制度。全国人民代表大会通过选举、投票行使权力以及人民政协在选举、投票之前进行充分协商，是中国社会主义民主的两种最重要的形式。人民政协与全国人民代表大会、政府三者的关系是，一个在决策前协商，一个在协商后决策，一个在决策后执行，三者统一在中国共产党的领导下，分工协作，各司其职，互为补充，相辅相成。这是适合中国国情、具有中国特色的政治体制。人民政协在这一体制中居于重要的地位。

3. 构成

人民政协设全国委员会和地方委员会。

（1）全国委员会。人民政协全国委员会由中国共产党、各民主党派、无党派人士、人民团体、各少数民族和各界的代表，香港特别行政区同胞、澳门特别行政区同胞、台湾同胞和归国侨胞的代表及特别邀请的人士组成。人民政协全国委员会每届任期五年，全国委员会设主席、副主席若干人和秘书长。

全国委员会设常务委员会主持会务。常务委员会由全国委员会主席、副主席、秘书长、常务委员组成，其候选人从政协委员中产生，由参加人民政协全国委员会的各党派团体、各族各界人士协商提名，经全国委员会全体会议选举产生。全国委员会主席主持常务委员会的工作，副主席、秘书长协助主席工作。全国委员会根据工作需要设立若干专门委员会及其他工作机构。专门委员会是在常务委员会和主席会议领导下，组织委员进行经常性活动的工作机构。

（2）地方委员会。全国各省、自治区、直辖市、自治州，设区的市、县、自治县，不设区的市和市辖区，凡有条件的地方都设立了政协组织。

人民政协各级地方委员会每届任期五年，各级地方委员会及其常务委员会的组成、产生办法、主要职责和工作机构的设置等，根据政协章程的规定，结合当地实际情况，参照全国委员会的做法。

政协委员是中国各个领域、各个界别有代表性和有社会影响的人物。对政协委员的基本要求是：密切联系群众，了解和反映群众的愿望和要求，参加政协组织的会议和活动。政协委员的民主权利有：在本会会议上有表决权、选举权和被选举权；对本会工作提出批评和建议；通过本会会议和组织参加讨论国家大政方针和地方重大事务；对国家机关及其工作人员的工作提出建议和批评；对违纪违法行为检举揭发、参与调查和检查；有声明退出政协的自由；在受到警告或撤销参加资格的处分时，可以请求复议。政协组织依法维护政协委员履行职能的民主权利。政协委员的义务有：遵守和履行政协章程；遵守和履行政协会议做出的决议。

4. 主要职能

人民政协的主要职能是政治协商、民主监督、参政议政。这三项主要职能是各党派团体、各族各界人士在中国政治体制中参与国事、发挥作用的重要内容和基本形式，体现了人民政协的性质和特点，是人民政协区别于其他政治组织的重要标志。

政治协商是对国家和地方的大政方针及政治、经济、文化和社会生活中的重要问题在决策之前进行协商和就决策执行过程中的重要问题进行协商。民主监督是对国家宪法、法律和法规的实施，重大方针政策的贯彻执行，国家机关及其工作人员的工作，通过建议和批评进行监督。参政议政是对政治、经济、文化和社会生活中的重要问题及人民群众普遍关心的问题，开展调查研究，反映社情民意，进行协商讨论。通过调研报告、提案、建议案或其他形式，向中国共产党和国家机关提出意见与建议。

人民政协开展工作参政议政的主要形式有反映社情民意、各种协商例会、各种专题议政会、专题研讨会、专题调研、委员视察、考察、政协委员参与中国共产党党委与政府统一组织的检查和巡视①。党的十八大指出，坚持和完善中国共产党领导的多党合作和政治协商制度，充分发挥人民政协作为协商民主的重要渠道作用，围绕团结和民主两大主题，推进政治协商、民主监督、参政议政的制度建设，更好地协调关系、汇聚力量、建言献策、服务大局。加强同民主党派的政治协商，把政治协商纳入决策程序，坚持协商于决策之前和决策之中，增强民主协商的实效性。深入进行专题协商、对口协商、界别协商、提案办理协商，积极开展基层民主协商②。

（四）民族区域自治制度

民族区域自治制度是我国的基本政治制度之一，是建设中国特色社会主义政治的重要内容。

民族区域自治制度是指在国家统一领导下，各少数民族聚居的地方实行区域自治，设立自治机关，行使自治权的制度。具体来讲，在统一的祖国大家庭里，在国家的统一领导下，以少数民族聚居的地区为基础，建立相应的自治机关行使自治权，少数民族的人民自主地管理本民族、本地区的内部事务，行使当家做主的权利。

其中，自治区相当于省级行政单位，自治州是介于自治区与自制县之间的民族区域，自治县相当于县级行政单位。民族自治地方的行政地位，原则上是依据各自治地方的地域大小和人口多少决定的。自治区与省同级，自治州与地级市同级，自治县与县同级。

1. 民族区域自治制度的历史沿革

民族区域自治制度的建构是中国共产党充分考虑我国各民族和区域的政治经济文化基础、历史根据和现实条件，成功走出的一条符合中国国情、具有中国特色的、解决民族问题的正确道路。统一的多民族国家的长期存在和发展是实行民族区域自治的历史根据，各民族之间密切而广泛的联系是实行民族区域自治的经济文化基础，各民族大杂居、小

---

① 以上资料来自于中国人民政治协商会议全国委员会门户网站。
② 新华网，http://www.xj.xinhuanet.com/2012-11/19/c_113722546_5.htm，2012-11-19.

聚居的状况是实行民族区域自治的现实条件。

1938 年 10 月，毛泽东在党的六届六中全会上提出："允许蒙、回、藏、苗、瑶、夷、番各民族与汉族有平等权利，在共同对日原则之下，有自己管理自己事务之权，同时与汉族联合建立统一的国家。"这是在建立统一国家的前提下，少数民族有建立民族自治区域的权利，标志着中国共产党民族区域自治思想的初步形成。

1941 年 5 月，中共陕甘宁边区中央局提出、中共中央政治局批准的《陕甘宁边区施政纲领》第 17 条明确规定："依据民族平等原则，实行蒙、回民族与汉族在政治、经济、文化上的平等权利，建立蒙、回民族的自治区，尊重蒙、回民族的宗教信仰与风俗习惯。"在这一政策的指导下，陕甘宁边区在 1941 年后建立了 5 个回族人民自治乡和 1 个蒙古族人民自治区。这包括关中新正县一乡回民自治乡、九乡回民自治乡、定边县城关区新华街回民自治乡、陇东三岔回民自治乡、盐池县回六庄回民自治乡，城川蒙民自治区。此外，在安徽定远县二龙乡也建立了回民自治乡。这是我们党在革命根据地实施民族区域自治制度的一次重要尝试。

1945 年 10 月 23 日，中央书记处发出《中共中央关于内蒙工作方针给晋察冀中央局的指示》提出："对内蒙的基本方针，在目前是实行区域自治。"根据这一指示精神，乌兰夫等团结当地各族人民，经过艰苦斗争和扎实工作，于 1947 年 4 月 23 日至 5 月 1 日召开内蒙古人民代表会议，正式成立内蒙古自治政府。这是抗日战争以来中国共产党领导内蒙古区域自治运动所取得的重要成果，也是新中国成立前在中华大地上创建的中国共产党领导的第一个省级边疆少数民族自治区。内蒙古自治政府的成立，表明我国民族区域自治不仅仅是一种政策主张或建议，而且在事实上成为一种制度和实践。

1952 年 2 月 22 日中央人民政府政务院第 125 次政务会议通过、1952 年 8 月 8 日中央人民政府委员会第 18 次会议批准施行的《中华人民共和国民族区域自治实施纲要》，以《中国人民政治协商会议共同纲领》所确立的原则为依据，就民族区域自治问题作了详细规定。该实施纲要包括"总则"、"自治区"、"自治机关"、"自治权利"、"自治区内的民族关系"、"上级人民政府的领导原则"和"附则"，共 7 章、40 条。

中央人民政府根据《中国人民政治协商会议共同纲领》和《中华人民共和国民族区域自治实施纲要》的规定，在全国范围内积极推行民族区域自治制度，陆续建立了一批自治州、自治县（旗）及民族乡（镇），形成了三级地方自治的体系[①]。

2. 民族自治地方的自治机关及其地位

民族自治地方的自治机关是自治区、自治州、自治县的人民代表大会和人民政府。民族自治地方的自治机关的组成和工作，根据宪法和法律，由民族自治地方的自治条例或者单行条例规定。

民族自治地方的自治机关实行人民代表大会制。民族自治地方的人民政府对本级人民代表大会和上一级国家行政机关负责并报告工作，在本级人民代表大会闭会期间，对本级人民代表大会常务委员会负责并报告工作。

---

① 万其刚. 我国民族区域自治制度的历史及其发展. http://www.npc.gov.cn/npc/xinwen/rdlt/rdjs/2010-12/29/content_1613535.htm，2010-12-29.

各民族自治地方的人民政府都是国务院统一领导下的国家行政机关，都服从国务院。民族自治地方自治机关实行自治区主席、自治州州长、自治县县长负责制，分别主持本级人民政府的工作。

3. 民族自治地方自治机关的自治权

1）民族自治地方自治机关的民族特色

（1）自治区主席、自治州州长、自治县县长由实行区域自治的民族的公民担任；民族自治地方的人民代表大会常务委员会应当由实行区域自治的民族的公民担任主任或者副主任。

（2）民族自治地方的人民代表大会中，除实行区域自治的民族的代表外，其他居住在本行政区内的民族特别是少数民族也应有适当名额的代表，而且对人口较少的民族的代表名额和比例分配将依法给予适当的照顾。

（3）民族自治地方的人民政府的组成人员及政府所属工作机构中，要尽量配备少数民族的干部，对基本符合条件的少数民族干部要优先配备。

实行民族区域自治的民族人口占本地区总人口 1/2 或以上的，其干部构成应当与本民族人口比例大体相当；少于 1/2 或者更少的，一般应高于本民族人口比例。

2）民族自治地方自治机关的自治权

（1）民族立法权。民族自治地方的人民代表大会有权依照当地的政治、经济和文化的特点，制定自治条例和单行条例。自治条例规定有关本地方实行民族区域自治的基本问题；单行条例规定有关本地方实行民族区域自治的某一方面的具体事项。自治条例、单行条例可以对国家法律和政策做出变通性规定。自治区的自治条例和单行条例，须报全国人民代表大会常务委员会批准后生效。自治州、自治县的自治条例和单行条例须报省或者自治区的人民代表大会常务委员会批准后生效，并报请全国人民代表大会常务委员会备案。

（2）变通执行权。上级国家机关的决议、决定、命令和指标，如果不适合民族自治地方的实际情况，自治机关可以报经上级国家机关批准，变通执行或者停止执行。

（3）财政经济自主权。民族自治地方的自治机关具有较大程度的财政经济自主权，并可以享受国家的照顾和优待。凡是依照国家规定属于民族自治地方的财政收入，都应当由民族自治地方的自治机关自主安排使用。民族自治地方的财政收入和财政支出的项目，由国务院按照优待民族自治地方的原则规定。民族自治地方的财政预算支出，按照国家规定，设立机动资金，预备费在预算中所占比例高于一般地区。

（4）文化、语言文字自主权。民族自治地方的自治机关享有一定程度的文化自主权。民族自治地方的自治机关在执行公务的时候，依照本民族自治地方自治条例的规定，使用当地通用的一种或者几种语言文字。同时使用几种通用的语言文字执行公务的，可以以实行区域自治的民族的语言文字为主。

（5）组织公安部队权。民族自治地方的自治机关依照国家的军事制度和当地的实际需要，经国务院批准，可以组织本地方维护社会治安的公安部队。

（6）少数民族干部具有任用优先权。

民族区域自治制度自建立以来，在我国的政治构架中发挥了重大作用。这项制度的实施有利于维护国家统一和安全，有利于保障少数民族人民当家做主的权利得以实现，有利于发展平等团结互助和谐的社会主义民族关系，有利于促进社会主义现代化建设事业蓬勃发展。

（五）基层群众自治制度

基层群众自治制度是中国特色社会主义民主制度的重要内容，主要包括以农村村民委员会、城市居民委员会、企业职工代表大会为主要内容的基层群众自治体系。广大城乡群众通过基层自治制度，依法直接行使民主选举、民主决策、民主管理、民主监督的民主权利，管理基层公共事务和公益事业，实行自我管理、自我服务、自我教育、自我监督，对干部实行民主监督，成为我国最直接、最广泛、最生动的民主实践，有利于人民群众依法管理自己的事务和民主素质的提高。

党的十七大报告指出："坚持和完善人民代表大会制度、中国共产党领导的多党合作和政治协商制度、民族区域自治制度以及基层群众自治制度，不断推进社会主义政治制度自我完善和发展。"[①]这是"基层群众自治制度"首次写入党代会报告，被纳入中国特色的政治制度范畴。把基层群众自治制度确立为我国民主政治的四项制度之一，把坚持和完善基层群众自治制度作为坚持中国特色社会主义政治发展道路的重要内容，这是我们党的一个重大决策，是对基层群众自治制度地位的重大提升。

党的十八大报告还进一步提出，在城乡社区治理、基层公共事务和公益事业中实行群众自我管理、自我服务、自我教育、自我监督，是人民依法直接行使民主权利的重要方式。要健全基层党组织领导的充满活力的基层群众自治制度，以扩大有序参与、推进信息公开、加强议事协商、强化权力监督为重点，拓宽范围和途径，丰富内容和形式，保障人民享有更多更切实的民主权利。全心全意依靠工人阶级，健全以职工代表大会为基本形式的企事业单位民主管理制度，保障职工参与管理和监督的民主权利。发挥基层各类组织协同作用，实现政府管理和基层民主有机结合[②]。

我国的基层群众自治是一条发挥群众主体作用与国家主导作用有机统一的民主自治之路，是一条适应经济社会发展需要与为经济社会发展服务有机统一的民主自治之路，是一条发展的渐进性与发展的创新性有机统一的民主自治之路，是一条培育人民的民主意识与维护人民的实际利益有机统一的民主自治之路，是一条实体性民主与程序性民主有机统一的民主自治之路。我们党在准确把握社会主义民主政治发展规律的基础上，把基层群众自治制度提升为我国政治制度的一项基本内容，顺应了时代潮流，符合党心民心，必将产生深远的影响。

① 胡锦涛. 高举中国特色社会主义伟大旗帜，为夺取全面建设小康社会新胜利而奋斗. 北京：人民出版社，2007：28.
② 新华网，http://www.xj.xinhuanet.com/2012-11/19/c_113722546_5.htm，2012-11-19.

第二节　我国民主政治的发展历程与建设成果

一、坚持党的领导、人民当家做主和依法治国的有机统一

民主是人类政治文明发展的重要成果，也是世界各国人民的普遍要求。发展社会主义民主政治，建设社会主义政治文明，是社会主义现代化建设的主要目标，也是构建社会主义和谐社会、实现中华民族伟大复兴中国梦的根本保证。

党的十六大指出，发展社会主义民主政治，最根本的是要把坚持党的领导、人民当家做主和依法治国有机统一起来。党的十七大进一步强调："要坚持中国特色社会主义政治发展道路，坚持党的领导、人民当家做主和依法治国有机统一，坚持和完善人民代表大会制度、中国共产党领导的多党合作和政治协商制度、民族区域自治制度以及基层群众自治制度，不断推进社会主义政治制度自我完善和发展。"①

中国共产党的领导是人民当家做主和依法治国的根本保证；人民当家做主是社会主义民主政治的本质和核心要求，是社会主义政治文明建设的根本出发点和归宿；依法治国是党领导人民治理国家的基本方略。三者统一于建设中国特色社会主义民主政治的伟大实践中，决不能将它们分割或对立起来。

十八大报告明确指出：政治体制改革是我国全面改革的重要组成部分。必须继续积极稳妥推进政治体制改革，发展更加广泛、更加充分、更加健全的人民民主。必须坚持党的领导、人民当家做主、依法治国有机统一，以保证人民当家做主为根本，以增强党和国家活力、调动人民积极性为目标，扩大社会主义民主，加快建设社会主义法治国家，发展社会主义政治文明。要更加注重改进党的领导方式和执政方式，保证党领导人民有效治理国家；更加注重健全民主制度、丰富民主形式，保证人民依法实行民主选举、民主决策、民主管理、民主监督；更加注重发挥法治在国家治理和社会管理中的重要作用，维护国家法制统一、尊严、权威，保证人民依法享有广泛权利和自由。要把制度建设摆在突出位置，充分发挥我国社会主义政治制度优越性，积极借鉴人类政治文明有益成果，绝不照搬西方政治制度模式②。

（一）支持和保证人民通过人民代表大会行使国家权力

人民代表大会制度是保证人民当家做主的根本政治制度。要善于使党的主张通过法定程序成为国家意志，支持全国人民代表大会及其常委会充分发挥国家权力机关作用，

---

① 胡锦涛. 高举中国特色社会主义伟大旗帜，为夺取全面建设小康社会新胜利而奋斗. 北京：人民出版社，2007：28.
② 新华网，http://www.xj.xinhuanet.com/2012-11/19/c_113722546_5.htm，2012-11-19.

依法行使立法、监督、决定、任免等职权，加强立法工作组织协调，加强对"一府两院"的监督，加强对政府全口径预算决算的审查和监督。提高基层人大代表特别是一线工人、农民、知识分子代表比例，降低党政领导干部代表比例。在人大设立代表联络机构，完善代表联系群众制度。健全国家权力机关组织制度，优化常委会、专委会组成人员知识和年龄结构，提高专职委员比例，增强依法履职能力。

（二）健全社会主义协商民主制度

社会主义协商民主是我国人民民主的重要形式。要完善社会主义协商民主制度和工作机制，推进协商民主广泛、多层、制度化发展。通过国家政权机关、政协组织、党派团体等渠道，就经济社会发展重大问题和涉及群众切身利益的实际问题广泛协商、广纳群言、广集民智，增进共识、增强合力。坚持和完善中国共产党领导的多党合作和政治协商制度，充分发挥人民政协作为协商民主重要渠道的作用，围绕团结和民主两大主题，推进政治协商、民主监督、参政议政制度建设，更好协调关系、汇聚力量、建言献策、服务大局。加强同民主党派的政治协商，把政治协商纳入决策程序，坚持协商于决策之前和决策之中，增强民主协商实效性。深入进行专题协商、对口协商、界别协商、提案办理协商，积极开展基层民主协商。

（三）完善基层民主制度

在城乡社区治理、基层公共事务和公益事业中实行群众自我管理、自我服务、自我教育、自我监督，是人民依法直接行使民主权利的重要方式。要健全基层党组织领导的充满活力的基层群众自治机制，以扩大有序参与、推进信息公开、加强议事协商、强化权力监督为重点，拓宽范围和途径，丰富内容和形式，保障人民享有更多更切实的民主权利。全心全意依靠工人阶级，健全以职工代表大会为基本形式的企事业单位民主管理制度，保障职工参与管理和监督的民主权利。发挥基层各类组织的协同作用，实现政府管理和基层民主有机结合。

（四）全面推进依法治国

法治是治国理政的基本方式。要推进科学立法、严格执法、公正司法、全民守法，坚持法律面前人人平等，保证有法必依、执法必严、违法必究。完善中国特色社会主义法律体系，加强重点领域立法，拓展人民有序参与立法途径。推进依法行政，切实做到严格规范公正文明执法。进一步深化司法体制改革，坚持和完善中国特色社会主义司法制度，确保审判机关、检察机关依法独立公正行使审判权、检察权。深入开展法制宣传教育，弘扬社会主义法治精神，树立社会主义法治理念，增强全社会学法、尊法、守法、用法意识。提高领导干部运用法治思维和法治方式深化改革、推动发展、化解矛盾、维护稳定能力。党领导人民制定宪法和法律，党必须在宪法和法律范围内活动。任何组织或者个人都不得有超越宪法和法律的特权，绝不允许以言代法、以权压法、徇私枉法。

（五）深化行政体制改革

行政体制改革是推动上层建筑适应经济基础的必然要求。要按照建立中国特色社会主义行政体制目标，深入推进政企分开、政资分开、政事分开、政社分开，建设职能科学、结构优化、廉洁高效、人民满意的服务型政府。深化行政审批制度改革，继续简政放权，推动政府职能向创造良好发展环境、提供优质公共服务、维护社会公平正义转变。稳步推进大部门制改革，健全部门职责体系。优化行政层级和行政区划设置，有条件的地方可探索省直接管理县（市）改革，深化乡镇行政体制改革。创新行政管理方式，提高政府公信力和执行力，推进政府绩效管理。严格控制机构编制，减少领导职数，降低行政成本。推进事业单位分类改革。完善体制改革协调机制，统筹规划和协调重大改革。

（六）健全权力运行制约和监督体系

坚持用制度管权、管事、管人，保障人民知情权、参与权、表达权、监督权，是权力正确运行的重要保证。要确保决策权、执行权、监督权既相互制约又相互协调，确保国家机关按照法定权限和程序行使权力。坚持科学决策、民主决策、依法决策，健全决策机制和程序，发挥思想库作用，建立健全决策问责和纠错制度。凡是涉及群众切身利益的决策都要充分听取群众意见，凡是损害群众利益的做法都要坚决防止和纠正。推进权力运行公开化、规范化，完善党务公开、政务公开、司法公开和各领域办事公开制度，健全质询、问责、经济责任审计、引咎辞职、罢免等制度，加强党内监督、民主监督、法律监督、舆论监督，让人民监督权力，让权力在阳光下运行。

（七）巩固和发展最广泛的爱国统一战线

统一战线是凝聚各方力量，促进政党关系、民族关系、宗教关系、阶层关系、海内外同胞关系的和谐，夺取中国特色社会主义新胜利的重要法宝。要高举爱国主义、社会主义旗帜，巩固统一战线的思想政治基础，正确处理一致性和多样性的关系。坚持长期共存、互相监督、肝胆相照、荣辱与共的方针，加强同民主党派和无党派人士团结合作，促进思想上同心同德、目标上同心同向、行动上同心同行，加强党外代表人士队伍建设，选拔和推荐更多优秀党外人士担任各级国家机关领导职务。全面正确贯彻落实党的民族政策，坚持和完善民族区域自治制度，牢牢把握各民族共同团结奋斗、共同繁荣发展的主题，深入开展民族团结进步教育，加快民族地区发展，保障少数民族合法权益，巩固和发展平等团结互助和谐的社会主义民族关系，促进各民族和睦相处、和衷共济、和谐发展。全面贯彻党的宗教工作基本方针，发挥宗教界人士和信教群众在促进经济社会发展中的积极作用。鼓励和引导新的社会阶层人士为中国特色社会主义事业做出更大贡献。落实党的侨务政策，支持海外侨胞、归侨侨眷关心和参与祖国现代化建设与和平统一大业。

中国特色社会主义政治发展道路是团结亿万人民共同奋斗的正确道路。我们一定要坚定不移地沿着这条道路前进，使我国社会主义民主政治展现出更加旺盛的生命力。

二、新中国成立以来党内民主发展的历程

新中国成立 60 多年来，我们党已经构建了由党代会、党委会、党内选举、党内监督和党员权利保障五大制度所组成的党内民主运行机制。党内民主运行机制已基本成形并初具成效。

党内民主包括党内实体民主和党内程序民主。党内实体民主，主要是指党内民主在制度层面的规定。党内程序民主，是把关于党内实体民主的制度性规定转化为具体实践所必须遵循的方式、步骤和顺序。

党的十七届四中全会重申：党内民主是党的生命，必须以保障党员民主权利为根本，以加强党内基层民主建设为基础，切实推进党内民主建设。中国共产党建党九十多年的历史证明：什么时候党内民主活跃，党就生机盎然，党的事业就欣欣向荣；什么时候党内民主受到削弱破坏，党就萎靡沉闷，党的事业就遭受挫折和损失。

新中国成立以来，党内民主发展演变的轨迹和历程如下。

（一）党的八大：发展党内民主的良好开端

1956 年党的八大，是中国共产党在全国执政后召开的第一次全国代表大会。刘少奇、邓小平在代表中央做的八大政治报告和关于修改党章的报告中，共 8 次使用 "党内民主" 一词。对于如何扩大党内民主，大会强调了三点：一是 "一切重大问题的决定都要在适当的集体中经过充分的讨论，容许不同观点的无拘束的争论"；二是 "每个领导者都必须善于耐心地听取和从容地考虑反对的意见，坚决地接受合理的反对意见或者反对意见中的合理部分"；三是坚决反对 "以集体领导的外表掩盖个人专断的实质"，反对 "个人突出" 和 "对个人的歌功颂德"。党的八大在实践党内民主方面，更是成功的典范。会议期间，共有 68 人登台做了大会发言，45 人做了书面发言，所有发言内容都在第二天的《人民日报》公开发表。大会对中央委员、候补中央委员的选举，采用无记名投票方式进行，并当场宣读当选人名单和所得票数，中央委员和候补中央委员名单的公布以得票多少为序。诚如八大闭幕时《人民日报》社论所指出的，八大关于党的民主生活的讨论 "是我们党的历史上的重要事件"，八大也必将作为发展党内民主的一个范例而载入党的史册[①]。

（二）党的九大、十大：党内民主严重受挫

党的八大以后不久，从 1957 年起，由于多方面原因，党在指导思想上犯了严重错误，在此期间，党内民主也名实俱亡。正是由于党内民主被毁弃殆尽，个人专断、个人凌驾于组织之上、个人决定党和国家重大问题，直接带来了 "文化大革命" 的十年浩劫。"文化大革命" 中提出的 "五十字建党方针"，使执政党建设从根本上偏离了正确方向，严重损害了党内民主。"文化大革命" 期间党先后召开了两次全国代表大会，即 1969 年召开的党的九大和 1973 年召开的党的十大。在极不正常的情况下，这两次大会的筹备和召开完

全违背了党内民主。大会做出的事关党和国家命运的重大决策，并不是由党中央集体讨论决定，而是由最高领导人核定或由其指定的某些人决定。两次大会通过的政治报告和党章无一例外地废除了"党内民主"的提法；党章还取消了关于党员权利和义务的规定，将"党的各级领导机关都由选举产生"改为"由民主协商、选举产生"，并取消了无记名投票的规定。特别是九大党章把"林彪作为毛泽东接班人的地位"写进总纲，更是对党内民主的极大破坏。

（三）党的十一大：21 年后重提"党内民主"

粉碎"四人帮"，结束"文化大革命"后，1977 年党召开了十一大。十一大立足于对"四人帮"的批判，着重强调了党内民主的重要性。大会政治报告在时隔 21 年后，3 次重提"党内民主"。叶剑英在代表党中央做的关于修改党章的报告中提出："必须充分认识发扬民主的重要性。任何破坏党的民主生活，侵害党员民主权利的行为，都是违反民主集中制的，是党的纪律所不允许的。"[①]大会修订通过的党章两次出现了"党内民主"的提法，规定"一切重要问题都由集体决定"。但是，由于此时党在指导思想上拨乱反正的工作尚未开始，"两个凡是"仍然大行其道，这就使大会在认识和实践党内民主方面虽有进展，但无显著改观。

（四）党的十二大：党内民主发展转入正轨

1978 年真理标准大讨论冲破了个人迷信、"两个凡是"的禁锢，同年年底召开的十一届三中全会实现了党的思想路线、政治路线的全面拨乱反正，这成为党内民主发展的重要转折点。为了充分发扬党内民主，1980 年 2 月，党的十一届五中全会通过了《关于党内政治生活的若干准则》，从党纪党规上为发展党内民主提供有力保障。1982 年党的十二大召开，大会对新中国成立以来党内政治生活的不正常现象进行了认真总结和反思，郑重提出党内民主问题"是关系党和国家命运的根本问题"。大会修订通过的党章以党的根本大法的形式对发展党内民主做出了一系列新的规定。十二大党章还明确规定"禁止任何形式的个人崇拜"，领导"职务都不是终身的，都可以变动或解除"。上述这一系列决策，标志着党内民主开始摆脱过去长期"左"的桎梏，全面转入正轨。

（五）党的十三大：党内民主发展的新探索

1987 年党的十三大，是在中国改革开放进入第九个年头之际召开的。大会召开前一年多时间里，关于政治体制改革的讨论在国内形成热潮。在此期间邓小平先后 20 余次谈到政治体制改革问题，宣布要把政治体制改革作为十三大的一个主题。在政治体制改革的推动下，十三大对发展党内民主问题进行了深入探讨，为此，十三大对党章做了如下修订：一是第一次将"差额选举"机制引入党内选举，明确规定"可以直接采用候选人多于

---

① 中共中央党校党建教研室. 党的学说文件汇编：关于修改党的章程的报告（"七大"—— "十一大"）（内部发行）.
1979：144.

应选人数的差额选举办法进行正式选举。"二是进一步完善党内讨论和决定重要问题的办法、程序和操作途径，明确提出"决定重要问题，要进行表决"，这一规定为后来干部任免制度中的"票决制"奠定了基础。三是增加了关于党的全国代表大会职权的表述，突出了党代会的地位和作用。总的来看，十三大是把发展党内民主作为推动中国政治体制改革的一个切入点来认识和讨论的。十三大以后，从1988年开始，中共中央组织部先后在浙江、山西、河北、湖南等省的12个县市进行首轮党代会常任制试点，这表明党内民主发展已进入了更深领域的探索和实践阶段。

（六）党的十四大、十五大：党内民主稳妥推进

1992年党召开的十四大。此时，一方面，世界社会主义运动处于低潮，国内政治风波东欧剧变及苏联解体给党带来严峻考验；另一方面，邓小平南方谈话催生了新一轮思想解放，我国改革开放和现代化建设即将进入加速发展的新阶段。这一特定历史背景使十四大关于党内民主的阐述打上了鲜明的时代烙印。十四大通过的党章总纲中，把十二大关于民主集中制是"在高度民主的基础上实行高度的集中"的表述改为"在民主基础上的集中和集中指导下的民主相结合"。这一修订，弥补了"高度民主"和"高度集中"执行起来难以操作又容易偏颇的不足，同时在理论上也大大压缩了极端民主化和专制主义两种错误倾向滋生和发展的空间，有利于保障党内民主的健康发展。1997年召开的党的十五大，强调要"在坚持四项基本原则的前提下，继续推进政治体制改革，进一步扩大社会主义民主，健全社会主义法法制，依法治国，建设社会主义法治国家"、"发展社会主义民主政治，是我们党始终不渝的奋斗目标。没有民主就没有社会主义，就没有社会主义现代化。"[①]

（七）党的十六大：开启党内民主发展新契机

2002年党的十六大第一次把党内民主提升到"党的生命"的高度，强调党内民主对人民民主具有重要的示范和带动作用，开启了党内民主发展的新契机。大会提出，发展党内民主，要以保障党员民主权利为基础，以完善党的代表大会制度和党的委员会制度为重点，从改革体制机制入手，建立健全充分反映党员和党组织意愿的党内民主制度。这就从基础、重点、入手处和目标等方面为进一步探索和发展党内民主勾勒了清晰蓝图。按照以上部署，十六大以后，党内民主建设在质和量上都有明显提高：中共中央正式颁布《中国共产党党员权利保障条例》，使党员主体地位有了制度保障；重要干部任用票决制、无记名投票制度推行，基层党政主要领导干部"公推直选"试点不断扩大，至2005年10月，全国有210多个乡镇通过"公推直选"产生班子主要成员；《中国共产党党内监督条例（试行）》和《关于党员领导干部述职述廉的暂行规定》等多项规章的颁布实施，则将党内监督纳入党内民主发展的重要内容。

---

① 中共中央文献编辑委员会. 江泽民文选（第2卷）. 北京：人民出版社，2006：30.

（八）党的十七大：党内民主向纵深拓展

2007 年党的十七大科学总结十六大以来党内民主建设的实践，对发展党内民主提出了新要求，进行了新部署。大会继十六大提出"党内民主是党的生命"之后，进一步提出"人民民主是社会主义的生命"，强调"要以扩大党内民主带动人民民主，以增进党内和谐促进社会和谐。"大会在"积极推进党内民主建设"方面贡献良多。一是提出要"推进党务公开，营造党内民主讨论环境"，这一规定增加了党务工作的透明度，扩大了广大党员的知情权。二是规定党的各级代表大会代表实行任期制，这意味着党代表将能够在法定任期内充分履行职权，发挥应有的作用。三是规定党的中央和省、自治区、直辖市委员会实行巡视制度，从而大大加强了党内监督力度。四是规定中央政治局要向中央委员会全体会议、地方各级党委常委会要向委员会全体会议定期报告工作并接受监督，这就从制度上体现并明确了党内权力的授受关系，是加强集体领导、推进党内民主的重要举措。

（九）党的十八大：党内民主建设的新突破和重大举措

党的十八大报告重申"党内民主是党的生命"这一科学论断，并对积极发展党内民主做出新的部署。十八大报告强调："要坚持民主集中制，健全党内民主制度体系，以党内民主带动人民民主。"这是发展党内民主的总思路。坚持民主集中制是维护党的集中统一、增强党的创造活力的重要保证，任何时候都不能动摇。健全党内民主制度体系，是推进党的建设制度化、规范化、程序化的重要方面，是保证党内民主健康发展的根本保障，必须加快构建内容协调、程序严密、配套完备、有效管用的党内民主制度体系。以党内民主带动人民民主，是我们党领导发展社会主义民主政治的特殊优势，是走中国特色社会主义政治发展道路的重要体现[1]。

三、新中国成立以来党内民主建设取得的成果及未来发展趋势[2]

改革开放以来，党内民主建设的观念不断更新，思路不断拓展，方法不断创新，取得了重要成果。主要有以下方面。

第一，党内民主建设的理论取得重大成果。党的十六大做出了"党内民主是党的生命"的重要论断。党的十七大报告提出，党内民主是增强党的创新活力、巩固党的团结统一的重要保证；要以扩大党内民主来带动人民民主，以增进党内和谐促进社会和谐；要尊重党员的主体地位，保障党员的民主权利，推进党务公开，营造党内民主讨论的环境，等等。党的十八大报告在总结近年来发展党内民主的实践经验基础上，提出了保障党员主体地位，健全党员民主权利保障制度，开展批评和自我批评，营造党内民主平等的同志关系、民主讨论的政治氛围、民主监督的制度环境，落实党员知情权、参与权、选举权、监督权等一系列积极发展党内民主的重大举措和工作着力点。这一系列新思想、新观点和

---

① 新华网，http://www.xj.xinhuanet.com/2013-03/18/c_113722546_5.htm，2013-03-18.
② 江金权. 走进党内民主. 理论学习频道，http://llxx.chbook.cn/ebookDetail.asp?mind=10&vid=10&cid=37，2009-06-20.

新举措保障了党员主体地位，阐释了加强党内民主建设的新要求，体现了广大党员发展党内民主的新期盼，为进一步加强党内民主建设指明了方向。

第二，党内民主制度建设有长足进步。民主需要一个形式，需要制度，需要机制。近年来，党内民主不断地制度化、规范化，先后颁布制订了《中国共产党党员权利保障条例》、《中国共产党地方组织选举工作条例》和《中国共产党党内监督条例》等许多条例，这些条例使党内民主不断健全和发展。例如，党内选举制度不断完善，从党的十三大开始实行差额选举之后，党内选举的差额范围和比例不断扩大，十七大党代会代表的差额比例已经超过了 15%，比十六大时提高了 5 百分点，这些代表在酝酿阶段都是差额提名；同时，中央委员会成员的选举差额比例也大幅度地提高。这扩大了选举人自主选择的范围，以便做到好中选优。党的十八大报告进一步提出，规范差额提名、差额选举，形成充分体现选举人意志的程序和环境。各地要按照这一要求，从制度和程序上改进候选人提名方式、介绍办法，完善选举程序、投票办法，使党内选举制度更好反映广大党员的意愿和要求。又如，党的十八大报告提出了完善党的代表大会制度的重点举措。党的代表大会制度是党内民主的基本实现形式和重要制度保证。一是提高工人、农民代表比例。这对于巩固党执政的阶级基础和群众基础具有重要意义。党的十八大当选代表中，工人党员（包括农民工党员）占 7.4%，比党的十七大有较大幅度提高，今后还要在此基础上继续推进这项工作。二是落实和完善党的代表大会代表任期制。这一制度已经写入党章并下发暂行条例，关键要抓好落实并完善相关制度。三是试行乡镇党代会年会制。这是总结基层实践创造提出的一项新举措。试点经验表明，年会制在乡镇先行推开，成本小、易操作、效果好。四是深化县（市、区）党代会常任制试点。党的十七大以来，300 多个县、近 3 000 个乡镇开展党代会常任制试点。五是实行党代会代表提案制。要认真执行《中国共产党全国代表大会和地方各级代表大会代表任期制暂行条例》中关于代表提案的有关规定，建立完善的制度规范，从制度上保证党员代表充分发挥作用。

第三，党委决策民主化、科学化水平提高。中央政治局带头执行重大问题决策征求意见制度，重大决策之前，都要充分发扬党内民主，深入进行调查研究，认真听取各地、各部门、各民主党派的意见，积极讨论来做出决定。例如，党的十七大报告和党章修正案征求意见的范围有所调整，由过去的在省部级领导班子中征求意见，扩大到党的十六大代表和新当选的党的十七大代表。党的十七大以来，党内基层民主有了很大发展，29 个省（区、市）基层党务公开覆盖面已达 80%。党的十八大报告提出，完善党员定期评议基层党组织领导班子等制度，推行党员旁听基层党委会议、党代会代表列席同级党委有关会议等做法，这是扩大党务公开、增强党内生活原则性和透明度的有效措施。党组织做出的决策，凡涉及广大人民切身利益的事项，广泛地实行听证、公示等制度，集思广益，集中民智，使决策既符合客观实际，又有坚实的群众基础，对那些专业性和技术性较强的重大事项，实行专家论证、技术咨询、决策评估，使决策更加科学化。

第四，干部选拔任用机制更加完善。民主推荐、民主测评，已经成为干部选拔任用工作的必经程序和基础环节。考察预告、用前公示、试用期和地方党委全体会议无记名投票表决重要干部等制度已经全面推行，干部选拔任用工作更加透明，干部考察更加全面。

第五，党内民主监督的有效性不断增强。中央明确指出，党内监督的重点是各级领导机关和领导干部，特别是一把手，为开展党内监督，提供了根本的依据。近年来，中央和省一级普遍实行了巡视制度，加强了对各级领导班子和领导干部的监督，取得了很好的效果，一大批案件就是通过巡视组发现的，如上海的陈良宇案件、青岛的杜世成案件，都是巡视组发现线索以后查处的。各级党组织不断提高民主生活会的质量，充分发挥领导班子成员之间的相互监督，自觉接受上级党组织的监督。同时，述职述廉、诫勉谈话使各级领导干部接受群众监督的领域更加广泛，重点更加突出，操作更加具体。

第六，基层党内民主形式丰富多彩。大多数基层党组织实行了直接选举，在此基础上，各地还探索了一些发展基层党内民主的有效形式，如江苏省的淮安市、湖北省的鄂州市等，全面推行了党员议事会制度。

在已有成果的基础上，进一步推进党内民主建设的着力点。

（1）尊重党员的主体地位，保障党员的民主权利。党的十七大提出，要按规定实行党务公开，这是尊重党员主体地位、保障党员民主权利的一个重要制度安排。党的十八大更是强调，保障党员主体地位，落实党员知情权、参与权、选举权、监督权。在党内生活中，必须充分尊重和体现党员的意志，实现人人平等、共同参与和管理党内事务。

（2）进一步完善党的代表大会制度。党的代表大会制度是党的根本制度，是党内民主最重要的载体。完善党内民主制度、代表大会制度需要做的工作很多，当前要着重做好两项工作。第一，党的各级代表大会的代表实行任期制，党的十七大以后，中央已经制定了《中国共产党全国代表大会和地方各级代表大会代表任期制的暂行条例》，对实行任期制条件下，党代会代表的权利和义务、开展活动的方式及履行职责的保障等，做出了明确的规定，提出了明确的要求。第二，改革党内的选举制度。要改进候选人提名制度和选举方式，扩大候选人预备人选和候选人的差额比例，完善差额选举制度，候选人的提名权由常委会讨论决定改为全委会讨论决定。

（3）进一步完善各级党组织内部的运行机制，强化全委会的功能。十七大规定，中央政治局向中央委员会全体会议报告工作，地方各级党委常委会向委员会全体会议报告工作，接受监督，这是一项重大的制度安排，它有利于全委会充分发挥党内的重大决策主体和监督主体的作用。党的十八大进一步指出，强化全委会决策和监督作用，完善常委会议事规则和决策程序，使全委会和常委会能够更加规范、高效地运行；完善已经全面推开的地方党委讨论决定重大问题和任用重要干部票决制，提高科学决策、民主决策、依法决策水平。

（4）进一步扩大干部选拔任用工作中的民主，提高选人用人的公信度，按照党的十七大报告的要求，进一步推进干部人事制度改革，基本的趋向就是要扩大干部人事工作中的民主，坚持党管干部原则，坚持民主、公开、竞争、择优，形成干部选拔任用的科学机制，防止和纠正选人用人工作中的不正之风和腐败现象。

（5）完善党内民主监督制度。完善权力制约和监督机制，完善公开办事制度，提高政府工作的透明度和公信力，重点加强对领导干部，特别是主要领导干部、人财物管理的使用及关键岗位的监督。

四、我国基层民主建设进程及其发展成果

基层民主是我国广大工人、农民、知识分子和各阶层人士，在城乡基层政权机关、企事业单位和基层自治组织中依法直接行使的民主权利，包括经济、政治、文化、教育等领域的民主权利，渗透到社会生活各个方面，具有全体公民广泛和直接参与的特点。它不仅是一种基层自治和民主管理制度，而且作为国家制度民主的具体化，是社会主义民主广泛而深刻的实践。

党的十七大首次把基层群众自治制度纳入中国特色社会主义政治制度的基本范畴，明确指出："人民依法直接行使民主权利，管理基层公共事物和公益事业，事项自我管理、自我服务、自我教育、自我监督，对干部实行民主监督，是人们当家做主最有效、最广泛的途径，必须作为发展社会主义民主政治的基础性工程重点推进。"①

（一）我国基层民主发展的简要历程

1978年12月13日，邓小平在《解放思想，实事求是，团结一致向前看》的重要讲话中强调指出，要"扩大厂矿企业和生产队的自主权，使每一个工厂和生产队能够千方百计地发挥主动创造精神"；"要切实保障工人农民个人的民主权利，包括民主选举，民主管理和民主监督。不但应该使每个车间主任、生产队长对生产负责任、想办法，而且一定要使每个工人农民都对生产负责任、想办法。"②

1981年6月，在总结历史经验和教训的基础上，中共十一届六中全会通过《关于建国以来党的若干历史问题的决议》，该决议明确提出将"在基层政权和基层社会生活中逐步实现人民的直接民主"，作为逐步建设高度民主的社会主义政治制度的内容之一。

1982年10月，中共十二大对发展基层民主给予了进一步肯定，指出："社会主义民主要扩展到政治生活，经济生活，文化生活和社会生活的各个方面，发展各个企业事业单位的民主管理，发展基层社会生活的群众自治。"

1982年修改《宪法》时，在第111条中第一次把农民创造的"村民委员会"这种组织形式写进了宪法，并明确规定：农村按居民居住地方设立的村民委员会是基层群众性自治组织。

1983年10月，中共中央、国务院在《关于实行政社分开，建立乡政府的通知》中，对如何建立村民委员会、村民委员会的性质、任务及组织原则等都做出了比较具体的规定，并提出要制定全国统一的村民委员会组织条例。此后，全国普遍开展了由生产大队改建村民委员会的活动。

1987年11月24日，第六届全国人民代表大会常务委员会第二十三次会议审议通过了《中华人民共和国村民委员会组织法（试行）》。

1997年9月，中共十五大把农村基层民主政治建设作为中国推进政治体制改革和加强民主法制建设、实施依法治国方略的重要内容。

---

① 胡锦涛. 高举中国特色社会主义伟大旗帜，为夺取全面建设小康社会新胜利而奋斗. 北京：人民出版社，2007：30.
② 中共中央文献编辑委员会. 邓小平文选（第1卷）. 第2版. 北京：人民出版社，1994：146.

1998 年 10 月，中共十五届三中全会对扩大农村基层民主、实行村民自治进行了系统全面的论述，决定把"坚持中国共产党的领导，加强农村社会主义民主政治建设，进一步扩大基层民主，保证农民依法直接行使民主权利，全面推进村民自治"，作为中国农村跨世纪发展的重要目标，把全面推进村级民主选举、民主决策、民主管理、民主监督提上了全党的议事日程。

2002 年 10 月，中共十六大报告把发展城乡基层民主列入了全面建设小康社会的奋斗目标，对基层民主的内涵、外延做出了准确概括。

2007 年 10 月，党的十七大报告强调：要发展基层民主，保障人民享有更多更切实的民主权利，必须作为发展社会主义民主政治的基础性工程重点推进；要健全基层党组织领导的充满活力的基层群众自治机制，扩大基层群众自治范围，完善民主管理制度，把城乡社区建设成为管理有序、服务完善、文明祥和的社会生活共同体。

2012 年 11 月，党的十八大进一步指出：我国的人民民主不断扩大，民主制度更加完善，民主形式更加丰富，人民积极性、主动性、创造性进一步发挥。民主法制建设迈出新步伐，基层民主不断发展，依法治国基本方略全面落实，中国特色社会主义法律体系形成，社会主义法治国家建设成绩显著。

（二）我国城乡基层群众自治的伟大成就

目前，城乡基层群众自治已成为我国城乡基层社会的一项基本政治制度，在建设中国特色社会主义进程中发挥着愈益重要的作用。

第一，基层自治组织不断健全，居民群众参与管理、反映诉求的渠道逐步拓宽。在城乡基层，社区自治组织基本实现了全覆盖。截至 2007 年年底，全国设有村委会 61 万多个，村委会成员 265.7 万人；设有居委会 8 万多个，居委会成员 45.4 万人。全国绝大多数村（居）委会都设立了人民调解、治安保卫、公共卫生等下属委员会。近年来，城乡基层还出现了一些新型社会组织，在管理基层公共事务、服务居民群众、维护居民合法权益等方面发挥了重要作用。在农村，农民专业合作经济组织大量涌现，全国约有 15 万个，成员总数达到 2 363 万户，约占全国农户总数的 9.8%。在城市，各种类型的社区民间组织得到培育和发展。2012 年年底，全国共建成街道社区服务中心 3 515 个，社区服务站 44 237 个，社区综合服务设施覆盖率达 50.81%。2014 年 7 月，全国 76%的社区建立了志愿者组织、68%的社区建立了残疾人组织、72%的社区建立了老年人组织，有 507.6 万社区居民成为社区志愿者，活跃在社区服务各领域，成为推动社区建设和社区服务的重要力量。

第二，民主管理制度日趋完善，城乡社区的自治功能逐步增强。城乡村（居）民自治制度基本建立，较好地保障了村（居）民管理基层公共事务和公益事业的民主权利。社区建设在城市全面铺开，并逐步向小城镇和农村延伸，城乡社区的管理服务功能逐步增强。村委会直接选举起步较早，最多的乡村已进行了 9 届，最少的乡村也进行了 3 届，已基本实现制度化、规范化、程序化，目前全国 98%以上的村委会已全部依法实行了直接选举。居委会直接选举的范围逐步扩大，有 22%的居委会实行了直接选举。经常性民主活动普遍开展，民主决策程序逐步规范，涉及村（居）民利益的重大事项，基本上都能通过民主决策程序让广大村（居）民讨论决定。全国35%的村每年都召开村民会议，57%的村每年都召开1次以上村民代表会议，50%的村庄或社区制定了自治章程或者居民公约。村务公开制度普遍推行，群众可以通过民主评议、任期或离任审计、辞职罢免等制度监督和约束村（居）委会干部，对干部实行有效监督。中华人民共和国第十一届全国人民代表大会常务委员会第十七次会议于2010年10月28日修订、颁行了《中华人民共和国村民委员会组织法》。该法的颁布施行意味着为保障农村村民实行自治，由村民依法办理自己的事情，发展农村基层民主，维护村民的合法权益，促进社会主义新农村建设提供了法律制度坚石。村委会组织法修订实施，地方法规不断修订完善，党中央先后就社区居委会建设、社区服务体系建设、村委会换届选举、村级组织运转经费保障机制等下发文件，为城乡基层群众自治实践提供了更加有力的法律和制度保障。

第三，城乡居民群众经受了民主锻炼，参与民主管理的积极性逐步提高。全国绝大部分省份的村委会选举是在农民参加直接选举的形式下完成的，这是世界上涉及人数最多的直接选举。在选举中，"海选"方式被广泛采用，并在实践中创造了"候选人自荐海选"等方式。在民主决策中，一些地方创造了设立村民代表会议主席、强化村民代表会议职能的做法，一些地方创造了"村务大事村民公决"的办法，有效保障了村民群众的决策参与权。为加强对村干部的监督，一些地方设立了村务监督委员会。针对居民群众联系松散、参与积极性不高的问题，一些地方在城市社区创立了协商议事会、居民论坛、网上投票等方式，保障居民群众的民主权利。

第四，基层党组织建设得到巩固和加强，党对基层工作的领导逐步改善。党在城乡工作的覆盖面不断扩大。农村实现了一村一党组织，有的地方还根据产业结构调整把党支部建在协会和村民小组。城市把党组织建在社区，组建率达到98.5%，加强对社区离退休党员、流动党员、下岗党员的管理和服务。越来越多的村（居）委会干部，经过党组织的考察培养，被吸收进党组织中来。党的基层组织是党全部工作和战斗力的基础，是团结带领群众贯彻党的理论和路线方针政策、落实党的任务的战斗堡垒，长期以来在推动发展、服务群众、凝聚人心、促进和谐中发挥了重要作用。在新形势下，基层党组织服务群众、做群众工作的任务更为繁重，这对强化基层党组织的服务功能提出了新的要求。党的十八大做出创新基层党建工作，加强基层服务型党组织建设的重大部署；党的十八届三中全会强调充分发挥基层党组织的战斗堡垒作用，为全面深化改革做出积极贡献。

（三）健全和完善基层群众自治制度的基本经验

改革开放30多年来，我国城乡基层群众自治积累了许多经验。概括起来主要有以下方面。

一是始终坚持党和政府主导。在推进基层民主过程中，党和政府始终发挥着主导作用。无论是制度设计、法律制定，还是组织实施、规范要求，都是在党和政府的坚强领导与有力推动下进行的。没有党和政府的高度重视与坚强领导，发展基层民主就不可能写进宪法，相关法律法规和政策就不可能出台，城乡基层民主就不可能健康有序发展。

二是始终坚持法律法规政策先行。把发展城乡基层民主与推进依法治国基本方略、健全法制紧密结合，是党和政府推进基层民主始终如一的方针。改革开放后，我们党首先确立了代表制民主与基层直接民主相结合的民主政治建设方针。1982 年，发展基层民主被写进了新修订的宪法。之后，又相继制定了《中华人民共和国村民委员会组织法》和《中华人民共和国居民委员会组织法》，各地也相继制定和完善了村民自治的配套法规，把城乡居民群众管理基层公共事务和公益事业的民主权利通过法律和制度固定下来，使之法律化、制度化、规范化，不受任何组织和个人侵犯与剥夺。

三是始终坚持居民群众的主体地位。坚持和维护广大居民群众的主体地位，是推进基层民主建设的一项重要原则。在民主实践中，各地始终把维护广大居民群众的合法权益作为各项工作的出发点和落脚点；尊重群众的首创精神，尊重基层的创造，并不断把群众的创造上升为政策和法律；把居民群众的需求作为第一信号，把居民群众的参与作为第一动力，把居民群众满意与否作为检验工作的第一标准，从而保持了我国城乡基层民主的巨大活力和持久动力。

四是始终坚持与我国经济社会发展相适应。各地在发展基层民主过程中，始终以推动和保障党的中心工作及经济社会发展为目标，以人民群众公共生活需要为动力，与整体的政治和经济发展相适应，始终在社会主义民主政治建设的总体框架内，有秩序、有步骤、循序渐进地加以推进。农村村民自治制度是与家庭联产承包责任制相适应的，城市社区居民自治制度是与城市经济体制和管理体制改革、推进社区服务和社区建设相适应的，企业民主管理制度是与企业改革、建立现代企业制度相适应的。

改革开放以来的实践证明，我国基层民主政治建设始终与经济社会发展相适应，是完全符合我国国情的，是正确的。

第二章 改革开放与经济发展

改革开放是我国必须长期坚持的一项基本国策。30多年来，随着改革开放的深入推进，我国经济建设取得了累累硕果，为全面建成小康社会打下了坚实的物质基础。

第一节 我国经济体制改革的重大决策

改革开放30多年来，我国经济体制经历了一系列重大改革，对我国经济发展产生了战略性和历史性的影响。考察改革开放以来我国经济体制改革的重大决策和部署，对于我们正确认识改革开放及经济发展的历程具有十分重要的意义。

一、改革开放的提出与实施

1978年12月18日~22日，党的十一届三中全会在北京召开。这次全会彻底否定了"两个凡是"的方针，重新确立了解放思想、实事求是的指导思想，实现了思想路线的拨乱反正；停止使用"以阶级斗争为纲"的口号，做出工作重点转移的决策，实现了政治路线的拨乱反正。全会做出的实行改革开放的新决策，开始了中国从"以阶级斗争为纲"到以经济建设为中心、从僵化半僵化到全面改革、从封闭半封闭到对外开放的历史性转变。

1979年7月15日，中共中央、国务院做出重要决定，批转了广东省委、福建省委关于对外经济活动实行特殊政策和灵活措施的报告，决定在深圳市、珠海市、汕头市和厦门市试办特区。8月13日，国务院颁发《关于大力发展对外贸易增加外汇收入若干问题的规定》，主要内容是扩大地方和企业的外贸权限，鼓励增加出口，办好出口特区，使改革开放的步伐进一步加快。

1980年5月16日，中共中央、国务院批转《广东、福建两省会议纪要》，正式将

"特区"定名为"经济特区"。改革开放之初，在缺少对外经济交往经验、国内法律体系不健全的形势下，设立经济特区为国内的进一步改革和开放、扩大对外经济交流起到了极为重要的作用。

二、家庭联产承包责任制的有效推行

1982年1月1日，中共中央批转《全国农村工作会议纪要》。该纪要指出目前农村实行的各种责任制，包括小段包工定额计酬，专业承包联产计酬，联产到劳，包产到户、到组，包干到户、到组等等，都是社会主义集体经济的生产责任制；1983年中央下发文件，指出家庭联产承包责任制是在党的领导下我国农民的伟大创造，是马克思主义农业合作化理论在我国实践中的新发展。

1991年11月25日~29日，中共十三届八中全会通过了《中共中央关于进一步加强农业和农村工作的决定》。该决定提出把以家庭联产承包为主的责任制、统分结合的双层经营体制作为我国乡村集体经济组织的一项基本制度长期稳定下来，并不断充实完善。家庭联产承包责任制作为农村经济体制改革的第一步，突破了"一大二公"和"大锅饭"的旧体制。随着家庭联产承包责任制的推行，个人付出与收入挂钩，使农民生产的积极性大增，解放了农村生产力。

三、计划经济体制向市场经济体制的重大转变

1984年10月20日，中国共产党十二届三中全会在北京举行。会议一致通过《中共中央关于经济体制改革的决定》并明确提出：进一步贯彻执行对内搞活经济、对外实行开放的方针，加快以城市为重点的整个经济体制改革的步伐，是当前我国形势发展的迫切需要。改革的基本任务是建立起具有中国特色的、充满生机和活力的社会主义经济体制，促进社会生产力的发展。《中共中央关于经济体制改革的决定》认为：改革计划经济体制，首先要突破把计划经济同商品经济对立起来的传统观念，明确认识社会主义计划经济必须自觉依据和运用价值规律，是在公有制基础上的有计划的商品经济。商品经济的充分发展，是社会经济发展不可逾越的阶段，是实现我国经济现代化的必要条件。《中共中央关于经济体制改革的决定》明确了改革的基本目标和各项要求，为打破计划经济体制创造了条件。

1992年10月12日~18日，中国共产党第十四次全国代表大会在北京举行。江泽民做了《加快改革开放和现代化建设步伐，夺取有中国特色社会主义事业的更大胜利》的报告。该报告总结了自十一届三中全会以来14年的实践经验，决定抓住机遇，加快发展；确定我国经济体制改革的目标是建立社会主义市场经济体制；提出用邓小平同志建设有中国特色社会主义理论武装全党。大会通过《中国共产党章程（修正案）》，将建设有中国特色社会主义的理论和党的基本路线写进党章。党的历史上第一次明确提出了建立社会主义市场经济体制的目标模式。把社会主义基本制度和市场经济结合起来，建立社会

主义市场经济体制，这是我们党的一个伟大创举，是 20 多年来党进行理论探索得出的最重要的结论之一，也是社会主义认识史上一次历史性的飞跃。

1993 年 11 月 11 日~14 日，中共十四届三中全会在北京举行。全会通过了《中共中央关于建立社会主义市场经济体制若干问题的决定》。全会指出，社会主义市场经济体制是同社会主义基本制度结合在一起的。建立社会主义市场经济体制，就是要使市场在国家宏观调控下对资源配置起基础性作用。要进一步转换国有企业经营机制，建立适应市场经济要求，产权清晰、权责明确、政企分开、管理科学的现代企业制度。

1993 年 12 月 15 日，国务院做出《国务院关于实行分税制财政管理体制的决定》，并于 1994 年进行了分税制财政体制改革，从 1995 年开始又对政府间财政转移支付制度进行了改革，逐步建立了较为规范的政府间财政转移支付体系。2002 年，又进行了所得税收入分享改革，我国基本上建立起了适应社会主义市场经济要求的财政体制框架。这是中华人民共和国成立以来政府间财政关系方面涉及范围最广、调整力度最强、影响最为深远的重大制度创新。

2015 年 5 月，国务院批转国家发展和改革委员会发布的《关于 2015 年深化经济体制改革重点工作的意见》，并明确提出构建开放型经济新体制，实施新一轮高水平对外开放。适应经济全球化新形势，把深化改革和扩大开放紧密结合起来，更加积极地促进内需和外需平衡、进口和出口平衡、引进外资和对外投资平衡，加快构建开放型经济新体制，以开放的主动赢得发展的主动、国际竞争的主动。例如，实施"一带一路"战略规划，启动实施一批重点合作项目，制定沿边重点地区在人员往来、加工物流、旅游等方面的政策，扶持沿边地区开发开放，加快实施自由贸易区战略，完成亚洲基础设施投资银行和金砖国家新开发银行筹建工作。这些都是市场经济进一步深化发展的表现。

四、国有企业股份制改革与高新技术产业化的发展

1986 年 12 月 5 日，国务院做出《关于深化企业改革增强企业活力的若干规定》。该规定提出全民所有制小型企业可积极试行租赁、承包经营。全民所有制大中型企业要实行多种形式的经营责任制；各地可以选择少数有条件的全民所有制大中型企业，进行股份制试点。该规定的出台是推动城市经济体制改革的重大步骤，对于进一步简政放权，改善企业外部条件，扩大企业经营自主权，促进企业内部机制改革，具有重要意义。

1988 年 9 月 5 日邓小平在会见捷克斯洛伐克总统胡萨克时，提出了"科学技术是第一生产力"的著名论断。1985 年 3 月 13 日，中共中央做出《关于科学技术体制改革的决定》。该决定指出，现代科学技术是新的社会生产力中最活跃和决定性的因素，全党必须高度重视并充分发挥科学技术的巨大作用，同时规定了当前科学技术体制改革的主要任务，从宏观上制定了科学技术必须为振兴经济服务、促进科技成果的商品化、开拓技术市场等方针和政策，促进了科技成果向现实生产力的转化及高新技术产业化的发展。作为经济体制改革的一个重要部分和最先实施的内容，这一改革政策的颁布极大地促进了我国经济和科技的结合及由此而产生的中国多领域跨越式发展。

十八大以来，党中央更是以解放和发展社会生产力为标准，毫不动摇巩固和发展公

有制经济，提高国有企业核心竞争力和国有资本效率，不断增强国有经济活力、控制力、影响力、抗风险能力。例如，推进国企国资改革，出台深化国有企业改革指导意见，制定改革和完善国有资产管理体制、国有企业发展混合所有制经济等系列配套文件；制定进一步完善国有企业法人治理结构方案，修改完善中央企业董事会董事评价办法，推动国有企业完善现代企业制度；完善产权保护制度，健全归属清晰、权责明确、保护严格、流转顺畅的现代产权制度，让各类企业法人财产权依法得到保护。

与此同时，以体制创新促进科技创新，出台深化体制机制改革、加快实施创新驱动发展战略的若干意见和顶层设计文件，在一些省份系统推进全面创新改革试验，增设国家自主创新示范区。例如，研究制定支持东北老工业基地创新创业发展的实施意见；改革中央财政科技计划管理方式，建立公开统一的国家科技管理平台，制定科研项目和资金管理配套制度；深入推进中央级事业单位科技成果使用、处置和收益管理改革试点，适时总结推广试点政策，修订促进科技成果转化法；健全企业主导的产学研协同创新机制，制定科技型中小企业标准并开展培育工程试点；完善人才评价制度，研究修订国家科学技术奖励条例，制定更加开放的人才引进政策。

五、关系民生的经济体制配套改革稳步推进

早在 20 世纪 80 年代，政府就开始尝试对关系民生的经济体制配套进行改革。2015年，国家发展和改革委员会提出把改善民生与增强经济动力、社会活力结合起来，围绕解决基本公共服务公平、效率、供给等方面的问题，着力深化教育、医药卫生、文化、收入分配、社会保障、住房等领域的改革，促进社会公平，更好地兜住民生底线。

早在 1985 年，医疗卫生领域就拉开了改革的序幕。医疗改革的核心思路是放权让利，扩大医院自主权。医疗改革的政府态度是给政策不给钱。其政策为药品可加价 15%，以弥补政府投入之不足。20 世纪 90 年代，医疗改革再掀波澜。1992 年 9 月，卫生部根据国务院意见，提出医院要"以工助医"和"以副补主"。2000 年，改革逐渐向纵深发展，触及体制性、机制性、结构性等深层次问题。2000 年 3 月，国务院办公厅转发国务院体改办、国家计委、国家经贸委、财政部、劳动保障部、卫生部、药品监管局、中医药局的《关于城镇医药卫生体制改革的指导意见》，俗称医改"十四条"；2001 年 5 月，国务院办公厅转发国务院体改办等部门《关于农村医药卫生改革与发展的指导意见》。在这一过程中，医改的矛盾与困惑日益增多，随着政府卫生投入占卫生总费用的比重不断下降，到 2002 年已经下降为 15.2%，而这些卫生费用主要来自地方财政，于是产权改革、"国退民进"的呼声日益高涨；2004 年年底全国有近百亿元民营和外资介入中国的近百家医院的改制工作。至 2015 年，中共中央提出进一步推动医改向纵深发展，全面推开县级公立医院综合改革，在 100 个地级以上城市进行公立医院改革试点，破除以药补医机制。

1994 年 7 月 18 日，国务院做出《关于深化城镇住房制度改革的决定》，明确城镇住房制度改革的基本内容，其中包括把住房实物福利分配的方式改变为以按劳分配为主的货币工资分配方式、建立住房公积金制度等。这一文件的出台，开启了城镇住房商品化的大门，标志着我国全面推进住房市场化改革的确立，其最大意义在于稳步推进公有住房

的出售，通过向城镇职工出售原公有住房，逐步完成了我国住房私有化的进程。1998年7月3日，国务院下发了《国务院关于进一步深化城镇住房制度改革加快住房建设的通知》。正是由于此文件废除了住房实物分配的制度，为商品房的发展扫清了"竞争对手"，从而确立了商品房的市场主体地位。2003年8月12日，国务院下发了《国务院关于促进房地产市场持续健康发展的通知》。2007年8月7日，国务院出台了《国务院关于解决城市低收入家庭住房困难的若干意见》。该意见将调控方向由调市场转向调保障，首次明确廉租房取代经济适用房，作为住房保障体系的中心。随着2009年上半年房价的突然大幅上涨，调控房价成为全社会关注的一个重点问题，应对政策连续出台。2009年12月14日，国务院常务会议提出遏制房价过快上涨的四条政策（简称"国四条"）；2010年4月17日，国务院发布《国务院关于坚决遏制部分城市房价过快上涨的通知》（简称"国十条"）；2010年9月，中央政府出台了在部分城市实行行政性的"限购"政策（简称"新国五条"）。2013年，政府的住房政策已从过去以住房市场调控为主，转变为以棚户区改造、住房保障和住房供应体系建设为重点，国家对棚户区改造的支持进一步加大。中央财政已下达2014年城乡保障性安居工程补助资金共2 198.20亿元。其中，用于棚户区改造的支出为419.61亿元，同比增长148.1%。

此外，在金融外贸体制方面也做出了重要的配套改革。1993年12月25日，国务院做出《国务院关于金融体制改革的决定》。金融体制改革的目标是：建立在国务院领导下，独立执行货币政策的中央银行宏观调控体系；建立政策性金融与商业性金融分离，以国有商业银行为主体、多种金融机构并存的金融组织体系；建立统一开放、有序竞争、严格管理的金融市场体系。通过金融体制改革，确立中国人民银行作为独立执行货币政策的中央银行的宏观调控体系；实行政策性银行与商业银行分离的金融组织体系。1994年1月11日，国务院做出《国务院关于进一步深化对外贸易体制改革的决定》，提出我国对外贸易体制改革的目标是：统一政策、开放经营、平等竞争、自负盈亏、工贸结合、推行代理制，建立适应国际经济通行规则的运行机制。

六、经济体制改革向纵深推进中的重大部署

1995年9月25日~28日，中共十四届五中全会召开。全会通过了《中共中央关于制定国民经济和社会发展"九五"计划和2010年远景目标的建议》。该建议提出，实现"九五"计划和2010年远景目标的关键是实行两个具有全局意义的根本性转变：一是经济体制从传统的计划经济体制向社会主义市场经济体制转变；二是经济增长方式从粗放型向集约型转变。两个根本性转变，是我们党在深入探索和全面把握我国经济发展规律的基础上提出的重要方针，是关系国民经济全局紧迫而重大的战略任务，标志着我国经济建设将朝着深化体制改革、提高质量的方向发展。

1997年9月12日~18日，中国共产党第十五次全国代表大会在北京举行。大会系统、完整地提出并论述了党在社会主义初级阶段的基本纲领：建设有中国特色社会主义的经济，就是在社会主义条件下发展市场经济，不断解放和发展生产力；建设有中国特色社会主义的政治，就是在中国共产党领导下，在人民当家做主的基础上，依法治国，发展

社会主义民主政治；建设有中国特色社会主义的文化，就是以马克思主义为指导，以培育有理想、有道德、有文化、有纪律的公民为目标，发展面向现代化、面向世界、面向未来的，民族的、科学的、大众的社会主义文化。这个基本纲领是邓小平理论的重要内容，是党的基本路线在经济、政治、文化等方面的展开，对于动员全党和全国各族人民团结奋斗，把建设有中国特色社会主义事业全面推向 21 世纪具有重大意义。

1999 年 3 月 5 日~15 日，九届全国人大二次会议在北京举行。此次会议通过了《中华人民共和国宪法修正案》（简称《宪法修正案》），明确非公有制经济是我国社会主义市场经济的重要组成部分，大大促进了社会生产力的发展。改革开放 30 多年来，国家对非公有制经济的认识及相关政策的制定经历了一个从探索到完善的过程。1982 年，五届全国人大五次会议通过了经过全面修改的宪法，确认了个体经济的合法地位，提出个体经济是社会主义公有制经济的补充。1988 年，七届全国人大一次会议通过的宪法修正案，增加了国家允许私营经济在法律规定的范围内存在和发展的内容。1993 年，八届全国人大一次会议通过宪法修正案，明确了非公有制经济的地位和作用。1997 年，党的十五大将非公有制经济纳入社会主义初级阶段的基本经济制度框架内，非公有制经济在国民经济中的地位得到了前所未有的重视和肯定。

2004 年 3 月 11 日，《国务院关于进一步推进西部大开发的若干意见》提出了进一步推进西部大开发的 10 条意见。西部大开发战略的提出和实施，有利于培育全国统一市场，完善社会主义市场经济体制；有利于推动经济结构的战略性调整，促进地区经济协调发展；有利于扩大国内需求，为国民经济增长提供广阔的发展空间和持久的推动力量；有利于改善全国的生态状况，为中华民族的生存和发展创造更好的环境；有利于进一步扩大对外开放，用好国内外两个市场、两种资源，具有重大的经济、社会和政治意义。

2001 年 11 月 10 日，在卡塔尔的多哈举行的世界贸易组织（World Trade Organization，WTO）第四届部长级会议通过了中国加入世界贸易组织的法律文件，它标志着经过 15 年的艰苦努力，我国终于成为世界贸易组织新成员。世界贸易组织成员在乌拉圭回合做出的所有承诺都是中方的权利，中国将享受多边贸易体系多年来促进贸易自由化的成果，享受多边的、稳定的、无条件的最惠国待遇，中国享受的权利有助于中国商品进入国际市场。但加入世界贸易组织也给中国政府和企业带来了一定挑战，对政府加快转换职能，依法行政，企业提高技术水平，加快产业结构调整，提高企业管理水平提出了新要求。

2002 年党的十六大立足于我国已经解决温饱、人民生活总体达到小康水平的基础上，进一步提出了全面建设小康社会的构想，即在 21 世纪头 20 年，集中力量，全面建设惠及十几亿人口的更高水平的小康社会，使经济更加发展、民主更加健全、科教更加进步、文化更加繁荣、社会更加和谐、人民生活更加殷实。经过这一阶段的建设，再继续奋斗几十年，到 21 世纪中叶基本实现现代化，把我国建设成为富强、民主、文明的社会主义现代化国家。全面建设小康社会的阶段，是实现现代化建设第三步战略目标必经的承上启下的发展阶段，提出这一奋斗目标完全符合我国国情和现代化建设的实际。为这一目标而奋斗也就是为实现共产主义远大理想准备物质条件和精神条件。

2003 年 9 月 10 日，国务院常务会议研究实施东北地区等老工业基地振兴战略，提出了振兴东北的指导思想、原则、任务和政策措施。2003 年 9 月 29 日，中共中央政治局会议指出，支持东北地区等老工业基地振兴，是十六大从全面建设小康社会全局着眼提出的一项重大战略任务，要进一步解放思想、深化改革、扩大开放，着力推进体制创新和机制创新，促进经济结构战略性调整，加快企业技术改造，走出一条老工业基地调整改造和振兴的新路子。

2004年3月14日，第十届全国人大二次会议审议通过了第四次宪法修正案，"公民的合法的私有财产不受侵犯"和"国家尊重和保护人权"等内容写入宪法。该宪法修正案适应了保护私有财产的客观需要，扩大了私有财产的保护范围，进一步完善了私有财产保护制度。加强对公民的合法的私有财产的保护，有利于坚持和完善基本经济制度，促进非公有制经济发展；有利于保障公民权利的实现，推进依法治国；有利于调动广大人民群众投身社会主义建设事业的积极性和创造性。

2005年12月29日第十届全国人大常委会第十九次会议通过《全国人民代表大会常务委员会关于废止〈中华人民共和国农业税条例〉的决定》，新中国实施了近50年的农业税条例被依法废止，一个在我国延续了两千多年的税种宣告终结。自2004年开始，国务院就实行了减征或免征农业税的惠农政策。2005年年末，国家最高权力机关依法废止农业税条例，使免除农业税的惠农政策以法律形式固定下来，九亿中国农民彻底告别了缴纳农业税的历史。废止农业税条例，使解决"三农"问题步入了一个新的历史起点。

2005年10月11日，党的十六届五中全会通过《中共中央关于制定国民经济和社会发展第十一个五年规划的建议》，明确了今后五年我国经济社会发展的奋斗目标和行动纲领，提出了建设社会主义新农村的重大历史任务，为做好当前和今后一个时期的"三农"工作指明了方向。这是党中央统揽全局、着眼长远、与时俱进做出的重大决策，是一项惠及亿万农民和关系国家长治久安的战略举措，是我们在当前社会主义现代化建设的关键时期必须担负和完成的一项重要使命。

2006年10月8日~11日举行的党的十六届六中全会通过了《中共中央关于构建社会主义和谐社会若干重大问题的决定》。在我党的历史上第一次明确提出把"提高构建社会主义和谐社会的能力"作为党执政能力的一个重要方面。这一重要论断的提出，是对马克思主义理论的重要丰富和发展，是我党对什么是社会主义、怎样建设社会主义的又一次理论升华。

2007年3月16日第十届全国人大第五次会议通过《中华人民共和国物权法》，自2007年10月1日起施行。物权法分5编19章247条，内容非常丰富。它是我国社会主义法律体系中的一部基本法律，关系着坚持和完善国家基本经济制度、完善社会主义市场经济体制、实现和维护最广大人民的根本利益。物权法的制定和实施，具有重大的现实意义和深远的历史意义。

2007年党的十七大，科学发展观被写入党章。科学发展观，是对党的三代中央领导集体关于发展的重要思想的继承和发展，是马克思主义关于发展的世界观和方法论的集中体现，是同马克思列宁主义、毛泽东思想、邓小平理论和"三个代表"重要思想既一脉相承又与时俱进的科学理论，是我国经济社会发展的重要指导方针，是发展中国特色社会主义必须坚持和贯彻的重大战略思想。将科学发展观写入党章，这是党的十七大对科学发展观做出的科学定位，也是党的十七大的一个重要历史贡献。2008年，由美国次贷危机引发的金融危机愈演愈烈，波及全球，我国也受到了较为严重的影响。尽管我国经济发展面临着来自国际、国内的严重困难和严峻挑战，但我国经济发展的基本面和长期趋势没有改变。经过改革开放30多年的持续发展，我国积累了雄厚的物质基础、经济实力、综合国力抵御风险能力显著增强。经过全国人民的共同努力，把国际金融危机的不利影响降到最低，继续推动经济又好又快发展。

2009年，我国全面贯彻了党的十七大和十七届三中全会、十七届四中全会的精神，深入贯彻落实科学发展观，立足扩大内需保持经济平衡较快增长；加快发展方式转变和结构调整，提高可持续发展能力；深化改革开放增强经济社会发展活力和动力；加强社会建设，加快解决涉及群众利益的难点、热点问题，促进我国经济社会的持续健康发展。

2012年党的十八大召开，拉开了新一轮经济体制改革的帷幕，党中央提出了全面建成小康社会和全面深化改革开放的目标，加快完善社会主义市场经济体制和加快转变经济发展方式。适应国内外经济形势新变化，加快形成新的经济发展方式，把推动发展的立足点转到提高质量和效益上来，着力激发各类市场主体发展新活力，着力增强创新驱动发展新动力，着力构建现代产业发展新体系，着力培育开放型经济发展新优势，使经济发展更多依靠内需特别是消费需求拉动，更多依靠现代服务业和战略性新兴产业带动，更多依靠科技进步、劳动者素质提高、管理创新驱动，更多依靠节约资源和循环经济推动，更多依靠城乡区域发展协调互动，不断增强长期发展后劲。坚持走中国特色新型工业化、信息化、城镇化、农业现代化道路，推动信息化和工业化深度融合、工业化和城镇化良性互动、城镇化和农业现代化相互协调，促进工业化、信息化、城镇化、农业现代化同步发展。

2015年，国家发展和改革委员会在《关于2015年深化经济体制改革重点工作的意见》中提出了八个方面的年度经济体制改革重点任务：一是持续简政放权，加快推进政府自身改革，逐步形成权力清单、责任清单、负面清单管理新模式。二是深化企业改革，进一步增强市场主体活力，完善产权保护制度，进一步增强市场主体活力。三是落实财税改革总体方案，实行全面规范、公开透明的预算管理制度，研究推进资源税、个人所得税、环境保护税等改革，推动财税体制改革取得新进展。四是推进金融改革，健全金融服务实体经济的体制机制，推进利率汇率市场化和人民币资本项目可兑换，健全多层次资本市场。五是加快推进城镇化、农业农村和科技体制等改革，推动经济结构不断优化。六是健全促进外贸转型升级的体制和政策，改革完善外商投资管理体制，加快完善互利共赢的国际产能合作体制机制，深入推进自贸试验区改革试点，加快实施"一带一路"战略和沿边开发开放，加快构建开放型经济新体制。七是深化民生保障相关的教育、医药卫生、文化及收入分配、社会保障、住房等社会事业和民生保障领域的改革，健全保基本、兜底线的体制机制。八是加快生态文明制度建设，扎实推进以环境质量改善为核心的环境保护管理制度改革，促进节能减排和保护生态环境，用制度保障生态文明[1]。

总之，我国经济体制变革的重大决策表明：我国经济体制的变革有利于我国社会主义现代化建设，适应我国经济的发展，符合我国的国情，并且充分尊重了我国的实际情况与生产力发展水平，有利于我国生产力的健康发展。这些变革历程反映了我国经济发展

---

[1] http://www.gov.cn/zhengce/content/2015-05/18/content_9779.htm.

的历史轨迹，也是我国今天经济实现又好又快发展的最好见证。

第二节　我国经济发展取得的巨大成就

以 1978 年党的十一届三中全会为标志，中国进入了改革开放的历史新时期。30 多年来，中国共产党团结带领全国各族人民，坚定不移地推进体制改革，毫不动摇地促进对外开放，社会主义现代化建设取得了举世瞩目的巨大成就，实现了人民生活由温饱不足向总体小康的历史性跨越，提高了我国在国际经济社会的影响力和地位，从此，中国经济社会的面貌发生了历史性的变化，具体表现为以下几点。

一、综合国力和国际影响力大幅提高

1978 年，我国 GDP 只有 3 645 亿元，在世界主要国家中位居第 10 位。人均国民总收入仅 190 美元，位居全世界最不发达的低收入国家行列。改革开放的推进，不断为发展注入生机和活力，我国经济迅速走上快速发展的轨道。改革开放的 30 多年，是我国经济蓬勃发展的 30 多年，是我国综合国力和国际影响力由弱变强的 30 多年。30 多年我国经济实现世界少有的年均 9.8% 的增长速度。改革开放初期，党和政府按照改革开放的总体要求，确立了"三步走"的伟大战略目标。为实现这一战略目标，全国人民以一往无前的精神，奋发图强，开拓进取，1987 年提前 3 年实现 GNP 比 1980 年翻一番的第一步战略目标，1995 年实现再翻一番的第二步战略目标，提前 5 年进入实现第三步战略目标的新的发展阶段。在实现"三步走"伟大战略目标的进程中，国民经济实现快速增长。1979~2007 年，GDP 年均实际增长 9.8%，不仅明显高于 1953~1978 年平均增长 6.1% 的速度，而且也明显高于同期世界经济年平均增长 3.0% 的速度。与日本经济起飞阶段 GDP 年平均增长 9.2% 和韩国经济起飞阶段 GDP 年均增长 8.5% 的速度不相上下。

由图 2-1 可知，我国经济总量连上几个大的标志性台阶。经济的快速增长使经济总量呈现加速扩张态势。GDP 由 1978 年的 3 645 亿元迅速跃升至 2013 年的 568 845 亿元。其中，从 1978 年上升到 1986 年的 1 万亿元用了 8 年时间，之后从 1 万亿元上升到 1991 年的 2 万亿元用了 5 年时间。1991~2001 年的 11 年平均每年上升近 1 万亿元，2001 年超过 10 万亿元大关。2002~2006 年我国经济进入高速增长期，平均每年上升 2 万亿元。2006 年我国 GDP 超过 20 万亿元，2008 年突破 30 万亿元，2010 年接近 40 万亿元，2013 年达到 56 万亿元，比上年增长 7.7%。

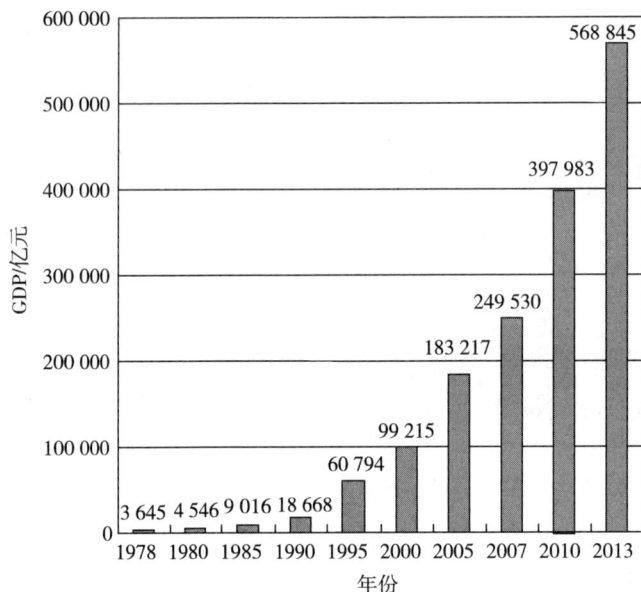

图 2-1　1978~2013 年 GDP

我国经济总量居世界位次稳步提升。经济总量的加速扩张大大缩小了我国与世界主要发达国家的差距。30 多年来，我国 GDP 居世界的位次由第 10 位上升至 2010 年的第 2 位。2008 年我国 GDP 超过德国，仅次于美国和日本。2010 年我国 GDP 超过日本，成为世界第二大经济体。根据国际货币基金组织统计，2007 年我国 GDP 超过 3 万亿美元，2013 年超过 9 万亿美元；我国经济总量占世界经济的份额也有明显上升，1978 年为 1.8%，2007 年为 6.0%，2013 年为 12.3%。

人均 GNP 成倍增加。人均 GNP 由 1978 年的 381 元上升到 1987 年的 1 112 元后，1992 年达到 2 311 元，2003 年超过万元大关，达到 10 542 元，到 2007 年又迅速攀升至 18 934 元，2010 年人均 GNP 达到 29 992 元，2013 年人均 GNP 增至 41 887 元（图 2-2）。扣除价格因素，2007 年比 1978 年增长近 10 倍，年均增长 8.6%。2013 年人均国民总收入也实现同步快速增长，由 1978 年的 190 美元上升至 2013 年的 6 767 美元。按照世界银行的划分标准，我国已经由低收入国家跃升至世界中等偏下收入国家行列，对于我国这样一个经济发展起点低、人口基数庞大的国家，能够取得这样的进步，确实是一个了不起的成绩。

国家财政实力不断增强。经济的快速发展和规模的扩大，同时带来了国家财力的增加。1978 年国家财政收入仅 1 132 亿元，1985 年翻了一番，达到 2 005 亿元，1993 年再翻一番，达到 4 349 亿元，1999 年跨上 1 万亿元台阶，达到 11 444 亿元，2003 年超过 2 万亿元，达到 21 715 亿元，2007 年，国家财政收入已经超过 5 万亿元，达到 51 322 亿元，2008 年为 61 300 亿元。1979~2007 年年均增长 14.1%。2010 年，国家财政收入 83 101.51 亿元，2013 年，国家财政收入达 129 143 亿元，较上年增长 10.1%；其中税收收入达到 110 497 亿元，增加 9 883 亿元，增长率为 9.8%。财力的增加对促进经济发展、加强经济和社会中的薄弱环节、切实改善民生、有效应对各种风险和自然灾害的冲击提

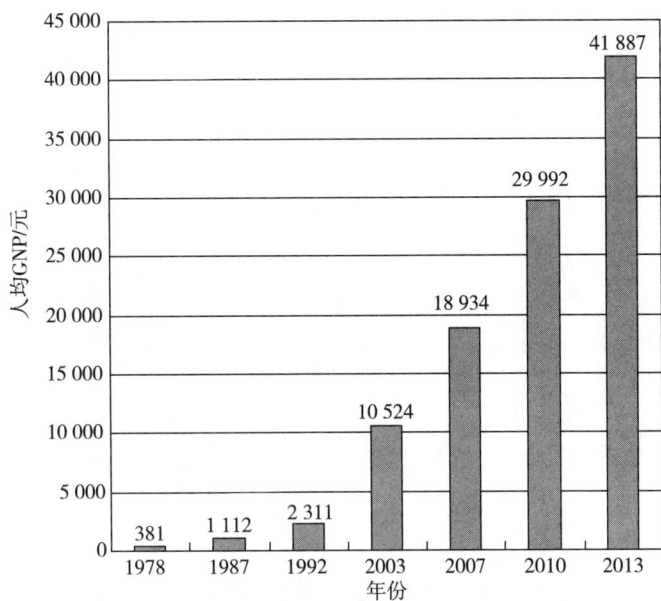

图 2-2　1978~2013 年人均 GNP

供了有力的资金保障（图2-3）。

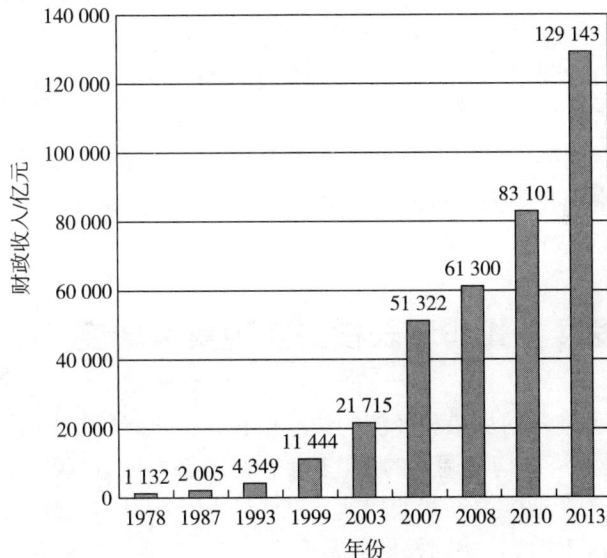

图 2-3　1978~2013 年财政收入

外汇储备实现由短缺到富足的历史性转变。1978 年，我国外汇储备余额仅为 1.67 亿美元，人均只有 0.17 美元，折合成人民币不足 1 元，短缺是当时外汇储备的基本特征，出口创汇是发展对外贸易的基本动力。但随着我国对外经济的发展，经常项目贸易盈余不断积累，外汇储备的短缺迅速成为历史，1990 年外汇储备余额超过百亿美元，达到 111 亿美元，1996 年超过千亿美元，达到 1 050 亿美元，2006 年超过 1 万亿美元，达到 10 663 亿美元，超过日本位居世界第一位，2007 年我国外汇储备余额增长到 15 282 亿美元，稳居世界第一位。至 2010 年年底，我国外汇储备余额额达到 2.85 万亿美元，仍然雄踞世界第一位。2013 年年末，国家外汇储备余额达到 38 213 亿美元，比上年年末增加 5 097 亿美元。人民币汇率为 1 美元兑 6.096 9 元人民币，有了大幅度上升（图 2-4）。

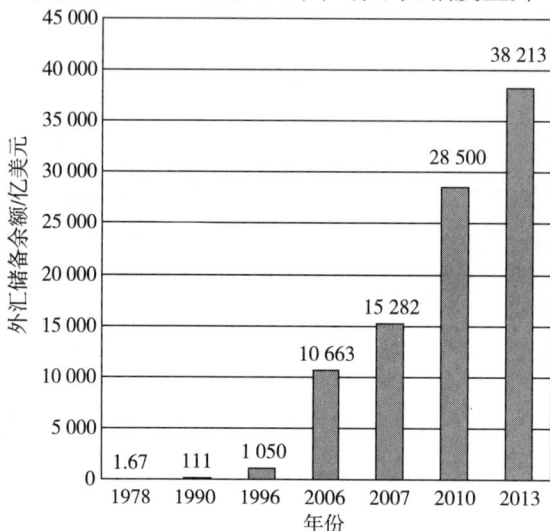

图 2-4　1978~2013 年外汇储备余额

大型公司（企业）不断涌现并迅速发展壮大。伴随着经济的快速发展和经济规模的不断扩大，大型企业由少到多、由弱变强，成为改革开放 30 多年来经济发展成就的醒目标志。根据美国《财富》杂志评出的 2007 年度世界 500 强公司名单，我国内地共有 22 家，其中中国石化集团名列第 17 位，比 2006 年提升 6 位，取得我国公司在世界 500 强排行榜上的最好名次，也是我国公司首次进入世界前 20 强。至 2013 年，我国上榜公司数量达到 95 家，距离百家仅咫尺之遥。

二、经济发展方式和增长模式实现重大转变

30 多年来，改革进程的加快和经济的快速增长，促进经济结构不断优化升级。改革开放的 30 多年，是经济结构大调整的 30 多年，是经济发展方式和增长模式不断呈现新格局的 30 多年。第二产业、第三产业快速发展，产业结构基本实现以工农业为主向第一产业、第二产业、第三次产业协同发展的转变。

30 多年来，三次产业在调整中均得到长足发展，农业基础地位不断强化，工业实现持续快速发展，服务业迅速发展壮大。1979~2007 年，第一产业、第二产业和第三产业增加值年均分别增长 4.6%、11.4% 和 10.8%。三次产业增加值在 GDP 中所占的比例由 1978 年的 28.2∶47.9∶23.9 调整为 2007 年的 11.3∶48.6∶40.1。与 1978 年相比，2007 年第一产业比重下降 16.9 百分点，第二产业比重上升 0.7 百分点，第三产业比重大幅上升 16.2 百分点。2010 年，第一产业 40 533.6 亿元，占 10.1%，第二产业 187 581.4 亿元，占 46.8%，第三产业 173 087 亿元，占 43.1%。2013 年，第一产业投资 9 241 亿元，第二产业投资 184 804 亿元，第三产业投资 242 482 亿元（图 2-5）。

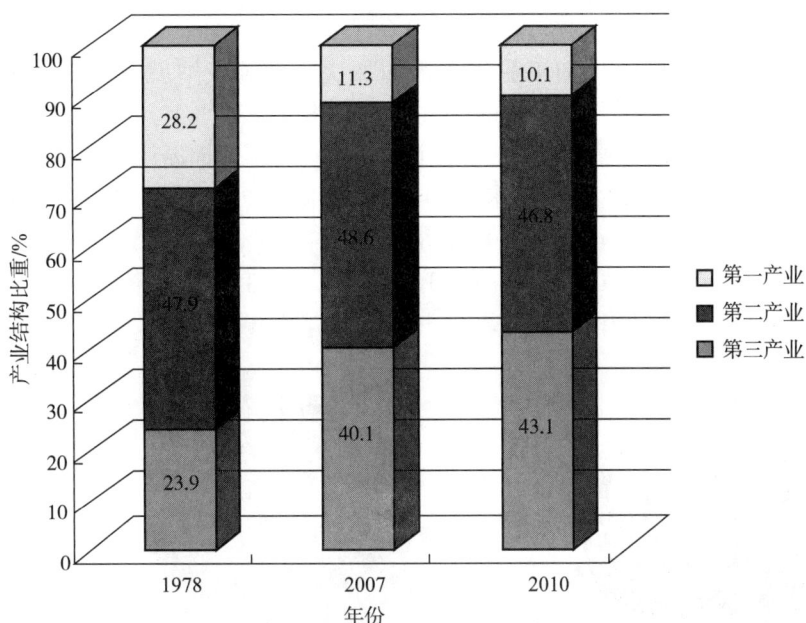

图 2-5 1978 年、2007 年和 2010 年三次产业结构比重对比

工业结构基本实现了由技术含量低、劳动密集程度高、门类单一的结构向技术密集、劳动密集、门类齐全的发展格局转变。30 多年来,冶金、能源、纺织、机械、航运等传统工业在改造中实现结构不断调整升级。2004 年钢铁工业的连铸比已提高到 95.9%,比 1980 年提高近 90%,达到国际先进水平。铜、铅先进熔炼生产工艺的产能达到总产能的 70%左右,电解铝自焙槽工艺已全部淘汰,改为具有国际先进水平的大型预焙电解槽技术。耗煤低、发电效率高的单机容量 30 万千瓦、60 万千瓦机组已成为我国电力工业的主力发电机组,并逐步向 100 万千瓦级发展。落后棉纺锭和毛纺锭得到大规模压缩,棉纺织设备的大部分机器采用了变频调速、可编程逻辑控制器(programmable logic controller, PLC)技术,基本上实现了纺机产品的机电一体化。大型燃气轮机、抽水蓄能机组、直流输电设备、超临界火电机组、大型船用曲轴等实现国产化,年产千万吨级的大型炼油厂设备自主化率高达 90%。与此同时,电子信息、生物工程、航空航天、医药制造、新能源和新材料等高技术工业从无到有,蓬勃发展,成为带动我国工业实现跨越式发展的重要因素。经过 30 多年的发展,我国在航天技术、核能发电技术、高性能计算机技术、重型机械成套设备制造技术、数控机床制造技术、第三代通信技术等领域都有一系列重大突破。2007 年,我国高技术产业增加值达到 11 621 亿元,占 GDP 的比重达到 4.7%,比 1995 年提高 3.0%。2013 年,在第二产业投资中,工业投资达到 181 864 亿元,比上年增长 17.8%;其中,采矿业投资达到 14 750 亿元,较上年增长 10.9%;制造业投资达到 147 370 亿元,较上年增长 18.5%;电力、热力、燃气及水生产和供应业投资达到 19 744 亿元,较上年增长 18.4%。

城镇化步伐明显加快,基本实现了由城乡分割向城乡协调共同发展的转变。30 多年来,城镇人口占总人口的比重逐年提高,城镇化水平由 1978 年的 17.9%上升到 2007 年的 44.9%,上升了 27.0 百分点,年平均上升 0.9 百分点。城镇总人口年平均增加 1 453 万人，乡村总人口年平均减少 216 万人。大量乡村人口由农村向城镇转移，促进了城乡经济的协调发展。随着城镇化和工业化进程的加快，城镇吸纳就业的能力不断增强，1978~2007 年，城镇就业人员占全国的比重从 1978 年的 23.7%上升到 2007 年的 38.1%。与此同时，城镇就业岗位的快速增加带动了乡村劳动力不断向城镇转移，使乡村就业人员占全国就业人员总量的比重从 1978 年的 76.3%下降到 2007 年的 61.9%。2010 年，我国居住在城镇的人口接近 6.66 亿人，城镇化率达到 49.68%，全国已有近一半的人口居住在城镇。2013 年年末，城镇常住人口为 73 111 万人，比上年年末增加 1 929 万人，乡村常住人口 62 961 万人，比 2012 年年末减少 1 261 万人，城镇人口占总人口的比重为 53.73%（图 2-6）。

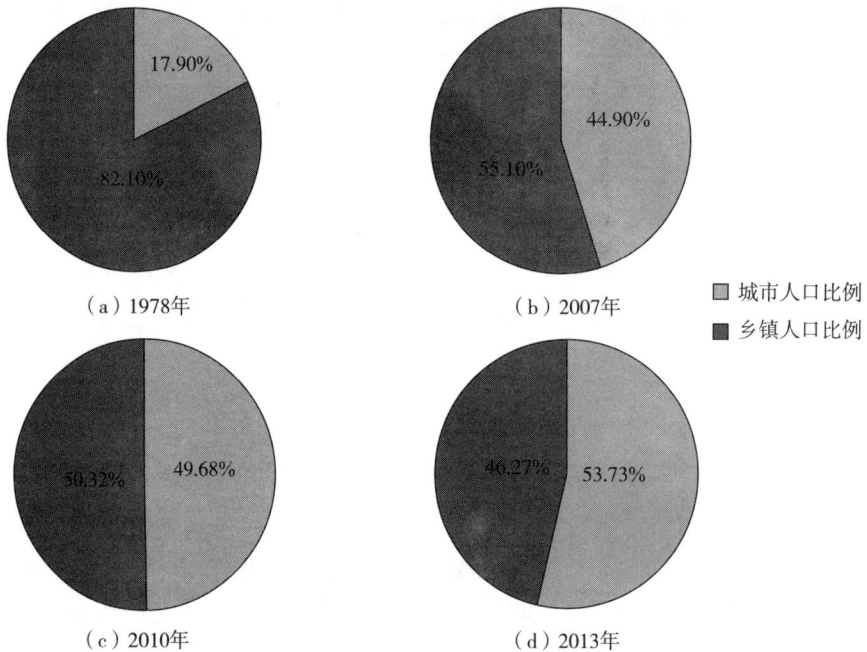

图 2-6　1978~2013 年城镇人口变化

国有经济战略性调整取得重大进展，基本上实现了由单一的公有制经济向多种所有制经济共同发展的转变。1978 年，全民所有制工业占全部工业总产值的比重为 77.6%，集体工业占全部工业总产值比重的 22.4%，国有企业占绝对优势；到 2007 年，国有及国有控股工业企业占全部规模以上工业总产值的比重下降到 29.5%，集体企业占全部规模以上工业总产值的比重为 2.5%。国有企业占比的下降并没有改变国有经济的控制力，在一些重要领域和关键环节仍然占绝对优势。2007 年，石油天然气开采业和电力热力的生产供应业国有及国有控股企业产值所占比重分别为 96.9%和 90.8%，石油加工、炼焦及核燃料加工业产值所占比重为 75.5%，交通运输设备制造业、黑色金属冶炼及压延加工业、有色金属冶炼及压延加工业产值所占比重分别为 49.8%、42.0%和 32.2%。与此同时，非公有制经济快速发展，对促进经济增长、扩大就业和活跃市场等发挥着越来越大的作用。从数量来看，2007 年全国登记的个体工商户为 2 741.5 万户，私营企业为 551.3 万家，分别比 1992 年增长 0.8 倍和 39.1 倍。在规模以上工业中，非公企业数量达到 30.3 万家，占全部规模以上工业企业数量的 90%。从创造的产值来看，2007 年规模以上非公企业工业总产值所占比重为 68%。从就业来看，2007 年城镇国有和集体单位从业人员占全部城镇从业人员的 24.3%，而改革开放初期我国城镇从业人员几乎全部集中在公有制企业。2010 年，国城镇单位就业人员共 34 687 万人，比上年增加 1 365 万人。2013 年年末，全国就业人员达到 76 977 万人，其中城镇就业人员达到 38 240 万人，但城镇国有和集体单位从业人员仍呈递减之势。

分配结构出现了明显调整，基本上实现了由平均主义突出、收入渠道单一，向以劳动报酬为主、资本和技术等收入为辅的多种分配方式并存的转变。1979~2007 年，我国财政收入年均增长 14.1%；城镇居民人均可支配收入年均增长 7.2%；农村居民人均纯收入年均增长 7.1%。与此同时，不断深化收入分配制度改革，确立劳动、资本、技术和管理等生产要素按贡献参与分配的原则，进一步完善了以按劳分配为主体、多种分配方式并存的分配制度。2007 年，在城镇居民家庭人均全部年收入中，工薪收入占 68.6%，比 1990 年下降 7.2 百分点；经营净收入占 6.3%，财产性收入占 2.3%，转移性收入占 22.7%，分别比 1990 年提高 4.8 百分点、1.3 百分点和 1.0 百分点。2007 年，在农村居民家庭人均纯收入中，工薪收入占 38.6%，比 1985 年提高 20.5 百分点；经营性收入占 53.0%，比 1990 年下降 21.4 百分点；财产性收入从无到有，已占到 3.1%。2010 年，全年农村居民人均纯收入达到 5 919 元，剔除价格因素，比上年实际增长 10.9%；城镇居民人均可支配收入达到 19 109 元，比 2009 年实际增长 7.8%。2013 年，城镇居民人均可支配收入 26 955 元，剔除价格因素，实际增长 7.0%。在城镇居民人均总收入中，工薪收入比上年名义增长 9.2%，经营净收入增长 9.8%，财产性收入增长 14.6%，转移性收入增长 10.1%。农村居民人均纯收入达到 8 896 元，其中，工薪收入比上年名义增长 16.8%，经营纯收入增长 7.4%，财产性收入增长 17.7%，转移性收入增长 14.2%，财产性收入增长尤为迅速。

三、商品和服务的供给能力明显提高

经过 30 多年的快速发展，我国商品和服务的供给能力明显提高，曾经困扰我们多年的商品和服务的短缺问题得到缓解。改革开放的 30 多年，是商品和服务由短缺转向总体基本平衡或略有结余的 30 多年，是商品和服务供给能力不断提高的 30 多年。

农产品供给能力稳定提高。30 多年来，确保农业特别是粮食等主要农产品的供给始终是党和政府关注的重点。第一产业增加值由 1978 年的 1 028 亿元增加到 2007 年的 28 095 亿元，扣除价格因素，增长 2.7 倍，平均每年增长 4.6%。主要农产品产量成倍增加，2007 年，粮食产量为 50 160 万吨，比 1978 年增长 64.6%；棉花产量为 762 万吨，增长 2.52 倍；油料产量为 2 569 万吨，增长 3.92 倍；糖料产量为 12 188 万吨，增长 4.12 倍；水果产量为 18 136 万吨，增长 26.6 倍；水产品产量为 4 748 万吨，增长 9.2 倍；肉类产量为 6 866 万吨，比 1979 年增长 5.5 倍。2010 年，我国粮食产量达到 54 641 万吨，比 1978 年增长 79.3%；棉花产量 597 万吨，增长 1.8 倍；油料产量 3 239 万吨，增长 5.2 倍。2013 年，全国粮食总产量达到 60 194 万吨，比上年增加 1 236 万吨，增长 2.1%；油料产量 3 531 万吨，糖料产量 13 759 万吨（图 2-7）。

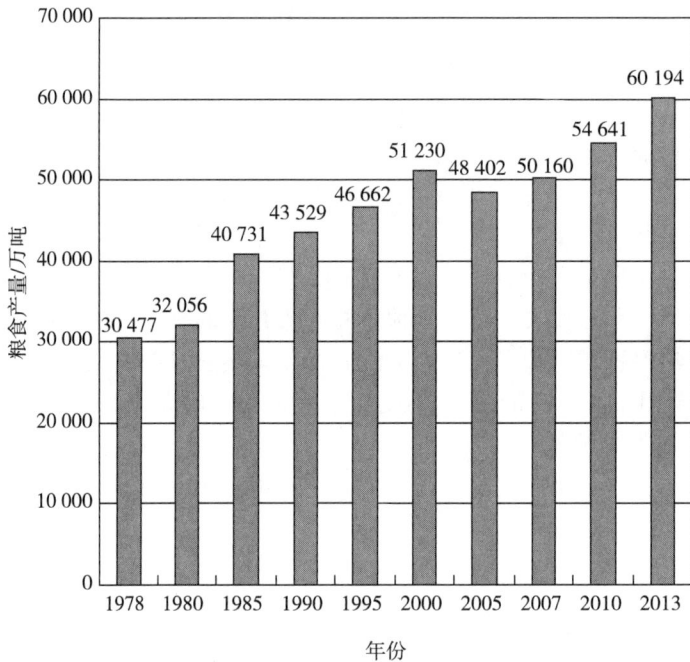

图 2-7　1978~2013 年粮食产量

工业生产能力扩张迅速。2007 年工业增加值突破 10 万亿元，达到 107 367 亿元，按可比价计算，比 1978 年增长了 23 倍，年均增长 11.6%。主要工业产品产量增长迅猛。2007 年生产原煤 25.3 亿吨、粗钢 4.9 亿吨、水泥 13.6 亿吨、汽车 889 万辆，分别比 1978 年增长 3.1 倍、14.4 倍、19.9 倍和 58.6 倍。家用电冰箱由 2.8 万台增加到 4 397 万台；彩色电视机由 0.4 万台增加到 8 478 万台；移动通信手持机和微型电子计算机从无到有，扩张迅速，2007 年的产量分别达到 5.5 亿台和 1.2 亿台。初步统计，附加值较高的发电设备 2007 年比 1978 年增长 25.9 倍，冶炼设备增长 5.4 倍，金属切削机床增长 2.5 倍，交流电动机增长 4.9 倍。2010 年，粗钢产量为 6.27 亿吨，同比增长 9.3%，占世界总产量的 44.3%；钢材产量为 7.98 亿吨，同比增长 14.9%；塑料产量为 5 550 万吨，同比增长 20.9%；化纤产量为 3 090 万吨，同比增长 12.44%。至 2013 年，464 种工业产品中有 340 种产品产量均出现增长。其中，发电量增长 7.6%，粗钢增长 7.5%，钢材增长 11.4%，水泥增长 9.6%，平板玻璃增长 11.2%，十种有色金属增长 9.9%，焦炭增长 8.1%，烧碱增长 6.6%，化学纤维增长 8.1%，乙烯增长 8.5%，微型计算机设备增长 7.8%，集成电路增长 10.4%，汽车增长 18.4%，其中轿车增长 16.6%（图 2-8）。

制造业大国地位初步确立。根据联合国工业发展组织资料，1995~2000 年，我国制造业年均增长 9.3%，比工业化国家快 6.1 百分点，比发展中国家快 4.0 百分点；2000~2006 年年均增长 11.2%，比工业化国家快 9.4 百分点，比发展中国家快 4.2 百分点。按照 2000 年不变价计算，我国制造业增加值占世界的份额由 1995 年的 5.1%上升到 2007 年的 11.4%。按照国际标准工业分类，在 22 个大类中，我国制造业占世界比重在 7 个大类中名列第一，其中，烟草类占比 49.8%，纺织品类占比 29.2%，衣服、皮毛类占比 24.7%，

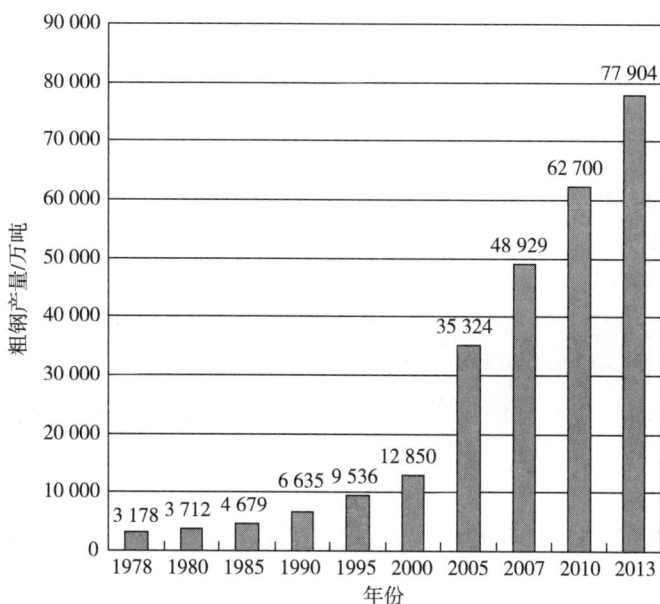

图 2-8　1978~2013 年粗钢产量

皮革、皮革制品、鞋类占比 33.4%，碱性金属占比 23.8%，电力装备占比 28.2%，其他交通工具占比 34.1%，有 15 个大类名列前三，除机动车、拖车、半拖车一个大类外，其他 21 个大类所占份额均名列世界前六位。而在发展中国家中，除机动车、拖车、半拖车一个大类名列第十一位外，其他 21 个大类所占份额均名列第一位。与此同时，我们也要看到，一方面，一些东南亚国家正在中低端制造业上发力；另一方面，原本在华生产的外资高端制造业回流发达国家，这些国家还掌控大比例的高端制造业的技术和产能。随着人口红利逐渐消失，"中国制造"正在遭遇着空前的危机。

第一，第三产业迅速成长。随着对第三产业认识的不断深化和投入的不断增加，第三产业实现快速发展。2007 年，第三产业的增加值为 100 054 亿元，按可比价计算，比 1978 年增长 18.6 倍，年均增长 10.8%。在第三产业中，各类服务业均实现快速增长。商业持续繁荣，基本形成了多层次、多门类的商品市场体系和多种经济成分、多种市场流通渠道、多种经营方式并存的商品市场格局。2007 年社会消费品零售总额为 89 210 亿元，比 1978 年增长 56.2 倍，年均增长 15.0%。金融市场体系初步建成，金融产品逐渐丰富。2007 年年底，金融机构人民币各项贷款余额为 26.2 万亿元，比 1978 年增长 137 倍；保险公司原保险保费收入为 7 036 亿元，比 1994 年增长 17.7 倍。

第二，交通邮电蓬勃发展。2007 年，旅客运输周转量 21 593 亿人公里，比 1978 年增长 11.4 倍，年均增长 9.1%。货物运输周转量 101 419 亿吨公里，比 1978 年增长 9.3 倍，年均增长 8.4%。邮电业务总量 19 805 亿元，比 1978 年增长 580.0 倍，年均增长 24.5%。

第三，房地产业发展迅猛。2007 年，城镇房地产开发投资为 25 289 亿元，占城镇全部投资的 20% 以上，房地产业增加值为 11 854 亿元，占第三产业增加值的比重为 11.8%。2010 年第三产业增加值为 17.30 万亿元，比初步核算数增加 2 082 亿元，增长速度为 9.6%，比初步核算数提高 0.1 百分点。2010 年我国房地产开发投资为 48 267 亿元，比上年增长 33.2%。2013 年，全国房地产开发投资为 86 013 亿元，房地产开发企业到位资金为 122 122 亿元，房地产行业已经成为国民经济中的重要行业。

主要工农业产品产量稳居世界前列或位次前移。工农业生产的迅速发展提升了我国主要产品在世界的位次。2007 年，在主要农产品中，谷物（45 632 万吨）、肉类（6 866 万吨）、棉花（762 万吨）、花生（1 302 万吨）、油菜籽（1 057 万吨）、茶叶（117 万吨）、水果（18 136 万吨）等产品产量已稳居世界第一位。甘蔗（11 295 万吨）、大豆（1 720 万吨）分别居第二位、第四位。在主要工业产品中，钢（56 561 万吨）、煤（25.26 亿吨）、水泥（13.6 亿吨）、化肥（5 825 万吨）、棉布（675 亿米）居世界第一位，糖（1 271 万吨）居第三位，发电量（32 816 亿千瓦时）居第二位，原油产量（18 632 万吨）居第五位，其他主要产品产量的位次也明显前移。2010 年，发电量达到 42 065 亿千瓦时，占世界总发电量的 22%，首次超越美国，跃居世界第一位。

四、基础设施和基础产业实现了从制约到有力支持经济发展的显著转变

基础设施和基础产业曾经是制约经济发展的主要瓶颈，改革开放 30 多年来，加大能源、交通、通信等基础设施和基础产业的投入取得明显效果。

能源生产能力由弱变强。能源不仅关系到经济能否取得稳定的增长动力，还关系到国家的经济安全，因此，党和政府一直高度重视增加能源供给。30 多年来，通过不断大幅度地增加能源投入，我国能源生产能力大大增强。2007 年，我国能源生产总量达到 23.5 亿吨标准煤，比 1978 年增长 2.8 倍，年均增长 4.7%，已经成为世界上除美国之外的第二大能源生产国，能源总自给率达到 90%。在主要能源中，2007 年原煤产量达到 25.26 亿吨，居世界第一位，比 1978 年增长 3.1 倍。2007 年年末，发电装机容量达到 7.18 亿千瓦，比 1978 年增长 11.6 倍，年均增加 9.1%。2007 年发电量达到 32 816 亿千瓦时，比 1978 年增长 11.8 倍，年均增长 9.2%。与此同时，可再生能源开发效果明显，水电、核电、风电占能源生产总量的比例由 1978 年的 3.1% 提高到 2007 年的 8.2%。2010 年，一次能源消费量为 32.5 亿吨标准煤，同比增长 6%，首次超越美国，跃居世界第一位，这是一个里程碑式的标志。2013 年，我国能源产量进一步提高。其中，原油产量约为 2.1 亿吨，天然气产量为 1 170 亿立方米，发电量 5.35 万亿千瓦。我国在注重能源产量提高的同时，还加快发展了清洁能源和可再生能源。关停小火电机组 447 万千瓦，新增水电装机 2 993 万千瓦，新开工核电机组 3 台，新增并网风电装机 1 406 万千瓦，新增光伏发电并网装机 1 130 万千瓦（图 2-9）。

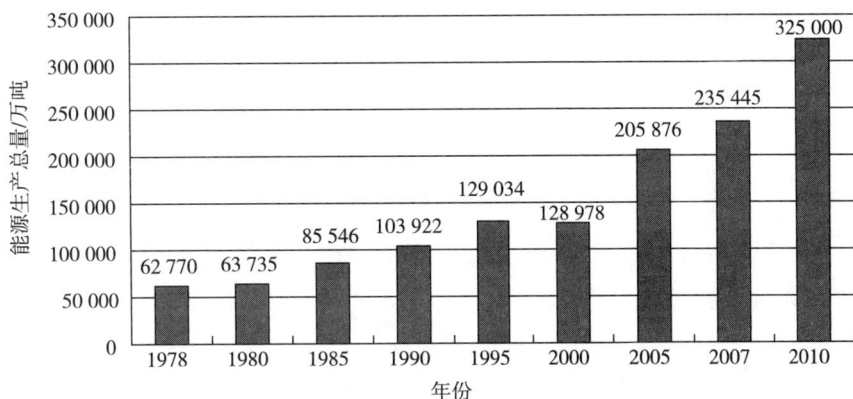

图 2-9 1978~2010 年能源生产总量

　　交通运输能力明显增强。经过 30 多年的不懈努力，铁路、公路、机场、港口等交通基础设施实现快速扩张。与 1978 年相比，2007 年铁路营业里程由 5.2 万千米增加到 7.8 万千米，增长 50.9%，累计新增 2.6 万千米；公路里程由 89 万千米增至 358 万千米，增长 3 倍，累计增加 269 万千米，其中高速公路从无到有，2007 年年末达到 5.4 万千米；民用航空航线里程由 14.9 万千米增加到 234.3 万千米，其中国际航线由 5.5 万千米增至 104.7 万千米，增长 17.9 倍；管道输油（气）里程由 0.83 万千米增加到 5.45 万千米，较 1978 年增长 5.6 倍；2012 年年末全国公路总里程达 423.75 万千米，全国高速公路车道里程达到 42.46 万千米，全国通公路的乡（镇）占全国乡（镇）总数的 99.97%。

　　邮电通信业蓬勃发展。工业化、城市化、市场化及信息化的发展不断催生对通信基础网络的需求，邮电通信成为改革开放以来发展最快的基础产业之一。到 2007 年年末，已初步建成覆盖全国、通达世界、技术先进、业务全面的国家信息通信基础网络。固定电话用户由 1978 年的 193 万户增加到 2007 年的 36 564 万户，增长 189 倍。移动电话用户从无到有，由 1990 年的 1.8 万户膨胀到 2007 年年末的 54 731 万户。2010 年，我国手机用户数量从 2007 年的 5.40 亿万台增长到 7.38 亿万台。2013 年，移动电话用户净增 11 695.8 万户，总数达 12.29 亿户，移动电话用户普及率达 90.8 部/百人。通信设施明显改善。全国局用交换机容量由 1978 年的 0.04 亿门升至 2007 年的 5.1 亿门，增长 125 倍。移动电话交换机容量达到 8.5 亿户。长途光缆线路长度达到 79.2 万千米，互联网宽带接入端口 8 539 万个。全国邮电业务总量从 34.1 亿元增加到 19 805 亿元，增长 580 倍。已通邮的行政村比重达到 98.4%。我国互联网上网人数达到 2.1 亿人，居世界第二位，宽带上网人数达到 1.63 亿人。网络规模居全球第一位，发展速度也位居世界前列。2010 年，我国网民规模继续稳步增长，网民总数达到 4.57 亿人，互联网普及率攀升至 34.3%。2013 年，我国互联网网民数净增 5 358 万人，达到 6.81 亿人，互联网普及率达到 45.8%，比上年提高 3.7 百分点。手机网民规模达到 5 亿人，比上年增加 8 009 万人，网民中使用手机上网的人群占比由上年的 74.5% 提升至 81%（图 2-10）。

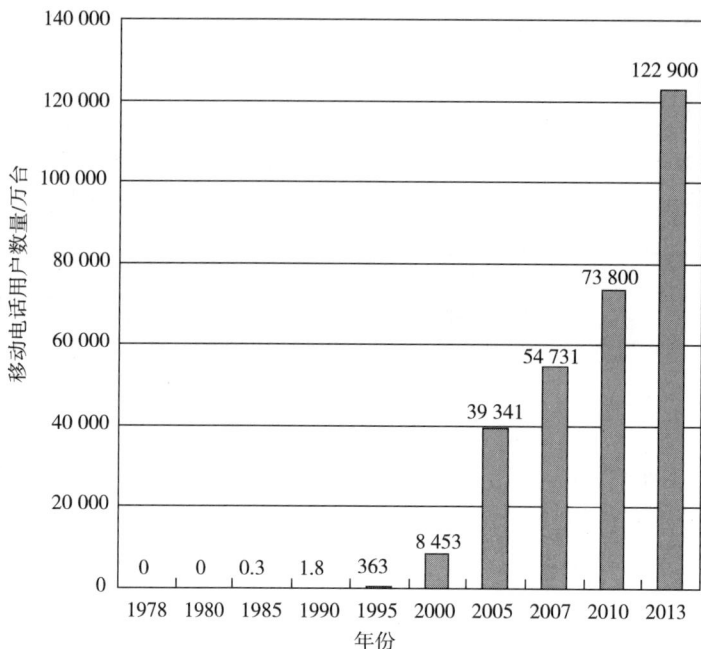

图 2-10　1978~2013 年移动电话用户数量

五、对外经济实现全方位开放格局

改革开放前，我国基本上处于封闭半封闭状态，对外贸易规模较小，1978 年，进出口总额只有 200 多亿美元，利用外资基本是空白。30 多年来，我国对外开放的广度和深度不断拓展，对外经济呈现加速发展态势。

进出口贸易总额在世界的位次由第 29 位跃居第 3 位。如图 2-11 所示，改革开放头 10 年，我国进出口总额由 1978 年的 206 亿美元扩大到 1988 年的 1 028 亿美元，此后速度不断加快，5 年后的 1993 年发展到近 2 000 亿美元，8 年后的 2001 年增加到 5 097 亿美元，2002 年以来，进出口进入高速增长时期，连续 6 年实现了 20%以上的增长，在 2004 年超过 1 万亿美元后，仅用 3 年时间就实现了从 1 万亿美元到 2 万亿美元的突破。2007 年进出口总额为 21 737 亿美元，比 1978 年增长 104.3 倍，年均增长 17.4%。其中，出口增长 18.1%，进口增长 16.7%。外贸对经济的贡献也不断提高。进出口贸易总额占 GDP 的比重由 1978 年的 9.7%提高到 2007 年的 66.8%，提高 57.1 百分点。进出口贸易总额居世界的位次由 1978 年的第 29 位跃升到 2013 年的第 1 位。世界贸易组织公布了 2014 年贸易进出口总额的统计结果，中国连续两年位列世界第 1 位，贸易总额达到 4.303 万亿美元（约合人民币 26.7 万亿元）。美国位列第 2 位，4.32 万亿美元；德国位列第 3 位，2.728 万亿美元；日本以 1.506 万亿美元排名第 4 位，其中出口额为 6 840 亿美元，较 2013 年减少了 4%，进口额为 8 220 亿美元，减少了 1%。同时，世界贸易组织还公布了 2014 年世界商品贸易增长率为 2.8%，预计 2015 年达到 3.3%，2016 年达到 4.0%。2008 年进出口总额为 25 616 亿美元，比上年增长 17.8%。其中，出口额为 14 285 亿美元，比上年增长 17.2%；进口额为 11 331 亿美元，比上年增长 18.5%。进出口相抵贸易顺差为 2 955 亿美元。2010 年我国进出口总额为 29 727.6 亿美元，进出口位列全球第二位。2013 年，我国进出口总额为 41 603 亿美元，比上年增长 7.6%，其中，出口额为 22 100 亿美元，增长 7.9%，进口为 19 503 亿美元，增长 7.3%。进出口相抵，贸易顺差为 2 597.5 亿美元。根据 2014 年贸易进出口总额的统计结果，我国连续两年位列世界第一，贸易总额达到 4.303 万亿美元（约合人民币 26.7 万亿元）。我国成为名副其实的对外贸易大国。

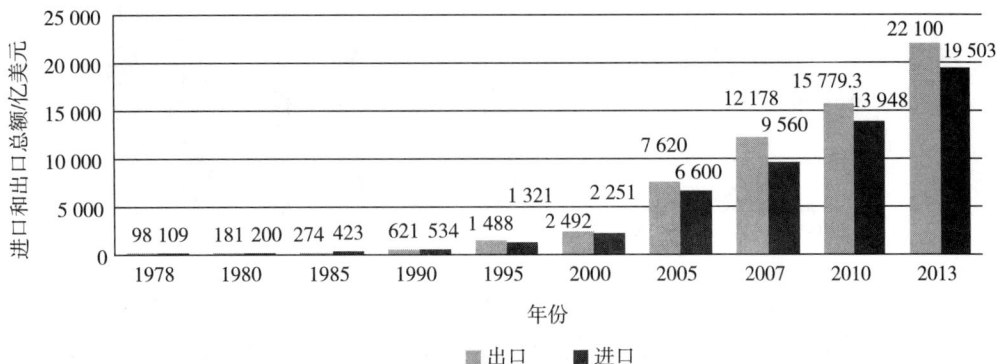

图 2-11　1978~2013 年进口和出口总额

对外贸易的国际竞争力明显增强。工业制成品出口占出口总额的比重由 1980 年的 49.7% 上升到 2007 年的 94.9%，提高 45.2 百分点。其中，机电产品出口额占比由 1980 年的 7.8% 上升到 2007 年的 57.6%，高新技术产品出口额占比则上升至 28.6%。以食品、农副产品等为主的初级产品出口大幅度下降，占出口总额的比重由 1980 年的 50.3% 下降到 2007 年的 5.1%。与此同时，机电产品和高新技术产品进口快速增长。2007 年，我国机电产品进口额为 4 990 亿美元，比 1994 年增长 7.7 倍，高新技术产品进口额为 2 870 亿美元，比 2000 年增长 4.5 倍，占进口总额的比重分别上升到 52.2% 和 30.0%。初级产品进口额占比下降，2007 年为 25.4%，比 1980 年的 34.8% 下降了 9.4 百分点。2010 年，我国出口总额为 15 779.3 亿美元，进口总额为 13 948 亿美元，贸易顺差为 1 831 亿美元。与 2012 年相比，2013 年在进出口总额中，一般贸易进出口总额为 21 973 亿美元，增长 9.3%，加工贸易进出口总额为 13 578 亿美元，增长 1.0%；在出口额中，一般贸易出口额为 10 876 亿美元，增长 10.1%，加工贸易出口额为 8 608 亿美元，下降 0.2%；在进口额中，一般贸易进口额为 11 097 亿美元，增长 8.5%，加工贸易进口额为 4 970 亿美元，增长 3.3%。

利用外资规模不断扩大。1978 年以来，为了弥补国内资金、技术、设备、管理及人才方面的不足，利用外资迅速进入扩张时期，而且外资进入领域不断拓展，贡献也不断提高。1979~2007 年，我国实际使用外商直接投资为 7 602 亿美元，平均每年为 262 亿美元，2002 年以来利用外资一直居于世界前三位。2007 年实际使用外商直接投资为 748 亿美元，1983 年为 9.2 亿美元，年均增长 20.1%。截止到 2007 年年末，我国规模以上工业总产值的 30% 以上，进出口总额的一半以上是由外资企业创造的。2010 年上半年，全国新批设立外商投资企业 14 459 家，同比增长 17.9%，实际使用外资金额为 583.54 亿美元，同比增长 20.65%。2013 年，外商投资新设立企业为 22 773 家，同比下降 8.63%，实际使用外资金额为 1 175.86 亿美元，同比增长 5.25%（图 2-12）。

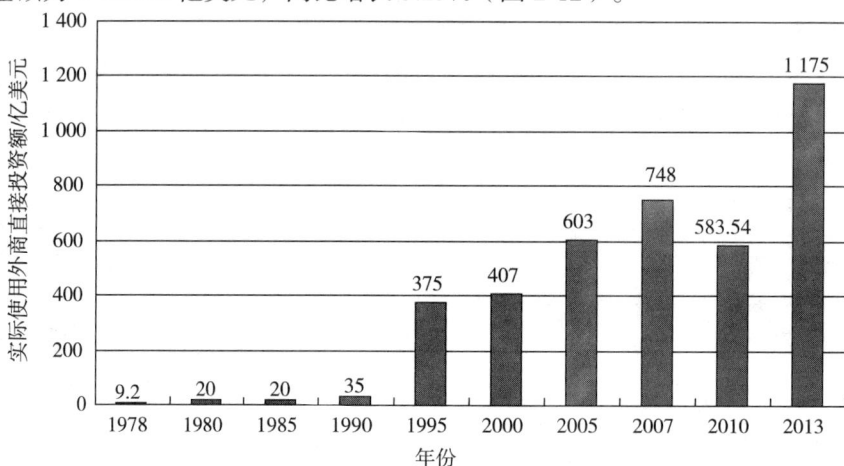

图 2-12 1978~2013 年实际使用外商直接投资

对外投资从无到有，发展迅速。为了更好地利用国外资源，进入 21 世纪以来，随着"走出去"战略的付诸实施，对外投资也出现了强劲的增长势头。2003~2007 年，对外直接投资额（非金融部分）分别为 29 亿美元、55 亿美元、123 亿美元、176 亿美元和 187 亿美元。2007 年对外经济合作合同金额达到 853 亿美元，完成营业额 479 亿美元，分别比 1989 年增长 37.6 倍和 27.4 倍。2012 年，在全球外国直接投资流出流量较上年下降 17% 的背景下，我国对外直接投资创下流量 878 亿美元的历史新高，同比增长 17.6%，首次成为世界三大对外投资国之一。截至 2012 年年底，我国 1.6 万家境内投资者在国（境）外设立对外直接投资企业近 2.2 万家，分布在全球 179 个国家（地区），覆盖率达 76.8%；前 20 位的国家和地区存量累计达到 4 750.93 亿美元，占总量的 89.3%。

六、人民生活水平实现总体小康的历史性跨越

改革开放以前，城乡居民生活基本上处在温饱不足状态，农村还有 2.5 亿贫困人口。经过 30 多年经济的快速发展，居民生活明显改善，居民拥有的财富迅速增加。改革开放的 30 多年，是人民群众得到实惠最多、生活水平提高最快、城乡居民生活实现从温饱不足到总体小康历史性跨越的 30 多年。

就业人员持续不断增加。作为我国这样一个人口大国，在经济快速增长的同时实现就业人数的同步甚至更快增长，是确保新增财富让大多数人共享的关键。30 多年来，党和政府对就业问题的重视始终如一。进入新时期，根据就业形势日趋严峻的现实，提出了积极的就业政策方针，出台了系统配套的财税和金融政策，就业人员持续不断增加，就业矛盾大为缓解。2007 年就业人员达 76 990 万人，比 1978 年增加 36 838 万人，年平均增加 1 270 万人。30 多年来累计创造并实现就业岗位 3.7 亿个，城镇登记失业率长期保持在稳定状态。与此同时，实现了数以亿计的农村富余劳动力向非农产业转移。2013

年年末，全国就业人员达到 76 977 万人，比上年年末增加 273 万人，其中城镇就业人员达到 38 240 万人，比上年年末增加 1 138 万人。

城乡居民收入水平和富裕程度显著提高。城镇居民人均可支配收入由 1978 年的 343 元提高到 2007 年的 13 786 元，扣除价格因素，比 1978 年增长 6.5 倍，年均增长 7.2%。农村居民人均纯收入由 134 元提高到 4 140 元，扣除价格因素，比 1978 年增长 6.3 倍，年均增长 7.1%。2013 年，农村居民人均纯收入达到 8 896 元，比上年增长 12.4%，城乡居民拥有的财富呈现快速增长趋势。2007 年年底城乡居民人民币储蓄存款余额达 17.3 万亿元，比 1978 年年底的 211 亿元增加 818.3 倍，人均人民币储蓄存款余额由 21.9 元增加到 13 058 元，年均增加 449.5 元（图 2-13）。股票、债券等金融资产规模不断扩大。城镇居民拥有的财产性收入占全部收入的比重从无到有，上升到 2007 年的 2.3%。

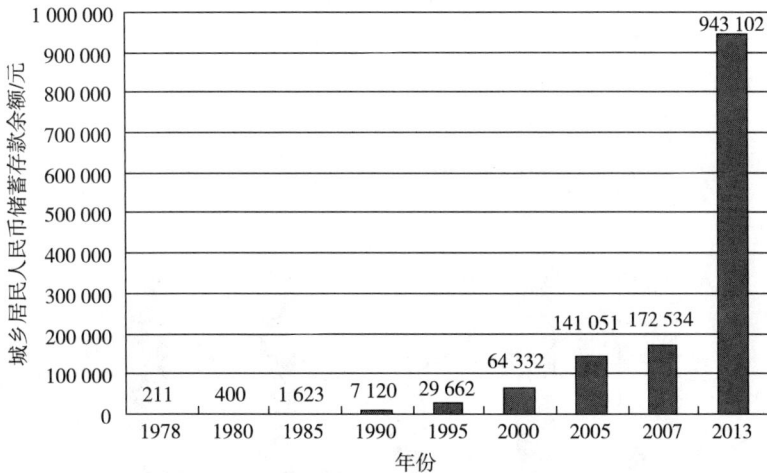

图 2-13　1978~2013 年城乡居民人民币储蓄存款余额

城乡居民生活水平和质量明显改善。根据从 2012 年第四季度起实施的城乡一体化住户调查，全国居民人均可支配收入 18 311 元，比 1978 年的 184 元增长约 100 倍，农村居民食品消费支出占消费总支出的比重为 37.7%，比上年下降 1.6 百分点；城镇居民食品消费支出占消费总支出的比重为 35.0%，比上年下降 1.2 百分点。居民消费水平反映居民家庭富裕程度的恩格尔系数，城镇居民家庭由 57.5% 下降到 36.3%，农村居民家庭由 67.7% 下降到 43.1%。从耐用消费品看，彩电、洗衣机、电冰箱、空调、电话等在城镇地区逐渐普及，汽车、家用电脑等高档耐用消费品拥有量大幅提高（图 2-14）。农村居民彩色电视机、电风扇、洗衣机、摩托车等普及率也不断提高（图 2-15）。电话普及率由 1990 年年末的 1.1 部/百人提高到 2007 年年末的 69.5 部/百人，移动电话普及率迅速上升，达到 41.6 部/百人。城乡居民的居住面积在不断增加。2006 年年底城镇居民人均住房建筑面积为 27.1 平方米，比 1978 年增加了 20.4 平方米；2007 年年底农村居民人均住房面积为 31.6 平方米，比 1978 年增加了 23.5 平方米。

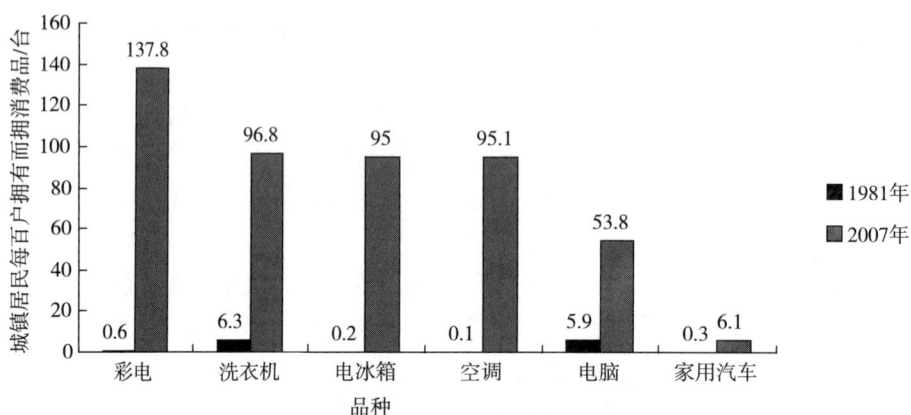

图 2-14　城镇居民每百户拥有耐用消费品变动情况

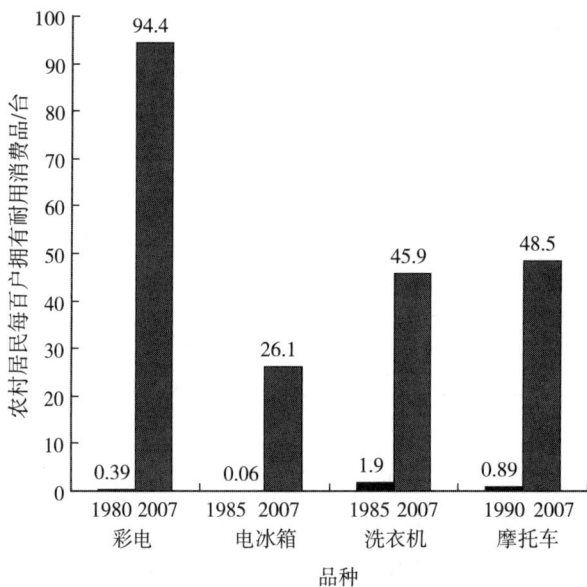

图 2-15　农村居民每百户拥有耐用消费品变动情况

　　覆盖城乡的社会保障制度逐步建立和完善。构筑覆盖全体居民的社会保障体系，确保居民生活水平的稳定提高，是党和政府 30 多年来孜孜以求的重要目标之一。30 多年来，在各方的共同努力下，社会保障体系建设取得明显效果。在城镇，养老保险、医疗保险、失业保险、工伤保险、生育保险在内的社会保障体系框架基本形成，而且覆盖面不断扩大。2007 年年末，养老保险参保人数达到 20 137 万人，比 1989 年增加 14 397 万人，医疗保险、失业保险、工伤保险、生育保险参保人数分别达到 18 020 万人、11 645 万人、12 173 万人和 7 775 万人，比 1994 年分别增加 17 620 万人、3 677 万人、10 351 万人和 6 859 万人。2013 年，全国参加城镇职工基本养老保险人数为 32 212 万人，比上年增加 1 785 万人；参加城乡居民基本养老保险人数为 49 750 万人，比上年增加 1 381 万人；参加基本医疗保险人数为 57 322 万人，比上年增加 3 680 万人。2013 年年末，全国领取失业保险金人数为 197 万人；参加工伤保险人数为 19 897 万人，比上年增加 887 万人，其中参加工伤保险的农民工为 7 266 万人，比上年增加 86 万人；参加生育保险人数为 16 397 万人，比上年增加 968 万人。在农村，社会养老保险制度正在积极探索，新型农村医疗改革试点也在加快推进。截至 2006 年年底，全国参加农村社会养老保险人数为 5 374 万人。2007 年，2 448 个县（市、区）开展了新型农村合作医疗工作，7.3 亿农民参加了新型农村合作医疗，参合率为 86.2%。低保等制度的实施使低收入居民生活得到保障。2007 年年末全国领取失业保险金人数为 286 万人；2007 年 2 272 万城镇居民得到政府最低生活保障；3 566 万农村居民得到政府最低生活保障。2013 年年末，2 489 个县（市、区）实施了新型农村合作医疗制度，新型农村合作医疗参合率为 99.0%。2013 年 1~9 月，新型农村合作医疗基金支出总额为 2 067 亿元。

扶贫工作取得巨大成绩。1978 年，全国农村的绝对贫困人口约有 2.5 亿人，约占全部人口的四分之一。按照年人均纯收入 2 300 元（2010 年不变价）的农村扶贫标准计算，2013 年农村贫困人口为 8 249 万人，比上年减少 1 650 万人。2013 年年末，农村绝对贫困人口减少为 1 479 万人，不足全部人口的 2%。联合国和世界银行认为，在消灭贫困方面，中国政府做出了巨大的努力，近 25 年来，全人类取得的扶贫事业成就中，三分之二的成就应归功于中国，是发展中国家的典范。党的十八大报告提出，"2020 年实现 GDP 和城乡居民人均收入比 2010 年翻一番"[①]。党代会报告首次提出量化的收入翻番目标，把提高居民收入放到更重要的位置，意味着我们正经历从追求"国富"到更加重视"民富"的理念转变，体现了富民追求。

30 多年的成就固然辉煌，但未来的任务仍然相当艰巨。党的十八大明确勾画出了全面建成小康社会、全面深化改革开放、加快推进社会主义现代化、实现中华民族伟大复兴的宏伟奋斗目标，为此我们要清醒地认识面临的诸多问题，发展中不平衡、不协调、不可持续问题依然突出，科技创新能力不强，产业结构不合理，农业基础依然薄弱，资源环境约束加剧，制约科学发展的体制机制障碍较多，深化改革开放和转变经济发展方式任务艰巨，城乡区域发展差距和居民收入分配差距依然较大，社会矛盾明显增多，教育、就业、社会保障、医疗、住房、生态环境、食品药品安全、安全生产等关系群众切身利益的问题较多，部分群众生活比较困难，一些领域存在道德失范、诚信缺失现象，一些领域消极腐败现象易发多发，反腐败斗争形势依然严峻。尽管前进道路上会遇到各种艰难险阻，但我们坚信，只要全国人民高举中国特色社会主义伟大旗帜，万众一心，开拓奋进，一定能够实现全面建成小康社会的宏伟奋斗目标，一定能够取得社会主义现代化建设的全面胜利。

第三节　我国区域经济跨越式发展战略

我国是一个区域经济发展不平衡的国家。党和政府历来重视缩小地区差距，并采取

---

① 国家统计局. 大改革　大开放　大发展——改革开放 30 年我国经济社会发展成就系列报告之一. http://www.stats. gov. cn/tjfx/ztfx/jnggkf30n/t20081027-402512199.htm，2008-10-27.

了诸多措施。改革开放30多年来，我国区域经济协调发展取得了巨大成绩，为缩小我国地区经济差距、实现共同富裕起到了十分重要的作用。

一、我国区域经济发展战略的历史进程

我国区域发展条件差异特征明显，实施促进区域协调发展的国家战略是实现我国经济转型的重要保障。自新中国成立以来，国家区域经济发展战略经历了三次重大调整。

（一）向内地推进的平衡发展战略：1949~1978年

新中国成立之初，全国生产力布局畸形，工业主要集聚在东南沿海一隅。改革开放前30年，我国长时期实施向内地推进的平衡发展战略，国家投资重点布局内陆地区，先后出现了"一五"时期（1953~1957年）、"三线建设"时期（1966~1975年）两次大规模向内地推进的投资高潮。

（二）向东部沿海地区倾斜的不平衡发展战略：1979~1990年

改革开放后，国家投资、产业布局的重心转向东部沿海地区。"六五"时期（1981~1985年）注重优先发展沿海地区经济。"七五"时期（1986~1990年）扬弃沿用30多年的"沿海、内地"区域格局两分法，采用"东部、中部、西部"三大地带划分法，优先加速发展东部沿海地带，重点发展中部地带的能源、原材料工业。

（三）区域协调发展战略：1991年至今

进入20世纪90年代后，为了防止地区差距不断扩大可能引发的"两极分化"态势，区域协调发展战略成为国家战略的关注重点。以1999年为界，区域协调发展战略的实施历经了两个不同阶段。1991~1998年为区域协调发展战略启动阶段。1991年《关于国民经济和社会发展十年规划和第八个五年计划纲要的报告》首次提出，"促进地区经济的合理分工和协调发展"，"生产力的合理布局和地区经济的协调发展"是中国经济建设和社会发展中的一个极其重要的问题。1995年《中共中央关于制定国民经济和社会发展"九五"计划和2010年远景目标的建议》进一步强调"坚持区域协调发展，逐步缩小地区发展差距"，是社会和经济发展必须贯彻的重要方针。区域协调发展总方针的提出，标志着改革开放以来实施了12年的不平衡发展战略调整为区域协调发展战略。1999年西部大开发战略的实施，标志着区域协调发展战略进入全面实施阶段。"十五"时期（2000~2005年），区域协调发展战略的实施重点是"推进西部大开发"、"加快中部地区发展"和"提高东部地区的发展水平"。"十一五"时期（2006~2010年）和"十二五"时期（2011~2015年），区域协调发展战略体系的构成演变为"区域发展总体战略"和"主体功能区战略"。

目前，国家实施的区域协调发展战略可简称为"4+4+4"战略。第一个"4"是指西部、东北、中部、东部四大地域板块，战略重点是西部大开发、东北振兴、中部崛起和东部率先发展；第二个"4"是指"老少边穷地区"，即"革命老区"、"民族地区"、"边

疆地区"和"贫困地区"四类国家重点援助的问题区域；第三个"4"是指"优化开发的城市化地区"、"重点开发的城市化地区"、"限制开发的农产品主产区和重点生态功能区"与"禁止开发的重点生态功能区"四类国家主体功能。区域协调发展战略体现了"均衡（公平）优先、兼顾增长（效率）"的目标导向，既要追求促进各区域之间均衡发展的"公平目标"，又要兼顾促进国民经济增长的"效率目标"。实施范围基本上覆盖了全国国土，成效显著，形成了由沿海、沿江、沿边、沿线和内陆纵深推进的全方位开放格局，有力地促进了中西部地区和东北地区的经济发展，中西部地区主要经济指标增速已连续多年高于东部地区，我国区域经济呈现出相对均衡的增长态势，地区差距开始出现逐步缩小的趋势①。

二、我国区域经济发展的现状及特点

（一）东部沿海地区"率先发展"

东部沿海地区是我国改革开放的先行者，改革开放 30 多年来，经济高速发展。东部沿海地区，由北到南包括辽宁省、河北省、北京市、天津市、山东省、江苏省、上海市、浙江省、福建省、广东省、广西壮族自治区，共计 11 个省（自治区、直辖市），所辖 113 个城市，占全国国土面积的 14%，GDP 占全国总量的 64%以上，是我国经济的主体区域（图 2-16）。根据国家发展和改革委员会公布的数字统计，2007 年，长三角、珠三角和京津冀三大经济圈生产总值约占全国经济总量的 35%，同比增长 14.7%。其中，长三角、珠三角和京津冀同比分别增长 14.8%、15.7%和 13.6%。长三角、珠三角和京津唐人均生产总值分别为 52 519.3 元、54 919.8 元和 33 576.9 元；单位国土面积生产总值产出分别为 4 246.8 万元/平方千米、4 652.7 万元/平方千米和 1 304.4 万元/平方千米。珠三角单位国土面积生产总值产出是长三角和京津唐的 1.1 倍和 3.6 倍。从地方财力看，东部沿海地区一般预算财政收入占全国的 60%，农村居民人均收入一般高于全国平均水平。

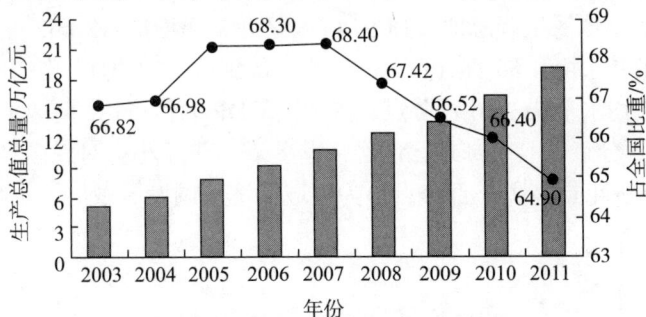

图 2-16　2003~2011 年东部沿海地区 113 个地级市生产总值总量及占全国比重的变化

---

① 吴传清. 中国区域发展战略的三次调整. 长江商报，2014-02-17.

（二）中部崛起进程加快

中部六省位于中国内陆腹地，中部六省是指居于中国大陆腹地的六个省份，包括河南省（豫）、山西省（晋）、湖北省（鄂）、安徽省（皖）、湖南省（湘）和江西省（赣），总面积为 102.8 万平方千米，占全国总面积的 10.7%。2007 年，中部六省实现生产总值 51 864 亿元。比 2006 年增长 14.2%，创近 5 年来最高水平。其中，河南省经济增速达到了 14.7%，居中部各省首位；湖南省经济增长 14.2%，是改革开放以来历年同期的新高；安徽省经济增长 13.2%，是 1996 年以来的次高增速。中部六省全社会固定资产投资共达到 28 161.76 亿元，社会消费品零售总额达到 17 983.42 亿元，进出口总额达到 743.32 亿美元，均保持了持续快速增长。中部六省以占全国 32% 的人口，创造了全国 23% 的地区生产总值、31% 的第一产业增加值、22% 的第二产业增加值、21% 的第三产业增加值。中部地区第一产业的优势相对强于第二产业、第三产业，但人均地区生产总值不及全国平均水平，仅为全国平均水平的 0.77 倍。中部六省自然、文化和旅游资源丰富，科教基础较好，具有综合区位优势，是重要的农产品、能源、原材料和装备制造基地，为全国经济发展做出了重要贡献。

（三）西部大开发成果显著

西部地区以占全国 23% 的人口，创造了全国 13% 的地区生产总值、21% 的第一产业增加值、11% 的第二产业增加值、13% 的第三产业增加值、人均地区生产总值为全国的 0.62 倍。西部地区的地方一般预算财政收入占全国的 13%。各省市的城市居民和农村居民收入均低于全国平均水平，国家实施西部大开发战略短短几年，五大标志性工程，即生态环境建设、西气东输、西电东送、青藏铁路、南水北调工程为世人瞩目。产业结构调整进一步加快，传统产业和高新技术产业都出现可喜的发展势头。各省市区内的铁路、高速公路、机场、水利、县乡道路、农村电网改造等基础设施推进很快，重庆市、成都市、西安市等城市建设突飞猛进。在 2011 年高速增长的基础上，2012 年西部地区经济继续保持快速增长，全年共实现地区生产总值 113 914.64 亿元，净增加 12 642 亿元，比上年增长 12.48%，增速比上年下降 1.55 百分点，但仍比东部地区、中部地区快 3.18 百分点和 1.54 百分点，比全国平均水平快 2.16 百分点；占全国 GDP 的比重达到了 19.75%，与 2011 年相比提高了 0.38 百分点，与东部地区的经济落差进一步缩小；对我国经济增长的贡献率为 23.44%，比 2011 年提高了 1 百分点，为区域经济协调发展做出了贡献。

（四）东北振兴初见成效

国家振兴东北老工业基地决策的出台，给东北地区带来了新的机遇。十八大以后，经济增长乏力的东北地区，又迎来了新一轮的振兴政策。东北地区制造业的基础优势和巨大潜力，是东部沿海地区所不具备的。2007 年，东北地区完成 GDP 达到 23 325 亿元，占全国生产总值的 9.458%，其中，全社会固定资产投资达到 14 302.58 亿元，社会消费品零售总额达到 8 360.4 亿元，进出口总额达到 870.84 亿美元，均保持了持续快速增长。分产业看，第一产业增加值达到 2 884.4 亿元，第二产业增加值 11 998.9 亿元，第三产业增加值 8 441.7 亿元，分别占东北地区生产总值的 12.4%、51.4% 和 36.2%。2007 年，东北地区地方财政一般预算收入为 1 842.7 亿元，比 2006 年增长 27.1%。2008 年，东北地区完成地区生产总值 28 196 亿元，同比增长 13.4%，占全国生产总值的 9.38%。分产业看，第一产业实现增加值 3 507.8 亿元，第二产业实现增加值 14 753 亿元，第三产业实现增加值 9 935.2 亿元，分别占东北地区生产总值的 12.5%、52.3% 和 35.2%。2014 年，中国政府网发布了《国务院关于近期支持东北振兴若干重大政策举措的意见》，提出 11 个方面 35 条政策措施，从基建项目、国企改革到产业支持等领域明确了扶持举措。不论是财政政策、产业政策、国有企业改革等国家宏观层面的政策，都跟地方有了深度的对接，具体政策在落实上不是泛泛而谈，而是在实施办法、资金支持等方面有了切实可行的方向。例如，东北三省在加大投资方面已经着力颇多，仅辽宁省亿元以上新开工项目就有 1 880 个，比上年同期增长 21.6%，完成投资 3 648.2 亿元，比上年同期增长 32.4%。

三、我国区域经济发展趋势与前景展望

（一）区域经济一体化进程加快

区域经济一体化是指两个或两个以上的国家和地区，通过相互协助制定经济政策和措施，并缔结经济条约或协议，在经济上结合起来，形成一个区域性经济联合体的过程。从 20 世纪 90 年代至今，区域经济一体化组织如雨后春笋般地在全球涌现，形成了一股强劲的新浪潮。这股新浪潮推进之迅速，合作之深入，内容之广泛，机制之灵活，形式之多样，都是前所未有的。适应全球区域经济一体化的客观要求和发展趋势，国内区域之间的经济一体化日渐引起党和政府的高度重视，近年来发展成效明显。其典型代表有如下三个方面。

一是长三角区经济一体化。从政策层面看，国务院发布的《国务院关于依托黄金水道推动长江经济带发展的指导意见》多次强调了上海的龙头作用，要求促进长三角区一体化发展，打造具有国际竞争力的世界级城市群。长三角区经过十几年的经济快速发展，无论从经济规模、人口数量和质量，还是市场化和国际化等体制因素衡量，长江三角洲已经是中国经济增长的发动机。上海国际金融中心目前已有一定影响力，上海国际航运中心在国际排名前列，同时上海在中国高新技术产业上也有新的发展，这三项具有良好的带动作用，将推动整个长江经济带地区特别是长三角地区的发展。其发展趋势呈现以下特点：经济一体化进入实质性推进阶段，区域综合经济实力将进一步增强，经济增长动力继续由内资带动向内外资并举转变，人力资源、技术、知识等的集聚优势进一步凸现。

二是京津冀一体化。京津冀一体化进程开始出现实质性加速，2014 年三地签署多项协议，一体化规划也有望出台，三地合作投资项目明显增多，将有利于三地的共赢发展，带动首都经济圈的经济增长。京津冀区域经济一体化的发展前景，除了具备一般城市所拥有的生产要素的地域集中和流动性点状布局的特征外，一个最突出的特征就是该区域是集全国行政力量与经济强度于一身的经济中心与科技中心。这决定了京津冀区域具备

了一体化较为明显的空间特征，即它的等级性与多层次性。

三是珠三角一体化。广东省政府官方网站正式公布了珠三角五个一体化规划，即基础设施、产业布局、基本公共服务、城乡规划和环境保护。珠三角区域合作进程将进一步加速，促进产业转型与合理布局，带动区域经济稳定增长。广东省、福建省、江西省、湖南省、广西壮族自治区、海南省、四川省、贵州省和云南省政府及香港、澳门特别行政区政府共同推动的泛珠三角区域合作（"9+2"）是中国规模最大、范围最广的区域合作①。

（二）引导区域协调发展的政策框架基本形成

党的十六大以来，包括西部大开发、振兴东北地区等老工业基地、促进中部地区崛起、鼓励东部地区率先发展在内的各有侧重、各具特色、良性互动的区域政策框架陆续建立。在相应政策的支持下，东部地区体制改革不断深化，外向型经济持续发展，产业结构调整步伐加快，经济实力和国际竞争力明显增强；西部地区基础设施建设迈出实质性步伐，生态建设和环境保护显著加强；东北地区老工业基地体制机制创新取得重大进展，结构调整步伐加快，城镇社会保障体系初步建立；中部地区崛起战略顺利启动，促进中部地区经济社会发展的政策措施和政策区域进一步细化。

十八大以来，中央在继续深入实施"区域协调发展"的主旋律下，重点突出区域协调发展战略体系中的五大具体战略。

一是主体功能区战略。主体功能区战略是关乎建设美丽中国、实现中华民族永续发展的重大战略部署。发挥全国主体功能区规划在国土空间开发实践中的战略性和约束性作用，坚定不移地实施主体功能区制度，推动不同自然条件区域严格按照主体功能区定位推动发展，对不同主体功能区实行分类管理的区域政策、各有侧重的绩效评价，将会引发区域经济行为、区域经济格局的重大变革，从根本上扭转"以GDP论英雄"的"GDP崇拜"积弊，促进区域和谐发展、协调发展，促进生态文明建设。

二是重点地区发展战略。根据国家区域发展总体战略中关于四大地域板块内重点发展地区、全国连片特困地区的部署，对国家重点地区发展规划和连片特困地区发展规划加强实施跟踪评估，新编制和实施一批跨行政区划、深化区域合作的重大区域规划。看似"天雨散花"和"满天繁星"式的重点地区，实是支撑区域发展总体战略实施、托起"富强中国"的"星星之火"。

三是内陆和沿边开放战略。区域协调发展与扩大开放相结合，协同推动沿海、内陆、沿边开放。扩大内陆沿边开放将会成为未来国家开放战略实施的重点。扩大内陆开放，推动内陆与沿海沿边地区协作，形成横贯东中西、连接南北方的对外经济走廊。扩大沿边开放，推进丝绸之路经济带、21世纪海上丝绸之路经济带建设，形成全方位开放新格局。

四是流域经济带发展战略。贯通东中西的长江经济带、贯通东西的珠江——西江经济带，将会成为未来统筹发达地区和欠发达地区协调发展的重点流域经济带，成为促进

---

① 参见2015中国经济十大预测报告：区域经济发展动力改变 经济一体化进程加速，http://news.cnstock.com/event/2015 zgjj/201412/3297835.htm；中国最大区域经济体加快经济一体化进程，http://news.xinhuanet.com/fortune/2012-12/01/c_113872692.htm。

中国经济升级、区域协调发展的新支撑带。

五是海洋开发战略。在陆海统筹发展的国策下，实施海洋开发战略，促进海洋经济发展，将是贯彻落实建设海洋强国战略的重点。海洋开发战略将会拓展国土开发的新空间，培育中国经济的新增长点①。

（三）区域相对差距趋于缩小

2014 年我国省域竞争力蓝皮书《"十二五"中期中国省域经济竞争力发展报告》对"十二五"中期我国各省（自治区、直辖市）在区域协调方面的进展情况进行深度分析。

从区域经济发展差距来看，我国区域经济继续呈现稳定增长的态势，中西部地区的发展速度领先于东部地区，区域间绝对差距仍然较大，但相对差距有所缩小。从反映区域发展绝对差异的人均生产总值标准差来看，2012 年 31 个省（自治区、直辖市）的人均生产总值标准差为 19 739.49，明显高于 2010 年的 17 144.40，东部、中部、西部和东北四大区域 2012 年的人均生产总值标准差为 12 491.91，也明显高于 2010 年的 10 986.91。从反映区域发展相对差异的变异系数来看，2010~2012 年 31 个省（自治区、直辖市）人均生产总值的变异系数由 0.513 9 下降至 0.455 0，东部、中部、西部和东北四大区域的变异系数由 0.345 0 下降至 0.298 3，四大区域的人均生产总值比差由 2010 年的 2.06∶1.08∶1∶1.53 调整为 2012 年的 1.84∶1.03∶1∶1.47，说明区域间经济发展的相对差距区域缩小，区域发展的协调性进一步增强。从人均生产总值增长率的变化情况来看，区域增长"西高东低"的特点较为明显。2012 年，东部地区的北京、上海、广东、浙江、海南的人均生产总值增速放缓，分别为 4.90%、5.70%、7.39%、7.68%和 8.00%，排在全国倒数后五位；西部地区的贵州、陕西、重庆、四川、云南的增速分别为 13.50%、12.60%、12.40%、12.30%和 12.30%，位列全国前五位。从固定资产投资、外商直接投资等反映经济发展的核心指标来看，由东部地区"唱主角"的传统格局也有所改变。

从区域财政收支变化情况来看，"十二五"中期，区域财政收支水平相对差距缩小，基本公共服务均等化程度有所提高。31 个省（自治区、直辖市）的人均地方财政收入的变异系数由 0.828 1 下降至 0.707 6，人均地方财政支出的变异系数先上升后下降，2012 年为 0.520 6。四大区域的人均地方财政收入的变异系数由 0.422 1 下降至 0.351 0，人均地方财政支出的变异系数由 0.179 9 下降至 0.162 1。此外，中部、西部和东北地区的人均地方财政收入和人均地方财政支出的增长率都超过了东部地区。区域间人均财政收入和人均财政支出相对差距的缩小，为加快推进基本公共服务均等化提供了有力支撑。

从区域协调发展的政策规划制定来看，我国区域发展继续贯彻落实"区域协调发展总体战略和主体功能区战略"，构建起全国区域协调发展"总领加支撑"的基本框架。政府对集中连片特困地区、重点生态功能区和资源枯竭型城市（地区）三类问题地区的支持力度不断加大，一系列区域性发展规划出台实施，一系列省级主体功能区规划陆续出台，区域发展新增长极不断涌现，区域协调发展进一步加强。

从区域城乡发展水平比较来看，我国城镇化战略深入实施，城镇化水平进一步提高，

---

① 吴传清. 中国区域发展战略的三次调整. 长江商报，2014-02-17.

2011 年城镇化率达到 51.3%，城镇人口规模首次超过农村。2010~2012 年，我国城镇化率由 49.9%上升至 52.6%，城乡居民家庭人均收入比差由 3.228 4 下降至 3.102 9，城镇化水平显著提高，城乡居民收入差距趋于缩小。31 个省（自治区、直辖市）的城镇化率的绝对差距和相对差距都呈缩小的趋势，城镇化率的标准差由 14.762 7 下降至 14.205 0，变异系数由 0.290 4 下降至 0.265 9，说明城镇化发展水平更加趋于均衡；从城乡居民家庭人均收入比差来看，2010~2012 年各省市区的这一指标均呈现下降趋势，标准差由 0.539 5 下降至 0.510 0，变异系数由 0.178 5 下降至 0.177 2，城乡收入差距进一步缩小。

第四节　我国经济发展的机遇和挑战

一、经济全球化给我国经济发展带来的机遇

20 世纪 80 年代以来，经济全球化蓬勃兴起，并逐渐成为关系世界全局发展的大趋势。世界各国经济日益相互开放和依存，各国经济的发展与整个世界经济的变动日益相互影响和制约。然而，众所周知，经济全球化具有二重性，是一把双刃剑，也就是说，有利益也有风险，有机遇也有挑战。目前，世界经济发展中的一个重要特点就是经济全球化的进程明显加快。利用好经济全球化提供的机遇，有利于我国在未来 20 年保持经济持续快速增长。

（一）有利于我国从外部获得短缺要素

经济全球化意味着产品、服务及一些重要的生产要素可以实现较大规模的跨国界流动。各个国家的要素条件是不同的，有各自丰裕的要素和短缺的要素。我国的基本国情是：劳动力资源丰富，占世界的 1/4；自然资源紧缺，人均耕地、石油、天然气储量远远低于世界人均水平；资本短缺，国内投资额仅占世界投资总额的 6%左右，而劳动力只有同一定数量的资本相结合，才能获得就业机会。因此，我们既需要较多的进口紧缺的资源类产品，还需要利用国外资金，以创造更多的就业机会。从国际经验看，外资是许多发展中国家国内资本的重要补充。1996~2000 年，发展中国家利用的外资占其固定资产投资总额的 10.1%，中国为 12.9%。最近几年，经济全球化进程不断加速，出现了一些新的特点。其中重要的一点是技术转移方式和速度的变化。发达国家跨国公司以往的做法是，它们所研发的最先进的产品和技术只限于在本国使用，直到成为成熟技术甚至落后技术后，才向发展中国家转移。发展中国家如果依赖于外部技术，就永远处于落后状态，这是传统技术转移理论的核心内容。这种状况在 20 世纪 90 年代中期以后发生了一些变化：①由于技术发展速度大大加快，研发投资和制造投资的折旧很快，企业以昂贵代价研发出来的新技术，必须在短时间内得到最大限度的应用，投资才能收回，新技术才有利可图。

② 在一些重要产业中，产业组织的特点正在由垂直一体化向水平型分工转变。与垂直一体化相比，水平型分工的企业往往需要全球性市场，这样才有可能分摊研发费用和保持企业规模。③ 处于同一技术水平上的企业增多、竞争激烈，谁能以最快速度、最大规模占领市场，谁才能取得最后胜利。由于上述原因，有些新技术、新发明，技术发明企业就会力求实现全球同步使用和制造。此时，技术引进国虽然没有"控制"核心技术，却能够较快地在本国境内使用先进技术和制造先进产品。我国最近几年吸引外资的实践，已经表现出这个特点。据调查，世界 500 强在华投资的一些企业，使用其母公司最先进技术的比重，20 世纪 90 年代中期仅为 14%，2001 年达到 43%，2002 年已经接近 4/5。

（二）有利于推进我国产业结构升级和经济持续增长

经济全球化总体上推动着全球经济的发展，但各国由于条件不同，在经济全球化中所处的地位不同，因而从全球化中获得的利益份额也不同。我国国内市场规模较大；国内产业比较齐全，配套能力强；低成本劳动力供给充裕。这些因素决定了我国在经济全球化中有可能争取到有利的地位，即将我国具有的市场优势、产业规模优势、劳动力优势与国外的资金优势、技术优势和管理优势等有效结合，形成具有较强竞争力的开放型经济。到 2020 年实现全面建成小康社会的目标，意味着改革开放以来我国经济的高速增长要持续40 年。经济高速增长持续 40 年，不是一件容易的事，只有少数国家和地区曾经做到过。许多国家的经验表明，在经济高速增长一个时期后，国内需求和出口需求都要求产业结构升级，而本国可能不具备结构升级所需的一些重要条件，如技术能力、国内市场规模等，因此，继续保持高速增长就面临困难。我们的有利条件是处于经济全球化进程加快的大环境中，有可能通过利用外部资源获得持续增长所需要的短缺要素，并使其与我国的突出优势有机结合，在更长的时期内保持经济的较高增长速度。

（三）有利于我国继续扩大出口和利用外资

在经济全球化进程不断加快的大背景下，在未来一二十年，我国出口继续保持较快增长速度的可能性较大。一是从国际经验看，全球贸易增长速度明显高于 GDP 的增长速度，发展中国家的贸易增长普遍快于经济增长，在 40 年左右的时间内保持较高出口增长速度的国家不少。二是我国的出口建立在二元出口商品结构之上，高附加值、高技术含量的出口商品与劳动密集型出口商品都可能保持较大规模和较快增长，有竞争力的产业面较宽。三是外商投资企业有较强的国际市场开拓能力和较高的出口比重。这些因素都有利于我国保持出口的持续较快增长。同样，经济全球化有利于我国继续扩大利用外资，提高利用外资的水平。今后我国利用外资的主要作用，将从弥补资金缺口转变为引进技术、提升产业结构和增强国际竞争力。跨国投资被称为"一揽子创造性投资"，这是因为随着资金的转移，观念、机制、技术、管理、营销、市场网络等都会随之移向引资国。没有这些一揽子要素的引进，我国产业结构升级和出口商品结构升级的速度会大大减缓。以高新技术产业为例，这一产业是我国 20 世纪 90 年代中期以来增长最快的产业，吸引外资在促进其发展中发挥了重要作用。

（四）有利于我国更多地获得国际分工利益

随着对外开放的扩大，我国大量引进国外资金和先进技术、设备，在若干产业中形成了较大规模和较低成本的制造能力。制造能力的扩大和成熟，有利于企业形成核心技术研发能力：较大规模的制造能力，使企业有能力分摊高额研发投资；技术能力的不断积累，使企业开始形成必要的技术选择和技术组合能力；配套产业群的形成和水平升级，使核心技术的突破能够较快地体现在成熟、有竞争力的最终产品和产品群上。上述能力的逐步形成，标志着在这些领域中自主开发核心技术的条件正在形成，并且具备了在商业上获得成功的可能性。在这些产业中，我们要加大研发投入，研发和掌握核心技术，实现跨越式发展，使我国在全球技术与制造分工格局中获得更多利益。

二、经济全球化给我国经济发展也带来了较大风险

经济全球化在带来诸多机遇的同时，也会产生新的不确定性和风险。对这些风险的认识和相应的预案是有效规避和化解的重要基础。

（一）利用外商投资虽稳步增长但也带来诸多问题

外资的不断进入对保持我国经济发展的可持续性发挥着重要作用，但也带来了不容忽视的问题：一是外资并购给我国产业安全带来影响。目前，外资企业在我国并购的对象已重点转向一批具有竞争优势和成长力的重点企业，如装备制造业企业等。而且众多属于国民经济命脉的经济领域，如交通运输、电力、公共设施等，也越来越多地成为外资企业并购的对象。可以看出，外资企业开始谋求对我国工业从产业链和价值链上的全面控制。二是部分地方政府为吸引外资不计成本。在我国目前以 GDP 为主的官员考核机制下，一些地方政府对跨国公司投资采取过于积极的态度，把扩大招商引资作为保持经济增长、实现企业改制、扩大就业、体现政绩的重要途径，甚至通过行政手段，以国有资产流失为代价强行推动。三是跨国公司带来不容忽视的环境污染问题。随着发达国家环保标准的日益提高，跨国公司不断将橡胶、塑料、制革、造纸、电池及五金矿产等污染密集型的产业转移到我国这样的发展中国家。治理这些外资企业带来的环境污染，将加大我国建设环境友好型社会的成本。四是吸引外资面临着其他国家的竞争。例如，日本、越南、印度等国家利用外商直接投资额的增加可能会分流部分跨国资本，成为导致我国利用外商直接投资额下降的因素之一。

（二）外贸依存度过高引发诸多风险

我国强大的出口需求有力地增强了我国经济发展的可持续性，但也蕴涵诸多风险：以外资为主体不利于出口的健康发展；高新技术产品出口附加值低；企业开拓市场、创造市场的能力不强；企业自主创新能力弱；财政、金融支持体系尚不健全；国外贸易壁垒不断增加等。

具体体现为以下方面:一是巨额贸易顺差引发与主要贸易伙伴之间的贸易摩擦。2015年1月,中国贸易顺差达600.32亿美元,创历史新高,而进出口数据双双下跌,均不及市场预期。针对我国过快增长的贸易顺差,发达国家制造和滥用多种形式的贸易壁垒,使贸易摩擦逐步从产品、企业等微观层面向宏观经济政策、体制和制度层面延伸。截至2006年,我国已连续13年成为世界上遭遇反倾销调查和被实施反倾销措施数量最多的国家,因此而导致巨额损失。二是高技术产品进出口虽较快增长但蕴涵不良因素。2006年我国高技术产品进出口总额达到5287.8亿美元,比上年增长27.1%,占全国外贸总额的30%。近年来以跨国公司为主导的高技术产业逐步形成了以我国为加工中心、以东亚为原材料和零部件供应方、以欧美为技术研发和主要市场的产业链,这决定了我国高技术产品出口只能以加工贸易方式为主,生产多集中在增值较少的装配环节,再加上国内出口企业为扩大市场份额而竞相压价,从而造成出口产品附加值较低。同时发达国家对我国高技术产品进行出口管制在很大程度上阻碍了我国急需产品的进口。三是我国出口企业面临巨额坏账风险。目前我国众多出口企业由于缺乏外贸经验,面临海外应收账款无法收回或不能按时收回的状况。据有关部门预计,我国出口企业的坏账率高达5%~30%,而发达国家平均仅为0.25%~0.5%;我国海外应收账款总额约达1000亿美元,而且以每年150亿美元的速度递增。四是对外依存度过高诱发产业安全风险。一方面,我国部分出口产品对外依存度过大;另一方面,部分资源性产品和高科技产品对国际市场依赖程度不断加深。对外依存度过高将使我国相关产业发展中的不确定因素增加,加重产业安全风险。

(三)外汇储备过快增长成为短期内不可逆转的趋势

截至2013年年末,国家外汇储备相比2012年年末增长5097亿美元,达到3.82万亿美元。国家外汇储备余额及年度增幅均创历史新高。虽然外汇储备是一国经济实力的表现,但如果外汇储备过快增长超出适度区间,且结构不尽合理,将不可避免地给经济发展带来不良影响:①降低货币政策有效性,加重金融调控难度。我国国际收支不平衡的矛盾持续累积,外汇大量流入导致外汇占款不断增加,使货币政策难以保持较大的自主性和灵活性,在相当大的程度上陷入减轻人民币升值压力与抑制货币供给增长难以兼顾的两难境地,加重了金融调控难度。②引发通货膨胀和投资膨胀风险。巨额外汇储备在中央银行账目上的对应项是外汇占款,外汇占款是构成基础货币投放的主要组成部分。尽管政府会采取"对冲"政策来吸收过多的货币,但囿于金融工具短缺的限制,难以对冲过多的外汇占款。如果对冲量不足,基础货币的投放速度加快,将进一步构成通货膨胀的潜在威胁。同时,基础货币投放所导致的大量流动性,给银行信贷扩张提供了资金条件,可能会引发信贷规模的膨胀和固定资产投资的高速增长。③造成人民币升值压力,不利于形成稳定的外部环境。外汇储备的激增将会引起国际上对我国人民币升值和贸易状况的高度关注,容易引发争端,造成更多的贸易摩擦,引起反倾销等一系列问题。人民币升值反过来会助长外汇储备增加,两者形成恶性循环。④以美元为主的外汇储备结构面临贬值风险。据估计,目前我国外汇储备的60%为美元资产。这种过于单一的储备结构使我国外汇储备资产的安全性受到严峻挑战。

（四）我国企业境外投资规模增长但抗风险能力需增强

我国商务部数据显示，2002年，我国对外直接投资为27亿美元，到2013年增至1 078亿美元，短短12年内增长了近40倍。目前，我国对外投资位列世界第三，投资领域和方式不断拓展，但油气和矿产资源类投资仍是我国对外投资的重点，约占投资总额的73.6%。我国企业实施"走出去"战略的优势主要在于规模经济和较低的劳动力成本，但也存在缺乏世界性品牌与自主核心技术、跨国经营经验不足、公司治理结构缺陷等劣势。目前我国企业总体上仍处于转换机制、学习和适应国际化经营的阶段，缺乏经营全球业务的管理技巧；对市场前景缺乏应有的调查和评估，缺乏可行性分析，盲目投资现象较为普遍；大部分企业对所在东道国的法律缺乏应有的了解和掌握，导致法律风险；由于政府补贴和金融配套措施的缺乏，部分"走出去"企业处于资金不足的窘境。同时部分"走出去"的民营企业囿于经营规模的限制，难以承受国际市场波动的强烈冲击，导致收益水平难尽如人意。

（五）能源消耗巨大使我国经济发展受限于世界形势变化

由于高投入、高消耗的粗放型经济增长方式仍没有根本改变，我国在经济快速增长的同时，也付出了巨大的资源和环境代价。2005年我国GDP大约只占世界GDP总量的5.5%，而能源消耗却占到了世界能源消耗总量的15%左右；2006年能源消耗系数高达0.87，比发达国家水平高出4~8倍。由于巨大的能源消耗，2006年我国石油进口量超过1.8亿吨，对外依存度达到47.0%。这种过高的对外依存度将会使我国的石油供给在很大程度上受世界政治、军事形势变化的影响。目前，我国战略石油储备体系建设尚处于起步阶段，三大国有石油公司的商业储备量加上第一批国家储备基地的储油量，也仅够全国30天的消费。由于我国进口的石油60%来自海湾地区，因此，如果伊朗战争发生且超过一个月，我国将可能减少近50%的石油供应，这会使我国正在高速增长的经济难以承受。如果石油供给大幅减少，将会导致从上游的石化产业到下游的化纤、纺织、服装及塑料、家电乃至汽车等与石油相连较密切的产业都受到影响并可能会放慢增长速度，进而引发我国经济增长率的全面下滑。

（六）国际市场价格变化可能使我国产生输入性通货膨胀

目前，国际市场价格变化对我国国内市场价格的影响主要是通过贸易的方式得以实现，即通过影响进口价格水平，最终对我国国内价格水平产生影响。以国际市场石油价格为例，据国际能源署研究表明，如果国际市场石油价格持续上涨10美元，将导致我国经济增长减缓0.8百分点。尤为值得关注的是，国际油价猛涨可能会使我国产生输入性通货膨胀，将深入影响我国油品及化工、电力、钢铁、造船等相关生产资料的价格，增加公路、水路、航空等交通运输行业的经营成本，带动服务价格上涨，进而影响居民消费价格上涨，波动我国整个价格体系，最终对我国经济发展的可持续性带来不良影响。由于目前市场格局的变化，这种传导影响的最终程度可能有限，但仍值得给予重视。

三、我国政府应对经济全球化挑战的主要策略

就国际经济环境而言，在和平与发展仍然是时代主题的前提下，世界经济发展进入新的转折，经济全球化进入一个新的发展时期，我国面对五大严峻挑战。一是在一定的时期内世界经济增长速度减缓；二是世界经济结构发生明显调整与变化；三是围绕市场、资源、人才、技术、标准五个方面的国际竞争更加激烈；四是生态环境和气候变化、能源资源安全、粮食安全三大全球性问题更加突出；五是针对我国的各种形式的贸易保护主义与投资保护主义日趋突出。就国内发展而言，在促进经济平稳较快发展的基础与条件仍然具备的前提下，前进道路上还有不少困难、问题、矛盾与风险。这可以概为是"三不问题"，即发展中不平衡、不协调、不可持续问题依然突出，其突出表现为：经济社会发展的能源资源和生态环境约束强化，城乡收入分配差距、区域收入分配差距和居民收入分配差距依然较大，投资和消费关系、产业结构、城乡区域发展不协调，制约科学发展的体制机制障碍依然较多。在新的挑战下，我国政府应对经济全球化挑战的主要策略如下。

（一）构建内外需均衡的发展战略

如果能成功地将过多的外部盈余转化为国内需求，那么我国经济增长将保持持续性，因此要力争把持续稳定增长的动力更多地建立在国内经济自身和企业内部，实现内外需均衡发展。要培育新的消费热点，促使消费升级；稳步提高农村居民收入水平，不断开拓农村市场；完善社会保障制度，增加低收入居民的收入水平；完善消费信贷品种，健全与完善消费信贷的担保与保险制度；继续改革和规范公务员工资制度，推进事业单位收入分配制度改革；加大整顿和规范市场秩序的力度，坚决制止侵犯消费者合法权益的市场行为，保持消费者食品安全知情权，为居民消费需求的稳定增长创造良好的市场环境。

（二）转变粗放型外贸增长方式

转变粗放型外贸增长方式，促使外贸出口从规模导向转向效益导向。提高出口产品科技含量，既要保持中低端产品的国际竞争力，又要提高和实现中高端产品的国际竞争力。继续严格控制资源性、高耗能、高污染产品的出口。促进加工贸易转型升级，逐步淘汰增值比例低、资源消耗大、环境污染严重的加工贸易企业。进一步落实和完善对名牌产品的扶持措施，加大对名牌企业提高研发能力、产品自有科技含量和培育国际营销队伍的支持力度。健全重要商品出口预警和贸易摩擦协调应对机制，妥善解决与主要贸易伙伴国之间的贸易摩擦。强化出口企业的信用风险控制。进一步扩大有关节能环保等方面资本设备的进口比重。

（三）进一步提高利用外资的质量和水平

加强利用外资的法律体系建设，建立健全跨国公司投资，特别是与跨国并购相关的法律法规体系，同时注重其可操作性。探索以产业基金、投资基金等方式利用外资的新途径。鼓励跨国公司在我国建立研发中心，积极参与我国基础研究、应用研究、高新技术研

究以及和国内科研单位、企业研发中心合作研发。积极探索有效方式，逐步拓宽合格境外机构投资者参与我国金融市场改革的范围及使其参与金融资产管理公司处置和重组不良资产的途径与管理办法。利用好国际产业转移的新机遇，实现外资政策和国家的区域与产业政策相结合，推进产业结构优化升级。加强对跨国公司大型并购投资的审查和监督，以维护正常的市场竞争秩序和产业安全。进一步规范地方政府的招商引资行为，严禁引进高耗能、高污染企业。

（四）改善外汇储备结构

通过多元化来增强其安全性，增加除美元外其他国家的货币比重，鉴于与其他国家相比，我国黄金储备占比过低的状况，应选择适当时机，适度增加黄金储备，逐步形成以美元、欧元和日元等世界三大货币和黄金为主体的多元外汇储备体系。选择适当时机对部分外汇储备进行分散投资，提高其他资产，如长期国债、公司债券或优质证券的投资组合比例，通过有效的管理获取合理的预期回报，减少持有外汇储备的机会成本。发挥国家外汇储备对促进国家能源战略的实施和确保经济金融安全的积极作用。加大原材料进口及对国外资源的开发力度，对境外资源开发给予相应鼓励。考虑运用部分外汇储备，用于东北等老工业基地建设等和国有大中型企业的技术改造。

（五）继续实施"走出去"战略

鼓励企业实施"走出去"战略，不仅是产业调整的需要，也是缓解高额外汇储备压力的一个重要举措。实施"走出去"战略必须建立健全风险防范机制，对企业进行风险指导。加强对东道国政治、经济运行情况的监测分析，建立健全涉外经济的预测预警体系，加强监管力度。明确"走出去"的目标，完善投资决策程序，引入健全的法律咨询与审查意见。完善激励和约束制度，注重积累海外市场管理经验和人力资源，实行人才本土化战略，吸引东道国当地的优秀人才。采取有效措施，保护"走出去"企业的知识产权。

（六）增强能源资源供给的多元化和稳定性

以市场为导向，以相对稳定的法律和优惠政策，鼓励我国能源企业到海外勘查和开发我国紧缺的矿产资源，建立多元化的矿产资源供应基地，实现我国矿产资源供给在全球范围内的优化配置。发展能源外交，在发展双边合作或确定对外援助项目时，优先考虑矿产勘查开发领域的合作。通过政治途径、外交途径，建立稳定的协作关系和利益纽带，争取签订政府间长期石油合作与贸易协议，形成稳定供应的多元化的油气进口渠道。关注国际地缘政局动荡和运输管道安全蕴藏的风险。增强企业的议价能力，使我国企业在国际市场，尤其是大宗初级产品市场形成"中国定价权"，增强政府的引导作用。

第三章　文化建设与科教兴国

文化是民族的血脉，是人民的精神家园。文化的力量，深深熔铸在民族的生命力、创造力和凝聚力之中，是团结人民、推动发展的精神支撑。五千年悠久灿烂的中华文化，为人类文明进步做出了巨大贡献，是中华民族生生不息、国脉传承的精神纽带，是中华民族面临严峻挑战及各种复杂环境屹立不倒、历经劫难仍百折不挠的力量源泉。全面建成小康社会，实现中华民族伟大复兴，必须推动社会主义文化大发展、大繁荣，兴起社会主义文化建设新高潮，提高国家文化软实力，发挥文化引领风尚、教育人民、服务社会、推动发展的作用。

第一节　我国文化建设取得的巨大成就

中华人民共和国成立以来，我国文化事业取得长足发展，文艺创作日益繁荣、精品佳作不断呈现，文化市场和文化产业蓬勃发展，文化领域改革深入推进，找到了一条中国特色社会主义文化发展的道路，文化建设进入了历史上最好的发展时期之一。特别是十八大以来，我们整个文化系统的广大文化工作者深入学习贯彻党中央的决策部署，贯彻落实十八大的精神，贯彻落实习近平总书记的系列重要讲话精神，坚持解放思想、开拓创新、勇于实践，推动我国的文化建设又迈上了一个新台阶。

一、文艺创作日益繁荣

我国文学走过了漫长而又曲折的 60 多年，60 多年来涌现了一大批不同体裁、题材的优秀文艺作品，文艺创作的繁荣也带动并丰富了城乡群众的文化生活，取得了令人瞩目的成就。2012 年诺贝尔文学奖授予我国作家莫言，莫言是首位获得该奖项的中国籍作家。

莫言的获奖是世界对我国现代文学艺术的肯定，将推动我国文艺的进步和发展。现在各级文化部门不断加强对艺术创作的扶持和引导，组织中国艺术节、戏剧节；组织各种各样的文化工程，如文化下乡、高雅艺术进校园；开展文华奖、群星奖评比；还有对传统艺术的保护、传承和振兴，如昆曲、京剧等传统艺术的专项振兴规划。2013 年年底，随着大陆首家培养网络文学原创作者的公益性大学——网络文学大学的成立，我国正式成立了国家艺术基金，实现了文化艺术资助模式的转型。另外，我国多项国家重大文化艺术工程和活动顺利实施，推动了各个艺术门类的发展。另外，党和国家大力资助艺术领域的理论研究、学科建设，实施国家舞台艺术精品工程、国家重大历史题材美术创作工程，为艺术创作搭建展示舞台，营造一个良好的环境。所以，文艺创作出现了空前的繁荣景象。

以文学创作成果为例，各种题材的作品达到了前所少有的丰富，这标志着文学成就的长篇小说创作实现了长足发展，同时代表着新兴力量的网络文学方兴未艾。都市文学产生于改革开放之后，而真正意义上的都市作家，也是在此之后才开始浮现于文坛的。刘心武的《钟鼓楼》、王安忆的《长恨歌》和铁凝的《永远有多远》这些作品都是典型的都市文学。在城市化进程中，城市文化逐步以一种独特的形态发展起来，它对人们的生活方式、交往方式、价值观念都产生了重大影响。

都市文学带来了大众审美范式的改变，青春文学、校园文学初登舞台，玄幻类、盗墓类写作获得市场认可，本质上也是都市文化的变相体现。随着都市文学作家的成长成熟，都市文学一定会成为当代文学的主流构成部分。网络上时兴的盗墓类、穿越类、草根讲史类小说，从写作角度来看是写作自由与个性化，乃至平民化的一种表现；从阅读上看，是不同阅读需求在作品上的分野、分众的一种反映。文学写作与文学阅读，都是精神个性化的产物，不能像以往一样"定于一尊"，归于一流。从本质上说，文学是志同道合者的艺术交流与精神互动，这种状况在过去是很难有的。

现在方兴未艾的网络文学势头强劲，风头正足。20 世纪末，从互联网上受到热捧的《第一次的亲密接触》开始，网络文学迎来了一个全新时期。短短十几年后，越来越多的网络小说占据阅读排行榜，如网络小说《芈月传》、《甄嬛传》、《裸婚时代》和《步步惊心》随着翻拍电视剧的热播，成为人们的日常谈资。继 2010 年当年明月等网络作家首次被吸收为中国作家协会会员，2013 年又有 16 位网络作家加入中国作家协会。2013 年10 月，大陆首家培养网络文学原创作者的公益性大学——网络文学大学在京成立，莫言担任名誉校长；同年 12 月，大陆首个网络文学本科专业在上海成立，网络文学与网络作家越来越受到文学界的关注。"起点中文网"、"榕树下"、"黄金屋"、"红袖添香"和"幻剑书盟"等原创网站已经享有相当的知名度，新浪、网易、搜狐等门户大网不约而同地都为网络文学开辟专区，加大扶持力度。与此同时，一些传统文学刊物也纷纷与互联网联姻，《中国新闻出版报》、《中华读书报》、《中国图书商报》、《中国文化报》、《出版商务周报》、《新京报》和《中国青年报》等数十家媒体和众多地方报刊纷纷开辟专版、专栏，对网络文学的发展和现状给予分析、评价。多家官方机构与民间组织，以不同方式联手举办了一系列回顾与展望活动，肯定了网络文学对当代中国文学做出的贡献，并对它的未来充满了信心。

二、公共文化服务体系基本形成

新中国成立之初，我国公共文化服务设施极其薄弱，随着国家对公共文化事业投入的不断加大，各级文化设施建设不断推进，目前我国初步建成了国家、省、市、县、乡、村六级覆盖城乡的公共文化服务网络，开展了创建文化先进县活动、全国万里边疆文化长廊建设工程、知识工程、少儿文化蒲公英计划。公共文化服务体系是由政府主导、财政投入、社会各方面参与来实现公益性、免费的服务，各级政府要把更多的资金投入公共文化服务体系上来。这几年，随着我国综合国力的不断上升，国家对公共文化的投入屡创新高。文化部财务司发布的《"十一五"以来我国文化事业费投入情况分析》指出："十一五"以来，我国文化事业费逐年增加，增长速度保持在 18% 以上的较高水平。2009 年，全国文化事业费达到 292.32 亿元，比上年增加 144.284 亿元，增长 17.9%，增幅比上年回落 6.8 百分点，但仍保持了较快的增长速度，但文化事业费总量仍然严重不足，制约了文化事业的快速发展。因此，要采取多种措施，力争"十三五"期间文化事业费有较大幅度增长。2014 年全国文化事业费 583.44 亿元，比上年增加 52.95 亿元，增长 10.0%，占国家财政总支出比重为 0.38%，与上年基本持平①。

公共文化服务体系要体现的原则是普惠性、便利性。建立遍布城乡的公共文化服务体系是政府部门履行责任的具体体现，政府部门将持续增加在公共文化方面的投资，这满足了人民群众的精神文化需求，保障了人民群众的基本文化权益。公共文化服务体系的主要内容包括：①建立覆盖城乡的、从上到下的公共文化服务设施网络。②实施一系列重点文化工程，提高提供公共文化服务的能力。近年来又根据时代的发展和人民群众的需要，相继实施了全国文化信息资源共享工程、送书下乡工程、流动舞台文化车工程等一批惠民文化工程，扩大了公共文化服务的覆盖面，进一步提高了我国的公共文化服务能力。全国博物馆、纪念馆陆续向社会免费开放，老年人、未成年人、残疾人、进城务工人员等特殊群体的文化需求得到重视，少数民族文化建设得到对口支援，这些都产生了良好的效果。截至 2011 年，全国共有公共图书馆 2 819 个，文化馆 3 217 个，文化站近 4万个，文化室近 25 万个，公共博物馆 1 893 个；已有 1 007 个博物馆、纪念馆陆续向社会免费开放，观众人数突破 1.54 亿人次②。一系列重大文化工程和公共文化服务惠及普通百姓，缩短了城乡发展的差距，映照出我国公共文化服务体系建设的灿烂前景。坚持把农村作为重中之重，大力实施广播电视村村通工程、西新工程、农村电影放映工程等，着力解决近亿农村群众收听、收看广播电视难的问题，一些地方率先实现一村一月放映一场电影的目标。不论是城市街头的秧歌、社区的周末相声、公园歌咏，还是村村寨寨的农民乐队、农家文化大院、自办剧团，以及社区文化、广场文化，节日文化活动的风起云涌，各种丰富多彩的文化活动让文化离百姓越来越近，推动着人们文化主体意识的增强，参

---

① 文化部. 中华人民共和国家文化部 2014 年文化发展统计公报. http://www.mcprc.gov.cn/whzx/bnsjdt/cws/201505/t20150514_440809.html，2015-05-14.

② 璩静. 文化部等部门有关负责人：60 年文化发展成就辉煌. http://www.gov.cn/jrzg/2009-09/25/content_1426752.htm，2009-09-25.

与热情的提高。

三、文化市场和文化产业蓬勃发展

新中国成立 60 多年来，我国广播影视产业随着国家经济发展、社会科技进步和人民生活水平的不断提高，得到长足发展，取得显著成就。广播电视新闻宣传始终牢牢把握正确舆论导向，遵循新闻宣传规律，贴近实际、贴近生活、贴近群众，不断改进宣传的内容、形式、手段和方式方法，切实增强宣传的时效性、针对性和吸引力、感染力，涌现出一大批深受广大听众观众喜爱的节目栏目。目前我国基本形成了由娱乐市场、演出市场、音像市场、电影市场、网络文化市场、艺术品市场等组成的统一、开放、竞争、有序的文化市场体系。以综合行政执法、社会监督、行业自律、技术监控为主要内容的文化市场监管体系初步建立，文化市场法规不断完善。近几年，文化产业对国民经济增长的贡献不断上升，以公有制为主体、多种所有制共同发展的文化产业格局初步形成。文化产业政策体系逐步完善。2009 年，国务院常务会议审议通过了《文化产业振兴规划》，为促进文化产业发展提供了强有力的制度保障。

1958 年 9 月 2 日，我国第一家电视台正式开播。1983 年以前，我国只有几十家电视台，一家省级电视台基本就是一个频道，电视人口覆盖率约为 40%。自中央、省、地（市）、县四级办电视的政策出台后，我国电视事业走上了高速发展的道路。2008 年全国广播电视综合人口覆盖率分别达到 95.96% 和 96.95%；全国有线广播电视用户为 1.63 亿户，其中数字电视用户为 4 501 万户，付费数字电视用户为 452 万户。2015 年 7 月 8 日发布的由新闻出版广电总局发展研究中心编写的《中国广播电视发展报告》显示，2014 年我国广播电视行业总收入达到 4 226.27 亿元，同比增长 13.16%[①]；预计 2013 年全国广播影视总收入可能突破 4 000 亿元大关。广播电视已完全走进了普通老百姓的家中。同时为使广播电视"走出去"，广播电影电视总局还批准了央视国际频道、西法语频道、上海东方卫视频道、福建海峡电视台等 16 套外宣频道在北美和亚洲长城平台播出。

电视频道数量的上升要求电视文艺创作的跟进。1990 年电视剧《渴望》的播出牵动亿万人心，此后电视剧成为一种主要的大众文化形式，2005 年我国已达到年生产电视剧 1.2 万余集的制作能力；《东方时空》和《焦点访谈》等新闻类节目，以其贴近百姓生活、表达民众心声、快速反应新闻焦点的特点受到观众的欢迎；湖南卫视的《快乐大本营》曾经带动国内综艺节目的普遍转型。此外，电视大赛、情感类节目、音乐歌舞、戏曲曲艺等各类节目都极大地丰富了荧屏。截至 2008 年年底，全国有广播电视节目制作机构 3 343 家、持有电视剧长期制作许可证的机构 132 家、电影制作机构 200 多家。2008 年，全国共制作广播节目 649 万小时、电视节目 264 万小时；电影 406 部，居世界第三位；电视剧 1.4 万集，连续多年稳居世界第一位；影视动画 13 万分钟，连续多年呈现快速发展的良好态势。同时，全国城市电影院线 34 条含影院 1 500 座，农村数字电影院线 188 条，农村电影放映队 2 万多支。

---

① http://news.xinhuanet.com/shuhua/2015-07/09/c_128000431.htm.

改革开放 30 多年来，我国新闻出版事业进入了发展的快车道，迸发出了巨大的生机与活力，建立了结构完整、体系健全的新闻出版体系，包括编辑出版、印刷复制、发行流通三大行业和图书、报纸、期刊、音像、电子、网络六大出版板块。新闻出版业整体实力显著增强，大大增强了舆论传播力和国际竞争力。在出版的功能上，从宣教、娱乐为主向宣教、娱乐及信息服务等多种功能并存转型。其中，以单纯信息传递为主要特征的报刊大量出现。在出版介质上，从纸介质为主向多种介质并存转型。其中，以纸介质为代表的传统出版表现出明显的发展乏力，以数字内容为代表的现代出版表现出强劲的发展势头。在出版业务上，从品种数量扩张向质量效益转型。其中，以重复出版为代表的简单出版生产开始衰退，以内容策划为代表的增值出版生产成为重要支柱。我国的图书、报纸、电子出版物品种、总量连续5 年稳居世界第一位。出书品种多年保持在 20 万种以上，近 30 年的出版总量是过去 3 000 年出版总量的 3 倍多。2008 年，我国出版图书 27 万多种，报纸 1 900 余种，期刊 9 000 余种，各类出版物总量和发行量均居世界首位。2009 年，新闻出版产业总产值突破 1 万亿元大关，增长 20%。2013 年 1 月 4 日，在北京召开的全国新闻出版工作会议公布，2012 年我国新闻出版业收入 1.65 万亿元，继续保持了平稳较快发展的良好局面。

四、文化遗产保护成效显著

在长期的历史发展中，中华民族创造了丰富多彩、弥足珍贵的文化遗产，既有"有形"文化遗产，如文物、典籍等；也有主要通过"口传心授"的方式传承下来、以非物质形态存在的非物质文化遗产，包括口头传授和表述、传统表演艺术、民俗活动、礼仪、节庆、有关自然界和宇宙的知识与实践，以及传统手工艺技能等。一个民族文化的根基、一种精神文明的传承，需要载体，悠久的文化是承载于千年文化遗产之上的，如风俗、习惯、传统表演艺术、古遗址、古建筑等。相反，如果承载着历史信息的载体消亡了，负载在其上的历史和文化也必然会被冲淡或消亡。以建筑为例，我国古代多以木质建筑为主，其建造结构使其具有较强的抗震作用，这一建筑风格背后，蕴涵的是我国"以柔克刚"的传统文化理念。例如，丽江古城经历了 7 级地震后还基本无损，被评为世界文化遗产。又如，上海市第 12 块历史风貌区——上海市虹口区霍山路的老屋和街区，就是中国人民与犹太人民友好的见证。这个地方得到保护，全世界人民逐渐都会知道，在德国法西斯残酷屠杀犹太人时，在许多国家拒绝接纳四散逃亡的犹太难民时，同样也在遭受日本帝国主义蹂躏的中国人民友好地接纳了 3 万多名犹太人。这些载体，容易随着时间的推移而逐渐破损甚至失传，需要现代社会给予其充分的重视和特别的保护。

新中国成立 60 多年来，文化遗产保护成效显著，优秀传统文化得到弘扬。随着时代的发展和观念的进步，文化遗产保护领域逐渐拓宽，保护体系日臻完善。国务院《关于加强文化遗产保护工作的通知》决定从 2006 年起，每年 6 月的第二个星期六为我国的"文化遗产日"。文化遗产普查建档工作正深入开展，我国民族民间 10 部文艺集成志书编纂工作收集资料多达 100 亿字，第三次文物普查共调查登记不可移动文物 40 多万处。国家、省、地市、县四级遗产保护名录体系逐渐形成，国务院先后公布 6 批 2 351 处全国重点文物保护单位，2 批 1 028 项国家级非物质文化遗产名录项目，109 座历史名城，251 个历史文化名镇、名村。布达拉宫等历史建筑的保护和修缮成效显著，三峡水库等国家重点工程的考古工作深入开展。长城等大遗址保护稳步实施，工业遗产、乡土建筑的保护逐渐提到工作议程。非物质文化遗产项目代表性传承人命名活动广泛开展。世界文化遗产申报和保护取得突破，如成功入选联合国教育、科学及文化组织"人类口头和非物质文化遗产代表作"的昆曲艺术、古琴艺术、新疆维吾尔木卡姆艺术和蒙古族长调民歌①。我国已经申报成功的世界遗产达到 45 处②。在我国已有的世界遗产中，文化遗产数量最多，达到 27 处，包括长城、明清皇宫（北京故宫、沈阳故宫）等③；自然遗产 10 处，包括四川九寨沟风景名胜区、四川黄龙风景名胜区等④；文化与自然"双遗产"4 处，分别是山东泰山、安徽黄山、四川峨眉山—乐山和福建武夷山；世界文化景观 4 处，分别是江西庐山、山西五台山、杭州西湖和云南哈尼梯田。

五、对外及对港澳台文化交流水平不断提升

新中国成立 60 多年来，我国同世界上 160 多个国家和地区建立了良好的文化交流关系，逐步形成了全方位、多层次、宽领域、多渠道的对外文化交流新格局。新中国成立后的对外文化交流与合作极大地促进了我国文化事业的发展。在苏联等社会主义国家的帮助下，我国引进了芭蕾舞、交响乐、歌剧、油画等许多西方古典艺术门类，培养了大批优秀文艺人才，大大丰富和繁荣了我国文化艺术的百花园。在学习借鉴国外先进文化管理经验的基础上，先后成立了中国京剧院、中央歌剧院、中央乐团、北京人民艺术剧院等一大批完全有别于旧社会戏班子的新型文艺院团。全国各地建设了大量的影剧院、图书馆、美术馆、博物馆等公益文化设施，结束了旧中国文化事业积贫积弱的局面。"欢乐春节"等重大文化交流品牌效益显著，20 多项中外思想文化领域的对话交流活动成功举办。我国在海外建设的中国文化中心总数达到 14 个，对外文化贸易基地等对外文化贸易平台不断拓展。例如，在上海设立的国家对外文化贸易基地成为上海自贸区试验的核心组成部分。对港澳台文化交流持续深入，取得了积极效果。

文化是沟通心灵的桥梁，文化外交在增进人民间的了解与友谊、促进国与国之间关系发展的过程中发挥着积极的推动作用。邓小平、江泽民、胡锦涛和习近平等党和国家领导人亲自倡导参与了一系列重大的文化外交活动。1979 年中美正式建交，著名指挥家小泽征尔于次年 3 月率美国波士顿交响乐团访华，邓小平、宋庆龄等国家领导人出席观看并上台祝贺演出成功，传递了中国对发展与美国关系的友好信息，对两国关系进一步顺

①　蒙古族长调民歌是与蒙古人民共和国联合申报。
②　陈灏. 我国世界遗产增至 45 处. http://news.xinhuanet.com/2013-06/22/c_116250053.htm，2013-06-22.
③　还包括秦始皇陵及兵马俑坑，敦煌莫高窟，周口店北京猿人遗址，河北承德避暑山庄及周围寺庙，山东孔孟文化历史建筑群，湖北武当山古建筑群，拉萨历史建筑群，云南丽江古城，山西平遥古城，苏州古典园林，颐和园，北京天坛，重庆大足石刻，明清皇家陵寝，安徽皖南古村落，洛阳龙门石窟，四川都江堰及青城山，山西云冈石窟，中国高句丽王城、王陵及贵族墓葬，澳门历史城区，河南安阳殷墟，广东开平碉楼与村落，福建土楼，河南登封"天地之中"历史建筑群和内蒙古元上都遗址。
④　还包括湖南武陵源风景名胜区、云南"三江并流"、四川大熊猫栖息地、中国南方喀斯特、江西三清山、中国丹霞、云南澄江帽天山化石地和新疆天山。

利发展产生了积极影响。进入 21 世纪以来，中国的文化外交日趋活跃，成为国际舞台上一道亮丽的风景。"中法文化年"、"中俄国家年"和"中日文化体育交流年"等一系列大型文化外交活动，受到了中外政府与社会各界的高度重视与广泛参与，项目之多、规模之大、规格之高、影响之深远，前所未有，极大地提升了中国文化的国际影响力。

2013 年对外文化工作紧密围绕文化和外交大局，以立体、多元、跨越时空的视角，不断拓展文化交流合作的广度和深度，亮点频多，成果丰硕。一是政府间文化合作步入机制化轨道。我国与全球各个国家和地区举办政府间高层文化论坛、文化合作委员会会议近百次，并发挥我国在政府间文化合作机制和国际组织中的主导权、话语权。二是文化交流品牌越来越国际化、全球化。2013 年，海外"欢乐春节"活动在 99 个国家和地区的 251 个城市举办了 380 多项活动。三是人文思想交流成为连接心灵对话的桥梁。我国先后举办和参与第四轮中美人文交流高层磋商会、"上合组织文化部长第 10 次会晤"等 20 多次文化论坛和对话会。四是海外中国文化中心成了解中国的窗口。2013 年，随着尼日利亚中国文化中心挂牌和西班牙马德里中心投入运营，海外中国文化中心总数达到 14 个。五是对外文化贸易成为感知中国的新载体。演艺产品、动漫、动画、网络游戏的出口幅度、增速不断提高。六是国际文化传播迎来数字化、网络化的时代。与亚马逊合作开设"文化中国"图书影像专区，开发电子书架应用软件等，推动新媒体传播。

对港澳台进行文化交流促进两岸人民心相通，情相连。"艺海流金"和"情系"系列品牌活动以文促情、以文聚心，不断促进港澳地区人心回归，不断增强台湾同胞的中华民族认同，为推动两岸关系和平发展发挥了不可替代的作用。"情系"系列活动是文化部主导的对台文化交流品牌，此前举办的"情系三峡"和"情系黄山"等活动，在台湾岛内引起很大反响。"情系长安—两岸文化联谊行"文化交流活动于 2009 年 7 月 12 日~22 日在陕西举行，主要由文化交流和文化参访等内容组成，已被列为国务院台办 2009 年重点对台文化交流活动之一。活动期间，举行了"陕西文物与华夏文明"和"中华历史文化给当代人的启示"等文化研讨会。台湾代表团还参访了兵马俑博物馆、陕西历史博物馆、关中民俗博物馆等，拜祭黄帝陵并观看了富有地方特色的文化演出及民间工艺品展览。这样的活动有效拉近了两岸人民的民族感情。

各种对外文化交流还促进了我国文化贸易快速发展，打造了一批具有广泛影响力的国际文化交易平台，推出了一批具有国际竞争力的外向型文化企业，越来越多的中华文化艺术作品走出了国门进行了商业演出，取得了良好的社会效益和经济效益。自 1970 年以来，我国的对外商业性演出交流取得了显著的成绩，如《大红灯笼高高挂》、《野斑马》、《霸王别姬》、《少林雄风》和《云南印象》等越来越多的中华文化精品走出国门，成为国际演艺市场的新宠。

六、文化体制改革不断深化

按照建设服务型、创新型政府和法治政府的要求，我国进一步转变政府职能，简政放权，深入进行文化行政审批制度改革，加快文化立法，完善文化政策法规体系。我国进一步落实国有文艺院团转企改制的扶持政策，同时，深化文化事业单位的内部改革，并都取得了新的进展。只有深化文化体制改革，不断增强改革的系统性、整体性、协同性，发挥市场在文化资源配置中的积极作用，激发文化工作者和全社会的文化创造热情，推动文化事业、文化产业繁荣发展，提供更多更好的优秀文化产品和文化服务，才能更好地满足全面建成小康社会伟大进程中人民群众日益增长的精神文化需求，才能更好地适应全面深化改革伟大事业中使各方面制度更加成熟、更加定型的时代要求，才能更好地形成有利于创新创造的文化发展环境。前一阶段文化体制改革成效明显但成果还不稳固，一些制约文化科学发展的深层次矛盾和问题还没有完全破题，文化创新环境还有待进一步优化，因此，必须按照中央全面深化改革的部署和要求，拿出更大的勇气和智慧，推进文化体制机制创新，确立新目标、规划路线图、实施新举措，进一步解放和发展文化生产力，为社会主义文化强国建设打下更加坚实的基础。

根据中央提出的文化体制改革目标和任务，一批经营性文化事业单位完成转企改制，建立了现代企业制度，发挥了市场在文化资源配置中的基础性作用。公益性文化事业单位的内部改革不断深化，文化市场综合执法改革成效显著。目前，在影视制作、出版、发行、印刷、广告、娱乐、演艺、会展等重点产业，一批产业基地和大型文化产业集团开始崭露头角；数字电视、数字电影、网络出版、网络游戏和动漫等新兴产业得到迅速发展。新闻出版体制改革不断深化，一批富有活力的新型市场主体正在成长壮大，企业集团化建设成果显现，股份制改造稳步推进，跨地区、跨行业、跨所有制、跨媒体经营势头良好。

从 2003 年年初到 2013 年年初，文化体制改革大体经历了四个阶段：①开展试点阶段。从 2003 年年初到 2005 年 12 月，主要是探索经验。北京等 9 个综合性试点地区和 35 个文化单位开展试点，历经两年多的探索，试点取得明显成效，为全面推开改革提供了示范、积累了经验。②扩大试点阶段。从 2005 年 12 月到 2010 年 8 月，主要是逐步推开。在综合性试点地区率先推开改革，除新疆、西藏以外，其他省区市都确定了自己的改革试点地区和单位。③加快推进阶段。从 2010 年 8 月到 2011 年 10 月，主要是全面展开。改革大力度推进、全方位展开、纵深化拓展，重点难点取得重大突破。④基本完成阶段。从 2011 年 10 月党的十七届六中全会召开到党的十八大之前，全面完成中央确定的文化体制改革阶段性任务，文化改革发展进入一个新阶段。

体制机制的变革，激发了文化单位的内在活力，市场竞争力大大提升。上海电影集团有限公司 2004 年年底完成了整体转制，改革使其效益不断增长，在 2003 年上海电影集团有限公司转企改革前，上海电影集团有限公司主营业务收入为 8.3 亿元，利润总额为 209 万元，至 2011 年，上海电影集团有限公司的主营收入已经达到 20.1 亿元，净利润达到 1.94 亿元。8 年间主营业务收入增长 1.42 倍，净利润总额增长 102 倍[①]。

改革试点以来，国家图书馆、国家话剧院、中国文物研究所、上海中国画院等公益性文化事业单位正逐步树立公共文化服务观念，引入竞争和激励机制，增强单位活力，提高服务质量。观念的转变带来服务的改善：国家图书馆将"服务"列为自己三大发展战略之一，采取各种办法强化服务意识。简化办证、借阅手续；开设特种需求委托服务、开通

---

① 林蓓. 争夺"中国电影国有股第一单". 上海商报，2012-11-27.

24 小时读者还书服务；开通国家图书馆数字资源门户网站；为农民工送书到工地等，受到读者欢迎。进一步理顺政府与文化企事业单位的关系，转变政府职能，真正做到政企分开、政事分开、依法管理，其是文化体制改革试点的重要内容之一。 文化体制改革影响重大，虽然时间很短暂，许多问题仍然有待解决，但是文化改革试点地区和单位的文化事业与文化产业呈现出良好的发展态势。

第二节　发展社会主义先进文化

　　党的十八大报告提出要"扎实推进社会主义文化强国建设"和"增强文化整体实力和竞争力"，这不仅是我国文化建设的一个战略重点，也是我国建设和谐世界战略思想的重要组成部分，更是实现中华民族伟大复兴的重要前提。文化是人类群体创造并共同享有的物质实体、价值观念、意义体系和行为方式，是人类群体的整个生活状态。文化的内隐部分为价值观和意义系统，其外显形态为各种符号，这些符号主要体现为物质实体和行为方式，其内隐部分决定了外显形态。价值观是文化的核心部分，是世界观、人生观的集中体现，影响整个文化的发展。建设社会主义先进文化，就必须坚持以社会主义核心价值体系为根本。如果我们把由军事力量和经济实力组成的国家力量称作"硬实力"的话，那么通过政治价值观、外交政策和文化创造等体现出来的国家力量就可以称作国家的"软实力"，而文化方面的国家软实力就是"国家文化软实力"。文化软实力在很大程度上表现为国民的精神状态、意志品格和内在凝聚力，而这一切主要来自于人们对社会主义核心价值观的认同，从文化的概念来讲，其核心就是价值观。历史经验表明，任何一个国家要把全社会的意志和力量凝聚起来，都必须有一套与经济基础、政治制度相适应的核心价值体系。我国是拥有 13 亿人口、56 个民族的大国，靠什么凝聚人们的力量？靠的就是统一的指导思想、共同的理想信念、强大的精神支柱和基本的道德规范，即社会主义核心价值体系和社会主义核心价值观。社会主义核心价值体系和社会主义核心价值观是先进文化的根本。我们要发挥先进文化在民族凝聚力方面的作用，致力于文化软实力建设。为此，必须用社会主义核心价值体系和社会主义核心价值观增强中华民族凝聚力，用中国特色社会主义先进文化凝聚力量，建设中华民族共有精神家园，不断增强社会主义意识形态的吸引力和凝聚力。

一、中国共产党对文化建设规律认识的不断深化

　　中国共产党在 90 多年的奋斗历程中，十分重视文化建设。我们党始终代表中国先进文化的前进方向，努力建设和弘扬反映革命、建设和改革要求的新文化。

　　毛泽东指出，要努力把一个被旧文化统治因而愚昧落后的中国，变为一个被新文化统治因而文明先进的中国。1956 年 4 月党中央在讨论十大关系的过程中，确定了"双百"

方针，即"百花齐放、百家争鸣"的方针，这是繁荣和发展社会主义科学和文化事业的重要指导方针。4 月 28 日，毛泽东在中央政治局扩大会议上说："'百花齐放、百家争鸣'，即艺术问题上百花齐放，学术问题上百家争鸣，我看应该成为我们的方针。"5 月 2 日，毛泽东在最高国务会议上正式宣布将"百花齐放、百家争鸣"作为党发展科学、繁荣文学艺术的指导方针。"双百"方针的提出，吸取了我国历史上学术、文化发展的经验，总结了我们党领导科学文化工作的经验和教训，也借鉴了国外科学文化工作的经验和教训。这是一个符合社会主义科学文化发展客观规律的方针，它的主旨同《论十大关系》完全一样，就是要把一切积极因素都调动起来，为人民服务，为社会主义建设服务。它同党在科学文化领域的其他重要方针一样，是我国社会主义科学文化事业繁荣进步的根本保证。

在改革开放的新时期，1979 年邓小平指出："我们的国家已经进入社会主义现代化建设的新时期。我们要在大幅度提高社会生产力的同时，改革和完善社会主义的经济制度和政治制度，发展高度的社会主义民主和完备的社会主义法制。我们要在建设高度物质文明的同时，提高全民族的科学文化水平，发展高尚的丰富多彩的文化生活，建设高度的社会主义精神文明。"[①] 这是对社会主义社会本质特征和发展规律的科学认识与高度概括，为我们指明了前进方向。邓小平认为，社会主义精神文明是社会主义社会的重要特征，要在建设高度的物质文明的同时，建设高度的社会主义精神文明；物质文明和精神文明都搞好，才是有中国特色的社会主义，要"两手抓两手都要硬"；要一手抓物质文明，一手抓精神文明，培育有理想、有道德、有文化、有纪律的社会主义新人。社会主义精神文明建设必须是围绕和推动社会主义现代化建设的精神文明建设，必须是促进全面改革和实行对外开放的精神文明建设，必须是坚持四项基本原则的精神文明建设。这一指导方针符合党的基本路线的要求，是使精神文明建设和整个社会发展协调共进的方针。只有经济、政治、文化和社会建设都搞好，使它们相互促进、协调发展，中国特色社会主义事业才能顺利推进。

江泽民指出，中国共产党要始终代表中国先进文化的前进方向，坚持以科学的理论武装人，以正确的舆论引导人，以高尚的精神塑造人，以优秀的作品鼓舞人。在当代中国，发展先进文化，就是发展面向现代化、面向世界、面向未来的，民族的、科学的、大众的社会主义文化，以不断丰富人们的精神世界，增强人们的精神力量。中国特色社会主义文化是综合国力的重要标志，建设中国特色社会主义文化，就是以马克思主义为指导，以培育有理想、有道德、有文化、有纪律的公民为根本任务；坚持为人民服务、为社会主义服务的方向和百花齐放、百家争鸣的方针；要把弘扬主旋律和提倡多样化统一起来，把依法治国和以德治国紧密结合起来。

当今时代，文化越来越成为民族凝聚力和创造力的重要源泉、越来越成为综合国力竞争的重要因素，丰富精神文化生活越来越成为我国人民的热切愿望。党的十七大报告提出，要推动社会主义文化大发展、大繁荣，要牢牢把握社会主义先进文化的前进方向，兴起社会主义文化建设新高潮，激发全民族文化创造活力，提高国家文化软实力，使人民基本文化权益得到更好的保障，使社会文化生活更加丰富多彩，使人民精神风貌更加昂

---

① 中共中央文献编辑委员会. 邓小平文选（第 2 卷）. 北京：人民出版社，1994：208.

扬向上。2006年3月4日，胡锦涛在看望出席全国政协十届四次会议的委员时，发表了关于树立社会主义荣辱观的重要讲话，提出了以"八荣八耻"为基本内容的社会主义荣辱观，即以热爱祖国为荣、以危害祖国为耻，以服务人民为荣、以背离人民为耻，以崇尚科学为荣、以愚昧无知为耻，以辛勤劳动为荣、以好逸恶劳为耻，以团结互助为荣、以损人利己为耻，以诚实守信为荣、以见利忘义为耻，以遵纪守法为荣、以违法乱纪为耻，以艰苦奋斗为荣，以骄奢淫逸为耻。

党的十八大以来，党中央、国务院高度重视文化建设，为推动文化的改革发展，建设社会主义文化强国做出了一系列的重大决策部署，为文化建设指明了方向。党的十八大报告提出，我们一定要坚持社会主义先进文化前进方向，树立高度的文化自觉和文化自信，向着建设社会主义文化强国的宏伟目标阔步前进①。2012年11月29日，习近平同志率领新一届中央政治局常委和中央书记处领导同志集体参观国家博物馆《复兴之路》基本陈列并发表重要讲话。文化建设是中国特色社会主义五位一体总体布局的重要内容，文化体制改革是我国全方位改革事业的重要组成部分。按照党的十八大关于全面深化改革开放的目标任务和扎实推进社会主义文化强国建设的总体要求，十八届三中全会决定对推进文化体制机制创新做出新的重大战略部署，鲜明提出，建设社会主义文化强国，增强国家文化软实力，必须坚持社会主义先进文化前进方向，坚持中国特色社会主义文化发展道路，巩固马克思主义在意识形态领域的指导地位，巩固全党全国各族人民团结奋斗的共同思想基础。坚持以人民为中心的工作导向，坚持把社会效益放在首位、社会效益与经济效益相统一，以激发全民族文化创造活力为中心环节，进一步深化文化体制改革。这为我们在新的起点上加快文化改革发展指明了前进方向。

2013年12月30日，中共中央政治局就提高国家文化软实力研究进行第十二次集体学习。中共中央总书记习近平在主持学习时强调，提高国家文化软实力，关系"两个一百年"奋斗目标和中华民族伟大复兴中国梦的实现。要弘扬社会主义先进文化，深化文化体制改革，推动社会主义文化大发展大繁荣，增强全民族文化创造活力，推动文化事业全面繁荣、文化产业快速发展，不断丰富人民精神世界、增强人民精神力量，不断增强文化整体实力和竞争力，朝着建设社会主义文化强国的目标不断前进。

二、社会主义核心价值观是建设社会主义先进文化的灵魂

人们在认识和改造世界、创造和实现价值的过程中，必然形成一定的价值观念。一个国家、一个民族、一个社会在长期共同的实践和认识活动中，必然要形成一定的价值观念体系。在这个体系中，居核心地位、起主导和统领作用的就是核心价值观。社会主义核心价值观是指人们对社会主义价值的性质、构成、标准和评价的根本看法和态度，是社会主义社会意识的本质体现，决定着社会主义社会意识的性质和方向。社会主义核心价值观包括富强、民主、文明、和谐，自由、平等、公正、法治，爱国、敬业、诚信、友善24

---

① 胡锦涛. 扎实推进社会主义文化强国建设. http://cpc.people.com.cn/18/n/2012/1108/c350821-19526764. html，2012-11-08.

个字①。没有社会主义核心价值观的引领，社会主义文化建设就会迷失方向、失去根本。在社会主义先进文化建设中，必须高度重视社会主义核心价值观的根本作用。

社会主义核心价值观是建设社会主义先进文化的灵魂，其原因如下：①由国家的国家性质所决定的。我国是社会主义国家，这决定了社会主义核心价值观是社会主义意识形态的旗帜。②由意识形态的社会功能所决定的。在社会主义中国，社会主义核心价值观是起指导作用的社会意识形态，对整个社会文化具有支配作用，代表着社会主义先进文化的前进方向。当前，在各种思想文化相互交织、相互激荡的复杂背景下，只有深刻认识和正确把握社会主义核心价值观，才能抓住社会主义社会的价值需要、价值创造、价值实现的关键，形成全民族奋发向上的精神力量与团结和睦的精神纽带。③由维护我国文化自身的安全性所决定的。当今世界是开放的世界，文化发展的趋势呈现出各国、各民族文化交流激荡的局面。在世界范围内，社会主义和资本主义在意识形态领域的渗透和反渗透的斗争是长期的、复杂的，有时甚至会非常尖锐激烈。在这样的文化背景下，我们一方面要积极吸取各国各民族的优秀文化成果；另一方面要防止西方腐朽的价值观念、政治模式的影响和渗透，维护我国的文化安全。在实践中正确处理以上关系，必须积极应对意识形态领域新挑战，坚持社会主义核心价值观，牢牢把握社会主义先进文化发展的主导权。

在新的历史时期，中国共产党十分重视弘扬和培育社会主义核心价值观。2014 年 2 月 24 日，中共中央政治局就培育和弘扬社会主义核心价值观、弘扬中华传统美德进行第十三次集体学习。中共中央总书记习近平在主持学习时强调，把培育和弘扬社会主义核心价值观作为凝魂聚气、强基固本的基础工程，继承和发扬中华优秀传统文化和传统美德，广泛开展社会主义核心价值观宣传教育，积极引导人们讲道德、尊道德、守道德，追求高尚的道德理想，不断夯实中国特色社会主义的思想道德基础②。他指出，核心价值观是文化软实力的灵魂，是文化软实力建设的重点③。这是决定文化性质和方向的最深层次要素。一个国家的文化软实力，从根本上说，取决于其核心价值观的生命力、凝聚力、感召力。培育和弘扬社会主义核心价值观，有效整合社会意识，是社会系统得以正常运转、社会秩序得以有效维护的重要途径，也是国家治理体系和治理能力的重要方面。历史和现实都表明，构建具有强大感召力的社会主义核心价值观，关系社会和谐稳定，关系国家长治久安。

培育和弘扬社会主义核心价值观必须立足于中华优秀传统文化。牢固的社会主义核心价值观有其固有的根本，抛弃传统、丢掉根本等于割断了自己的精神命脉。中华文化源远流长、博大精深，积淀着中华民族最深层次的精神追求，代表着中华民族独特的精神标识，为中华民族生生不息、发展壮大提供了丰厚滋养，中华优秀传统文化是我们在世界文化激荡中站稳脚跟的根基。中华传统美德是中华文化精髓，蕴涵着丰富的思想道德资源。

---

① 郭红松. 三层次社会主义核心价值观及其内在关系. http://news.xinhuanet.com/politics/2013-01/05/c_124186441.htm, 2013-01-05.

② 习近平主持政治局集体学习：增强做中国人骨气底气. 中国新闻网，http://www.chinanews.com/gn/2013/12-31/ 5685623.shtml.

③ 习近平在中共中央政治局第十三次集体学习时强调　核心价值观是文化软实力的灵魂. 人民日报（海外版），2014-02-26（第 A1 版）.

对历史文化特别是先人传承下来的价值理念和道德规范，要坚持古为今用、推陈出新，有鉴别地加以对待，有扬弃地予以继承，努力用中华民族创造的一切精神财富来以文化人、以文育人，大力弘扬以爱国主义为核心的民族精神和以改革创新为核心的时代精神，深入挖掘和阐发中华优秀传统文化讲仁爱、重民本、守诚信、崇正义、尚和合、求大同的时代价值，使中华优秀传统文化成为涵养社会主义核心价值观的重要源泉，增强文化自信和价值观自信。

一种价值观要真正发挥作用，必须融入社会生活，要切实把社会主义核心价值观贯穿于社会生活的方方面面，让人们在实践中感知它、领悟它。要通过教育引导、舆论宣传、文化熏陶、实践养成、制度保障等，使社会主义核心价值观内化为人们的精神追求，外化为人们的自觉行动。要按照社会主义核心价值观的基本要求，完善市民公约、乡规民约、学生守则等行为准则，使社会主义核心价值观成为人们日常工作生活的基本遵循。要建立和规范一些礼仪制度，组织开展形式多样的纪念庆典活动，传播主流价值，增强人们的认同感和归属感，推动人们在为家庭谋幸福、为他人送温暖、为社会作贡献的过程中提高精神境界、培育文明风尚。

党的十八大报告指出："要深入开展社会主义核心价值体系学习教育，用社会主义核心价值体系引领社会思潮、凝聚社会共识。"①社会主义核心价值观是引领社会思潮的精神向导。当前，我国改革发展已进入关键时期，呈现出许多新的阶段性特征，社会思想观念和价值取向复杂多样，主流的与非主流的同时并存，先进的与落后的相互交织，呈现出多元、多样、多变的特点。社会转型期的多元、多样、多变，为我们这个古老的国家和民族注入了空前活力，也在精神价值层面给人以巨大冲击。面对深刻的社会变革，我们有激动、有振奋，有实现精彩人生的无尽热情，也有困惑、有怅惘，有难以言说的精神迷思。社会思潮越是纷繁复杂，越需要主旋律，越需要用一元化的指导思想引领多样化的社会意识，牢牢掌握我国意识形态领域的主导权、主动权、话语权，最大限度地凝聚社会思想共识。大力践行社会主义核心价值观，就是树起一座精神灯塔，在多元多样中立主导，在交流交融中谋共识，在变化变动中一以贯之，既肯定主流又正视支流，有利于形成既有国家统一意志又有个人心情舒畅、既包容多样又有力抵制各种错误思潮和腐朽思想、既坚守基本的社会思想道德又向着更高目标前进的生动局面，从而有助于指引全国各族人民不为任何风险所惧，不被任何干扰所惑，更好地投身改革开放和社会主义现代化建设，沿着中国特色社会主义道路奋勇前进，不断夺取中国特色社会主义事业新胜利，指引全国人民。

① 胡锦涛. 扎实推进社会主义文化强国建设. http://cpc.people.com.cn/18/n/2012/ 1108/c350821- 19526 764. Html，2012-11-08.

第三节　科教兴国战略是加强先进文化建设的基础工程

在中外历史上，基于对文化教育促进经济和文化发展重要作用的认识，把发展科技、教育提到治国兴邦之纲，已有先例。科技兴国、教育发展是加强社会主义文化建设的重要环节，是加强先进文化建设的必然要求。社会主义先进文化的前进方向要求用科技和教育使国家强大振兴起来，切实把教育放在优先发展的地位，用更大的精力、更多的财力加快教育事业发展，以推动社会主义文化大发展、大繁荣。科教兴国战略是把科技和教育作为兴国的基本国策。邓小平于 20 世纪 70 年代后期提出"实现四个现代化，科学技术是关键，基础是教育"的思想，为科教兴国发展战略的形成奠定了理论和实践基础。1992 年，中共十四大报告提出："必须把经济建设转移到依靠科技进步和提高劳动者素质的轨道上来。"1995 年 5 月 6 日颁布的《中共中央国务院关于加速科学技术进步的决定》提出了实施科教兴国的战略。1996 年，全国人大八届四次会议正式提出了国民经济和社会发展"九五"计划和 2010 年远景目标，把科教兴国列为基本国策。它是指要全面落实科学技术是第一生产力的思想，坚持教育为本，把科技和教育摆在经济、社会发展的重要位置，增强国家的科技实力及向现实生产力转化的能力，提高全民族的科学文化素质，把经济建设转移到依靠科技进步和提高劳动者素质的轨道上来，加速实现国家的繁荣昌盛。

新一届中共领导再次提出了加快推进科教兴国的进一步举措。2013 年 9 月，习近平在为联合国"教育第一"全球倡议周年纪念活动发表的视频贺词中指出，中国将坚定实施科教兴国战略，始终把教育摆在优先发展的战略位置，不断扩大投入，努力发展全民教育、终身教育，建设学习型社会，努力让每个孩子享有受教育的机会，努力让 13 亿人民享有更好更公平的教育，获得发展自身、奉献社会、造福人民的能力。同年 10 月，习近平主席在钓鱼台国宾馆会见清华大学经济管理学院顾问委员会海外委员时表示，科教兴国已成为中国的基本国策。国家将秉持科技是第一生产力、人才是第一资源的理念，兼收并蓄，吸取国际先进经验，推进教育改革，提高教育质量，培养更多、更高素质的人才，为各类人才发挥作用、施展才华提供更加广阔的天地。

一、科教兴国战略的理论根据与实践要求

马克思主义历来十分重视科学技术的社会作用，认为"生产力中也包括科学"和"科学技术革命是推动历史进步的有力杠杆"。毛泽东同志在新民主主义革命时期说："没有知识分子的参加，革命的胜利是不可能的。""文化大革命"结束后，邓小平同志首先就抓了科学技术战线的"拨乱反正"，给知识分子"脱帽加冕"，落实党的知识分子政策，迎来了我国科学技术大发展的春天。他十分重视科学、重视技术、重视人才、重视知识分

子、重视教育，自告奋勇主管科技和教育，并说要当好科技和教育工作者的"后勤部长"。从重申"科学技术是生产力"到创造性地提出"科学技术是第一生产力"，他对科学技术的重要性的认识不断深化。邓小平同志反复强调："四个现代化，关键是科学技术现代化。"发展科学技术就必须充分发挥知识分子的作用，为此他又反复强调全党全社会都要尊重知识，尊重人才。他说："事情成败的关键就是能不能发现人才，能不能用人才。"[①]他进一步提出，必须重视教育在发展科技，创造知识和培养人才中的基础性作用。他说："科学技术人才的培养，基础在教育。"[②]至此，他已经形成了关于经济—科技—人才—教育的系统思考。归结起来就是，"实现四个现代化科技是关键，教育是基础。"可以这样说，马克思主义的科技价值观是科教兴国战略的理论渊源，而邓小平的"科学技术是第一生产力"的思想则是科教兴国战略的直接的理论基础。

　　另外，国内经济发展和国际科技发展趋势，也要求把加速科技进步和提高劳动者素质作为一项紧迫的任务。从国内经济发展来说，改革开放而形成的体制活力，促使我国经济持续高速增长。但是，无论是国有企业还是新兴的乡镇企业，主要是依靠高投入、高消耗来取得高增长，本质上是一种外延型、粗放式的增长模式。无论是从不可再生资源的稀缺性、环境承载力的限度，还是我国人均资源的拥有量看，人口、自然资源和生态环境等对我国经济持续发展的压力不断增加，所以，我们都不可能以这种增长方式求得真正的发展和繁荣。唯一的选择就是走内涵发展的路子。所谓内涵发展，就是不断提高经济的科技含量，提高劳动者科学文化素质，调整经济结构，从而提高经济质量。然而，在我国整体科技水平比较落后的情况下，科技进步对经济增长的贡献率很低，远远低于发达国家的水平。同时，发达国家和一些新兴工业化国家抓住科技革命的契机，创造了飞速发展和持续繁荣的奇迹，并把发展中国家远远甩在了后面。所以，无论是我国的基本国情还是世界各国的发展经验和发展趋势，都要求我们要更加重视科学技术，把加速科技进步作为经济社会可持续发展的支撑。

　　1993年11月，党的十四届三中全会通过了《中共中央关于建立社会主义市场经济体制若干问题的决定》，该决定把大力推进科技进步，促进科技经济一体化，培养高素质人才作为其重要内容。1994年8月，中央在研究制订"九五"计划和2010年远景目标时，就提出了科技兴国问题。1995年5月6日，中共中央、国务院发布了《关于加速科学技术进步的决定》。同年5月26日~30日党中央、国务院召开了全国科学技术大会，向全党全国人民发出了坚定不移地实施科教兴国战略的号召。

二、科教兴国战略的内涵和意义

　　中共中央、国务院发布的《关于加速科学技术进步的决定》指出："科教兴国，是指全面落实科学技术是第一生产力的思想，坚持教育为本，把科技和教育摆在经济、社会发展的重要位置，增强国家的科技实力及向现实生产力转化的能力，提高全民族的科技文

---

① 中共中央文献编辑委员会. 邓小平文选（第3卷）. 北京：人民出版社，1993：92.
② 中共中央文献编辑委员会. 邓小平文选（第2卷）. 北京：人民出版社，1994：95.

化素质，把经济建设转移到依靠科技进步和提高劳动者素质的轨道上来，加速实现国家的繁荣强盛。"①准确理解科教兴国战略的内涵，要注意以下几点。

第一，科教兴国战略是全面落实科学技术是第一生产力思想的战略决策。如前所述，"科学技术是第一生产力"是邓小平科技思想的精髓，也是科教兴国战略的核心、理论基础和逻辑起点。科教兴国战略既是以江泽民为核心的党的第三代领导集体对邓小平科技教育思想的贯彻落实，又是他们面对国际国内新形势对邓小平科技思想的创造性发展，体现出第三代领导集体对科技与经济社会发展规律认识的深化。

第二，科教兴国的内在逻辑是经济—科技—人才—教育形成的发展因果链条。在当今世界，科技已经成为第一生产力，成为先进生产力的集中体现和主要标志。因此，振兴经济首先必须振兴科技。掌握现代科学技术的人才是经济发展的根本，人才的基础在教育，科教兴国战略包括两个轮子，一个是科技，一个是教育。所以，实施科教兴国战略的根本点就是优先发展科技和教育，"坚持教育为本，把科技和教育摆在经济、社会发展的重要位置"。这就是说，无论是立足当前还是放眼未来，都必须保证科技和教育的投入，始终把发展科技和教育作为发展经济和推动社会进步的切入点，以科技和教育的发展促进经济社会的发展。

第三，发展科技、发展教育的目的，是通过增强科技实力加速经济的发展和国家的繁荣强盛。科学和技术还不是直接生产力，这就必须加强科技与经济的结合，促进科技向现实生产力的转化。贯彻经济建设必须依靠科学技术，科学技术工作必须面向经济建设的科技发展方针。加强科技体制和经济体制的改革，实现科技和经济的有机结合，只有这样，才能实现"把经济建设真正转移到依靠科技进步和提高劳动者素质的轨道上来"，从而实现经济的持续快速健康发展。

第四，对科教兴国的"科"和"教"要全面准确的理解。所谓"科"，既包括科学，也包括技术，还包括人文社会科学。一是要加强基础研究，提高原创能力，为技术开发奠定理论基础；二是注重开发研究和技术创新，形成拥有自主知识产权和核心技术的高技术产品并实现产业化；三是要更加注重发挥人文社会科学的作用。江泽民在谈到加速科技进步需要把握的几个重要问题时指出，要注意自然科学和社会科学的结合。"科学当然包括社会科学。自然科学是人类认识和改造自然的科学。社会科学是人类认识和改造社会、促进社会进步的科学。"由于当代科学技术的发展，使自然科学、技术与社会科学之间相互影响、渗透，联系越来越紧密，综合学科和交叉学科层出不穷，社会经济和科技已经形成一个复杂的大系统。这就要求"我们要在实现中国社会主义现代化伟大事业中，加强自然科学和社会科学的紧密结合，深刻认识并掌握当今经济和社会发展的内在规律，运用科学的理论去指导实践。"②

对科教兴国的"教"，应该做全面的、宏观的、整体的理解，而不能以偏概全，只谈某一方面。在我们看来，这里的"教育"至少包括三个方面：①全民教育，即要注重基础教育，全面提高全民族的科学文化素质，使全体劳动者达到现代化建设所要求的基本素

① 中共中央文献研究室. 十大以来重要文献选编（中）. 北京：人民出版社，1997：1344.

② 江泽民. 论科学技术. 北京：中央文献出版社，2001：57-58.

质，这主要体现在党和国家不遗余力地普及九年制义务教育，致力于扫除青壮年文盲，采取有力措施缩小教育中的城乡差距和地区差距。②终身教育，即通过各级各类学习和培训，使劳动者的知识不断得到更新，紧跟科技发展步伐；③把握好基础教育、高中教育和中等职业教育与高等教育的比例，努力做到科技、教育和经济的结合。

当今，面对世界科技发展的大趋势，面对日趋激烈的国际竞争，我们必须把科学技术真正置于优先发展的战略地位，加快自主创新步伐，增强国家核心竞争力，带动我国社会生产力实现质的飞跃，努力在激烈的国际竞争中赢得和保持发展的主动权。实施科教兴国战略，有助于实现两个根本性转变，调整、优化产业结构，培育新的经济增长点，提高企业经济效益，开拓新的市场空间，极大地促进生产力的发展。在我们看来，提出和实施科教兴国战略，还具有以下重要意义。

第一，表明了马克思主义与时俱进的理论品质。马克思主义科技观历来十分重视科学技术的社会功能，重视科技进步对社会发展与变革的重大作用。随着科技与社会互动的增强，科技进步越来越成为社会发展的决定力量。从"生产力中包含科学"到"科学技术是生产力"再到"科学技术是第一生产力"直至"科学技术是先进生产力的集中体现和主要标志"，马克思主义者对科学技术的生产力性质的认识总是与时俱进，越来越深刻的。更重要的是，从对科学技术的生产力功能的理论认识到形成正确的科学技术政策，体现了马克思主义理论强大的生命力和实践本性。理论只要彻底就能说服人，这种彻底性一方面在于理论的逻辑力量；另一方面在于理论指导下的实践结果。在理论上，无论是西方经济理论还是马克思主义政治经济学，对科学技术的生产力性质都是充分肯定的。在实践上，世界各国的发展经验和我国社会主义建设实践已经证明，现代科技是推动现代经济社会发展的决定性力量。理论一经群众掌握就会变成物质力量。在第一生产力理论指导下形成的科教兴国战略，一经提出，就得到全社会的广泛认同。我们有理由相信，科教兴国战略一定会进一步解放和发展我国的生产力，为我国现代化建设提供政策保证，并结出累累硕果。

第二，科教兴国战略的提出，体现了三代领导人科技思想的继承发展关系，也体现了党的科技政策的连续性和稳定性。如前所述，依靠科学技术搞建设，在毛泽东思想中是一以贯之的，在他看来，要取得社会主义现代化建设的胜利，就必须"向科学进军"；邓小平同志对科学技术的生产力性质有更深切更直接的认识，并提出搞现代化要靠科学、靠技术，"四个现代化，关键是科学技术现代化"；他复出工作后，首先就抓紧落实党的知识分子政策，提出要尊重知识、尊重人才；加快科技与教育体制改革，重视人才培养，并提出了"面向现代化、面向世界、面向未来"培养"四有新人"的新时期教育方针。以江泽民为核心的第三代领导集体，全面贯彻落实邓小平的科技教育思想，提出了科教兴国战略，强调要优先发展科技和教育，强调自主科技创新及创新人才的培养。可以说，从毛泽东到邓小平再到江泽民，他们的科技思想是一脉相承而又不断创新的，随着科技的发展和社会主义建设实践的深入，对科技与社会主义建设事业的关系认识得也越来越深刻。在这种继承与发展中，第三代领导集体在新的历史时期提出科教兴国战略就是水到渠成的事情。

第三，科教兴国战略的提出和实施，体现了党对社会主义建设规律认识的深化，进一步找到了推进中国特色社会主义建设事业的有效途径。面对苏联解体和东欧剧变，邓小平同志说，社会主义是个好东西，我相信世界上相信社会主义的人会渐渐多起来。但他同时也指出，我们首先必须在"什么是社会主义，怎样建设社会主义"这一根本问题上解放思想。经过反复思考，他提出了关于社会主义本质的精辟论述，即"解放生产力，发展生产力，消灭剥削，消除两极分化，最终达到共同富裕"，并且指出"解放生产力和发展生产力是社会主义的根本任务"。把解放和发展生产力提到社会主义本质和根本任务的高度来理解，这在马克思主义发展史上还是第一次，这是一个伟大的创举。这一概括，既从生产力的角度思考了社会主义的本质，也从生产关系的角度思考了社会主义的本质，体现了目的和手段、事实和价值的统一。从唯物史观来看，生产力和生产关系、经济基础和上层建筑的矛盾是人类社会的基本矛盾，生产力是衡量人类社会进步的最高标准。毛泽东同志正确地指出，社会主义社会的主要矛盾是人民日益增长的物质文化需要同落后的社会生产之间的矛盾。邓小平同志指出，社会主义制度与资本主义相比的优越性，就表现在它能促进生产力更快地发展。从这一角度看，抓住生产力，也就真正抓住了社会主义的本质。

对于邓小平的社会主义本质的论述，起码有两个问题需要思考。一是什么是生产力？显然，只有弄清楚了什么是生产力，什么是现时代的先进生产力，才谈得上解放和发展生产力。马克思主义的生产力理论对生产力及其要素有全面的分析和阐述。邓小平的"科学技术是第一生产力"和江泽民关于"科学技术是先进生产力的集中体现和主要标志"的论断则是在新的历史条件下对这一问题做出的新的科学回答。二是如何解放和发展生产力？一方面要调整和变革生产关系，消除生产力发展的体制障碍，主动适应生产力的发展；无论革命还是改革开放，都是对生产关系的变革，目的是促进生产力的发展；然而，在生产力和生产关系的矛盾运动中，生产力始终是起决定作用的一方，生产关系对生产力的反作用主要表现为当其适应生产力发展需要时，就对生产力的发展起促进作用，反之则起阻碍作用。新中国成立以来的社会主义建设实践表明，企图通过不断变革生产关系来促进生产力的发展是行不通的。所以，更为重要的是要想方设法促进生产力本身特别是"第一生产力"或"先进生产力"的发展。正是在这种意义上，我们说科教兴国战略是基于这一科学回答的战略选择，是保证第三步战略目标顺利实现的根本举措，也是推进中国特色社会主义建设事业的有效途径。

三、切实优先发展科技和教育

"要迎接科学技术突飞猛进和知识经济迅速兴起的挑战，最重要的是坚持创新……创新的关键在人才，人才的成长靠教育。教育水平提高了，科技进步和经济发展才有后劲。科学技术水平和国民教育水平，始终是衡量综合国力和社会文明程度的重要标志，也是每个国家走向繁荣昌盛的两个不可缺少的飞轮。"[①]可以这样说，"科技"是科教兴国战略的"根"，"教育"是科教兴国战略的"本"。

---

① 江泽民. 论科学技术. 北京：中央文献出版社，2001：115.

2013 年 9 月，习近平在中国科学院考察时指出，科技兴则民族兴，科技强则国家强。中华民族要实现伟大复兴，就必须坚持走科教兴国之路。为走向科技强国努力，是科学工作者的责任和奋斗目标。同时，无怨无悔地做科学普及工作，不仅是青少年，也是科学工作者不可推卸的责任。科普工作是告别愚昧，是科教兴国的"学前"教育，踏踏实实地做好科学普及工作，这是惠及子孙的千秋功德，也是完善现代国民教育体系、提高教育现代化水平所需要做的重要工作。

首先，实施科教兴国战略，必须优先发展科技。从科技的生产力属性来看，科学技术是生产的重要组成部分，与其他要素相比，它已经居于"第一"的地位。所以，要发展生产力，就必须发展科技。一个国家或民族，不重视发展自己的科学技术，跟不上世界科技革命的潮流，就会被淘汰。发展的优势蕴藏于知识和科技之中，社会财富日益向拥有知识和科技优势的国家与地区聚集，谁在知识和科技创新上占优势，谁就在发展上占据主导地位。如果说在工业化初期，知识和技术还只是表现为间接的生产力，渗透于生产力的物质性要素中起作用的话，那么在现在的知识经济时代，知识的生产、创造和传播本身就已成为产业，基于高新科学技术的高技术产业，其产品就是知识产品，其价值主要就是知识的高附加值。谁拥有核心技术，谁拥有知识产权，谁就处于垂直分工的顶层，谁就处于主导地位。核心技术和知识产权比纯粹的产品生产与制造所获得的利润要高得多。从这个角度来说，科技水平决定着一个国家的经济地位和经济安全。进一步说，弱国无外交，没有强大的经济实力，就不可能有强大的军事实力，也就不可能在国际政治舞台上有发言权。所以，发展科技，不仅仅是推进经济建设的需要，也是一个政治问题，是国家安全的基本保证。

2013 年 9 月，习近平在中国科学院考察时指出，科学技术是世界性的、时代性的，发展科学技术必须具有全球视野、把握时代脉搏。当今世界，一些重要的科学问题和关键核心技术已经呈现出革命性突破的先兆，我们必须树立雄心、奋起直追，推动我国科技事业加快发展。为此，必须扫除影响科技创新能力提高的体制障碍，优化科技政策供给，完善科技评价体系，打通科技与经济转移转化的通道；要优先支持促进经济发展方式转变、开辟新的经济增长点的科技领域，重点突破制约我国经济社会可持续发展的瓶颈问题；要最大限度地调动科技人才的创新积极性，尊重科技人才创新自主权，大力营造勇于创新、鼓励成功、宽容失败的社会氛围。

另外，发展科技还必须同时发展教育。如前所述，知识发现、技术发明和经济建设都离不开掌握现代科学技术的人才，人才的培养要靠教育。关于发展教育与发展科学技术和经济建设的关系，邓小平同志反复指出："发展科学技术，不抓教育不行。靠空讲不能实现现代化，必须有知识，有人才。没有知识，没有人才，怎么上得去？"[①]"科学技术人才的培养，基础在教育。"1982 年，他在谈到 20 世纪末"翻两番"的目标时，把教育和科学列为三大战略重点之一。他说："战略重点，一是农业，二是能源和交通，三是教育和科学。搞好教育和科学工作，我看这是关键。"[②]

---

① 中共中央文献编辑委员会. 邓小平文选（第 2 卷）. 北京：人民出版社，1994：40.

② 中共中央文献编辑委员会. 邓小平文选（第 3 卷）. 北京：人民出版社，1993：9.

现代化，归根到底是人的现代化。教育水平和质量直接决定着人的现代化程度。发达国家的发展经验表明，经济发展一定要教育先行。基础教育在整个教育体系中处于基础的地位，即基础教育对于提高整个民族的科学文化素质具有基础性作用。基础教育搞不好，文盲和半文盲还占相当比例，提高全民族的科学文化素质就是一句空话，没有一定的科学文化基础知识，就不可能实现终身学习，就只可能越来越远离现代文明，人口数量不可能转化为人才资源，而只能成为经济社会发展的沉重包袱。为此，党和政府把普及九年义务教育和扫除青壮年文盲作为整个教育工作的重中之重来抓。党的十七大报告明确指出"教育是民族振兴的基石，教育公平是社会公平的重要基础。"从 2001 年开始，对农村义务教育阶段贫困家庭学生"免杂费、免书本费、逐步补助寄宿生生活费"即两免一补。2004 年，国家西部地区"两基"①攻坚计划启动。中央财政投入 100 亿元建设 8 300 多所寄宿制学校，解决学生"进得来"的问题；实施"两免一补"政策，解决学生"留得住"的问题。2006 年 9 月 1 日，修订后颁行的《中华人民共和国义务教育法》明确规定，"实施义务教育，不收学费、杂费"。这一年，西部农村首先实施义务教育经费保障机制改革。2007 年春天，这项改革推行到全国农村；同年秋季，全国农村义务教育在免交学杂费的同时还免收教科书费，1.5 亿名学生因此受益。2008 年春天，16 个省（自治区、直辖市）和 5 个计划单列市进行免除城市义务教育学杂费试点。到 2008 年秋季，所有城市免除义务教育学杂费。至此，我国形成了城乡统一的义务教育普及制，义务教育实至名归。

工业化是现代化的重要内容，工业化需要大批受过正规职业技能教育和训练的合格产业工人，职业教育不发达，就不可能实现真正的工业化。制造业是工业化的重要基础。从我国的科学技术发展水平和国际劳动分工与产业结构调整的趋势来看，制造业恰恰是我们的比较优势所在，也是适应国际分工，实现城市化，解决人口问题的重要机遇。高等教育是整个教育"金字塔"的塔尖，它担负着培养高素质人才、从事科学研究和提供社会服务三大职能。没有高质量的高等教育，就不可能有真正的高科技。 改革开放的头 20 年，是我国高等教育事业规模稳步扩大的一个时期。从 1978 年到 1998 年的 20 年间，我国普通高校从 598 所增加到 1 022 所，普通高等教育招生规模从 40 万人增加到 108 万人，招生数量年平均增长率在 9% 左右。但这个发展规模和速度还远远不能满足我国人口、社会经济和文化发展对于高等教育的需求。为此，1999 年中国政府做出了进一步扩大高等教育招生规模的重大决定。当年招生 159.68 万人，比上年的招生人数增加了 51.32 万人，由此中国高等教育的毛入学率以平均每年 1.54 百分点的速度快速增长，到 2002 年毛入学率达到 15%，比预定计划提前 8 年进入高等教育大众化阶段。1999 年颁布的《面向 21 世纪教育振兴行动计划》和第三次全教会提出，2010 年我国高等教育毛入学率要达到 15%，而 3 年后的 2002 年，我国高等教育毛入学率就已经达到了 15%。2008 年，普通高校的毛入学率已达 23%，录取人数 599 万人。2014 年，教育公报发布了高等教育毛入学率达到了 37.5%，比 2013 年增加了 3 百分点，完全实现了高等教育大众化。

在 19 世纪以前，技术发明还主要是基于生产实践，而在当代，科学—技术—生产之间的界限越来越模糊，知识到技术到产品之间的周期越来越短，三者之间趋于一体化。没

---

① "两基"是基本普及九年义务教育和基本扫除青壮年文盲的简称。

有掌握前沿科学理论和最新技术，几乎不可能有所发现和有所发明。总之，实施科教兴国战略，首先必须实施"国兴科教"。我国作为发展中国家，资源有限，资金紧张，如何使用好有限的资源获得最快的发展，必然有取有舍，有所选择。把科技和教育摆在优先发展的战略地位，就是无论如何不能在科技和教育方面欠账，科技和教育的发展只能加强而不能削弱。正如邓小平所说："我们要千方百计，在别的方面忍耐一些，甚至于牺牲一点速度，把教育问题解决好。"

四、促进科技、教育同经济的结合

从系统论和社会学的角度看，科技、教育和经济都是社会大系统的重要组成部分。系统的发展有赖于其组成要素的有机结合、协调发展。在这种意义上，科教兴国战略就是要通过科技、教育和经济的有机结合以实现社会的良性运行和协调发展。

科教兴国战略已经明确地指出了"坚持教育为本，把科技和教育摆在经济社会发展的重要位置，增强国家的科技实力及向现实生产力转化的能力，提高全民族的科技文化素质，把经济建设转移到依靠科技进步和提高劳动者素质的轨道上来"。在我们看来，这里有两个层面的问题：一是要优先发展科技和教育；二是要实现科技和教育与经济的有机结合。第一个问题在前面已经有详细的阐述，此处重点谈论科技和教育与经济的有机结合的问题。

如果我们把科技和教育放在一起来考虑，这一问题实际就是科技和教育工作要面向经济建设，经济建设要依靠科技和教育。我国科技工作的基本方针是坚持科学技术是第一生产力的思想，经济建设必须依靠科学技术，科学技术工作必须面向经济建设，努力攀登科学技术高峰。这一方针的核心是科技与经济的密切结合。

首先，要处理好面向经济建设与提高科技水平的关系。随着知识经济的兴起，科技进步与经济发展呈现相互依存、相互促进、相互融合、协同发展的总趋势。科学技术对经济发展的作用比以往任何时候都更加显著，知识、技术与经济的结合将更加密切，知识、技术转化为生产力的周期越来越短。科技进步成为经济发展中第一重要的决定性因素。这就是说，如果科技水平本身很低，依靠科技促进经济发展就是一句空话。这也就意味着，科技和教育必须优先发展。但在发展科技教育时，又一定要从我国的现实国情出发，以国民经济发展急需的项目作为科技发展的重点。

其次，从根本上说，促进科技与经济的有机结合，要靠体制来保证，要形成良好的运行机制。这是我国经济体制改革和科技体制改革需要着力解决的根本问题。科技与经济的结合，体现在科技和经济活动的各个方面。要采取多种措施加以解决。一是在宏观层面上，要从目标任务的确立、规划计划的制订、政策措施的实施方面做到统筹兼顾，突出重点；二是要深化科技体制和经济体制改革，在国家宏观调控下，充分发挥市场机制促进科技与经济结合的重要作用。改革的目标是实现经济体制和科技体制相互促进，即邓小平同志所说的"新的经济体制是有利于技术进步的体制。新的科技体制，应该是有利于经济发展的体制。"这些年的体制改革实践证明，以下两种机制是行之有效的，一方面是高校、科研院所与企业相结合，研究开发与生产相结合，推动科研院所面向市场，进入企业，提高企业的技术开发水平；另一方面是要以市场竞争为动力，推进企业技术开发与创新中心建设，要真正让企业成为研究开发与创新的主体，把建立健全企业的技术创新体系作为建立现代企业制度的重要内容。

"具有强烈的爱国情怀，是对我国科技人员第一位的要求。科学没有国界，科学家有祖国。广大科技人员要牢固树立创新科技、服务国家、造福人民的思想，把科技成果应用在实现国家现代化的伟大事业中，把人生理想融入为实现中华民族伟大复兴的中国梦的奋斗中。"①广大科技工作者应承担起科教兴国的历史使命，要围绕实现两个根本性转变，大力加速科技进步。具体地说，一是要为加速农业和农村科技进步服务，努力推进高产、优质、高效农业的发展；二是要为提高国有企业的经济效益和增长质量服务，努力增强其技术创新和产品的竞争能力；三是要为发展高技术服务，努力扩大它们在国民经济中的比重。

改革开放以来，我国制定了一系列正确的科技工作方针和政策，提出了科教兴国的战略决策。关键是要结合新情况，正确把握科技和经济发展的客观规律，紧密围绕实现我国跨世纪战略目标，认真组织实施好科教兴国战略。实施好这一战略，要解决好三个方面的问题：一是要进一步解决好科技与经济的结合问题；二是需要加强基础性研究和高技术研究；三是要坚持突出重点，有所为有所不为的方针。随着经济规模的扩张和经济增长的累积，以粗放经营为主的增长方式带来的高投入、高消耗、低产出、低效益的矛盾愈显突出。这就客观上要求增长方式由原来的外延式增长，转向主要通过具有高效率资源配置、提高经济效益而实现的内涵式增长。这种转变主要取决于科技的创新和应用，技术创新可以通过提高在经济增长率中的贡献份额来实现经济增长的集约化。因此，科技进步不仅是经济增长的引擎，还是经济增长方式转变的助推器。由于科技进步与经济增长的交互作用，科技成果应用带来的是经济增长，经济增长又反过来促进科技的研究和开发，这种互动过程有利于经济增长及增长方式的转变。

必须贯彻经济建设依靠科学技术、科学技术面向经济建设的方针，继续推进科技体制改革，形成科技与生产紧密结合的机制。大企业和企业集团要建立技术开发中心，实现市场开拓、技术创新和生产经营一体化，这是对政府、企业、科研院所和社会在促进科技与生产结合中的作用、方式等提出的要求。科研院所特别是应用开发型科研机构，要以不同形式进入企业，同企业合作或改制为企业，实现产学研相结合，加速科技成果向现实生产力的转化。国家要继续增加科技投入，2014年度国家科技投入已超过 GDP 的 2%；同时引导社会资金参与科技开发，建立和完善发展高新技术产业的风险投资机制，逐步形成多元化的科技投资体制②。

五、加强素质教育，培养创新性科技人才

人才资源是第一资源，规模宏大的创新型科技人才队伍是加快我国科技进步和创新

① 习近平. 深化科技体制改革　增强科技创新活力. http://news. xin huane t. com/politics /2013-07/17/c_116580139. htm, 2013-07-17.

② 江泽民. 论科学技术. 北京：中央文献出版社，2001：172.

的根本保障。把科技人才队伍建设摆在科技工作的突出位置，以培养、引进和用好高层次创新型科技人才为核心，创新人才培养体制机制，营造人才成长良好环境，造就规模宏大、结构合理、素质优良的创新型科技人才队伍，为创新型国家建设提供强大的人才保障和智力支持。人才是实施科教兴国战略的关键。除了德才兼备这一对人才的一般要求外，当代科技进步对我国科技人才的总体要求主要是规模大、质量高、创新性和年轻化。

人才是科技进步和经济社会发展最重要的资源。尽管我国科技队伍有了很大的发展，但是无论是数量还是整体水平都还不适应社会主义现代化建设的要求。因此，加速培养优秀科技人才是一项十分紧迫的战略任务。《国家中长期人才发展规划纲要（2010—2020年）》对突出培养造就创新型科技人才的发展目标作出了明确要求：围绕提高自主创新能力、建设创新型国家，以高层次创新型科技人才为重点，努力造就一批世界水平的科学家、科技领军人才、工程师和高水平创新团队，注重培养一线创新人才和青年科技人才，建设宏大的创新型科技人才队伍。到 2020 年，研发人员总量达到 380 万人左右，高层次创新型科技人才总量达到 4 万人左右。这不仅体现了现代化建设对人才数量的要求，而且也体现了对人才质量的要求。我们所需要的科技人才，是具有独立创新精神的人才。

科技的本质就在于创新。没有创新性的科技成果，要形成和发展我们的科技优势从而争取经济发展的主动权就是一句空话。"创新是一个民族进步的灵魂，是一个国家兴旺发达的不竭动力。没有科技创新，总是步人后尘，经济就只能永远受制于人，更不可能缩短差距。"①创新的关键在人才，科技事业的发展，需要大批的青年科技人才。《国家中长期人才发展规划纲要（2010—2020 年）》对突出培养造就创新型科技人才的主要举措做出了明确要求：创新人才培养模式，建立学校教育和实践锻炼相结合、国内培养和国际交流合作相衔接的开放式培养体系；探索并推行创新型教育方式方法，突出培养学生的科学精神、创造性思维和创新能力；加强实践培养，依托国家重大科研项目和重大工程、重点学科和重点科研基地、国际学术交流合作项目，建设一批高层次创新型科技人才培养基地；加强领军人才、核心技术研发人才培养和创新团队建设，形成科研人才和科研辅助人才衔接有序、梯次配备的合理结构，提高自主创新能力；深化科技体制改革，完善权责明确、评价科学、创新引导的科技管理制度，健全有利于科技人才创新创业的评价、使用、激励措施，进一步解放和发展科技生产力；制定加强高层次创新型科技人才队伍建设意见；改进完善院士制度，注重院士称号精神激励作用，规范院士学术兼职；组织实施创新人才推进计划、海外高层次人才引进计划，推进"百人计划"、"长江学者奖励计划"和"国家杰出青年科学基金"等人才项目，加大海外高层次创新创业人才引进力度；注重复合型人才培养，破除论资排辈、求全责备观念，加大对优秀青年科技人才的发现、培养、使用和资助力度；加强产学研合作，重视企业工程技术与管理人才的培养，推动科技人才向企业集聚；发展创新文化，倡导追求真理、勇攀高峰、宽容失败、团结协作的创新精神，营造科学民主、学术自由、严谨求实、开放包容的创新氛围；建立健全科研诚信体系，从严治理学术不端行为。

培养科技人才，我们要注意以下几个方面：一是要充分发挥现有科技人员的重要作

---

① 江泽民. 论科学技术. 北京：中央文献出版社，2001：101.

用，创造人尽其才、才尽其用的社会环境，不断改善科技人员的工作和生活条件，充分调动他们的积极性和创造性。二是科研机构要把人才培养作为与研究开发同等重要的任务，就像高等院校不仅要培养人才，也要重视科学研究一样。三是要重视跨世纪青年学术带头人和技术带头人的培养，努力创造青年优秀科技人才、特别是拔尖人才脱颖而出的环境和条件，委派他们在关键岗位承担重任，使他们在实践中健康成长。四是要认真实施《中国教育改革和发展纲要》，大力发展教育事业，根据科技发展的趋势和我国现代化建设的要求，深化教育体制改革，培养造就千百万年轻一代科学技术人才，建设一支跨世纪的宏大科技队伍。

大学应该成为科教兴国的强大主力军。要继续提高高等教育的质量，加快高等教育事业的发展，努力在全国建设若干具有世界先进水平的一流大学。大学作为知识创新和培养高级创新人才的重要载体，对实施科教兴国战略具有特殊的重要作用。人才不仅包括了科技类工作者，还包括了各类具有专业技能的工作者。《国家中长期人才发展规划纲要（2010—2020年）》不仅强调了对突出培养造就创新型科技人才，还突出强调了各类人才建设，包括党政人才队伍、企业经营管理人才队伍、专业技术人才队伍、高技能人才队伍、农村实用人才队伍、社会工作人才队伍。

从发达国家的发展经验来看，受过高等教育人数的多少，对于经济社会的未来发展具有决定性的意义。随着经济的发展，我国从低收入国家向下中等国家转变，必然会出现产业结构和劳动力就业结构的升级，相应地对受过高等教育的高级专门人才的需求也会增加。反之，受过高等教育的人数不多，就会成为经济结构升级的障碍，制约经济社会的持续、快速、健康发展。

1999年以来，高等院校招生规模的扩大，有其历史必然性。虽然出现扩大招生规模后大学毕业生就业难的问题，但是应该从经济社会发展需求和人才对经济社会发展的贡献两方面来辩证地看问题。大学生就业难，归结起来无外乎以下原因：一是产业结构调整不到位，产业结构还处于较低的层次，经济对人才的需求是低水平量的要求，大学生与学历较低的劳动力相比没有竞争优势；另外，大学毕业生的工作经历和专业知识还满足不了新兴科技和产业对人才的需求。这两方面的原因造成大学生就业高不成低不就。从这一角度来说，并不是大学毕业生多了，主要还是因为经济结构问题而出现的供需错位。二是大学生就业观念的问题。从宏观上说，扩大高等教育规模主要是满足经济社会发展对人才素质的需要，同时也是为了满足社会对高等教育的需求，在这一层面上，高等教育已经不是精英教育阶段国家在计划模式下对人才的"量身定做"了。大众化教育阶段与精英教育阶段的大学毕业生相比，在就业问题上应该更加务实，毕业生作为"准人才"，应该在实际工作中接受锻炼，增长才干，寻找进一步发展的机会。另外，作为受过高等教育的高级人才，大学生除了择业就业之外，还应该走创业之路，不仅是解决自己的就业，而且可以进一步为社会提供就业机会，推动经济的发展，从而彰显高素质人才对经济社会发展的引领作用。

高等教育作为培养高级专门人才的摇篮，对于培养创新性科技人才举足轻重。如何培养创新性人才，特别是创新性科技人才，这就涉及高等教育的质量问题。有人认为，由于高等教育数量的扩大，必然会引起教育质量的下降。我们认为，这种推理是一种线性的、静态的思维，对其结论我们也不敢苟同。事实上，由于国家和社会对高等教育的投入大幅度增加，使绝大多数高校的教学条件得到改善，师资力量得到加强；从学生来说，综合素质在提高，发展更全面，学习能力也在增强。所以从教和学两方面来看，高等教育的质量还是有保证的。再者，由于我国的现实国情，在普及的基础上提高也是行之有效的发展道路和正确选择。在高等教育中实施的"211"工程和"985"工程，通过对重点高校的重点投入，对保证一批重点高校的教学和科研水平起到了重要作用。同时，对重点专业、重点学科的专项支持力度也是前所未有的。这些实实在在的措施，无论是对促进青年学生（本科生和研究生）的成长、青年教师教学科研水平的提高，还是创建高水平研究型大学方面，其效果都是有目共睹的。

此外，还涉及教育理念的变化。创新，说到底是一种人才素质。以此观之，创新人才的培养，其实质就是要求我们的教育必须走素质教育之路。应该说，从20世纪80年代教育界对"填鸭式"教育、"应试"教育的反思开始，我们就在探索教育改革之路。教育的本质就是促进人自由而全面的发展。尽管高考这一指挥棒还在左右着中小学教育，但中小学教育在素质教育中还是取得了很大的成效。由于高等教育没有升学指标的外在强制性力量，其办学自主性也就相对大得多，各个高校可以根据自己的办学目标和定位研究人才培养模式，培养有自己特色的人才。另外，学生的学习自主性也明显增强。基本上可以根据自己的兴趣爱好选择专业和发展方向。所谓全面发展，主要是综合素质的提高，并非使人人都成为全才；所谓自由发展，就是根据自己的兴趣爱好，把自己的特长发挥到极致。从外在条件和环境的角度来看，教育的作用就是一种引导和熏陶，创新人才的培养，主要是教育要善于发现具有创新潜能的人才，教育环境要有利于促进其成长。

大学走向素质教育，也是高等教育自身发展的必然要求。近代高等教育从摆脱欧洲中世纪大学的模式以来，经历了点、线、面、体和综合化的发展过程[1]。现代高等教育的发展，摒弃了把专业划分过窄、知识分割过细的观念，强调综合性和整体性的素质教育；摒弃了单纯传授知识的观念，强调培养分析、解决问题的能力和创新精神。提倡充分发挥学生的积极性和主动性，使学生学会学习，学会生存，具有自我开拓和获取信息的能力等。大学应培养出优秀的综合素质人才。我国基础教育实施素质教育，始于20世纪80年代；高等教育试行素质教育是20世纪90年代，正式开展是1999年全国第四次教育工作会议。我国高等教育近些年来取得的成绩都和素质教育密切相关。

素质教育的核心是什么？李岚清有一个很好的说明，他说："素质教育是促进学生全面发展的教育。全面发展，这是党的教育方针的核心部分。"他又说："全面发展不等于平均的全面发展，而是和谐的全面发展。"[2]1999年《中共中央国务院关于深化教育改革全面推进素质教育的决定》中指出："实施素质教育，必须把德育、体育、智育、美育等有机统一在教育活动的各个环节中，学校教育不仅要抓好智育，更要重视德育，还要加强体育、美育、劳动技术教育和社会实践，使诸方面教育相互渗透，协调发展，促进学生的全面发展和健康成长。"可见素质教育不能单一化，如果单一化，没有素质教育中各方面

---

① 点：教学；线：教学与科研结合；面：教学、科研、社会服务结合；综合化：随着发达国家高等教育向"大众化"发展，高等教育走向多样化、综合化、个性化和终身化，成为多维立体结构。

② 李岚清. 李岚清教育访谈录. 北京：人民教育出版社，2003.

的协调发展，那就不是素质教育。只有从素质教育的目的出发，才能准确理解大学文化素质教育的意义所在。

文化素质教育是素质教育的基础，除此之外还有道德素质教育、思想素质教育、身心素质教育、科学素质教育，它们相互促进。文化素质教育的内容主要是人文学科和艺术教育，简称为文化艺术教育。现实却是大学生中不会上网、不会外语的"现代文盲"越来越少，对中外传统文化和文史知识不甚了解、缺乏人文素质的"传统文盲"却越来越多。造成目前部分大学生基本文化常识、文字功底和文明礼貌欠缺的原因是多方面的，与功利化的社会大环境也有关系。功利心催生了许多"传统文盲"，但不少高校却认为和考研率、就业率比起来，传统文化修养不算什么，忽视了对大学生的素质教育。一方面，高等教育由原来的精英教育向平民教育转变，这种普及让大家感觉现在大学生的基本功不如以前；另一方面，由于就业压力，许多大学生本着"实用"的原则，更热衷于去考一些技能证书，对加强个人基本素质的文化素养并不关心，这也造成了他们基本人文素养的缺乏。

提高高等教育质量是个系统工程，在政府扶持的基础上，高校需要从横向和纵向两个方面全面考虑教育实践的各个环节，针对不同专业的人才培养设计、发展科学合理的教育性学科知识体系，培养社会发展所需人才，彻底实现教育服务社会的宗旨，真正实现高等教育质量的提高。推行通识教育是大势所趋，从这个角度来看，中学教育也应该跟上时代的步伐，不应过早进行文理分科，限制学生的眼界、个性、兴趣和多方面的发展潜能。当然，要做到这一点，还需要整个社会在教育理念、人才培养的目标与方式、教育资源的配置方式等方面进行全面反思与突破。全面素质教育观，是一种着重在素质的发展教育观，是对传统选择教育观的扬弃。这种新的发展教育观是把英才教育建立在增进个人的发展基础上，而不是以大多数人素质的缺失为代价。21世纪的中国，高等教育不再是只面向少数学术精英的学术殿堂，而是同社会大众的生产和生活实际密切联系的社会化学习机构。这种新的发展教育观重视学生潜能的发挥和创新精神的培养，重视学生个性完美和谐的发展，全面提高劳动者的素质。我们有理由相信，只要我们坚持素质教育理念，遵循高等教育发展规律和创新人才成长规律，在30多年教育改革成果的基础上，进一步提高认识，深化改革，我们就一定能探索出一条具有中国特色的、符合中国国情的创新人才培养之路。

第四章　民族团结与宗教信仰

我国自古以来就是一个统一的多民族国家，《宪法》序言指出："中华人民共和国是全国各族人民共同缔造的多民族国家。"①民族和宗教工作对于国家统一、社会稳定、边防巩固具有十分重要的意义。党和政府坚持民族平等团结，创造性地实行民族区域自治制度，全面贯彻党的民族宗教工作基本方针，发挥宗教界人士和信教群众在促进社会和谐与经济社会发展中的积极作用，处理好新时期的民族宗教问题，使我国实现各民族共同团结奋斗、共同繁荣发展。

第一节　我国民族政策概述

民族是人们在历史上形成的一个具有共同语言、共同地域、共同经济生活及表现于共同文化上的共同心理素质的稳定的共同体。我国是各族人民共同缔造的统一的多民族国家，迄今为止，通过识别并由中央政府确认的民族有 56 个。其中，汉族人口最多，其他 55 个民族人口较少，习惯上被称为少数民族。2010 年第六次全国人口普查数据显示，我国内地 31 个省（自治区、直辖市）和现役军人的人口中，汉族人口为 1 225 932 641 人，占 91.51%；各少数民族人口为 113 792 211 人，占 8.49%。同 2000 年第五次全国人口普查相比，汉族人口增加 66 537 177 人，增长 5.74%；各少数民族人口增加 7 362 627 人，增长 6.92%。

新中国成立前，少数民族长期处于落后状态，有的保留着奴隶制或农奴制，有些民族还不同程度地保留着原始公社制度的残余；国民政府实行民族压迫、民族歧视政策。新中国成立后，经过社会改革，各少数民族先后进入了社会主义社会大家庭。我国政府确立了以民族平等、民族团结、民族区域自治和各民族共同繁荣为核心内容的民族政策，各民族

---

① 国家民委办公厅，国家民委政法司. 中华人民共和国民族政策法规选编. 北京：中国民航出版社，1997.

不分人口多少、历史长短、发展程度高低，一律平等，使我国的少数民族进入了一个全新的历史发展时期。

一、我国民族政策的概况

新中国成立后，我国的民族政策以民族平等为基石，以维护各民族的团结和国家统一、实行民族区域自治、发展少数民族的经济文化事业、培养少数民族干部和各类人才、尊重少数民族的宗教信仰和风俗习惯为基本内容，以实现各民族共同繁荣为出发点和归宿。我国的民族政策是基于我国的实际情况制定的，既全面考虑了我国各民族走上社会主义道路的基本事实，又充分考虑了我国 56 个民族在发展水平和文化风俗上存在差异性的基本事实；既深刻总结了我国历史上处理民族问题的经验教训，又借鉴了世界上一些国家处理民族问题的经验教训；既保持了基本原则、基本内容的稳定性、一贯性、连续性，又随着社会的发展和实践的丰富而不断充实、不断完善，因而具有历史和现实的科学依据。由于历史、地理等各方面的原因，民族地区发展相对落后。为了少数民族更快发展，为了不同地区的协调发展，为了整个国家的更好发展，必须给予少数民族和民族地区高度的重视与必要的优惠。我国的民族政策，着眼于国家的整体利益和各民族的共同利益，体现了中华民族团结合作、互相帮助的文化传统。几十年的实践充分证明，我国的民族政策是符合我国国情的，是成功的。经受了各个时期、各个方面的检验和考验，得到了各民族的真心拥护，促进了各民族的平等团结、发展进步和共同繁荣，在国际上也得到了广泛的认可和好评。

在新的历史时期，党中央着眼于全面建成小康社会的历史任务，明确提出各民族"共同团结奋斗、共同繁荣发展"的主题，制定一系列关于加快少数民族和民族地区经济社会发展的文件和规划，就推进民族地区跨越式发展采取一系列优惠政策和重大举措。党的十八大报告指出："全面正确贯彻落实党的民族政策，坚持和完善民族区域自治制度，深入开展民族团结进步教育，加快民族地区发展，促进各民族和睦相处、和衷共济、和谐发展。"党的十八大以来，习近平站在实现中华民族伟大复兴中国梦的新的历史起点，对我国民族宗教工作做出一系列重要论述，再次强调："民族团结是我国各族人民的生命线"，"做好民族工作，最关键的是搞好民族团结，最管用的是争取人心"，"民族工作、宗教工作都是全局性工作"，"各级党委要抓好会议精神贯彻落实，促进各民族和睦相处、和衷共济、和谐发展"。

二、我国的民族区域自治制度

（一）我国的民族区域自治制度概述

民族区域自治是指在国家统一领导下，各少数民族聚居的地方设立自治机关，行使自治权，实行区域自治，使少数民族当家做主，自己管理本自治地方的内部事务。它是

《宪法》规定的我国处理民族关系的一项政治制度，也是解决国内民族问题的一项基本政策。采用民族区域自治的办法解决民族问题，是根据我国的历史发展、文化特点、民族关系和民族分布等具体情况做出的制度安排，符合各民族人民的共同利益和发展要求。邓小平指出："解决民族问题，中国采取的不是联邦制的制度，而是民族区域自治制度，我们认为这个制度比较好，适合中国的情况。"①

我国《宪法》和《中华人民共和国民族区域自治法》（简称《民族区域自治法》），对民族区域自治及其实施做出了明确规定。民族区域自治是我们党解决我国民族问题的基本政策，是我国的一项基本政治制度。民族区域自治制度的不断巩固和完善，是我国民族法制建设的基石。我国的民族自治地方分为自治区、自治州、自治县三级。新中国成立前，中国共产党就开始在少数民族聚居的地方全面推行民族区域自治，1947年5月1日，内蒙古自治区成立，这是我国成立最早的少数民族自治区。新中国成立后，党和政府进一步完善民族区域自治制度，1955年10月，新疆维吾尔自治区成立；1958年3月，广西壮族自治区成立；1958年10月，宁夏回族自治区成立；1965年9月，西藏自治区成立。目前，我国在少数民族聚集地建立了5个自治区、30个自治州、120个自治县（旗）。在55个少数民族中，有44个少数民族实行区域自治，其人口占少数民族总人口的71%。

（二）我国实行民族区域自治制度的原因

第一，我国在历史上长期以来就是一个集中统一的国家。在长期的历史发展中，我国境内各民族逐步融合形成了中华民族。

第二，长期以来我国的民族分布以大杂居、小聚居为主。长期的经济文化联系，形成了各民族只适于合作互助，而不适于分离的民族关系。

第三，我国人口、资源分布和经济文化发展不平衡。只有实行民族区域自治制度，才能有利于各民族的发展和国家的繁荣昌盛。

第四，自1840年以来，我国各民族都面临着反帝反封建、为民族解放而奋斗的共同任务和命运。在共御外敌、争取民族独立和解放的长期斗争中，我国各民族建立了休戚与共的亲密关系。这就为建立一个统一的中华人民共和国，并在少数民族地区实行民族区域自治制度奠定了坚实的政治和社会基础。

（三）我国民族区域自治制度的特征和优越性

我国的民族区域自治制度是具有中国特色的民族区域自治制度，它体现在：①我国的民族区域自治，是在国家统一领导下的自治，各民族自治地方都是我国不可分离的一部分，各民族自治机关都是中央政府领导下的一级地方政权，都必须服从中央统一领导。②我国的民族区域自治，不只是单纯的民族自治或地方自治，而是民族因素与区域因素的结合，是政治、经济、文化等诸方面的统一。

---

① 中共中央文献编辑委员会. 邓小平文选（第3卷）. 北京：人民出版社，1993：257.

依据《宪法》和《民族区域自治法》的规定，民族自治地方的自治机关，是自治区、自治州、自治县的人民代表大会和人民政府，它们在行使同级地方国家机关职权的同时，拥有以下自治权：①自主管理本民族、本地区的内部事务。②享有制定自治条例和单行条例的权力。③使用和发展本民族语言文字。④尊重和保护少数民族宗教信仰自由。此外，民族自治地方还有权保持或者改革本民族风俗习惯，自主安排、管理和发展本地方经济建设事业，自主管理地方财政，自主发展教育、科技、文化、卫生、体育等社会事业。

实践证明，实行民族区域自治既符合历史的发展，又符合现实情况，有很大的优越性。首先，有助于把国家统一和少数民族自治结合起来，既维护了国家主权统一，又保障了少数民族管理本民族地区事务的权利。其次，有助于把国家的方针政策和少数民族地区的具体特点结合起来，做到因民族制宜，因地区制宜，从而有利于民族自治地区经济和社会各项事业的发展。再次，有助于把国家富强和民族繁荣结合起来。最后，有助于把各民族热爱祖国的感情和热爱本民族的感情结合起来。2005年，胡锦涛在中央民族工作会议上的讲话中明确指出："民族区域自治，作为党解决中国民族问题的一条基本经验不容置疑，作为中国的一项基本政治制度不容动摇，作为中国社会主义的一大政治优势不容削弱。"

三、国家对少数民族地区的扶持政策

邓小平认为，对少数民族地区，"国家就应当从各方面给予帮助，特别要从物质上给以有力的支持"[①]。国家通过各种措施帮助和支持民族自治地方发展经济社会各项事业，主要包括：把加快民族自治地方的发展摆到更加突出的战略位置，优先合理安排民族自治地方基础设施建设项目，加大对民族自治地方财政投入和金融支持力度；加大对少数民族贫困地区的扶持力度，增加对民族自治地方社会事业的投入，扶持民族自治地方扩大对外开放，组织发达地区与民族自治地方开展对口支援，照顾少数民族特殊的生产生活需要；大力培养少数民族干部，实现少数民族干部队伍的革命化、年轻化、知识化和专业化；大力帮助人口较少民族加速经济、文化的发展，逐渐消除历史上遗留下来的民族间的不平等；重视民族自治地方的生态建设和环境保护，采取特殊措施帮助民族自治地方发展教育和科技事业；大力扶持和保障少数民族地区传统文化的继承和发展。

2012年7月12日，国务院颁布《少数民族事业"十二五"规划》。该规划提出少数民族事业建设的主要任务包括：①着力推动民族地区加快发展，不断改善各族人民生产、生活条件。②大力发展教育、科技、卫生、就业和社会保障事业，不断提高民族地区基础公共服务水平。③着力发展少数民族文化事业和文化产业，不断满足各族人民精神文化需求。④不断巩固和发展民族团结进步事业，营造各民族和谐发展的社会环境。⑤加强少数民族各类人才队伍建设，提升民族地区发展的智力支撑能力。⑥加强民族理论政策体系和民族法律法规体系建设，提高民族工作的决策和管理水平。⑦继续加大民族工作交流合作力度，不断提升对外和对港澳台的交流与合作水平。⑧努力构建民族事务服务体系，不断提高民族事务管理和服务水平。

---

① 中共中央文献编辑委员会. 邓小平文选（第1卷）. 北京：人民出版社，1993：163.

2012 年 8 月 21 日，全国扶持人口较少民族发展经验交流会在黑龙江省佳木斯市召开。扶持人口较少民族发展，是党中央、国务院做出的一项重大决策，是深入贯彻落实科学发展观的迫切需要，是发展民族团结进步事业的必然要求。2012 年 12 月 5 日，国家民族事务委员会印发《少数民族特色村寨保护与发展规划纲要（2011—2015 年）》，提出少数民族特色村寨在产业结构、民居式样、村寨风貌及风俗习惯等方面都集中体现了少数民族经济社会发展特点和文化特色，集中反映了少数民族聚落在不同时期、不同地域、不同文化类型中形成和演变的历史过程，相对完整地保留了各少数民族的文化基因，凝聚了各少数民族文化的历史结晶，体现了中华文明的多样性，是传承民族文化的有效载体，是少数民族和民族地区加快发展的重要资源。

事实证明，多年来，少数民族地区实现了与汉族地区的共同发展和进步。在国家和发达地区的大力帮助与支援下，民族自治地方充分发挥自身优势，保持了经济发展、政治稳定、社会进步、民族和睦的良好局面。改革开放以来，党和国家制定和实施了一系列有利于加快少数民族和民族地区发展的政策和措施，使民族自治地方的经济得到较快的发展，有力地促进了各民族的共同发展、共同繁荣。以 5 个自治区为例，据统计，2012 年全国民族自治地方生产总值完成 54 079.52 亿元，民族自治地方人均地区生产总值为 30 862.41 元，民族自治地方生产总值占全国的比重为 10.4%。2012 年，新疆生产总值完成 7 500 亿元，增长 12%，连续两年年均增长千亿元；宁夏生产总值为 2 326 亿元，比上年增长 11.5%；西藏生产总值为 701.0 亿元，增幅为 11.8%；广西生产总值为 13 031.0 亿元，同比增长 11.3%；内蒙古生产总值为 15 988.34 亿元，增长比率为 11.7%。截止到 2012 年，新疆、西藏、宁夏、广西和内蒙古的区内生产总值的增长都超过了全国 GDP 9.9%的增速，实现了自 2002 年以来连续 7 年两位数增长[①]。

由于成功实行民族区域自治制度等一系列民族政策，我国少数民族依法自主地管理本民族事务，民主地参与国家和社会事务的管理，保证了各民族不论大小都享有平等的经济、政治、社会和文化权利，并共同维护国家统一和民族团结，形成了各民族相互支持、相互帮助、共同团结奋斗、共同繁荣发展的和谐民族关系。

四、我国民族政策的发展

新的历史时期，党中央站在全面建成小康社会、加快推进社会主义现代化的高度，站在巩固和发展全国各族人民的大团结、确保党和国家长治久安的高度，站在开创中国特色社会主义事业新局面、实现中华民族伟大复兴的高度，继承、发扬和践行我们党高度重视、实事求是、博大胸怀的民族工作的优良传统，在民族工作实践上开拓进取，取得了历史性新成就，在民族理论创新上与时俱进，取得了一系列新成果。这突出体现为六个"第一次"。

第一次明确提出了"各民族共同团结奋斗，共同繁荣发展"的民族工作主题。民族工作的主题，就是民族工作的旗帜、民族工作的方向、民族工作的灵魂。2003 年，胡锦涛在全国政协十届一次会议少数民族界委员联组会上指出："共同团结奋斗，共同繁荣发

---

① 资料来源于国家统计局数据。

展，是新世纪新阶段我国民族工作的主题。"2005 年，胡锦涛在中央民族工作会议上，全面、系统、深刻地阐明了"两个共同"的科学内涵及其辩证关系。提出"两个共同"的主题，是继改革开放以来，我们党在民族理论上的又一新发展。在整个社会主义初级阶段，抓住了"两个共同"这个主题，就抓住了新形势下正确处理民族问题、切实做好民族工作的根本，就能在全面建成小康社会、构建社会主义和谐社会的历史进程中不断开创民族工作的新局面。2015 年，习近平在中央民族工作会议上指出，"民族团结是我国各族人民的生命线"，"做好民族工作，最关键的是搞好民族团结，最管用的是争取人心"。这是以习近平为总书记的新一届党中央对开展民族工作的新指针。

第一次提出坚持和完善民族区域自治制度"三个不容"的重大论断。"民族区域自治，作为我们党处理民族问题的一条基本经验不容置疑，作为我国的一项基本政治制度不容动摇，作为我国社会主义的一个重要优势不容削弱。"这一重要论述集中阐明、高度概括了民族区域自治制度在党和国家工作全局中的地位与作用，充分表明了我们党坚持和完善民族区域自治制度的坚定决心。毫不动摇地坚持、与时俱进地完善民族区域自治制度，成为我们党团结带领各族人民不断推进中国特色社会主义伟大事业的一项重大使命。习近平强调，民族区域自治制度是我国的一项基本政治制度，是中国特色解决民族问题的制度保障，是党的民族政策的源头，要从战略全局高度，谋长远之策，行固本之举，建久安之功，成长治之业。

第一次提出"和谐"是社会主义民族关系的基本特征之一，是社会主义民族关系的本质属性。中央民族工作会议指出，"平等、团结、互助、和谐是我国社会主义民族关系的基本特征"，"平等是基石，团结是主线，互助是保障，和谐是本质"，"民族团结、国家统一，是各族人民之福；民族分裂、国家离乱，是各族人民之祸"。这些重要论述体现了对社会主义民族关系本质属性的崭新认识，体现了对社会主义民族关系发展规律的深刻把握，是我们党民族关系理论的重大发展。

第一次提出要把培养选拔少数民族干部作为管根本、管长远的大事来抓。少数民族干部队伍建设是一件管根本、管长远的大事，要制定周密规划，明确目标任务，完善政策机制，认真组织实施，持之以恒地抓下去。要求进一步完善少数民族干部选拔制度，注重在改革发展稳定的实践中考察和识别干部，把更多优秀少数民族干部特别是年轻干部选拔到各级领导岗位上来，充分信任，放手使用。这充分体现了我们党对培养选拔少数民族干部工作的高度重视和关心，为进一步做好少数民族干部工作指明了方向。

第一次明确提出"正确处理民族问题，切实做好民族工作，是衡量党的执政能力和各级党政组织的领导水平的重要标志"的重大论断。2004 年，胡锦涛在中央政治局第十六次集体学习会上提出这一论断，明确地把正确处理民族问题、切实做好民族工作，作为加强党的执政能力建设的重要内容。在此基础上，他又进一步提出："民族问题始终是我们建设中国特色社会主义必须认真处理好的一个重大问题，民族工作始终是关系党和人民事业发展全局的一项重大工作。"为不断增强各级领导干部处理民族问题、驾驭民族工作的能力，提高科学执政、民主执政、依法执政的水平，要把民族工作作为民族地区党政领导干部工作情况考核的重要内容，作为干部选拔任用的重要依据。

第一次全面阐述了民族团结进步事业的科学内涵。民族团结进步事业，是建设中国特色社会主义伟大事业的重要组成部分。发展我国民族团结进步事业，就是要在巩固和发展社会主义民族关系的基础上，全国各族人民和睦相处、和衷共济、和谐发展，促进社会主义祖国的繁荣昌盛，维护社会主义祖国的统一安全，同心同德为建设中国特色社会主义、实现中华民族的伟大复兴而奋斗。这阐明了民族团结进步事业与中国特色社会主义事业的关系，与中华民族前途命运的关系，与党的宗旨和使命的关系，对于深刻把握民族团结进步事业的科学内涵、重要地位和根本要求，引领民族团结进步事业在建设中国特色社会主义道路上阔步前进，开辟民族团结进步事业更为广阔的发展前景，具有重要的指导意义。

我国是一个多民族国家，也是一个特别需要加强民族团结、巩固民族和睦的国家。新中国成立以来，各民族团结进步、共同发展、共同繁荣，一直是党和国家民族政策的核心。国家制定了许多有利于民族地区进步发展的优惠政策，大力培养少数民族的优秀人才，千方百计保护民族地区的生态环境。所有这一切，都是为了保证各族人民共同前进，保证不让一个少数民族掉队。改革开放以来，一条特别宝贵的经验是：国家始终如一地贯彻各项民族政策，始终如一地坚持民族区域自治制度，始终如一地强调民族团结，始终如一地坚持各民族共同发展、共同繁荣、共同进步。正因为我国各族人民的大团结，社会才稳定，经济才发展，文化才繁荣，改革开放才能取得巨大的成功。2015年，全国"两会"《政府工作报告》展望了我国作为统一的多民族国家的未来发展前景："各族人民和睦相处、和衷共济、和谐发展，中华民族大家庭一定会更加繁荣昌盛、幸福安康。"

党的十八大报告指出："中国特色社会主义制度，就是人民代表大会制度的根本政治制度，中国共产党领导的多党合作和政治协商制度、民族区域自治制度以及基层群众自治制度等基本政治制度，……以及建立在这些制度基础上的经济体制、政治体制、文化体制、社会体制等各项具体制度。中国特色社会主义道路是实现途径，中国特色社会主义理论体系是行动指南，中国特色社会主义制度是根本保障，三者统一于中国特色社会主义伟大实践，这是党领导人民在建设社会主义长期实践中形成的最鲜明特色。"要全面正确贯彻落实党的民族政策，坚持和完善民族区域自治制度，牢牢把握各民族共同团结奋斗、共同繁荣发展的主题，深入开展民族团结进步教育，加快民族地区发展，保障少数民族合法权益，巩固和发展平等团结互助和谐的社会主义民族关系，促进各民族和睦相处、和衷共济、和谐发展，这是做好新时期民族工作、处理好国内民族事务的基本指针。

第二节　我国宗教状况概述

一、我国宗教现状概述

宗教是自然力量和社会力量在人们意识中的虚幻、歪曲的反映。它是原始社会发展到一定阶段的历史现象和产物，最初是作为原始人群自发信仰产生的。宗教是一种社会历史现象，有其发生、发展和消亡的过程。我国是一个有多种宗教的国家，现阶段主要有佛教、道教、伊斯兰教、天主教、基督教新教、东正教及一些少数民族特有的宗教和地区性的民间信仰等；其中，佛教、道教、伊斯兰教、天主教、基督教新教被称为我国的五大宗教。

新中国成立后，经过社会经济制度的深刻改造和宗教制度的改革，我国的宗教状况发生了深刻的变化。对于我国宗教特征的认识，我党在新中国成立初期就提出了著名的宗教问题"五性论"①，即长期性、复杂性、群众性、民族性和国际性。就新的时期来讲，正确处理宗教问题，切实做好宗教工作，关系到党和国家工作的全局，关系到社会和谐稳定，关系到全面建成小康社会进程，关系到中国特色社会主义事业发展。随着社会的不断发展，党的宗教信仰自由政策得到进一步贯彻，公民宗教信仰自由权利受到宪法和法律的保护，同时，国家对宗教事务的管理走上了法制化、规范化的轨道，在1994年相继颁布了《中华人民共和国境内外国人宗教活动管理规定》和《宗教活动场所管理条例》，积极引导宗教与社会主义社会发展相适应。

在我国日益开放的新形式下，党和政府支持我国宗教界在独立自主、平等友好和相互尊重的基础上积极稳妥地开展对外交往，不断巩固和扩大我国宗教界在国际宗教界的影响。我国近年来积极参加国际人权领域的合作和斗争，多渠道宣传我国的宗教政策和宗教信仰自由状况，有力地驳斥了一些境外敌对势力妄图分裂中国而对我国人权状况进行的污蔑和攻击，赢得了国际社会的理解和支持，在国际社会产生了重大影响。同时，党和政府坚持国内的宗教团体独立自主自办原则，坚决抵制境外势力利用宗教对我国进行渗透。宗教是社会的一个组成部分，在新时期"积极引导宗教与社会主义社会相适应"的政策将进一步促进宗教与社会的和谐。

二、新时期宗教工作的基本指导思想

新时期我党高度概括了社会主义宗教理论的指导思想，提出："做好宗教工作，是维护改革发展稳定大局的需要。宗教是一种群众性的社会现象，在社会主义社会中将长期存在。正确认识我国社会存在的宗教问题，关键是要立足于我国的基本国情，充分认识宗教存在的长期性、宗教问题的群众性和特殊复杂性。必须尊重宗教存在和发展的客观规律，既不能用行政的力量去消灭宗教，也不能用行政的力量去发展宗教。""全面贯彻党的宗教信仰自由政策，依法管理宗教事务，积极引导宗教与社会主义社会相适应，坚持独立自主自办的原则。"②党的十七大报告和十八大报告都明确指出："全面贯彻党的宗教工作基本方针，发挥宗教界人士和信教群众在促进经济社会发展中的积极作用。"这一对宗教工作的新阐述，着眼于从正面的、积极的角度看待宗教，是在宗教问题上进一步的思想解放，是对中国共产党宗教工作理论政策的继承和创新，是对积极引导宗教与社会主

---

① 中共中央办公室. 关于我国社会主义时期宗教问题的基本观点和基本政策, 1982-03-31.
② 中共中央宣传部. "三个代表"重要思想学习纲要. 北京：学习出版社，2003：82-83.

义社会相适应的深化和发展，它对做好新形势下的宗教工作，积极引导宗教与社会主义社会相适应，具有十分重要的指导意义。

三、党和国家对宗教的基本政策

新中国成立后，我们党运用马克思主义宗教观与我国具体国情相结合制定了一系列宗教政策，以法律的方式保护公民的宗教信仰自由。1982 年《宪法》第 36 条规定："中华人民共和国公民有宗教信仰自由。任何国家机关、社会团体和个人不得强制公民信仰宗教或者不信仰宗教，不得歧视信仰宗教的公民和不信仰宗教的公民。国家保护正常的宗教活动。任何人不得利用宗教进行破坏社会秩序、损害公民身体健康、妨碍国家教育制度的活动。宗教团体和宗教事务不受外国势力的支配。"这一法条的思想精髓最终体现在党和国家对宗教的各项基本政策中。

（一）全面贯彻党的宗教信仰自由政策

宗教信仰自由是中国共产党的一项长期的基本政策，是宪法赋予公民的一项基本权利。早在 20 世纪 20 年代初，刚成立的中国共产党就制定和实行了宗教信仰自由的政策。新中国成立后，1954 年《宪法》对公民的宗教信仰自由权利做了明确规定，使党的宗教信仰自由政策转化为国家的意志；1982 年修订的《宪法》对宗教信仰自由条款做了更详细的规定；2004 年 3 月，全国人大在《宪法修正案》第 33 条第 3 款增加了"国家尊重和保障人权"内容。

所谓宗教信仰自由，是指宗教信仰自由受国家宪法保护，公民有信仰宗教的自由，也有不信仰宗教的自由，有信仰不同宗教的自由，也有信仰不同教派的自由，有过去不信仰宗教而现在信仰宗教的自由，也有过去信仰宗教而现在不信仰宗教的自由。宗教信仰自由政策的实质，就是要使宗教信仰问题成为公民个人自由选择的问题，任何组织和个人都不得强迫公民信仰宗教或不信仰宗教。

贯彻执行宗教信仰自由政策，是处理一切宗教问题的根本出发点和落脚点。尊重和保护公民的宗教信仰自由权利，是中国共产党尊重社会历史发展客观规律、维护人民利益、尊重和保护人权的重要体现，是巩固和扩大我们党的群众基础、保持我们党和人民群众的血肉联系、不断提高我们党的社会影响力、最广泛最充分地调动一切积极因素、不断为中华民族的伟大复兴增添新力量的必然要求。在社会主义条件下，信教群众和不信教群众在政治上、经济上的根本利益是一致的，广大信教群众也是建设中国特色社会主义的积极力量。我们实行宗教信仰自由政策的根本出发点和落脚点，就是要最大限度地把信教群众和不信教群众团结起来，把他们的意志和力量凝聚到建设中国特色社会主义的共同目标上来。

（二）国家依法管理宗教事务，实行政教分离①

依法治国，建设社会主义法治国家，是我国的基本方略，宗教事务同样要依法进行管理。依法管理宗教事务，是中国共产党领导人民依法治国、建设社会主义法治国家的总要求在宗教工作上的体现。为适应我们党领导和执政方式的完善和发展，宗教工作也要从过去单纯靠政策指导转变为与依法行政、依法管理并行并重。

所谓依法管理宗教事务，就是对宪法赋予公民的宗教信仰自由权利进行依法保护，保证正常宗教活动的有序进行，保护宗教团体的合法利益。《宪法》第 36 条规定，"任何人不得利用宗教进行破坏社会秩序、损害公民身体健康、妨碍国家教育制度的活动"，"宗教团体和宗教事务不受外国势力的支配"。对宗教方面涉及国家利益和社会公共利益的事务进行法律规范，使党的宗教信仰自由政策制度化、法律化，其要旨是保护合法、制止非法、打击犯罪、抵御渗透。国务院 2004 年颁布、2005 年实施的《宗教事务条例》，就是"为了保障公民宗教信仰自由，维护宗教和睦与社会和谐，规范宗教事务管理"，是对宪法和法律中有关宗教信仰自由条款的具体化，是依法管理宗教事务的基本依据。《宗教事务条例》是我国关于宗教事务方面的第一部综合性行政法规，它的颁布与实施标志着依法管理宗教事务迈上了一个新的台阶。

在新时期，我国实行政教分离的基本原则，强调宗教信仰完全是公民个人自己的事，宗教同政权、司法和教育分离，绝不允许已被废除的封建宗教特权和宗教压迫剥削制度继续存在；绝不允许宗教干预国家行政、司法、学校教育和社会公共教育；绝不允许利用宗教损害国家和社会的利益，妨碍其他公民的合法权利；更不允许利用宗教反对党和社会主义制度，破坏国家统一和民族团结。

（三）必须坚持独立自主自办原则

《宪法》明确规定：宗教团体和宗教事务不受外国势力的支配。我国不干涉别国的宗教事务，也不允许别国干涉中国的宗教事务。我们在独立自主、和平友好、互相尊重的基础上，积极发展同世界各国宗教界的友好往来。坚持独立自主自办的原则，是我们党维护国家主权和独立的政治原则在宗教事务中的体现。多年来，独立自主自办原则是我国宗教事务健康发展的保证。我们要维护国家和民族最高利益，维护国家政治安全，坚守文化自信和民族自尊，就必须在扩大开放的条件下坚持独立自主自办的原则，坚决抵御境外势力利用宗教对我国进行的渗透。例如，我国天主教、基督教新教实行独立自主自办教会和"三自"（自治、自养、自传）的方针，不受外国势力的支配和干涉。坚持独立自主自办原则，要坚决制止和打击利用宗教进行违法犯罪活动；坚决反对境外宗教团体和个人

---

① 政教分离的原则，最早是由美国《独立宣言》的起草人托玛斯·杰弗逊草拟《弗吉尼亚州宗教自由法》时提出来的，此项法案于 1786 年 1 月 16 日由弗吉尼亚州议会通过，成为西方国家政教分离的先驱。政教分离的基本含义是：政府的功能是受人民委托管理公众事务，不能干预人们的宗教信仰，不能干预宗教团体的内部事务；宗教的功能是满足人们超越的精神需要，不能干涉国家公共权力方面的事务。第二次世界大战以后，许多国家纷纷将政教分离的原则写入宪法，政教分离成为这些国家处理政教关系的基本原则。政教分离已成为现代法治国家的通例，我国亦不例外。

干预我国宗教事务；坚决抵制境外敌对势力利用宗教进行渗透，坚决打击分裂祖国、破坏民族团结的境内外敌对势力。

（四）巩固和发展对宗教界的爱国统一战线

建设中国特色社会主义，实现中华民族伟大复兴中国梦，是党和国家与宗教界的共同目标及共同利益。巩固和发展对宗教界的爱国统一战线，是调动一切积极因素建设中国特色社会主义事业的一项十分重要的措施。党的十八大报告指出："统一战线是凝聚各方面力量，促进政党关系、民族关系、宗教关系、阶层关系、海内外同胞关系的和谐，夺取中国特色社会主义新胜利的重要法宝。"

在处理党与宗教界之间的关系时，应当坚持政治上团结合作、信仰上互相尊重的原则。实践证明，只有在政治上真诚团结合作，才能真正做到信仰上互相尊重；而只有在信仰上互相尊重，才能有效巩固和加强政治上的团结合作。这两者相辅相成，缺一不可。团结宗教界爱国人士和广大信教群众，不断巩固和扩大新时期的爱国统一战线是全体人民的共同诉求。

争取、团结和教育宗教界人士，培养好一支爱国的高素质的教职人员队伍，是党对宗教界统战工作的重要内容，它关系到宗教是否能与社会主义相适应的大问题。同时，要积极发挥好宗教团体的作用。宗教团体是党和政府联系、团结、教育宗教界人士和信教群众的桥梁。做好宗教团体工作，关系到加强党同人民群众的血肉联系，关系到加强民族团结、保持社会稳定、维护国家安全和祖国统一。

发挥爱国宗教团体的作用，我们需要做好以下四方面的工作：第一，宗教团体的领导权必须掌握在宗教界爱国人士手中，这也是保障我国宗教团体坚持正确的方向，维护全体爱国宗教界人士和广大信教群众的根本利益的大问题。第二，要切实维护宗教团体的合法利益。第三，切实帮助爱国宗教团体解决实际困难。第四，要支持宗教团体自主地开展工作。

我国的宗教团体都有较为广泛的群众基础，在新的历史时期，各宗教团体协助党和政府贯彻执行宗教信仰自由政策，帮助广大信教群众和宗教界人士不断提高爱国主义和社会主义觉悟，代表和维护宗教界的合法利益，组织正常的宗教活动，办好教务，使我们党领导的爱国统一战线不断地得到巩固和发展。

（五）国家切实维护宗教领域的稳定

在社会主义初级阶段经济社会发展的过程中，为了保证各地区经济社会协调发展，必须充分贯彻我党一贯强调的"稳定压倒一切"①的指导思想。政治和社会秩序混乱，只会导致倒退，而不可能带来发展。做好宗教稳定工作是维护社会稳定的重要内容，必须从保证国家长治久安、促进改革发展稳定大局的政治高度，充分认识做好宗教工作的重要

---

① 1989年2月邓小平会见美国总统布什时提出："中国的问题，压倒一切的是需要稳定。没有稳定的环境，什么都搞不成。"中共中央文献编辑委员会. 邓小平文选（第3卷）. 北京：人民出版社，1993：284.

性，增强维护宗教领域稳定工作的责任感。

在宗教领域，必须明确贯彻党确立的有关宗教问题的基本政策，既要坚持宗教信仰自由、信仰上相互尊重、保护正常的宗教活动；同时，又要充分维护国家统一，维护各民族大团结。在当前的国内外形势下，党对宗教工作的领导，政府对宗教事务的管理，只能加强，不能削弱；同时，要支持宗教团体加强自身建设。

（六）积极引导宗教与社会主义社会相适应

积极引导宗教与社会主义社会相适应，是我们党坚持以马克思主义宗教观为指导的必然结论，是总结中华人民共和国成立以来宗教工作的成功经验而做出的科学论断，是我国宗教存在和发展的正确方向。

积极引导宗教与社会主义社会相适应，不是要求宗教界人士和信教群众放弃宗教信仰，而是要求他们热爱祖国，拥护社会主义制度，拥护中国共产党的领导，遵守国家的法律法规和方针政策；要求他们从事的宗教活动要服从和服务于国家的最高利益和民族的整体利益；支持他们努力对宗教教义做出符合社会进步要求的阐释；支持他们同各族人民一道反对利用宗教进行危害社会主义祖国和人民利益的非法活动，为民族团结、社会发展和祖国统一多作贡献。

在我国，宗教界人士主要是指在宗教界具有一定影响和地位、有较高宗教学识、德高望重的宗教教职人员和信徒中的杰出代表，是党和国家联系信教群众的重要纽带。我们要鼓励和支持宗教界发扬爱国爱教、团结进步、服务社会的优良传统，支持他们为民族团结、经济发展、社会进步、社会和谐、祖国统一多作贡献，支持他们对宗教教义做出符合社会进步要求的阐释，支持他们增进信教群众对党和政府的理解，支持他们反对和抵制利用宗教进行危害社会主义祖国和人民利益的非法活动，使信教群众在全面建成小康社会的宏伟目标下，最大限度地团结起来。同时，信教群众在我国数量众多，也是建设中国特色社会主义的积极力量，关系党执政的重要群众基础，关系保持党同人民群众的血肉联系。因此，宗教工作最根本的是要做好信教群众的工作，要团结和教育信教群众为祖国富强、民族振兴积极贡献力量。我们鼓励和支持宗教界继续发扬爱国爱教、团结进步、服务社会的优良传统，充分发挥宗教在促进社会和谐及经济社会发展中的积极作用，在与社会主义社会相适应方面不断迈出新的步伐。

历史的发展证明，只要党和政府认真贯彻宗教政策，切实依法管理宗教事务，团结教育好宗教界人士，就创造了宗教与社会相适应的基本前提；而宗教界和信教群众只要坚持爱国、爱教、遵纪、守法、团结、进步，就会使宗教与社会很好地相适应，宗教事业就会朝着健康的方向发展。

（七）积极促进宗教关系和谐发展

宗教关系和谐主要是指宗教与社会、各宗教之间，以及信教群众和不信教群众、信仰不同宗教群众之间的关系和谐。

近年来，我们党把宗教关系纳入涉及党和国家工作全局需要妥善处理的重大关系，反映了党对宗教关系的高度重视。2006 年，胡锦涛在全国统战工作会议上，明确提出把宗教关系作为社会政治领域涉及党和国家工作全局的五大关系（政党关系、民族关系、宗教关系、阶层关系、海内外同胞关系）之一，强调要正确认识和处理信教群众和不信教群众、信仰不同宗教群众之间的关系。党的十六届六中全会指出："加强信教群众同不信教群众、信仰不同宗教群众的团结，发挥宗教在促进社会和谐方面的积极作用。"党的十七大报告指出，"促进政党关系、民族关系、宗教关系、阶层关系、海内外同胞关系的和谐，对于增进团结、凝聚力量具有不可替代的作用"，明确提出宗教关系和谐的问题。

　　党的十八大再一次强调建立和谐的宗教关系是新时期统一战线的重要内容，党的统一战线的主要目标是促进民族关系和宗教关系的和谐。促进宗教关系和谐已成为党的宗教工作的重大任务，是夺取中国特色社会主义新胜利的重要法宝。因此，正确认识和处理宗教关系，促进宗教关系和谐，事关中国特色社会主义事业的全局，事关构建社会主义和谐社会的进程，事关党和国家的兴旺发达与长治久安。促进宗教关系和谐，对于开拓宗教工作新境界，实现对内构建和谐社会、对外共建和谐世界做出应有贡献具有深远的历史意义。

第三节　西藏的民主改革与发展

　　西藏自古以来就是我国领土不可分割的一部分。和平解放西藏、驱逐帝国主义侵略势力出西藏，实行民主改革、废除西藏政教合一的封建农奴制度，是近代以来我国人民反帝反封建的民族民主革命的重要组成部分，也是新中国成立后我国政府面临的重大历史任务。1965 年 9 月，西藏自治区第一届人民代表大会第一次会议在拉萨召开，宣告西藏自治区成立。2009 年是西藏实行民主改革 50 周年；2015 年，是西藏自治区成立 50 周年，回顾西藏实行民主改革这一波澜壮阔的历史进程和 50 年来西藏广泛深刻的历史巨变，揭示西藏社会发展的规律，用事实揭穿达赖集团在"西藏问题"上散布的各种谎言和十四世达赖喇嘛的本来面目，有助于澄清历史是非，让世人更好地了解一个真实的西藏、发展变化的西藏。

一、地理位置和民族状况

　　西藏自治区于 1965 年成立，整个面积为 122 万平方千米，陆地边境线 4 000 多千米，占我国的陆地边境线六分之一以上，在我国的各个省区当中面积仅次于新疆，位居第二。西藏自治区是我国实行民族区域自治的五个省级自治地方之一，是一个以藏族为主体的民族自治地方。2015 年西藏总人口为 317.55 万人，其中藏族人口占 92% 以上，除藏族外，西藏还有汉族、蒙古族、回族、纳西族、怒族、独龙族、门巴族、珞巴族及僜人、夏尔巴人等 40 多种民族成分。根据《宪法》，国家在西藏实行民族区域自治制度，建立西藏自治区，并设有门巴、珞巴、纳西等民族乡，依法保障西藏各族人民平等参与管理国家和地方事务的政治权利。西藏的宗教主要由藏传佛教、苯教、民间宗教三种类别构成，此外，还有伊斯兰教和天主教。西藏是我国西南边疆的一个门户和屏障，在对外交往和战略上是一个非常重要的地区。

二、历史情况

西藏自古以来就是我国不可分割的一部分。唐朝时期，松赞干布和文成公主和亲开创了唐番交好的新时代，而在今天的西藏大昭寺仍立有唐蕃会盟碑和公主柳。可见，民族之间的交流在当时就已经出现。元朝时期，西藏被正式纳入中央王朝的管辖之下。明朝时期，西藏和中央政权的交往更趋频繁，在政治上中央政府实行"多封众建"，明朝政府在西藏设立众多官僚，设置八大法王，目的就是使西藏和明王朝的关系更加密切。当时，藏传佛教兴盛，朝贡者络绎不绝，此外，在经济上有"茶马贸易"，促进了内陆和藏区的经济文化往来。

清朝时期，清政府将西藏与中央王朝及祖国内地的关系推向了规范化、制度化的新阶段。顺治年间，五世达赖进见顺治皇帝，顺治皇帝封其为"西天大善自在佛所领天下释教普通瓦赤喇怛喇达赖喇嘛"。从五世达赖开始，后世达赖喇嘛的封号均由中央政权册封，同时颁有金册、金印，形成了定制。雍正年间，在西藏正式设立了驻藏大臣。中央政府直接派官员进驻西藏，史称"清朝驻藏大臣"，并且在西藏驻军，同时划定了西藏同周围省区的界限。1793 年，清朝政府颁定了《钦定藏内善后章程二十九条》，这个章程的第一条就涉及达赖、班禅和西藏的活佛转世的制度，俗称"金瓶挚签"制度，同时对西藏的政治、军事、财政、人事做了明确的规定，把达赖喇嘛和清朝驻藏大臣的关系规范得非常清楚，形成了"制度化"。乾隆年间，驻藏制度在中央政府管辖地方上发挥了非常大的作用。此后，达赖喇嘛举行坐床大典时，都要朝向东方叩拜致谢，并且还要专门派人到北京致谢。

中华民国成立之后，在《中华民国临时约法》中非常清楚地规定了西藏是中华民国领土之一。"中国为二十二行省，蒙古、青海、西藏必在其内"。当时中央政府管理民族事务的机构是"蒙藏委员会"。1940 年 2 月，第十四世达赖喇嘛·丹增嘉措在国民党政府蒙藏委员会委员长吴忠信的主持下，于西藏举行转世事宜和"坐床大典"，正式成为达赖喇嘛。中华民国参议院和众议院均有西藏人，由此可见，在我国历史上，西藏和祖国内地及中央政权的关系从未中断，西藏始终是我国版图的重要组成部分。

1959 年民主改革前的西藏处于政教合一的封建农奴制统治之下，由官家、贵族和寺院上层僧侣三大领主组成的农奴主阶级对广大农奴和奴隶进行极其残酷的政治压迫和经济剥削，西藏人民灾难深重、生存维艰，西藏社会陷入极度贫穷落后和封闭萎缩的状态。大量事实证明，政教合一的封建农奴制度使西藏社会矛盾重重、危机四伏。十四世达赖喇嘛作为藏传佛教格鲁派首领，也是西藏地方政府首脑，集政教大权于一身，是西藏封建农奴主阶级的总代表。占西藏总人口不足 5% 的农奴主占有西藏绝大部分生产资料，垄断着西藏的物质财富，而占人口 95%以上的农奴和奴隶没有生产资料和人身自由，遭受着极其残酷的压迫和剥削，挣扎在极端贫困的悲惨境地中。长期政教合一的封建农奴制统治窒息了西藏社会的生机和活力，使西藏社会日益走向没落和衰败。

三、西藏的民主改革

新中国成立以后，西藏于 1951 年和平解放，1959 年进行民主改革，推翻了封建的农奴制度，进入社会主义时期。1951 年，中央人民政府与西藏地方政府签订了《中央人民政府和西藏地方政府关于和平解放西藏办法的协议》，西藏摆脱了帝国主义侵略势力的羁绊，实现和平解放，为西藏与全国一起实现共同进步与发展创造了基本前提。1954 年，十四世达赖喇嘛当选为全国人民代表大会第一届委员会的副委员长，班禅喇嘛当选为政协的副主席。1956 年，西藏成立了西藏自治区筹备委员会。《中央人民政府和西藏地方政府关于和平解放西藏办法的协议》肯定了改革西藏社会制度的必要性，强调"西藏地方政府应自动进行改革"。但是考虑到西藏的特殊情况，中央人民政府对改革采取了十分慎重的态度，以极大的耐心、宽容和诚意，劝说、等待西藏地方上层统治集团主动进行改革。但是，在帝国主义势力的策动支持下，西藏上层统治集团的一些人面对人民日益高涨的民主改革要求，从根本上反对改革，顽固坚持"长期不改，永远不改"，企图永远保持政教合一的封建农奴制度，于 1959 年 3 月 10 日公开撕毁了《中央人民政府和西藏地方政府关于和平解放西藏办法的协议》，发动了全面武装叛乱。在这种情况下，为维护国家的统一和西藏人民的根本利益，中央人民政府与西藏人民一道坚决平息了武装叛乱。与此同时，在西藏掀起了一场轰轰烈烈的群众性民主改革运动，废除了政教合一的封建农奴制度，解放了百万农奴和奴隶，开创了西藏人民当家做主的新时代。这是西藏发展史上最广泛、最深刻、最伟大的社会变革，是西藏社会发展和人权进步的划时代的重大历史事件，也是人类文明发展史和世界人权史上具有重大意义的巨大进步。

历史和现实证明，十四世达赖及其政治集团是旧西藏政教合一的封建农奴制度和极少数农奴主阶级的总代表，是旧西藏政治、经济和文化资源的垄断者和既得利益者。他们与占西藏人口绝大多数的广大劳动人民存在着根本的利害冲突，与西藏社会发展进步的要求和人类社会的发展规律存在着不可调和的深刻矛盾。1959 年，为了维护政教合一的封建农奴制及其特权"永远不改"，达赖集团不惜发动以分裂祖国为目的的武装叛乱，叛逃国外 50 多年来，他们从未放弃过恢复政教合一的农奴制的图谋。他们在国际上颠倒黑白，大造舆论，把自己装扮成"西藏人民"的代言人，把旧西藏政教合一的封建农奴制社会美化为天堂式的"香格里拉"，把实行民主改革、推动西藏发展进步指责为"灭绝文化"、"毁灭宗教"和"侵犯人权"。达赖集团不顾西藏人民当家做主、享有充分的民主权利和广泛的经济社会文化权利的事实，在国际上不断攻击西藏的民族区域自治制度。这些都说明，我们与达赖集团之间分歧和斗争的实质，根本不是自治与不自治的问题，始终是进步与倒退、统一与分裂的斗争。

历史和现实证明，废除农奴制、解放农奴和奴隶，维护国家统一、反对民族分裂，是维护人权和国家主权的进步与正义的事业。达赖集团为维护政教合一的封建农奴制，悍然发动分裂祖国的大规模武装叛乱，中国政府采取措施平息叛乱，维护国家统一，解放百万农奴和奴隶，其在人类历史上的进步意义与美国国内战争中解放黑奴相比毫不逊色。然而，一些西方反华势力却无视客观事实，颠倒是非，将政教合一的封建农奴制度的总代表十四世达赖吹捧为"人权卫士"、"和平使者"和"精神领袖"，而将废除封建农奴制、解放百万农奴和奴隶的中国政府指责为"侵犯人权"。这是十分荒谬的，也是令人深思的。

事实上，所谓"西藏问题"从一开始就是帝国主义妄图瓜分中国的产物，是近代帝国主义列强妄图变中国为其殖民地、半殖民地图谋的一部分。1959 年，达赖集团发动分裂国家的武装叛乱就是在帝国主义势力支持和策动下发生的。达赖集团叛逃国外以后，西方反华势力也从来没有停止过对达赖集团"藏独"分裂活动的怂恿、支持。

历史和现实证明，复辟没有出路，分裂没有前途。时代要前进，社会要进步，这是不可阻挡的历史潮流。包括西藏人民在内的中国各族人民维护国家统一和主权的意志不可动摇，坚持中国共产党领导、坚持中国特色社会主义道路、坚持民族区域自治制度的意志不可动摇，推动西藏实现现代化、建设团结民主富裕文明和谐的新西藏的意志不可动摇。达赖集团不论以什么借口，妄图在西藏恢复封建农奴制统治，开历史倒车，这注定是要失败的，历史已经证明，达赖披着宗教外衣祸藏乱教的图谋彻底破产。这也是饱尝封建农奴制之苦、亲历新西藏之福的西藏各族人民坚决不会答应的。"经过寒冬的人们最懂得珍惜太阳的温暖"，这句藏族谚语是西藏各族人民最真实的内心写照。

四、半个世纪西藏的历史性巨变

西藏民主改革 50 多年来，在中央人民政府的关怀和全国人民的支援下，西藏各族人民以主人翁的姿态迸发出创造美好生活的巨大热情，推动西藏经济社会实现了跨越式发展，各项事业取得了举世瞩目的历史性成就。

1. 社会制度实现了历史性跨越，西藏人民当家做主的权利有了制度保障

1965 年，西藏自治区成立，标志着民族区域自治制度在西藏全面确立，实现了西藏社会制度从政教合一的封建农奴制度向人民民主的社会主义制度的历史性跨越，昔日的农奴和奴隶从此享有了平等参与管理国家事务和自主管理本地区与本民族事务的政治权利。西藏人民与全国各族人民一样，享有了国家宪法和法律规定的所有权利。他们依法拥有选举权，通过各级人民代表大会行使参与管理国家和地方事务的权利。西藏人民自主管理本民族、本地区事务的权利得到保障。1965 年西藏自治区成立初期，全区有 7 600 多名少数民族干部，2014 年年底，全区少数民族干部已有 11 万多人，与自治区成立之初相比增长了 13 倍多，占全区干部总量的 70% 以上。

西藏自治区不仅享有省级国家机关制定地方性法规的权力，而且有权根据本地的政治、经济和文化的特点，决定本地的事务，制定自治条例和单行条例。据统计，截至 2015 年 7 月，西藏自治区人大及其常委会制定、批准地方性法规和做出具有法规性质的决议、决定共 300 件，其中现行有效的地方性法规 123 件，具有法规性质的决议、决定 148 件，废止 29 件，内容涉及政权建设、经济发展、社会稳定、文化教育、语言文字、文物保护、

野生动植物和自然资源保护等各个方面，有效维护了西藏人民在政治、经济和社会生活各方面的特殊权益，促进了西藏各项事业的发展。

2. 经济建设实现跨越式发展，社会面貌日新月异

新中国成立以来，中央政府为促进西藏经济社会发展，对西藏实施了一系列优惠政策，在财力、物力、人力等方面给予强有力的支持。据统计，从1952年到2014年，中央政府对西藏的各项财政补助达6 480.8亿元，占西藏地方公共财政支出的92.8%。西藏地区生产总值由1965年的3.27亿元增加到2014年的920.8亿元，增长了281倍。1994年以来，西藏地区生产总值连续20年保持两位数增长，年均增速高达12.4%。1965年西藏地方财政收入仅为2 239万元，2014年达到164.75亿元，年均增长高达14.46%，自我发展的能力不断增强。全区工业增加值由1965年的0.09亿元增加到2014年的66.16亿元，增长735倍，年均增长14.4%。第二产业增加值在地区生产总值中的占比由1965年的6.7%提高到2014年的36.6%。2014年，全区社会消费品零售总额达364.51亿元，比1965年的0.89亿元增长了409倍，以年均13.1%的速度递增；进出口总额达22.55亿美元，比1965年的0.07亿美元增长了321倍，年均增长12.5%。旧西藏农牧业基本靠天吃饭、靠天养畜，而今农牧业现代化程度大幅提高，防灾抗灾能力显著增强，科技贡献率达到36%，建设农业标准化示范区20个，培育地市级以上农牧业产业化龙头企业95家。以公路、铁路、航空为主的综合交通运输体系基本形成，交通更加便利。以拉萨为中心，东连四川、云南，西接新疆，北连青海，南通印度、尼泊尔，地市相通，县乡连接的公路交通网络基本建成。2014年年底，全区公路通车里程达到7.5万千米，690个乡镇通公路，通达率为99.7%；5 408个行政村通公路，通达率为99.2%。以水电为主，地热、风能、太阳能等多能互补的新型能源体系全面建设，以光缆、卫星、网络为主的现代通信网络体系已逐步建立健全。旧西藏没有现代工业，如今，西藏已初步形成了以优势矿产业、建材业、民族手工业、藏医药业为支柱，包括电力、农畜产品加工、饮食品加工制造等在内的富有西藏特色的现代工业体系。现代商业、旅游、饮食服务、文化娱乐等在旧西藏闻所未闻的新兴产业飞速发展，成为西藏第一大产业。

3. 人民生活水平大幅度提高，生存和发展状况得到极大改善

民主改革前，西藏农牧民没有生产资料，几乎终身负债，根本谈不上纯收入。2015年，自治区城乡居民收入快速增长，人民生活更加充实富裕。城镇居民人均可支配收入达22 016元，比1978年的565元增长了38倍，年均增长10.7%；农牧民人均可支配收入7 359元，年均增长10.9%。城镇化水平不断提升。民主改革前，西藏90%以上的人没有自己的住房，农牧民居住条件极差，城镇居民人均居住面积不足3平方米。如今，通过推进新农村建设、实施安居工程，百万农牧民住进了安全适用的新房，西藏人民的居住条件得到了巨大改善。截止到2012年，已有40.83万户、181.22万农牧民住进了宽敞明亮的新房，其中城镇居民人均居住面积36.14平方米，农牧民人均居住面积达到29.58平方米。

伴随西藏的全面发展，西藏从城市到农村都已初步建立起社会保障体系，在全国率先建立了农牧区最低生活保障制度。社会保障事业不断迈上新台阶，实施积极的就业政

策，就业率保持较高水平。2014 年，西藏城镇登记失业率控制在 2.5% 以内，新增就业 4.3 万人。随着医疗卫生条件的改善，区内已经建成了中医、西医、藏医结合，以拉萨为中心、遍布城乡的医疗卫生网。以免费医疗为基础的农牧区医疗制度覆盖全体农牧民，全区已建成 71 个县医院和 678 个乡镇卫生院，覆盖城乡的医疗卫生服务体系逐步完善，人民的健康权利得到进一步保障，健康水平不断提高。2012 年，西藏实施 1 000 个行政村农牧民体育健身工程。加强城市综合体育健身功能区、城镇综合性健身体育场馆建设，确保农牧区有健身场地和器材。推进科学健身工程，从看病要跑到大城市，到如今乡镇卫生院、村级卫生室遍地开花；从看病难、看病贵，到"生病有保障、看病更方便、治病少花钱"。西藏和平解放后，尤其是近 10 年来，西藏的医疗卫生事业取得了巨大成就。西藏人均寿命从 1951 年的 35.5 岁提高到现在的 68.17 岁，60 多年来西藏人均寿命延长 31 岁，百岁老人逐渐增多。在西藏，藏族和其他少数民族人口占 95% 以上，近 50 年是几个世纪以来西藏人口增长最快的时期。随着现代教育事业的不断完善，全区所有县（区）全面完成普及九年义务教育，一个涵盖学前教育、基础教育、职业教育、高等教育、成人教育、特殊教育的比较完整的现代教育体系已经形成，实现了从学前到高中阶段 15 年免费教育，农牧区义务教育学生营养改善计划全面落实，政策和资金覆盖率均达到 100%。

4. 有效传承民族传统文化，加强对文化遗产维保的资金投入

国家政府采取有力措施，使民族传统文化遗产得到有效保护、传承和发展。西藏实行藏语文、汉语文并重，以藏语文为主，藏语文的学习使用得到有效保护。截至 2014 年，西藏人民出版社、西藏藏文古籍出版社出版各类图书 547 种、1 302.5 万册，其中藏文图书种数占比超过 80%。西藏电视台卫视频道专门开设藏语频道。2015 年，西藏有 14 种藏文杂志、10 种藏文报纸。藏文于 1984 年实现了信息化处理，并开发出与汉英兼容的藏文软件操作系统。藏文编码国际标准于 1997 年获得通过，成为中国少数民族文字中第一个具有国际标准的文字。

国家及时抢救和有效保护西藏大量重要文化遗产。2005 年西藏非物质文化遗产普查与保护工作正式启动以来，中央政府和西藏投资近 2 亿元，对藏戏、格萨尔、传统歌舞、手工技艺等重要非物质文化遗产进行了全面保护，基本形成了国家、自治区、市、县四级非物质文化遗产名录体系。截至 2014 年，西藏各类非物质文化遗产项目 1 000 余项，涵盖了非物质文化遗产包含的 10 个资源种类。同时，文物得到有效保护，《西藏自治区文物保护条例》和《西藏自治区布达拉宫保护管理办法》等一批文物保护地方性法规陆续出台。布达拉宫、大昭寺、哲蚌寺、色拉寺、甘丹寺、扎什伦布寺、萨迦寺等均被列为国家级重点文物保护单位。50 多年来，国家不断加大对西藏文物保护的投入力度，重点实施了西藏自治区所辖的文物保护单位文物保护维修工程，及时修缮和保护了大批文物。2007 年，中央政府拨出 5.7 亿元，用于"十一五"时期对西藏 22 处重点文物保护单位进行全面维修保护，"十二五"时期 46 项重点文物维修保护项目再次投资 10 亿余元。这在中国文物保护史上是空前的。

5. 正常宗教活动受到保护，宗教信仰自由受到充分尊重

截至 2014 年，西藏有各类宗教活动场所 1 787 处，住寺僧尼 4.6 万多人，充分满足

了信教群众的需求。在西藏自治区，大型宗教活动，如转神山神湖活动、萨嘎达瓦节等 40 多种群众性重大宗教节庆活动得以保护和继承，寺庙学经、辩经、受戒、灌顶、修行等传统宗教活动和寺庙学经考核晋升学位活动正常进行。据不完全统计，20 世纪 80 年代以来，西藏陆续恢复了各教派各类型宗教节日 40 余个；西藏有 60 余座学经班，学经僧人约 6 000 人。中央和西藏自治区政府始终把藏传佛教文化作为中华民族传统文化的重要组成部分，一直以来给予有效保护，不断加强对宗教典籍的收集、整理、出版和研究工作。中央政府投资 4 000 多万元，组织上百名藏文专家，历时 20 余年，完成了对藏文大藏经《甘珠尔》和《丹珠尔》的校勘出版。同时，寺庙得到维修和保护，20 世纪 80 年代以来，国家每年都拨专项资金和黄金、白银等用于寺庙的维修、修复和保护。经过民主改革，西藏废除了政教合一制度，实行政教分离，恢复宗教的本来面目。多年来，中央政府和西藏自治区政府，充分尊重公民的宗教信仰自由权利，各种宗教、各个教派都平等地得到尊重和保护，正常的宗教活动和宗教信仰依法受到保护。

6. 现代教育事业全面发展，人民的文化教育水平不断提高

旧西藏没有一所现代意义上的学校，适龄儿童入学率不足 2%，文盲率高达 95%。新中国成立以来，国家投入大量资金发展西藏教育事业，使西藏在全国率先实现了城乡免费义务教育。从 1985 年开始，在农牧区实行以寄宿制为主的中小学校办学模式，并对义务教育阶段的农牧民子女实行包吃、包住、包学习费用的"三包"政策。2008 年，西藏 73 个县（市、区）已全部实现普及六年义务教育和基本扫除文盲，其中 70 个县完成普及九年义务教育，文盲率下降到 2.4%。一批博士、硕士、科学家、工程师等高级人才脱颖而出，成为推动西藏发展的生力军。

7. 建设生态安全屏障，推进生态文明建设

西藏是中国重要的生态安全屏障。多年来，西藏自治区政府遵循经济规律、社会规律和自然规律，注重经济、社会、生态的和谐统一，坚持走可持续发展之路。近年来，西藏自治区政府提出了建设西藏生态安全屏障及建设生态西藏、美丽西藏的战略目标，对西藏的生态环境保护与建设进行全面规划和部署。2009 年 2 月，国务院第 50 次常务会议审议通过了《西藏生态安全屏障保护与建设规划（2008—2030 年）》，提出投资 155 亿元，到 2030 年基本建成西藏生态安全屏障。从 2009 年到 2015 年 9 月，共落实投资 56.46 亿元，该规划确定的天然草地保护工程、森林防火及有害生物防治工程、野生动植物保护及保护区建设工程、重要湿地保护工程、农牧区传统能源替代工程、防护林体系建设工程、人工种草与天然草地改良工程、防沙治沙工程、水土流失治理工程、生态安全屏障监测工程 3 大类 10 项工程得到全面实施。

近年来，西藏生态文明建设取得长足发展，主要体现在以下几个方面：一是生物多样性与重要生态功能区得到有效保护。截至 2014 年，西藏已建立各级各类自然保护区 47 处，总面积 41.22 万平方千米，约占全区面积的 34.35%，使西藏拥有的 141 种国家重点保护野生动物、38 种国家重点保护野生植物和 196 种西藏特有动物物种、855 种西藏特有植物物种及重要生态系统得到了有效保护。二是林业和草原生态建设成效显著。据 2014 年第八次全国森林资源清查结果，西藏森林覆盖率已达 11.98%，森林面积 1 471.56 万公

顷，森林蓄积量 22.62 亿立方米，天然林蓄积量 22.61 亿立方米、乔木林单位面积蓄积量 267 立方米/公顷、重点公益林面积 1 011.27 万公顷。西藏已经创造了人均森林面积、森林蓄积、天然林蓄积、乔木林蓄积、重点公益林面积 5 项指标全国第一。第四次与第三次全国荒漠化和沙化监测结果比较，西藏荒漠化土地减少了 7.89 万公顷，沙化土地减少了 6.57 万公顷，全区荒漠化和沙化土地扩展趋势得到遏制并首次出现逆转。截至 2014 年年底，西藏有天然草地面积 8 433 万公顷，其中可用天然草地面积 7 067 万公顷。三是实行生态文明制度建设先行先试。2014 年，国家发展和改革委员会等六部门联合印发了《关于开展生态文明先行示范区建设（第一批）的通知》，西藏山南地区、林芝地区被列为首批生态文明先行示范区，将着力在独立进行环境监督和行政执法、完善污染物排放许可制和企业单位污染物排放总量控制制度、建立生态环境损害赔偿责任终身追究制等方面先行先试，探索自然生态资源丰富、生态区位重要、边疆民族贫困地区生态文明建设的有效模式。经过长足的发展，西藏高原各类生态系统结构整体稳定，生态质量稳定向好，是中国和全球重要的生物物种基因库和生物多样性保护重点地区。

2015 年是西藏自治区成立 50 周年。50 年沧桑巨变，西藏经历了从黑暗走向光明、从落后走向进步、从贫穷走向富裕、从专制走向民主、从封闭走向开放的光辉历程。在 120 多万平方千米的土地上实行民主改革，废除延续了几个世纪的政教合一的封建农奴制，这不仅是中国人权发展史上一个十分重要的篇章，而且在国际禁奴史上写下了浓墨重彩的一笔，无疑是人类走向文明进步的历程中彪炳千秋的一个伟大壮举。习近平在党中央派出代表团赴西藏同各族人民一起庆祝西藏自治区成立 50 周年时的讲话中指出："在党中央关心和全国人民大力支援下，相信到 2020 年西藏各族人民将同全国人民一道实现全面建成小康社会的目标，西藏各族人民的明天会更加美好。"当前，西藏经济发展、社会进步、文化繁荣、民生改善、民族团结、政通人和，正处于历史上最好的发展时期。

第四节　　新疆的经济社会和谐成就发展

一、新疆的地理位置和民族状况

新疆维吾尔自治区，位于亚欧大陆中部，地处中国西北边陲，总面积 166.49 万平方千米，占全国陆地总面积的六分之一。陆地边境线长达 5 600 多千米，占全国陆地边境线的四分之一。周边与蒙古、俄罗斯、哈萨克斯坦、吉尔吉斯斯坦、塔吉克斯坦、阿富汗、巴基斯坦、印度八个国家接壤，是我国面积最大、陆地边境线最长、毗邻国家最多的省区，也是古丝绸之路的重要通道。新疆自古是多民族聚居的地区，是我国五个少数民族自治区之一。在古代历史上，曾有许多部落、民族在新疆聚居，至 19 世纪末，新疆已有维吾尔族、汉族、哈萨克族、蒙古族、回族、柯尔克孜族、满族、锡伯族、塔吉克族、达斡尔族、乌孜别克族、塔塔尔族、俄罗斯族 13 个主要民族，其中以维吾尔族为主体，形成了新的多民族聚居的分布格局。

新疆维吾尔自治区是多民族共居的自治地方，也是全国唯一三级自治地方(区、州、县)俱全的自治区。自治区内设有 5 个自治州、6 个自治县和 42 个民族乡。自治地方的各族人民共同选举出人民代表大会（简称"人大"）代表，组成自治机关，行使管理本地区内部事务的权利。自治机关在历届人大代表组成及干部配备上，坚持各民族平等参与、共同管理的原则。2014 年，自治区第十二届人大代表名额共 550 名，有 14 个民族成分，其中少数民族代表占 66%，比少数民族人口在新疆总人口中的比例高出 3 百分点。目前，在 9 位现任自治区人大常委会主任、副主任中，有少数民族 6 名。自治区主席、自治州州长、自治县县长均由实行区域自治民族的公民担任，绝大多数地区的专员及市长、县长、区长也由少数民族干部担任。新疆各民族还享有平等参与管理国家事务的权利。2014 年，出席第十二届全国人大的新疆代表共 60 名，其中少数民族代表 38 名，占 63.33%。另外，还有一批少数民族干部在中央和国家机关中担任领导职务。

自治区加强选拔、培养、使用少数民族干部和少数民族专业技术人才。1955 年，新疆总人口为 511.78 万人，2014 年增长至 2 322.54 万人，其中少数民族人口为 1 463.04 万人，占总人口的 63%。通过培训学习、基层锻炼、异地交流、岗位轮换等多种形式，培养了大批各领域少数民族行政和专业技术干部。1955 年，新疆有少数民族干部 4.6 万人，2014 年增至 41.7 万人，占自治区干部总数的 51.4%。自治区在公开选拔领导干部、录用国家工作人员时，对少数民族适当放宽条件，通过划定比例、定向招考、适当加分等政策，确保一定数量的少数民族进入公务员队伍。2009~2014 年，自治区招录少数民族公务员占招录总数的比例从 29.9% 提高到 48.3%。少数民族专业技术人才培养得到特别支持。1992 年开始，国家实施新疆少数民族科技骨干特殊培养工作，采取培训、研修、交流、锻炼等多种方式，至 2014 年共培养了 3 917 名新疆急需的中高层次少数民族专业技术人才。自 2000 年起，自治区设立"少数民族科技人才特殊培养计划科研专项资金"，支持少数民族科技骨干实施科技项目。新疆少数民族专业技术人员由 1985 年的 12.43 万人增长到 2014 年的 29.44 万人，占全区专业技术人员总数的比例由 34.43% 增长到 58.37%，仅高级职称少数民族专业技术人才就达 2.11 万人。

2004 年，自治区制定《新疆维吾尔自治区清真食品管理条例》，依法保障有清真饮食习惯民族的饮食习俗，规定县级以上人民政府民族事务主管部门负责本行政区域内清真食品的监督管理工作，扶持和保证少数民族特需用品的生产和供应。少数民族重大节日成为新疆法定公众假期。在有土葬习俗的少数民族中，不推行火葬，并采取划拨专用土地、建立公墓等措施予以保障。自治区提倡各民族相互尊重风俗习惯，倡导少数民族在衣食住行、婚丧嫁娶、礼仪风俗各方面奉行科学、文明、健康的新习俗。

自治区十分重视加强民族团结工作。自治区坚持开展形式多样的民族团结宣传教育，特别重视对青少年的教育，在小学至大学的各类学校教育中均设置民族团结及民族知识教育课程。坚持不懈地开展民族团结进步创建活动。自 1983 年开始，自治区先后召开了 7 次民族团结进步表彰大会，大力表彰民族团结进步模范单位和个人，在全社会推动形成以维护民族团结为荣、以损害民族团结为耻的社会风尚。目前，受到国务院、国家民委、自治区三级表彰的民族团结进步模范单位1304个（次）、模范个人2272人（次）。1983年开始，每年5月开展"民族团结教育月"活动，集中进行民族团结的宣传教育。2009年，自治区颁布实施《新疆维吾尔自治区民族团结教育条例》，进一步规范了民族团结教育活动，推动各族民众共同维护民族团结。2010年年底，又出台了《新疆维吾尔自治区民族团结进步模范单位和模范个人创建表彰管理办法（试行）》，积极引导各族民众加强交往交流交融，相互帮助；提倡各民族中小学生同校学习，同班上课。"汉族离不开少数民族，少数民族离不开汉族，各少数民族之间也相互离不开"成为加强民族团结的重要思想保证。

近年来，随着经济社会的发展，新疆各民族人口流动更加频繁，少数民族人口城市化、散居化趋势明显，民族间交往交流不断密切。在共同工作、学习、娱乐及共同的社区生活中，不同民族成员增进了彼此的了解和友谊。

二、实行民族区域自治制度

新疆地处中国西北边疆，早在公元前60年就纳入中国版图，成为中国统一多民族国家不可分割的组成部分。历代中央政府根据新疆的实际情况，采取多种形式治理新疆。新疆各族人民在共同创建和发展中国统一多民族国家的历史过程中，形成了你中有我、我中有你的血肉联系。

在历史上，生活在新疆地区的各族人民，以其勤劳、智慧和勇敢，创造了灿烂的多民族文化，成为中华文化的重要组成部分，新疆也成为连通中外、传播文明的重要通道。1840年鸦片战争后，中国逐步沦为半殖民地半封建社会，新疆各族人民遭受着外国侵略者、封建势力和剥削阶级的压迫，社会地位极为低下。在新中国成立前，新疆经济社会发展严重滞后，各族人民生活十分贫困，根本无法享有基本人权。

中国共产党自成立后，就在为包括新疆各族人民在内的全体中国人民寻找一条实现民族独立、人民解放的正确道路。在中国共产党成立初期，一些中共党员就进入新疆地区从事革命工作。抗日战争时期，在中国共产党的领导下，新疆各族人民通过多种形式支援内地的抗战事业。同时，一批各族进步青年受到先进思想的熏陶影响，积极追求进步，发动各族群众同反动落后势力进行斗争。共同的历史命运使新疆各族人民深信，唯有中国共产党才能救中国，这样的共识为后来新疆和平解放奠定了基本前提条件。

1949年9月，在新疆各族人民的努力下，新疆实现和平解放。10月1日，新疆各族人民同全国人民一起，共同迎来了新中国的成立。新疆和平解放后，仍沿用过去的行省制。1949年12月17日，在中共中央及中共新疆分局领导下，成立了以包尔汉为主席，由新疆各族各界代表组成的新疆省人民政府，掀开了人民民主政权建设新的一页。在中国共产党的领导下，在中国人民解放军的大力支持下，新疆省政府领导各族人民平叛剿匪、镇压反革命武装叛乱，同时还开展了改造起义部队、整编民族军等工作。根据民族平等、团结、互助的原则，新疆各族人民当家做主，第一次推选出各级人民代表大会代表。随后进行的以农村土地改革为中心的各项民主改革，废除了封建土地所有制，使无地、少地的各族农民分得了土地，从根本上改变了千百年来新疆各族劳动人民受压迫、受剥削的悲惨命运。

　　新中国把坚持各民族平等团结和各民族共同繁荣发展作为解决民族问题和处理民族关系的基本原则，并确定在少数民族聚居地方实行民族区域自治制度。新中国成立时，在新疆聚居生活的主要有维吾尔族、汉族、哈萨克族、回族、柯尔克孜族、蒙古族、锡伯族、塔吉克族、满族、乌孜别克族、俄罗斯族、达斡尔族和塔塔尔族等民族，其中维吾尔族人口居多。各民族呈现"大杂居、小聚居"的特点，各民族之间存在密切而广泛的联系，这是新疆多民族共同聚居历史的延续。新疆实行民族区域自治制度，有力保障了新疆各民族人民当家做主的民主权利，对于加强民族平等、团结、互助、和谐的关系，维护国家统一，加快新疆经济发展，促进新疆社会进步，都具有十分重要的意义。

　　根据中央人民政府颁布的《中华人民共和国民族区域自治实施纲要》相关规定，1952年 8 月 22 日，新疆省召开了第一届第二次各族各界人民代表大会，并于 9 月 10 日通过了《关于执行〈中华人民共和国民族区域自治实施纲要〉的决议》，成立了新疆省民族区域自治筹备委员会。1953 年 12 月 22 日，中央人民政府政务院批复同意《新疆省民族区域自治实施办法》，新疆自治地方筹建准备工作有序展开。1954 年，经中央政府批准，新疆完成了州以下自治地方的筹建工作，成立了 5 个自治州，即巴音郭楞蒙古自治州、博尔塔拉蒙古自治州、克孜勒苏柯尔克孜自治州、昌吉回族自治州和伊犁哈萨克自治州；6 个自治县，即焉耆回族自治县、察布查尔锡伯自治县、木垒哈萨克自治县、和布克赛尔蒙古自治县、塔什库尔干塔吉克自治县和巴里坤哈萨克自治县。

　　各自治地方的建立为新疆维吾尔自治区的成立奠定了基础。中共中央新疆分局依照《中华人民共和国民族区域自治实施纲要》，积极慎重地推进成立新疆维吾尔自治区的筹备工作。1955 年 9 月 13 日，第一届全国人民代表大会常务委员会第二十一次会议通过了成立新疆维吾尔自治区、撤销新疆省建制的决议，并以原新疆省的行政区域为新疆维吾尔自治区的行政区域。

　　1955 年 9 月 20 日~30 日，新疆省第一届人民代表大会第二次会议在乌鲁木齐召开。此次会议通过了《关于新疆维吾尔自治区筹备工作的报告》等文件，选举产生了以赛福鼎·艾则孜(维吾尔族)为主席，高锦纯(汉族)、买买提明·伊敏诺夫(维吾尔族)、帕提汗·苏古尔巴也夫(哈萨克族)为副主席的 41 人组成的新疆维吾尔自治区人民委员会。1955 年 10 月 1 日，新疆维吾尔自治区宣告成立。新疆维吾尔自治区的成立，标志着民族区域自治制度在新疆的全面贯彻实施。

　　1984 年，国家颁布实施《民族区域自治法》，将民族区域自治制度确定为国家一项基本政治制度，为新疆各族人民在维护国家统一的原则下充分行使自治权利提供了有力的法律保障。2010 年 5 月、2014 年 5 月，中央先后召开第一、二次新疆工作座谈会，强调要坚持和完善民族区域自治制度，努力建设团结和谐、繁荣富强、文明进步、安居乐业的社会主义新疆，新疆各项事业发展进入了一个新阶段。

三、依法严惩暴力恐怖犯罪

　　20 世纪 90 年代以来，境内外"三股势力"(民族分裂势力、宗教极端势力、暴力恐怖势力)策划和组织实施了爆炸、暗杀、投毒、纵火、袭击、骚乱及暴乱等一系列暴力恐怖事件，给各族人民群众的生命财产造成了极为严重的损失。暴力恐怖犯罪分子血淋淋的罪行，充分证明了他们绝不是什么"民族"利益、"宗教"利益的代表，而是影响新疆民族团结、社会稳定的重大现实祸患。对此，中国政府采取了积极的应对措施。

2001 年 6 月 15 日，上海合作组织签署了《打击恐怖主义、分裂主义和极端主义上海公约》，首次对恐怖主义、分裂主义和极端主义"三股势力"做了明确定义。2002 年 1 月 21 日，中国国务院新闻办公室发表了《"东突独"恐怖势力难脱罪责》的长篇文章，彻底揭露了"东突独"的罪行。2009 年 7 月 14 日，中国外交部发言人秦刚在例行记者会上回答相关提问时表示，中方强烈要求有关国家停止对"东突独"等分裂势力的资助和支持。

中国与伊斯兰国家长期以来相互尊重、相互理解并支持彼此重大关切和核心利益。中国和伊斯兰国家的关系在和平共处五项原则，特别是在相互尊重、平等互利的基础上，继续向前发展。宗教极端主义煽动对"异教"和"异教徒"的仇恨，极力鼓吹宗教极端思想，破坏了新疆各宗教和睦相处与民族团结；否定新疆传统的伊斯兰教，破坏了伊斯兰教内部的和谐，损害了穆斯林群众的根本利益。宗教极端主义违背和歪曲伊斯兰教教义，以"圣战殉教进天堂"等歪理邪说蛊惑蒙骗穆斯林群众特别是青少年，把一些人变成完全受他们精神控制的极端分子和恐怖分子，频繁进行暴力恐怖活动，残杀包括伊斯兰教宗教人士和穆斯林群众在内的各族无辜群众。大量事实表明，宗教极端主义已成为危害国家统一和民族团结，破坏宗教和睦与社会和谐，影响新疆社会稳定和长治久安，危害各族人民生命财产安全的现实危险。依法遏制宗教极端主义，是维护国家和人民包括穆斯林群众根本利益的正义之举，也是国际社会应对宗教极端主义的重要组成部分。我国坚持宗教信仰自由政策，保护公民正常宗教活动，深入推进去极端化，保障人民生命安全，有效遏制了宗教极端主义渗透蔓延的态势。中国政府对暴力恐怖事件依法采取处置措施，是为了更好地维护各民族的共同利益，保护正常的宗教活动，确保人民生产和生活秩序得以正常进行。暴力恐怖活动既不是民族问题，也不是宗教问题，而是极少数暴力恐怖分子反人类、反社会、反文明的暴行。"东突独"制造分裂国家、分裂民族的活动，这与中国的民族宗教政策毫无干系，在这个问题上宣扬民族对立和宗教矛盾不利于地区乃至世界的和平与稳定。

中国政府反对任何形式的恐怖主义，对"东突独"恐怖势力所从事的暴力恐怖活动坚决依法予以打击。对于那些由于受到蒙骗、参与了"东突独"恐怖组织活动的大多数人，我们采取教育、帮助的态度，欢迎他们改邪归正。但是，极少数策划指挥和参与暴力恐怖事件的骨干分子、刑事犯罪分子坚决依法严惩。

新疆各民族素有热爱民族团结、维护国家统一的光荣传统，伊斯兰教是热爱和平的宗教。这些年来，新疆局势稳定，人民安居乐业，各族人民和平的生活和工作环境得到了有效的保障。只有搞好民族团结，社会才能稳定，经济才能发展，各族人民的物质和精神文化水平才能提高。新疆反恐事件再一次证明，民族分裂势力并不代表哪个民族的利益，而是各族人民的共同敌人，因为它破坏的是所有民族的生活生产环境，危害的是每一名中华儿女的切身利益。在各族人民深切渴望社会稳定、倍加珍惜民族团结、热切期盼社会发展的呼唤和思考中，我们更加坚定了这样的信念："团结稳定是福，分裂动乱是祸"。从民族地区的持久发展出发，从我们国家的长治久安出发，从各族人民的共同利益出发，从我们国家现代化的整体目标出发，我们都要更好地坚持党的民族政策。只有这样，才能进一步巩固平等、团结、互助、和谐的民族关系，进一步推进中国的现代化进程，进一步增强各民族的共同性因素，坚定各民族的共同理想和国家认同，携手推进中华民族的伟大复兴。

2014 年 4 月，习近平在新疆考察工作时指出，新疆社会稳定和长治久安，关系全国改革发展稳定大局，关系祖国统一、民族团结、国家安全，关系中华民族伟大复兴。反对民族分裂，维护祖国统一，是国家最高利益所在，也是新疆各族人民根本利益所在。对残害生命、穷凶极恶的暴力恐怖活动，要高举法治旗帜，保持严打高压态势，出重手、下重拳，先发制敌，坚决把暴力恐怖分子的嚣张气焰打压下去，以震慑敌人、鼓舞人民。习近平强调，要坚持民族团结原则，坚持正确的祖国观、民族观，全面贯彻党的民族政策，牢牢把握各民族共同团结奋斗、共同繁荣发展的主题，促进各民族和睦相处、和衷共济、和谐发展。他希望新疆广大宗教界人士要继续发扬爱国爱民的优良传统，申明大义，站稳立场，旗帜鲜明反对宗教极端思想，通过科学解经引导广大信教群众正确理解宗教教义，让大家都能安安心心发展经济、改善生活，为祖国和新疆改革发展做出自己的新贡献[①]。

四、加快新疆的经济社会和谐发展

20 世纪 90 年代以来新疆总体形势发展良好，经济持续较快发展，各项事业全面进步，社会大局和谐稳定。面对新形势新任务，做好新疆工作仍然要以坚持邓小平理论和"三个代表"重要思想为指导，深入贯彻落实科学发展观，坚定不移贯彻中央关于新疆发展和稳定的大政方针，大力实施稳疆兴疆、富民固边的战略。

（一）加快西部经济发展，为促进各民族共同繁荣奠定物质基础

坚持以经济建设为中心不动摇。新疆的问题归根到底要靠加快发展、科学发展来解决。经济连着民生，关系千家万户，是社会和谐稳定的基础。只有坚持聚精会神搞建设、一心一意谋发展，使新疆经济社会发展取得长足进步、各族群众生活得到明显改善，才能更加坚定各族群众坚持和发展中国特色社会主义的信心和决心。要始终把走科学发展道路、加快发展作为解决新疆问题的根本途径，始终把提高各族人民生活水平作为一切工作的根本出发点和落脚点，不为任何困难所惧，不为任何干扰所惑，千方百计加快发展，切实抓好发展这个第一要务。要把中央关于加快新疆发展的决策部署同新疆实际紧密结合起来，转变发展观念、创新发展模式、提高发展质量，推动经济发展方式转变和经济结构调整，充分发挥自身优势和潜力，强化农业基础地位，加快优势资源开发，强化基础设施建设，继续推进改革开放，大力发展社会事业，着力保障和改善民生，切实做好应对国

---

① 习近平在新疆考察时强调紧紧依靠各族干部群众共同团结奋，http://news.sina.com.cn/o/2014-05-01/071030044209.shtml.

际金融危机冲击，保持经济平稳较快，把保增长、保民生、保稳定的要求落到实处，推动经济社会又好又快发展[①]。

（二）以"维护稳定"为中心，大力促进新疆社会和谐发展

社会稳定是新疆发展的前提和保障。要坚持稳定压倒一切的思想，把维护新疆稳定作为新疆的重要任务，把促进改革发展同维护社会稳定有机结合起来，确保新疆社会大局稳定。历史和现实告诉我们，保持新疆社会稳定，要旗帜鲜明地维护祖国统一、反对民族分裂。要提高各族干部群众思想觉悟，做好新形势下群众工作，正确处理人民内部矛盾，筑牢保持稳定的社会基础，切实维护社会稳定。

作为西部大开发的重点地区，新疆已进入发展速度最快、变化最大、各族人民受益最多的时期。自治区紧紧抓住西部大开发的历史机遇，坚持以基础设计建设为基础，以生态环境保护和建设为根本，以产业结构调整和特色优势产业发展为关键，以科技、教育等社会事业发展为保障，以改革开放为动力，以提高人们生活水平为着眼点和出发点，大力实施优势资源转移战略，有重点、有步骤地推进经济发展和各项社会事业建设。西部大开发为新疆经济社会发展注入了巨大活力，国家从人才、政策、财力和重大项目建设等方面对新疆的支持力度越来越大。事实充分证明，无论是从经济社会发展的需要出发，还是从提高各族人民的生活水平出发，都应当积极引导宗教与社会主义社会相适应，诚挚热心地带领广大信教群众和宗教界人士积极投入社会主义现代化建设事业中去，使宗教成为推动建设中国特色社会主义的积极因素，使宗教自身的发展与社会主义社会的发展目标协调一致[①]。

习近平在第二次中央新疆工作座谈会上指出：社会稳定和长治久安是新疆工作的总目标。做好新疆工作是全党全国的大事，必须从战略全局高度，谋长远之策，行固本之举，建久安之势，成长治之业。我们要结合新疆形势充实和完善党的治疆方略，坚持依法治疆，团结稳疆，长期建疆。依法治疆，必须把严厉打击暴力恐怖活动作为当前斗争的重点，高举社会主义法治旗帜，大力提高群防群治预警能力，筑起铜墙铁壁、构建天罗地网，并行推进国内国际两条战线，强化国际反恐合作。长期建疆，多管齐下，久久为功，扎实做好打基础利长远的工作，为社会稳定和长治久安打下坚实基础。

（三）依法全面正确贯彻执行党的宗教政策

随着改革开放的深入和国际形势的变化，新疆维吾尔自治区相继颁布了《新疆维吾尔自治区宗教活动管理暂行规定》和《新疆维吾尔自治区宗教职业人员管理暂行规定》。这些政策、法律、法规为新疆做好宗教工作，把宗教事务管理纳入政策和法制轨道提供了保障。

正确处理宗教问题，是实现国家安定团结的需要，也是宗教健康发展的需要。尊重和保护宗教信仰自由，是我们党和国家的一项基本国策。尊重和保护宗教信仰自由，包括保

---

① 胡锦涛在新疆维吾尔自治区干部大会上发表重要讲话. 人民日报，2009-08-26.

护人们信仰宗教的自由和不信仰宗教的自由等各个方面。任何国家机关、社会团体和个人不得强制公民信仰宗教或不信仰宗教，不得歧视任何信仰宗教的公民或不信仰宗教的公民，要依法保护寺庙教堂的合法权益，保护宗教教职人员正常的教务活动，保护信教群众正常的宗教活动，同时也要保护不信教的自由；同时，要厉行法治，坚决取缔非法活动。对违法宗教活动，要依法加强管理，及时予以纠正，对违法且已构成犯罪的非法活动，依法予以严惩。我们党处理与宗教界朋友的原则是"政治上团结合作，信仰上相互尊重"，针对当前宗教界出现的问题，要依法加强对宗教事务的管理，把宗教活动纳入法律、法规和政策范围，严格区分和正确处理宗教方面各类不同性质的矛盾、在保护宗教信仰自由和正常宗教活动的同时，坚决打击一切在宗教外衣掩盖下违法犯罪活动。

习近平强调，要精心做好宗教工作，积极引导宗教与社会主义社会相适应，发挥好宗教界人士和信教群众在促进经济社会发展中的积极作用。处理宗教问题的基本原则，就是保护合法、制止非法、遏制极端、抵御渗透、打击犯罪。要依法保障信教群众的正常宗教需求，尊重信教群众的习俗，稳步拓宽信教群众正确掌握宗教常识的合法渠道。要重视培养爱国宗教教职人员队伍，采取有力措施提高宗教界人士素质，确保宗教组织领导权牢牢掌握在爱国爱教人士手中。

（四）意识形态领域是反分裂斗争的重要领域

进入 20 世纪 90 年代以来，受国际局势变化的影响，新疆民族分裂主义活动呈现出升级的态势，反映在意识形态领域，表现为分裂舆论宣传甚嚣尘上。大量的事实充分表明，在新疆意识形态领域的反分裂斗争一直是一个"没有硝烟"的重要战场，斗争异常激烈和复杂。

我们必须高度重视意识形态领域的反分裂斗争，尤其是要进行马克思主义国家观、民族观、宗教观、历史观、文化观的教育，牢固树立"新疆自古以来就是祖国领土不可分割的一部分"、"新疆自古以来是多民族共同生活的地方"、"新疆自古以来是多民族共同开发建设的地方"、"新疆自古是多种文化和宗教交流的地方"和"影响新疆稳定的主要危险是民族分裂主义和非法宗教活动"等观点。近年来，在民族分裂主义和非法宗教活动的影响下，一些大学、中学、小学的正常教育秩序也受到一些干扰，因此，要特别重视加强对青少年的教育和培养，要坚持宗教与教育相分离的原则，任何人都不得利用宗教反对党的领导和社会主义制度，危害国家统一，社会稳定和民族团结；任何人不得利用宗教干预国家政权，司法制度和学校教育，不断加强爱国主义教育，加强民族大团结教育。

新疆是我国反恐的前沿阵地和主战场，做好新疆工作，关键是要发挥党总揽全局、协调各方的领导核心作用，全面加强和改进党的建设，为新疆社会稳定和长治久安提供坚强政治保证。要建设一支政治上强、能力上强、作风上强的高素质干部队伍。对长期在基层一线工作、把宝贵年华奉献给新疆的各族干部要给予特别关心。要大力选拔对党忠诚、关键时刻敢于发声亮剑、有较强群众工作能力和应对突发事件、驾驭复杂局面能力的干部。要把抓基层、打基础作为稳疆安疆的长远之计和固本之举，努力把基层党组织建设成为服务群众、维护稳定、反对分裂的坚强战斗堡垒，让党的旗帜在每一个基层阵地上都高高飘扬起来。

（五）必须始终高举民族大团结的旗帜

反对民族分裂主义的斗争是一场维护国家安全和统一的斗争，也只有团结和依靠各族人民群众才能取得胜利。我们一定要高举民族大团结的旗帜，最大限度地团结新疆各族人民，最大限度地孤立和打击极少数分裂势力，战胜以"东突独"分裂分子为代表的三股势力。各族人民群众是我们做好一切工作的力量源泉，在反对民族分裂、维护祖国统一中起着决定性的作用。

民族团结是新疆各族人民的生命线，是做好新疆一切工作的重要保证。要高举各民族大团结旗帜，坚定不移贯彻落实党的民族政策和宗教政策，坚持和完善民族区域自治制度，深入持久开展民族团结宣传教育活动，大力推进民族团结进步事业，引导各族干部群众牢固树立汉族离不开少数民族、少数民族离不开汉族、各少数民族之间也相互离不开的思想，打牢民族团结的思想基础，推动各民族和睦相处、和衷共济、和谐发展，始终做到同呼吸、共命运、心连心，巩固和发展平等团结互助和谐的社会主义民族关系。

习近平指出，新疆的问题最长远的还是民族团结问题。民族分裂势力越是企图破坏民族团结，我们越要加强民族团结，筑牢各族人民共同维护祖国统一、维护民族团结、维护社会稳定的钢铁长城。为此，要高举各民族大团结的旗帜，在各民族中牢固树立国家意识、公民意识、中华民族共同体意识，使每个民族、每个公民都为实现中华民族伟大复兴的中国梦贡献力量，共享祖国繁荣发展的成果。同时，要加强民族交往、交流、交融，各民族要相互了解、相互尊重、相互包容、相互欣赏、相互学习、相互帮助，推动建立各民族相互嵌入式的社会结构和社区环境，促进各族群众在共同生产生活和工作学习中加深了解、增进感情。

五、新疆维吾尔自治区成立 60 多年来的发展成就

在国家的统一领导下，在少数民族聚居地方实行区域自治，是中国的一项基本政治制度，是中国特色解决民族问题正确道路的重要内容和制度保障。在新疆实行民族区域自治制度，符合中国国情和新疆实际，维护了国家统一和新疆各民族平等团结发展。自1949 年新疆和平解放，特别是 1955 年新疆维吾尔自治区成立以来，在国家的大力支持和全国各地的有力帮助下，在全区各族人民的共同努力下，新疆民生不断改善，各项事业全面进步，社会大局稳定，发展势头良好。

（一）不断夯实发展基础

60 多年来，新疆经济发展水平不断提高。经济快速发展提升了新疆的现代化水平，为自治区各项事业发展及各族人民生活水平提高奠定了坚实基础。

综合实力显著增强。1955 年，新疆地区生产总值为 12 亿元，1978 年为 39 亿元，到2014 年达到 9 273.46 亿元，扣除价格因素，比 1955 年增长 115.6 倍，年均增长 8.3%，高于全国同期增速 0.2 百分点。2010~2014 年，新疆地区生产总值年均增速 11.1%，高于全

国同期增速 2.5 百分点, 增速在全国的位次由 2009 年的第 30 位跃升至 2014 年的第 4 位, 创历史最高水平。新疆人均生产总值由 1955 年的 241 元提高到 2014 年的 40 648 元, 扣除价格因素, 比 1955 年增长 23.8 倍, 年均增长 5.6%。1955 年新疆地区财政收入只有 1.7 亿元, 2014 年达到 1 282.6 亿元。2010~2014 年, 新疆地区财政收入合计实现 4 540.8 亿元。新疆地区财政支出 1955 年只有 1.8 亿元, 2014 年达到 3 317.8 亿元。2010~2014 年, 财政支出合计实现 13 088.4 亿元。

城乡差距逐步缩小。自治区成立之初, 新疆只有乌鲁木齐、喀什、伊宁、哈密等少数城市, 农村处于封闭的自然经济状态, 城乡差别很大。经过 60 多年的建设和发展, 城乡居民的生产生活条件得到极大改善。城镇人口与乡村人口由 1955 年的 15.1∶84.9 演变为 2014 年的 46.07∶53.93。城乡居民收入比由 2009 年的 3.2∶1 缩小至 2014 年的 2.7∶1, 在西部 12 省区中城乡居民收入差距相对较小。随着新疆新型城镇化的加快发展, 有更多的农民转变成市民, 过上了现代化的城市生活。

区域经济协同进步。由于历史原因和现实条件不同, 新疆南疆、北疆发展水平差异较大。改革开放以来, 新疆率先发展天山北坡经济带, 有力地带动和辐射了自治区经济的发展。2014 年, 天山北坡经济带创造地区生产总值 6 386.9 亿元, 占新疆地区生产总值的 68.9%。国家和自治区十分重视少数民族占多数的南疆地区发展, 特别是 2010 年以来, 新疆积极推动南疆石油天然气化工带建设和大力扶持贫困地区发展, 在资金、项目方面予以倾斜, 南疆四地州(和田、阿克苏、喀什、克州)经济平均增速由 2009 年的 10.5%提高到 2014 年的 11.2%, 南疆地区的经济实力显著增强, 人民生活水平不断提高。

经济结构不断优化。1955 年新疆三次产业增加值占地区生产总值的比重为 54.4∶26.1∶19.5, 是典型的以传统农牧业为主体的产业格局, 三次产业的就业结构为 86.9∶6.1∶7.0。到 2014 年, 三次产业结构调整为 16.6∶42.6∶40.8, 就业结构进一步优化为 45.4∶16.0∶38.6, 初步形成以农业为基础、工业为主导、服务业占重要地位的现代产业结构。1978 年后, 新疆加快所有制结构调整。发挥公有制主导作用, 形成了石油、有色、化工、钢铁、煤炭等支柱产业体系, 保证国民经济持续、稳定、协调发展。鼓励、支持、引导非公有制经济发展。1978 年, 新疆个体工商户仅为 4 168 户, 2014 年达到 72 万户。2014 年, 民间固定资产投资为 4 066.93 亿元, 投资贡献率达到 48.2%。非公有制工业经济增速高于整个工业经济增速 5.4 百分点, 对规模以上工业增长的贡献率为 33.8%。

基础设施日趋完善。2014 年, 公路通车总里程达 17.55 万千米, 其中高速公路通车里程达到 4 316 千米, 是 2009 年的 5 倍, 排名从全国第 27 位跃居第 12 位; 农村公路总里程 13.5 万千米 , 乡镇通达率为 99.93%, 乡镇通畅率为 98.21%, 建制村通达率为 98.71%, 建制村通畅率为 84.88%。铁路运输从无到有, 不断发展, 2014 年铁路总里程达到 5 760.2 千米, 建成了贯通东西、连接南北疆、衔接内地、沟通欧亚的铁路运输干线, 并且开通乌鲁木齐—兰州高速铁路, 跨入高铁运营新时代。1978 年, 新疆仅有 1 个民航机场、9 条区内航线。2014 年, 已建成运营 16 个民航机场, 开辟了 155 条航线, 通航总里程 16 万多千米, 成为中国拥有机场数量最多, 开通航线最长的省区。

创新驱动潜力巨大。自治区成立以来, 科技投入、科技队伍、科技平台、科技成果稳步增长，逐步建立了具有区域特色的科技创新体系。农业科技进步贡献率逐年提高，良种覆盖率超过 90%。工业科技和高新技术迅猛发展，铁路牵引变压器、太阳能和风力发电装备研制、少数民族文字信息处理等关键核心技术水平位居我国前列。资源环境领域科技取得重大突破，发现了塔里木盆地油气，塔里木沙漠公路及防护林生态工程建设技术达到国际先进水平。

对外开放扎实推进。1978 年后，经国家批准，新疆先后开通了 17 个一类口岸、12 个二类口岸，成功举办 19 届 "乌鲁木齐对外经济贸易洽谈会" 和 4 届 "中国—亚欧博览会"，建立喀什、霍尔果斯两个国家级经济开发区、中国—哈萨克斯坦霍尔果斯国际边境合作中心。目前，全区已有国家级产业集聚区 23 个，主要贸易伙伴已扩大到 186 个国家和地区，一个全方位对外开放新格局已经形成。新疆外贸进出口总额由 1955 年的 0.51 亿美元提高到 2014 年的 276.69 亿美元，年均增长 11.3%。2009~2014 年，实际利用外资年均增长 12.12%，境外承包工程营业额年均增长 26.1%，对外投资年均增长 25.1%。

社会事业持续发展。2010 年以来，新疆先后将农业高效节水工程、"定居兴牧" 水利工程、农村饮水安全工程确定为重点民生水利工程加快建设。到 2014 年，示范带动全疆建成高效节水灌溉面积 2 770 万亩（1 亩≈666.7 平方米），建设规模全国领先，为 10.6 万户牧民定居饲草料地建设提供了水源保障。农村建成大小水厂 1 315 座，解决农村饮水不安全人口 1 125.63 万人，占农村总人口的 96% 以上，有效遏制了水源污染导致的地方传染病、多发病的流行。通信业从 60 多年前的 "骆驼电报，驴马邮政" 逐步进入到现代信息时代。互联网基本实现全覆盖，2014 年，互联网宽带用户总数达到 305.7 万户，移动电话普及率 90.8 部/百人，自然村通电话率 98%，行政村通宽带率 97%。

（二）改善民生造福各族人民

城乡居民收入持续增加。2014 年，城镇居民人均可支配收入为 21 881 元，是 1980 年的 51.2 倍，年均增长 12.3%；农村居民人均纯收入为 8 114 元，是 1980 年的 40.4 倍，年均增长 11.5%。城镇和农村居民恩格尔系数持续下降，分别从 2009 年的 36.3%、41.5% 下降到 2014 年的 31.3%、34.5%。

城乡居住条件不断改善。2004 年启动实施抗震安居工程，2010 年以来启动安居富民、定居兴牧和城镇保障性安居工程建设，到 2014 年累计超过 480 万农牧民和 207 万城镇中低收入居民喜迁新居，城乡居民户均拥有住房面积分别达到 85 平方米和 105 平方米。100% 的城镇和 72% 的农村住户有供暖设施，城镇供水普及率达 96.3%，污水集中处理率达 78.6%，生活垃圾无害化处理率达 63%。城镇建成区绿化覆盖率 34.9%，人均公园绿地面积达 10.7 平方米。实施农村环境连片整治项目和农村环境综合整治示范工程，使 200 多万农牧民逐步享受到干净、整洁的村容环境。

教育事业不断进步。2010 年以来，教育事业发展进入新的快速发展时期，近 5 年教育经费支出超过 2 500 亿元，2014 年教育支出占地区生产总值比重提高到 6.47%。全疆有各级各类学校 9 230 所，在校学生 473.48 万人，专任教师 33.82 万人。2010~2014 年，学前三年入园率由 51% 提高到 72.4%；初中毕业生升高中比例由 74% 提高到 91%，高中阶段毛入学率由 67% 提高到 84%；高考录取率由 64% 提高到 79%，高等教育毛入学率由 22% 提高到 31%，与全国同步进入高等教育大众化阶段。职业教育体系基本形成，有中等职业技术学校 176 所，在校学生 21.95 万人。

双语教育全面发展。20 世纪 50 年代起，新疆逐步为少数民族学生开设汉语课程，积极稳妥推进双语教育。2014 年，全区学前到高中阶段接受双语教育的学生达 269.4 万人，各种模式双语教育覆盖面达 100%。2010~2014 年，学前两年双语教育普及率由 59% 提高到 89%。实践证明，双语教育进一步密切了各民族之间的关系，提高了少数民族人口的就业能力。

教育保障逐步完善。与全国同步实行农村中小学"两免一补"政策，免除城市中小学学杂费，实现义务教育全免费，实施覆盖 36 个县及内初班所有学生的农村义务教育学生营养改善计划。在南疆普通高中和中等职业学校实行"三免一补"资助政策，南疆四地州实现 14 年免费教育。建立完善从学前教育至高等教育的学生资助体系，资助范围扩大至海外新疆籍自费留学生，各族学生公平受教育的权利得到切实保障。

（三）推进文化事业繁荣发展

自治区成立以来，新疆始终高度重视文化建设，保护、传承和弘扬优秀传统文化，大力发展现代文化，不断满足各族人民日益增长的精神文化需求，有力保障各族群众享有平等的文化权益。

新疆民间文学、古典文学得到搜集、整理、翻译、出版和研究，各民族作家、诗人、翻译家、剧作家、表演艺术家和文学评论家迅速成长，逐步形成一支多民族的文学艺术创作、表演和研究队伍，创作出杂技剧《你好，阿凡提》、话剧《大巴扎》、歌剧《艾力甫与赛乃姆》、音乐剧《冰山上的来客》、歌舞剧《情暖天山》、木卡姆乐舞《木卡姆的春天》等艺术精品。一批文学艺术作品获国家"五个一工程奖""鲁迅文学奖""全国少数民族文艺会演金奖""国家舞台艺术精品工程""文华奖""荷花奖""中国杂技金菊奖""骏马奖""天山文艺奖"等国家和自治区级奖项。

新疆作为古丝绸之路上沟通东西方文化交流的重要枢纽，各族人民创造了一体多元、丰富多彩的文化。60 多年来，国家和自治区高度重视对新疆文物古迹的保护和修缮。在"保护为主、抢救第一"原则下，新疆对重点文物进行了较大规模的抢救维修，一批代表维吾尔族、蒙古族、回族、锡伯族等少数民族优秀历史文化遗产的著名建筑得到妥善维修和保护。

新疆文化遗产保护利用取得历史性成果，提升了新疆文化软实力。截至 2014 年年底，全疆有不可移动文物 9 542 处，成为名副其实的"文物大区"。截至 2014 年年底，新疆有各级非物质文化遗产名录项目 3 667 项，其中，国家级非物质文化遗产 83 项，共有 4 940 位非物质文化遗产代表性传承人，91 个自治区级非物质文化遗产保护传承基地。新疆少数民族文化在保护与传承中进一步发扬光大。

新中国成立 60 多年来，尤其是改革开放 30 多年来，新疆老百姓的生活发生了翻天覆地的变化。伴随着新农村建设的逐步发展，农业税取消，教育在全国率先实现了"两免一补"。实施抗震安居工程短短 5 年，189 万户 800 多万人搬进了新居。随着民生工程的进一步推进，各项惠民措施的进一步落实，我们有理由相信，在新的历史时期，新疆农牧民的生活将会再上一个台阶。

　　总之，没有民族宗教的和谐，就没有社会的和谐。在社会主义制度下，各民族劳动者的根本利益是一致的。在党的领导下，我国各族人民同心同德、和睦相处、和衷共济、携手向前，从容应对并经受住了国际国内各种挑战和压力的考验，保持了经济发展、政治安定、文化繁荣、社会和谐、人民幸福的良好局面。历史发展表明：国家统一、民族团结，则政通人和、百业兴旺；国家分裂、民族纷争，则丧权辱国、人民遭殃。做好民族工作，巩固和发展平等、团结、互助的社会主义民族关系，是维护社会稳定和国家统一，全面建成小康社会的重要保证。

第五章　台湾问题与祖国统一

解决台湾问题，实现祖国完全统一，是包括台湾同胞在内的全体中国人民一项庄严而神圣的使命，也是海内外中华儿女的共同心愿。60多年的骨肉分离，使海峡两岸人民深受其害。为早日结束分裂，完成祖国统一大业，中国政府提出了"和平统一、一国两制"的主张，同时采取一系列举措，推动两岸关系和平发展。

第一节　台湾问题的由来与实质

台湾自古以来就是中国的领土，是中国神圣领土不可分割的一部分。历史上，台湾曾被荷兰、西班牙、日本等列强占领过。抗日战争胜利后，台湾重归祖国的怀抱。由于众所周知的原因，1949年后台湾与祖国大陆处于分离的状态。60多年来，台湾岛内统独纷争日益激烈，大陆政治、经济、文化和社会稳步发展，统一祖国、实现中华民族的伟大复兴成为包括台湾同胞在内的全体中国人民的神圣职责和共同心愿。同时，在祖国统一问题上又掺杂了一些国际因素，使两岸统一变得复杂，成为国内外关注的热点问题，即"台湾问题"。

一、台湾是中国领土不可分割的一部分

台湾地处中国大陆的东南缘，是中国第一大岛，同大陆是不可分割的整体。台湾地处东经119°18′03″至124°34′30″，北纬20°45′25″至25°56′30″，东临太平洋，东北邻琉球群岛，南界巴士海峡，西隔台湾海峡与福建相望，最窄处为130千米。台湾全境由台湾本岛、澎湖列岛、钓鱼岛及附属岛屿组成；陆地面积为35 961平方千米，其中台湾本岛面积为35 873平方千米；东西最宽140千米，南北380千米。目前所称的台湾地区还包括

由台湾当局控制的福建省的金门、马祖等岛屿，总面积 36 188 平方千米。台湾全省共划 7 市 16 县，人口 2 300 万人，其中，汉族占台湾总人口的 98%，少数民族约 38 万人。台湾通用汉语，讲普通话，地方方言主要是闽南话和客家话，书写文字用中文繁体字。

台湾自古即属于中国。台湾古称夷洲、琉球。大量的史书和文献记载了中国人民早期开发台湾的情景。距今 1 700 多年以前，三国时期吴人沈莹的《临海水土志》等对此就有所著述，它们是世界上记述台湾最早的文字。公元 230 年，当时三国吴王孙权派将军卫温、诸葛直率领 1 万水军渡海到达台湾（当时称"夷洲"），这是中国大陆居民利用先进的文化知识开发台湾的开始。公元 6 世纪末 7 世纪初的隋代，隋炀帝曾 3 次派人到台湾（当时称"琉球"），访察异俗，慰抚当地居民。进入 17 世纪后，中国人民在台湾的开拓规模越来越大。17 世纪末，大陆赴台湾开拓者超过 10 万人。至 1893 年时，总数达到 50.7 万余户，254 万余人。200 年间增长 25 倍。他们带去先进的生产方式，大大加速了台湾整体开发的进程。这一史实说明，台湾同中国其他省一样，同为中国各族人民所开拓、所定居。台湾社会的发展始终延续着中华文化的传统，即使在日本侵占的 50 年间，这一基本情况也没有改变。台湾的开拓发展史，凝聚了包括当地少数民族在内的中国人民的血汗和智慧。

中国历代政府在台湾先后建立了行政机构，行使管辖权。早在 12 世纪中叶，宋朝政府即已派兵驻守澎湖，将彭湖地区划归福建泉州晋江县管辖。1292 年，元朝在澎湖设置行政管理机构"巡检司"，隶属于晋江县，管辖澎湖、台湾民政。明朝政府在 16 世纪中后期，恢复了一度废止的"巡检司"，并为防御外敌侵犯，增兵澎湖。1662 年 4 月，郑成功率领将士 25 000 余人，战船百余艘进军台湾，在台湾人民的配合下，打败荷兰殖民者，收复台湾。同年，郑成功在台湾设"承天府"。1684 年，清政府在台湾设"分巡台厦兵备道"及"台湾府"，下设"台湾"（今台南）、"凤山"（今高雄）和"诸罗"（今嘉义）三县，共 1 府 3 县，隶属福建省管辖。1721 年，增设"巡视台湾监察御史"，改"分巡台厦兵备道"为"分巡台厦道"。尔后又增设"彰化县"和"淡水厅"。1727 年，改"分巡台厦道"为"分巡台湾道"（后又改为"分巡台湾兵备道"），增设"澎湖厅"，定"台湾"为官方统一的名称。1875 年，清政府为进一步经营和治理台湾，再增设"台北府"及"淡水"、"新竹"、"宜兰"三县和"基隆厅"。至此，清政府在台湾的行政机构增为 2 府 8 县 4 厅，统治台湾澎湖全部地区。1885 年，清政府正式划台湾为单一行省，任命刘铭传为第一任巡抚，行政区扩为 3 府 1 州，领 11 县 5 厅。刘铭传在任内，广招福建、广东等地居民迁台，进行大规模的开发，先后设立抚垦总局、电报总局、铁路总局、军械局、通商局、矿油局、伐木局等机构，修筑炮台、整顿防务，架设电线、创办邮电，铺铁路、开矿山、造商轮、发展工商业，兴建中西学堂、发展文化教育，把台湾社会经济文化的发展大大向前推进，使台湾成为当时中国的先进省份之一。

1894 年，日本发动侵略中国的"甲午战争"。翌年，清政府战败，在日本的威迫下签订丧权辱国的《马关条约》，割让台湾。在日本侵占台湾期间，台湾同胞在大陆人民的支持下一直坚持英勇不屈的抗日斗争。1937 年，日本发动全面侵华战争，中国人民开始了全民族的抗日战争。1941 年 12 月，中国政府在《中国对日宣战布告》中明确昭告中外：所有一切条约、协定、合同有涉及中日关系者，一律废止，《马关条约》自属废止之列。这一布告并郑重宣布：中国将"收复台湾、澎湖、东北四省土地"。1943 年 12 月，中国、美国、英国三国政府共同签署发表的《开罗宣言》中规定："日本所窃取于中国之领土，例如满洲、台湾、澎湖列岛等，归还中国。"1945 年 7 月，中国、美国、英国三国，后又有苏联参加签署的《波茨坦公告》中重申"《开罗宣言》之条件必将实施"。同年 8 月 15 日，日本宣布无条件投降，并在《日本投降条款》中承诺"忠实履行《波茨坦公告》中的条款规定之义务"。经过 8 年艰苦的抗日战争，中国人民收复了失土台湾。1945 年 10 月 25 日，同盟国中国战区台湾省受降仪式于台北举行，受降主官代表中国政府宣告：自即日起，台湾及澎湖列岛已正式重入中国版图，所有一切土地、人民、政事皆已置于中国主权之下。至此，中国政府收复台湾、澎湖列岛，并重新恢复了台湾省的行政管理机构，台湾、澎湖列岛重新归于中国主权管辖之下。1949 年以后，由于众所周知的原因，台湾和祖国大陆处于暂时的分裂状态，但这并未改变台湾是中国一部分的事实。

世界上只有一个中国，台湾是中国不可分割的一部分，这不仅是历史事实，也是海内外中国人的共识，得到联合国和世界上绝大多数国家的承认。1949 年 10 月，中华人民共和国政府成立，即为全中国的唯一合法政府，迄今已有一百多个国家先后同中国建立了外交关系，它们都承认世界上只有一个中国，台湾是中国不可分割的一部分。1971 年 10 月 25 日，联合国大会通过 2 758 号决议，恢复"中华人民共和国在联合国的一切合法权利"，同时驱逐了台湾当局的"代表"。

二、台湾问题的由来

第二次世界大战结束后，台湾不仅在法律上而且在事实上已经归还中国。台湾问题的出现，是国民党发动反共反人民内战的结果。而台湾问题之所以长期存在且迄今尚未解决的一个重要因素，就是美国等西方势力插手台湾问题，干涉中国内政，阻碍中国统一。

（一）台湾问题与国民党发动的反共反人民内战

国民党发动反共反人民的内战是导致台湾问题产生的直接原因。中国近代史是一部中华民族反抗侵略、反帝、反封建的斗争史。抗日战争期间，在中国共产党和其他爱国力量的推动下，中国国民党与中国共产党建立了抗日民族统一战线，共同抗击日本帝国主义的侵略。1945 年抗日战争胜利后，两党本应继续携手，共肩振兴中华大业，遗憾的是当时以蒋介石为首的国民党统治集团依仗美国的支持，置全国人民渴望和平与建设独立、民主、富强的新中国的强烈愿望于不顾，撕毁国共两党签订的《双十协定》，悍然发动了全国规模的反人民内战。亟待休养生息的中国，再次陷入全面内战之中。

面对国民党来势凶猛的军事进攻，中国共产党领导全国人民进行了持续 3 年多的解放战争。1948 年年末到 1949 年年初，中国人民解放军进行了规模空前的辽沈战役、平津战役、淮海战役三大战役，并取得决定性胜利。国民党的失败此时已成定局。处于危局中的蒋介石，开始更多地考虑在全国失败后的退路，其中之一就是撤退到台湾，以台湾作为国民党的存身之地，进而建设成"反攻大陆、复兴党国"的基地。

1949 年 1 月，蒋介石迫于国民党内部反蒋势力的压力宣布下野后，开始了对台湾的苦心经营。他制订了"建设台湾、闽粤，控制两广，开辟川滇"的战略计划，并设想建立一个"北连青岛、长山列岛，中段连接舟山群岛，南到台湾、海南岛"的海上锁链，使其成为封锁、包围以致"反攻大陆"的战略基地。为了实现上述计划与设想，蒋介石做了一系列精心准备。在组织人事上，任命陈诚为台湾省政府主席，蒋经国任国民党台湾省党部主任委员。在军事部署上，将重兵集结在长江下游一带，并在金门、马祖一带设防，在定海加紧修建飞机场，以便国民党军队顺利撤退台湾。还在台北设立了东南军政长官公署，负责苏、浙、闽、粤、海南等地的军事与政治，其中尤以东南沿海岛屿的防务为重。在经济上，将在上海中央银行的大批黄金、银元和美钞运往台湾。还在台湾设立台湾区生产事业管理委员会，管理台湾经济。在外交上，策划"东亚反共同盟计划"，拉拢菲律宾、韩国，拼凑反共联盟。

1949 年 4 月 20 日，人民解放军发起渡江战役，23 日，南京解放；5 月 17 日，武汉解放；5 月 27 日，上海解放；10 月 1 日，中华人民共和国成立，取代"中华民国政府"成为中国的唯一合法政府。同年 12 月 7 日，国民党宣布其"政府"迁至台北，12 月 11 日，国民党中央党部也迁至台北。自此，以蒋介石为首的国民党势力从祖国大陆全面溃退，撤到台湾，在美国反华势力的支持下，继续维持着一个所谓"代表全中国"的政治、军事架构，继续与已成为中国合法代表的中华人民共和国对抗。自此，两岸对峙正式形成，台湾再次陷入与祖国大陆的分离状态中，至今已达 60 多年。

（二）台湾问题与以美国为首的外国势力的干涉

冷战时期两大阵营之间的对峙、冲突是造成台湾问题的外部因素，以美国为首的西方势力的干涉、介入则是台湾问题复杂化、长期化的主要原因。第二次世界大战后，在当时东西方两大阵营对峙的态势下，美国政府基于它的所谓全球战略及维护本国利益的考虑，曾经不遗余力地出钱、出枪、出人，支持国民党集团打内战，阻挠中国人民革命的事业。然而，美国政府最终并未达到目的。美国国务院 1949 年发表的《美国与中国的关系》白皮书和艾奇逊国务卿给杜鲁门总统的信中，都不得不承认这一点。艾奇逊在他的信中说："中国内战不祥的结局超出美国政府控制的能力，这是不幸的事，却也是无可避免的"；"这种结局之所以终于发生，也并不是因为我们少做了某些事情。这是中国内部各种力量的产物，我国曾经设法去左右这些力量，但是没有效果"。

新中国成立以后，当时的美国政府本来可以从中国内战的泥潭中拔出来，但是它没有这样做，而是对新中国采取了孤立、遏制的政策，并且在朝鲜战争爆发后武装干涉纯属中国内政的海峡两岸关系。就在朝鲜战争爆发后的第三天，杜鲁门政府一改此前对台湾地位的中国认定及在台湾问题上对国共两党内战的不介入态度，公开宣扬所谓的"台湾地位未定论"。1950 年 6 月 27 日，美国总统杜鲁门发表声明宣布："我已命令第七舰队阻止对台湾的任何攻击。"美国第七舰队侵入台湾海峡，美国第十三航空队进驻了台湾，企图以武力阻挠人民解放军解放台湾，以免这艘"不沉的航空母舰"落入"红色中国"之手。1951 年 9 月，美国策划与操纵在旧金山召开对日和会时，蓄意把中国政府排斥在外，会上所签订的对日和约仅规定日本放弃对台湾、澎湖列岛、西沙群岛的一切权利，而故意不明确将台湾归还中国。1954 年 12 月，美国政府又与台湾当局签订了所谓《共同防御条约》，将中国的台湾省置于美国的“保护”之下。面对战争挑衅，中国人民解放军被迫于 1954 年、1958 年两次奋起还击，炮击金门国民党守军，两次台海危机由此产生。美国政府在 1958 年 8 月我党炮击金门期间及其以后，加紧推行“划峡而治”、制造“两个中国”和“一中一台”的图谋。美国政府还长期以各种借口承认台湾当局是“中国的合法代表”，并极力维持台湾当局的“国际地位”，阻挠恢复中国在联合国的合法席位。美国政府插手台湾问题、干预中国内政、阻挠中国统一的错误政策，造成台湾海峡地区长期的紧张对峙局势，台湾问题自此也成为中美两国间的重大争端。

为了缓和台湾海峡地区的紧张局势，探寻解决中美两国争端的途径，中国政府自 20 世纪 50 年代中期起，开始与美国对话。1955 年 8 月至 1970 年 2 月，中美两国共举行了 136 次大使级会谈，但在缓和与消除台湾海峡地区紧张局势这个关键问题上，未取得任何进展。及至 20 世纪 60 年代末 70 年代初，随着国际局势的发展变化和新中国的壮大，美国开始调整其对华政策，两国关系逐步出现解冻的形势。1971 年 10 月，第二十六届联合国大会通过 2758 号决议，恢复中华人民共和国在联合国的一切合法权利，并驱逐台湾当局的“代表”。1972 年 2 月，美国总统尼克松访问中国，中美双方在上海发表了《联合公报》。该公报称，“美国方面声明：美国认识到，在台湾海峡两边的所有中国人都认为只有一个中国，台湾是中国的一部分。美国政府对这一立场不提出异议”。

1978 年 12 月，美国政府接受了中国政府提出的建交三原则，即美国与台湾当局“断交”、废除《共同防御条约》及从台湾撤军。中美两国于 1979 年 1 月 1 日正式建立外交关系。中美建交联合公报声明：“美利坚合众国承认中华人民共和国政府是中国的唯一合法政府。在此范围内，美国人民将同台湾人民保持文化、商务和其他非官方联系”；“美利坚合众国政府承认中国的立场，即只有一个中国，台湾是中国的一部分”。自此，中美关系实现正常化。但遗憾的是，中美建交不过三个月，美国国会竟通过了所谓的《与台湾关系法》，并经美国总统签署生效。《与台湾关系法》以美国国内立法的形式，做出了许多违反中美建交公报和国际法原则的规定，严重损害中国人民的利益。美国政府根据这个法律，继续向台湾出售武器和干涉中国内政，阻挠台湾与中国大陆的统一。

为解决美国向台湾出售武器的问题，中美两国政府通过谈判，于 1982 年 8 月 17 日达成协议，发表了有关中美关系的第三个联合公报（简称“八一七公报”）。美国政府在公报中声明：“它不寻求执行一项长期向台湾出售武器的政策，它向台湾地区出售的武器在性能和数量上将不超过中美建交后近几年供应的水平，并准备逐步减少它对台湾的武器出售，经过一段时间导致最后的解决。”然而，三十多年来美国政府不但没有认真执行公报的规定，而且不断发生违反公报的行为，这给中美关系的发展和台湾问题的解决增加了新的障碍和阻力。

由此可见，台湾问题直到现在还未得到解决，美国政府是有责任的。美国政府长期推行“以台制华”战略，维持两岸分裂现状，阻挠中国统一，是台湾问题复杂化、国际化并长期难以解决的症结所在。

三、台湾问题的实质

中共人民共和国国务院新闻办公室在 1993 年发表的《台湾问题与中国的统一》白皮书明确指出，台湾问题是中国内战的遗留问题，属于中国内政，其实质是国家主权问题，是涉及中国统一还是分裂的问题。台湾问题是中国政府和中国人民维护国家主权和领土完整，维护民族尊严，反对外来干涉的问题。台湾问题是分裂与反分裂、"台独"与"反台独"的斗争，焦点是一个中国与"两个中国"的斗争。

（一）台湾问题是中国内战的遗留问题，纯属中国内政

1949 年 10 月 1 日，中国人民取得了新民主主义革命的伟大胜利，建立了中华人民共和国。从此，中华人民共和国政府取代国民党的"中华民国政府"，成为中国的唯一合法政府和国际上的唯一合法代表。按照全世界公认的有关政府继承的国际法准则，中华人民共和国政府理所当然地继承了原来的"中华民国政府"代表中国行使包括对台湾在内的全中国的主权。而在内战中失败的国民党统治集团退踞台湾，在外国势力的支持下，武装割据台湾，企图以台湾作为"反攻大陆"的根据地，与中央政府对峙，由此拉开了两岸长达六十多年的政治和军事上的分裂割据状态，由此产生了台湾问题。因此，台湾问题是中国内战的遗留问题，是中国的内政，应该由海峡两岸的中国人民自己来解决。

（二）台湾问题的实质是主权问题，是涉及中国是统一还是分裂的问题

台湾问题是内战后造成的祖国不统一的历史遗留问题，是两岸人民的一块心病。几十年来，两岸人民努力统一的愿望一直没有中断。目前两岸在国家统一问题上虽然还有较大分歧，但是，两岸同胞都已经明确意识到，所谓"台湾问题"，其实就是两岸如何统一的问题，就是台湾回归祖国怀抱、实现国家完整统一的问题。2003 年 4 月 21 日，胡锦涛会见美国参议院访华团时明确指出，台湾问题的实质是主权问题，是涉及中国是统一还是分裂的问题。因此，台湾问题是分裂与反分裂、"台独"与反"台独"的斗争，焦点是一个中国与"两个中国"的斗争。

台湾问题事关国家主权和领土完整。主权领土是一个国家生存和发展的基本条件，是一个国家国格的体现，国家主权和领土完整不容分裂。世界只有一个中国，台湾是中国的一部分。虽然海峡两岸尚未统一，但中国的领土和主权没有分裂，台湾是中国领土一部分的地位从未改变，中国拥有对台湾的主权也从未改变。台湾问题事关国家主权和领土完整。在台湾问题上，中国政府和中国人民坚持一个中国原则，坚决反对任何旨在分裂国家、分裂民族的各种阴谋，坚决反对任何制造"两个中国"、"一中一台"或搞"台湾独立"的图谋。中国人民绝不会在国家主权和领土问题上让步，中国政府有决心有能力维护自己的国家主权和领土完整，决不允许台湾从祖国分裂出去，这关系到国家的核心利益，是国家、民族的尊严所在。台湾问题长期得不到解决，主要是外国势力干涉和台湾分裂势力阻挠的结果。有关国家应当彻底纠正并停止其利用台湾问题干涉中国内政、阻挠中国

统一的种种错误做法。

（三）台湾问题不同于东西德问题、南北朝鲜问题和港澳问题

台湾问题不同于东西德问题、南北朝鲜问题，二者之间有着本质的区别。台湾问题是中国内战遗留问题，完全属于中国内政。而东西德、南北朝鲜问题的产生，则是第二次世界大战后根据国际协议形成的。台湾问题根本不能和东西德国、南北朝鲜问题相提并论。二者的本质区别在于，德国和朝鲜是根据第二次世界大战期间和第二次世界大战后的一系列国际协议分裂成两个独立国家，它们又都被联合国接纳，东西德统一也是通过国际谈判和协议，以西德兼并东德的方式实现的。而台湾则是由第二次世界大战期间的国际协议规定归还中国，而且当时的中国政府也恢复行使了对台湾的主权。目前，虽然海峡两岸尚未统一，但是领土和主权并未分割，仍然是一个中国。台湾问题应当在一个中国的框架内，由中国人民自己来解决。因此，中国政府一再申明，台湾问题纯属中国内政，只能在一个中国的架构内，通过两岸协商求得解决，它与第二次世界大战后经国际协议而形成的朝鲜问题和原来的德国问题完全不同，两者不能相提并论，中国政府坚决反对用处理德国问题和朝鲜问题的方式来处理台湾问题。台湾问题也不同于香港问题、澳门问题。香港问题、澳门问题是历史上殖民主义侵略遗留下来的，是中国恢复对香港、澳门行使主权的问题，是分别属于中国和英国、中国和葡萄牙之间的问题。而台湾问题是国内战争遗留下来的问题，属于中国内政，不允许外国干涉。

第二节　中国政府解决台湾问题的基本方针

解决台湾问题，实现国家统一，是中华民族的根本利益所在，是全体中国人民肩负的一项庄严而神圣的使命。新中国成立以来，中国政府一直把解决台湾问题、实现祖国完全统一作为自己神圣的历史使命，并为之进行了长期不懈的努力。六十多年来，中国政府不断根据国内外形势的发展变化，适时制定和发展对台方针政策，对台政策由"解放台湾"发展为"和平统一"，并最终形成了"和平统一、一国两制"的基本方针。

一、从"武力解放台湾"到"和平解放台湾"

解放之初，毛泽东、周恩来等中共第一代中央领导集体曾提出"武力解放台湾"的口号。后来随着国际国内形势的变化，这一口号调整为"和平解放台湾"。

（一）"武力解放台湾"的方针

新中国成立前夕，中国共产党人预见到蒋介石集团可能逃往台湾，与大陆进行长期对抗，因此在完成三大战役之后，制订了武力解放台湾的战略方针。1949 年 3 月 15 日，新华社的一篇社论首先提出了"解放台湾"的口号。新中国成立后，中国共产党和中央人民政府在军事上加紧部署，成立了前线指挥部，非常明确地将解放台湾作为 1950 年的重要任务之一。1950 年 6 月，随着海南岛、舟山群岛等台湾外围屏障的解放，攻台的具体战略部署已基本完成。正当中国人民解放军准备发起解放台湾的战役时，朝鲜战争爆发，中国人民解放军的战略重点转向东北，解放台湾的计划暂时被搁置起来。

1954 年 7 月，《人民日报》发表社论，重申中国人民一定要解放台湾，不达目的，决不罢休。1954 年 8 月 22 日，中国各民主党派、人民团体发表了《解放台湾联合宣言》，宣告"为了保障祖国安全和领土完整，为了保障亚洲及世界的和平，中国人民一定要解放台湾"。同年 11 月，人民解放军相继解放了浙江沿海一带的江山岛、大陈岛等岛屿。然而，台湾当局与美国却于 1954 年 12 月 2 日签订了《美台共同防御条约》，规定以"自助或互助"的方式，共同"抵抗武装攻击"及"共产颠覆活动"，并规定美国拥有在台湾、澎湖及附近为防卫需要而部署海空军的权利。这一条约将台湾、澎湖列岛、金门、马祖完全置于美国的保护之下，台湾问题趋于复杂化。

（二）"和平解放台湾"的方针

朝鲜战争结束后，随着国际国内形势的变化，中央开始考虑调整对台政策，提出了"和平解放台湾"的主张。1955 年 3 月，毛泽东首先以《人民日报》社论的形式透露信息，主张召开有关会议讨论缓和台湾地区的紧张局势问题。4 月 23 日，在印度尼西亚万隆举行的亚非政府首脑会议上，周恩来发表声明说，"中国人民同美国人民是友好的。中国人民不要同美国打仗。中国政府愿意同美国政府坐下来谈判，讨论和缓远东紧张局势问题，特别是和缓台湾地区的紧张局势问题"。5 月，周恩来在第一届全国人大常委会第十五次扩大会议上明确指出，"中国人民解放台湾有两种可能的方式，即战争方式和和平方式，中国人民愿意在可能的条件下，争取用和平的方式解放台湾"。这是祖国大陆第一次公开提出"和平解放台湾"的主张。这一主张标志着中央对台政策发生了重大转变，即从"武力解放台湾"到"和平解放台湾"。

围绕这一政策，中央开始展开进一步的工作。1955 年 7 月 30 日，周恩来在全国人大一届二次会议上说，"只要美国不干涉中国内政，和平解放台湾的可能性将会继续增长。如果可能的话，中国政府愿意和台湾地方负责当局协商和平解决台湾的具体步骤"。1956 年 1 月 18 日，中国外交部重申中国政府愿在可能的条件下和平解放台湾。3 月 16 日，周恩来会见即将赴台的李济深前卫士长，请他捎话给蒋介石，"我们从来没有把和谈的大门关死，任何谈判的机会我们都欢迎"。同年 4 月，毛泽东进一步提出了"和为贵""爱国不分先后，以诚相见，来去自由"的基本原则。6 月 28 日，周恩来在全国人大一届三次会议上明确表示了与蒋介石当局立即进行和平谈判的诚意，明确提出："我们愿意同台湾当局协商和平解放台湾的具体步骤和条件，并且希望台湾当局在他们认为适当的时机，派遣代表到北京或者其他适当的地点，同我们开始这种商谈。"还提出，台湾军政人员可以同大陆亲人通信，如回来省亲会友，给予方便和协助；如派人来考察保证他们来去自由。7 月 16 日，在接见前国民党"中央通讯社"记者曹聚仁时，周恩来提出，"国共可以举行第三次合作以解决统一问题"。10 月 1 日，毛泽东在接见法共代表团时说，国民党"现在霸占着台湾，我们又提出合作，合作了两次，为什么不可能合作第三次"！①1957 年 4 月 16 日，毛泽东在会见苏联客人时，明确指出："国共过去已经合作了两次，我们还准备进行第三次国共合作。"次日，《人民日报》以《毛主席说，我们还准备第三次合作》为标题，将合作意图向外公布。"第三次国共合作"主张的提出，是"和平解放台湾"政策的进一步深化。

但是在当时国共两党严重敌对的形势下，中国共产党的和平倡议没有得到台湾国民党当局的积极回应。相反，国民党当局叫嚣"反攻大陆"，并向金门、马祖增调大量部队，而美国也在幕后加紧活动，妄图迫使国民党接受其"划峡而治"的阴谋。在此情况下，中国政府于 1958 年 8 月命令福建前线部队"万炮齐发"炮轰金门，一是打击美国和蒋介石的嚣张气焰；二是以炮火与台湾、澎湖列岛、金门和马祖保持联系，粉碎美国分裂中国的阴谋。与此同时，中国共产党和中国政府继续就和平解放台湾问题进行了各种努力。1958 年 10 月 6 日，中国国防部发表《告台湾同胞书》指出"都是中国人，三十六计，和为上计"，再次建议同台湾"举行会谈，实行和平解决"。10 月 25 日，中国国防部发表《再告台湾同胞书》指出："中国人的事只能由我们中国人自己解决，一时难于解决，可从长商议"，"我们两党间的事情很好办"。1963 年，周恩来根据两岸关系的最新形势，在总结多年来对台工作的基础上，将对台政策归纳为"一纲四目"。"一纲"是指台湾必须回到祖国的怀抱，这是原则问题，不容商量。"四目"是指：①台湾回归祖国后，除外交必须统一于中央外，当地军政大权、人事安排等悉委于蒋介石，由蒋介石安排；②台湾所有军政费用和经济建设一切费用的不足部分，全部由中央政府拨付；③台湾的社会改革可以从缓，等到时机成熟并尊重蒋介石的意见，协商决定后再进行；④双方互不派特务，不做破坏对方团结的事情。"一纲四目"的提出标志着和平解决台湾问题构想的确立。1965 年 7 月，毛泽东会见李宗仁时指出，"跑到海外的，凡是愿意回来，我们都欢迎"。9 月 28 日，陈毅在北京举行的中外记者招待会上进一步阐明，"新中国就是中国共产党领导的几个党派合作的局面，欢迎李宗仁先生参加这个合作，也欢迎蒋介石、蒋经国能像李宗仁一样参加这个合作，欢迎台湾的任何人任何集团回到祖国的怀抱，参加这个合作"，并指出"国共合作的可能性在扩大"②。

中国共产党和中国政府提出的"和平解放台湾"方针，虽然由于蒋介石顽固坚持反共立场和某些外国势力的干预等原因而未能付诸实践，但为后来提出"和平统一、一国两制"提供了理论准备和思想来源。

---

① 李合敏. 毛泽东关于解决台湾问题的战略思想述论. 中国海洋大学学报（社会科学版），2005，（5）：46.

② 张克山. 台湾问题大事记. 北京：华文出版社，1988.

二、"和平统一、一国两制"的基本方针

20 世纪 70 年代末，国际国内形势发生了重要而深刻的变化：中美建立外交关系，实现了关系正常化；中国共产党召开十一届三中全会，决定把党和国家的工作中心转移到现代化经济建设上来。与此同时，海峡两岸的中国人、港澳同胞及海外侨胞、华人，都殷切期望两岸携手合作，共同振兴中华。在这样的历史条件下，以邓小平同志为核心的中共第二代中央领带集体和中国政府出于对整个国家民族利益与前途的考虑，在毛泽东、周恩来关于争取和平解放台湾思想的基础上，本着尊重历史、尊重现实、实事求是、照顾各方利益的原则，确立了"和平统一、一国两制"的基本方针。

（一）"和平统一、一国两制"方针的形成

1974 年 10 月，邓小平在会见台湾同胞和海外侨胞时明确指出：我们希望通过和平谈判实现解放台湾的目的。关于解放台湾以后的政策，我们还要考虑，特别是要同台湾人民商量。不过可以说，解放台湾以后，不可能把大陆上的一套马上搬过去。这个谈话，可以说已经包含着后来提出的"和平统一、一国两制"方针的某些思想。

1979 年元旦，中华人民共和国全国人民代表大会常务委员会发表《告台湾同胞书》，郑重宣告了中国政府和平解决台湾问题的大政方针。提议"通过中华人民共和国政府和台湾当局之间的商谈，结束军事对峙状态，以便为双方任何一种范围的交往接触创造必要的前提和安全的环境"，"希望双方尽快实现通航通邮，以利双方同胞直接接触，互通信息，探亲访友，旅游参观，进行学术文化体育文艺观摩"，"发展贸易，互通有无，进行经济交流"，认为"台湾当局一贯坚持一个中国立场，反对台湾独立，这就是我们共同的立场和合作的基础"，并表示在实现国家统一时，一定"尊重台湾现状和台湾各界人士的意见，采取合情合理的政策和办法"①。《告台湾同胞书》中删掉了"解放台湾"的词句，代之以"和平统一"，这标志着中国共产党和中国政府对台政策的又一次重大转变。同一天，邓小平在全国政协座谈会上发表讲话指出："台湾回归祖国的问题已提到日程上来。人大常委会通过的《告台湾同胞书》，体现了我们对台湾的回归和祖国统一的大政方针、基本立场、基本态度。"②同年 1 月，邓小平在访美期间提出："按照我们的心愿，我们完全希望用和平方式解决这个问题，因为这对国家对民族都比较有利。"他明确宣布："我们不再用'解放台湾'这个提法了，只要台湾回归祖国，我们将尊重那里的现实和现行制度。"③1981 年 6 日，中共中央领导人在接见黄植诚时再次重申，"我们对台湾采取合情合理的政策，不改变台湾人民的生活方式和台湾现行的制度，不降低台湾人民的生活水平"④。至此，中国共产党实际上已经勾画出了"和平统一、一国两制"方针的雏形。

---

① 中华人民共和国全国人大常委会. 告台湾同胞书. 人民日报, 1979-01-01.
② 新华社. 邓小平同志在全国政协座谈会上发表重要讲话：台湾归回祖国提上具体日程. 人民日报, 1979-01-02（第 1 版）.
③ 新华社. 邓小平副总理在华盛顿重申，中国希望和平解决台湾问题. 人民日报, 1979-02-01.
④ 新华社. 祖国统一是台湾和大陆人民的共同要求. 人民日报, 1981-08-27（第 1 版）.

1981 年 9 月 30 全国人大常委会委员长叶剑英向新华社记者发表谈话，进一步阐明了关于台湾回归祖国、实现和平统一的九条方针政策，其要点是：①为尽早结束中华民族分裂局面，我们建议举行中国共产党和中国国民党两党对等谈判，实行第三次合作，共同完成祖国统一大业。双方可先派人接触，充分交换意见。②海峡两岸各族人民迫切希望互通音讯、亲人团聚、开展贸易、增进了解；我们建议双方共同为通邮、通商、通航、探亲、旅游及开展学术、文化、经济、体育交流提供方便（后简称为"三通"、"四流"），达成有关协议。③国家实现统一后，台湾可作为特别行政区，享有高度的自治权，并可保留军队。中央政府不干预台湾地方事务。④台湾现行社会、经济制度不变，生活方式不变，同外国的经济、文化关系不变。私人财产、房屋、土地、企业所有权、合法继承权和外国投资不受侵犯。⑤台湾当局和各界代表人士，可担任全国性政治机构的领导职务，参与国家管理。⑥台湾地方财政遇有困难时，可由中央政府酌情补助。⑦台湾各族人民、各界人士愿回祖国大陆定居者，保证妥善安排，不受歧视，来去自由。⑧欢迎台湾工商界人士回祖国大陆投资，兴办各种经济事业，保证其合法权益和利润。⑨统一祖国，人人有责。我们热诚欢迎台湾各族人民、各界人士、民众团体通过各种渠道、采取各种方式提供建议，共商国是[①]。

1982 年 1 月 11 日，邓小平提出"一个国家、两种制度"，即在国家实现统一的大前提下，国家主体实行社会主义制度，台湾实行资本主义制度。他说："（九条方针）实际上就是'一个国家，两种制度'。"[②]这是邓小平首次提出"一个国家，两种制度"的概念。1982 年 12 月，五届人大五次会议通过的《宪法》（即"1982 年宪法"）第 31 条规定："国家在必要时得设立特别行政区，在特别行政区内实行的制度按照具体情况由全国人民代表大会以法律规定。"这为实行"一国两制"提供了法律依据。

1982 年 7 月，廖承志致信蒋经国，呼吁他"依时顺势，负起历史责任，毅然和谈，达成国家统一"，国共两党"长期共存，互相监督，共同振兴中华之大业"；告诫蒋经国"偏安之局，焉能自保"，"事关国民党兴亡绝续"，希望"善为抉择"[③]。

1983 年 6 月 25 日，邓小平在会见美国新泽西州西北大学教授杨力宇时，进一步阐发了争取台湾和祖国大陆和平统一的六点构想，使"一国两制"的构想更加完备、充实，更加具体化、系统化。其要点是：①台湾问题的核心是祖国统一。和平统一已成为国共两党的共同语言，但不是我吃掉你，也不是你吃掉我。②要实现统一，就要有一个适当的方式，所以我建议举行两党平等会谈，实行第三次合作，而不提中央和地方谈判。双方达成协议后，可以正式宣布，但不允许外国插手，那只能意味着中国还未独立，后患无穷。③不赞成"完全自治"的提法，"完全自治"就是"两个中国"。自治应有一定的限度，条件是不能损害统一的国家利益。④"三民主义统一中国"是不现实的。⑤统一后，台湾特别行政区可以有自己的独立性，可以实行与大陆不同的制度，可以有其他省市自治区所没有而为自己所独有的某些权力。司法独立，终审权不须到北京。台湾可以保留自己的

① 新华社. 叶剑英委员长进一步阐明台湾回归祖国实现和平统一的方针政策，建议举行两党对等谈判实行第三次合作. 人民日报，1981-10-01（第 1 版）.

② 中共中央文献研究室. 邓小平年谱（1975—1997）（下）. 北京：中央文献出版社，2004：797.

③ 廖承志. 廖承志致蒋经国先生信. 人民日报，1982-07-25（第 1 版）.

军队，只是不能构成对大陆的威胁。大陆不派人驻台，不仅军队不去，行政人员也不去。台湾的党政军等系统，都由台湾自己来管。中央政府还要给台湾留出名额。⑥坚持一个中国，制度可以不同，但在国际上代表中国的，只能是中华人民共和国①。同年12月，陈云在谈到祖国统一问题时说："现在我们两边虽然吵架，但都坚持只有一个中国，反对'台湾独立'的立场，在这一点上我们两边是一致的。将来我们这一边老一辈人不在了，接我们班的人仍然会坚持这个立场，但他们那边老人不在时，接他们班的人能否坚持得住，这就很难说。因此要乘我们这些老人还在的时候早作打算，早下决心，先把国家统一起来。这样即使他们身后有人搞'台湾独立'也就不那么容易了。""照我们的意见就是一个国名，一个首都来'统'，其余都可以维持现状不变，就是说既不要用大陆的社会主义去'统'，也不要用台湾的现行制度来'统'，我们认为这是最现实的，是从实际出发的办法。"②

1984年元旦，全国政协主席邓颖超从台湾当局、台湾人民和整个祖国利益出发，提出"台湾成立特别行政区后三个不变，即台湾现行经济制度不变，同外国的经济文化关系不变，生活方式不变"。1984年2月12日，邓小平会见美国乔治城大学战略与国际问题研究中心代表团时，把几年来中共关于台湾问题的方针政策概括为"一国两制"。他说："统一后，台湾仍搞它的资本主义，大陆搞社会主义，但是是一个统一的中国。一个中国，两种制度。"③同年10月，邓小平又说："我们坚持用和平的方式解决台湾问题，但是始终没有放弃非和平方式的可能性，我们不能作这样的承诺。"④这样，"一国两制"不仅有了科学完整的表述，而且已具备充实的内容。

1985年全国人大六届三次会议正式把"和平统一、一国两制"确定为解决祖国完全统一问题的基本国策。

1987年4月16日，邓小平在会见香港基本法起草委员会委员时，更加深入阐述了"一国两制"的方针。他说："'一国两制'也要讲两个方面。一方面，社会主义国家里允许一些特殊地区搞资本主义，不是搞一段时间，而是几十年、成百年。另一个方面，也要确定整个国家的主体是社会主义。"邓小平还强调："台湾不实现同大陆的统一，台湾作为中国领土的地位是没有保障的，不知道哪一天会被别人拿去。"⑤

（二）"和平统一、一国两制"方针的要点

"和平统一、一国两制"是中国政府解决台湾问题的基本方针，是中国政府一项长期不变的基本国策。其基本内容就是在祖国统一的前提下，国家的主体坚持社会主义制度，同时在香港、澳门、台湾保持原有的资本主义制度长期不变。综合我们党的一系列阐述，"和平统一、一国两制"方针有以下基本点。

第一，一个中国。这是"和平统一、一国两制"的核心，是发展两岸关系和实现和平统一的基础。世界上只有一个中国，大陆和台湾同属一个中国，中国的主权和领土完整不

① 中共中央文献编辑委员会. 邓小平文选（第3卷）. 北京：人民出版社，1993：30.
② 张三克. 台湾问题大事记（1945.8—1987.12）.北京：华文出版社，1988：655-656.
③ 中共中央文献编辑委员会. 邓小平文选（第3卷）. 北京：人民出版社，1993：49.
④ 中共中央文献编辑委员会. 邓小平文选（第3卷）. 北京：人民出版社，1993：86-87.
⑤ 中共中央文献编辑委员会. 邓小平文选（第3卷）. 北京：人民出版社，1993：219.

容分割。这是举世公认的事实，也是和平解决台湾问题的前提。只有坚持一个中国原则，两岸才能用和平的方式实现祖国的完全统一。《告台湾同胞书》中就明确指出，"世界上只有一个中国，没有两个中国。坚持一个中国的立场，反对台湾独立是两岸共同的立场、合作的基础"。邓小平多次强调，"只有一个中国，台湾是中国的一部分，不能允许有什么两个中国，一中一台"。江泽民在"八项主张"中开宗明义指出："坚持一个中国的原则，是实现和平统一的基础和前提，中国的主权和领土决不允许分割。在一个中国的原则下，什么问题都可以谈。"胡锦涛指出："坚持一个中国原则决不动摇，这是发展两岸关系和实现祖国和平统一的基石。"在十七大政治报告中，胡锦涛再度重申，"坚持一个中国原则，是两岸关系和平发展的政治基础"。党的十八大以来，习近平反复强调，1949 年以来，两岸虽然尚未统一，但大陆和台湾同属一个中国的事实从未改变，也不可能改变；否认"九二共识"，挑战两岸同属一个中国的法理基础，搞"一边一国"和"一中一台"就会损害民族、国家、人民的根本利益，动摇两岸关系发展的基石，就不可能有和平，也不可能有发展。

中国政府坚决反对任何旨在分裂中国主权和领土完整的言行，反对"两个中国"或"一中一台"，反对一切可能导致"台湾独立"的企图和行径。海峡海岸的中国人民都主张只有一个中国，都拥护国家的统一，台湾作为中国不可分割的一部分的地位是确定的、不能改变的，不存在什么"自决"的问题。

第二，两制并存。在祖国统一的前提下，大陆的社会主义制度和台湾的资本主义制度，实行长期共存，共同发展，谁也不吃掉谁。这种考虑，主要是基于照顾台湾的现状和台湾同胞的实际利益。这将是统一后的中国在国家体制方面的一大特色和重要创造。

两岸实现统一后，台湾的现行社会经济制度不变，生活方式不变，同外国的经济文化关系不变。例如，私人财产、房屋、土地、企业所有权、合法继承权、华侨和外国人投资等，一律受法律保护。

第三，高度自治。统一后，台湾作为特别行政区，享有不同于中国其他一般省市区的高度自治权；它拥有在台湾的行政管理权、立法权、独立的司法权和终审权；党、政、军、经、财等事宜都自行管理，有自己的军队，可以同外国签订商务、文化等协定，享有一定的外事权；中央政府不派军队也不派行政人员驻台。特别行政区政府和台湾各界的代表人士还可以出任国家政权机构的领导职务，参与全国事务的管理。

第四，和平谈判。通过接触谈判，以和平方式实现国家统一，是全体中国人的共同心愿。两岸都是中国人，如果因为中国的主权和领土完整被分裂，兵戎相见，骨肉相残，对两岸的同胞都是极其不幸的。和平统一，有利于全民族的大团结，有利于台湾社会经济的稳定和发展，有利于全中国的振兴和富强。

为结束敌对状态，实现和平统一，两岸应尽早接触谈判。在一个中国的前提下，什么问题都可以谈，包括谈判的方式，参加的党派、团体和各界代表人士，以及台湾方面关心的其他一切问题。只要两岸坐下来谈，总能找到双方都可以接受的办法。

需要指出的是，和平统一是中国政府的既定方针，但是我们决不承诺放弃使用武力。用什么方式实现国家统一是中国的内政，中国共产党和中国政府坚决反对任何国家在此问题上指手画脚。台湾问题是中国的内政，作为主权国家，中国有权根据自己的意愿采取一切方法和手段解决台湾问题，实现国家统一。中国政府用"和平统一、一国两制"的政策和平解决台湾问题，是根据海峡两岸关系的发展变化独立做出的战略决策，绝不是某一国家或国际组织压服的产物。同时，中国政府始终没有做出不使用武力的承诺。这不仅是因为"每一个主权独立国家都有权采取自己认为必要的一切手段包括军事手段来维护本国主权和领土完整"，而且还因为某些国家和势力诱惑中国做出承诺的目的，就在于能毫无顾忌、明目张胆地搞"台独"或分裂中国。邓小平同志指出："如果我们承诺根本不使用武力、那就等于将我们的双手捆起来，结果只会使台湾当局根本不同我们谈判和平统一。这反而只能导致用武力解决。"

"和平统一、一国两制"基本方针，既客观而确切地描述和定义了两岸的事实现状及两岸关系的性质，也充分考虑到台湾地区特殊的历史遭遇和民众的生活方式，给予台湾同胞充分的选择空间，是实现国家统一的最佳方式。

三、"和平统一、一国两制"方针的丰富和发展

在"和平统一、一国两制"方针的指引下，经过海峡两岸同胞、港澳同胞和海外侨胞的共同努力，1987 年年底长达三十多年的两岸隔绝状态被打破，两岸人员往来以及科技、文化、学术、体育等各领域的交流随之发展起来。随着两岸交往的发展，双方高层次的对话变得尤为重要。于是两岸授权的"民间机构"便应运而生。1990 年 11 月 21 日，台湾成立了得到官方授权的与大陆联系和协商的民间性中介机构——海峡交流基金会，出面处理官方"不便与不能出面的两岸事务"，董事长由台湾"水泥大王"、国民党中央常委辜振甫担任。为了便于与海峡交流基金会接触、商谈，1991 年 12 月，中共中央台湾事务办公室、国务院台湾事务办公室推动成立了海峡两岸关系协会，并授权以坚持一个中国原则作为两会交往和事务性商谈的基础，由原上海市市长汪道涵担任会长。1992 年"两会"双方在香港就"海峡两岸均坚持一个中国之原则"达成共识（即"九二共识"[①]），但双方在"一个中国"的政治内涵上有重大分歧。1993 年 4 月 27 日~29 日，大陆海峡两岸关系协会和台湾海峡交流基金会负责人在新加坡举行会谈，实现了两岸高层人士四十多年来的首次会晤，迈出了两岸关系发展史上历史性的重要一步。尤其是会议达成《汪辜会谈共同协议》、《两会联系与会谈制度协议》、《两岸公证书使用查证协议》和《两岸挂号函件查询、补偿事宜协议》四项协议，对推动两岸事务性商谈、加速两岸经贸合作和各项交流、促进祖国和平统一产生了深远影响。

20 世纪 90 年代，中国政府在解决了港澳问题以后，把视线转向了台湾，希望早日实现两岸的政治接触、政治对话和政治谈判，尽快解决祖国和平统一问题。1992 年 10 月 12 日，江泽民指出，"我们坚定不移地按照'和平统一、一国两制'的方针，积极促进祖国统一"。"我们再次重申，中国共产党愿意同国民党尽早接触创造条件，就正式结束两岸敌对状态、逐实现和平统一进行谈判。在商谈中，可以吸收两岸其他政党、团体和各界有

---

① "九二共识"是指 1992 年 11 月大陆的两岸关系协会与台湾的海峡交流基金会就解决两会事务性商谈中如何表明坚持一个中国原则的态度问题所达成的以口头方式表达的"海峡两岸均坚持一个中国原则"的共识。

代表性的人士参加"。但是与此同时，台湾岛内分离倾向也有所发展，台独活动趋于猖獗，某些外国势力进一步插手台湾问题，干涉中国内政。这些活动不仅阻碍着中国和平统一的进程而且威胁着亚太地区的和平、稳定和发展。正是在这种复杂的形势下，1995 年 1 月 30 日，江泽民在中共中央、国务院对台办公室举行的新春茶话会上，发表了题为《为促进祖国统一大业的完成而继续奋斗》的新春讲话，进一步阐释了邓小平关于"和平统一、一国两制"的思想精髓，并针对现阶段两岸关系的实际情况，就发展两岸关系、推进祖国和平统一进程，提出了八项重要而富有创意的主张。其基本要点如下。

（1）坚持一个中国原则，是实现和平统一的基础和前提。中国的主权和领土决不容许分割。任何制造"台湾独立"的言论和行动，都应坚决反对；主张"分裂分治"、"阶段性两个中国"等，违背一个中国的原则，都应坚决反对。

（2）对于台湾同外国发展民间性经济文化关系不持异议。但是，反对台湾以搞"两个中国"、"一中一台"为目的的所谓"扩大国际生存空间"的活动。

（3）进行海峡两岸和平统一谈判。在和平统一谈判的过程中，可以吸收两岸各党派、团体和各界有代表性的人士参加。在一个中国的前提下，什么问题都可以谈，作为第一步，双方可以先就"在一个中国原则下，正式结束两岸敌对状态"进行谈判。

（4）努力实现和平统一，中国人不打中国人。我们不承诺放弃使用武力，绝不是针对台湾同胞，而是针对外国势力干涉中国统一和搞"台湾独立"的图谋的。

（5）大力发展两岸经济交流与合作。不主张以政治分歧去影响、干扰两岸经济合作。继续长期执行鼓励台商投资的政策。继续加强两岸同胞的相互往来和交流，增进了解和互信。采取实际步骤加速实现直接"三通"。

（6）中华各族儿女共同创造的五千年灿烂文化，是维系全体中国人的精神纽带，也是实现和平统一的一个重要基础。两岸同胞要共同继承和发扬中华文化的优秀传统。

（7）充分尊重台湾同胞的生活方式和当家做主的愿望，保护台湾一切正当权益。欢迎台湾各党派、各界人士，同我们交换有关两岸关系与和平统一的意见，也欢迎他们前来参观、访问。

（8）欢迎台湾当局的领导人以适当身份前来访问；也愿意接受台湾方面的邀请，前往台湾。可以共商国是，也可以先就某些问题交换意见。中国人的事我们自己办，不需要借助任何国际场合。

江泽民提出的八点主张是对邓小平"和平统一、一国两制"思想的进一步丰富和发展，充分体现了包括台湾同胞在内的全国各族人民维护主权领土完整的坚定立场和早日完成祖国统一大业的强烈愿望，把两岸关系推向了一个新的发展阶段。

四、21 世纪新阶段的对台方针政策

进入 21 世纪，主张"台独"的民进党在台湾执政，台独分裂活动愈演愈烈，从公开叫嚷"一边一国"到推行"文化台独"、"渐进式台独、去中国化"直至抛出通过"公投制宪"实施"法理台独"的"台独时间表"，发动实施"以台湾名义加入联合国"的公民投票活动，陈水扁当局在分裂国家的道路上越走越远。"台独"分裂势力的肆意妄为，致

使两岸关系濒临危机边缘，"台独"已经成为对国家主权和领土完整的最大祸害、对两岸关系发展的最大障碍、对台海地区和平稳定的最大威胁。若任"台独"发展下去、泛滥开来，两岸没有和平，社会无从发展，民众没有幸福，国家后患无穷。面对严峻的台海形势，中共中央在坚持"和平统一、一国两制"的基本方针和江泽民"八项主张"的基础上，从中华民族的伟大复兴和台湾同胞的切身利益出发，针对台海局势的新变化、新情况、新特点，做出了关于新形势下对台工作的一系列重大决策和部署，创造性地提出了具有鲜明时代特色的推动两岸关系和平发展、促进祖国和平统一的主张，进一步丰富和发展了"和平统一、一国两制"的科学内涵。

（一）21世纪"和平统一、一国两制"方针的新发展

2003年3月11日，胡锦涛在参加十届全国人大一次会议台湾代表团审议时，就做好新形势下的对台工作谈了四点意见：一是要始终坚持一个中国原则；二是要大力促进两岸的经济文化交流；三是要深入贯彻寄希望于台湾人民的方针；四是要团结两岸同胞共同推进中华民族的伟大复兴。

2005年3月14日，第十届全国人民代表大会第三次会议通过了《反分裂国家法》。

2005年3月4日，胡锦涛在看望参加全国政协十届三次会议的民革台盟台联界委员时，就新形势下发展两岸关系提出四点意见：①坚持一个中国原则决不动摇；②争取和平统一的努力决不放弃；③贯彻寄希望于台湾人民的方针决不改变；④反对"台独"分裂活动决不妥协。

2005年4月29日，胡锦涛在与时任中国国民党主席连战举行历史性会谈时，就发展两岸关系提出四点主张：①建立政治上的互信，相互尊重，求同存异；②加强经济上的交流合作，互利互惠，共同发展；③开展平等协商，加强沟通，扩大共识；④鼓励两岸民众加强交往，增进了解，融合亲情。

2005年5月12日，胡锦涛在与亲民党主席宋楚瑜举行会谈时，就当前改善和发展两岸关系再次提出四点看法：①坚持体现一个中国原则的"九二共识"，确立两岸关系和平稳定发展的政治基础；②推进两岸"三通"，开创两岸经济交流和合作的新局面；③早日恢复两岸平等对话和谈判，求同存异、扩大共识；④增进相互理解，密切两岸同胞的感情。

2005年7月12日，胡锦涛在会见郁慕明率领的新党纪念抗战胜利六十周年大陆访问团时，就当前发展两岸关系提出四点看法，即共同促进中华民族的伟大复兴、坚持一个中国原则、坚决反对和遏制"台独"以及切实照顾和维护台湾同胞的切身权益。

2006年4月16日，胡锦涛在北京会见中国国民党荣誉主席连战和两岸经贸论坛上百位与会人士，就两岸关系和平发展提出四点建议：①坚持"九二共识"，是实现两岸和平发展的重要基础。②为两岸同胞谋福祉，是实现两岸关系和平发展的根本归宿。③深化互利双赢的交流合作，是实现两岸关系和平发展的有效途径。④开展平等协商，是实现两岸关系和平发展的必由之路。

2008年6月13日，胡锦涛在会见台湾海峡交流基金会董事长江丙坤一行时提出了"建立互信、搁置争议、求同存异、共创双赢"的十六字方针，并希望两会今后在商谈中做到"平等协商、善意沟通、积累共识、务实进取"。

2008年12月31日，胡锦涛在纪念《告台湾同胞书》发表30周年座谈会上发表了重要讲话，就台海形势和两岸协商结束敌对状态提出了六点建议：①恪守一个中国，增进政治互信；②推进经济合作，促进共同发展；③弘扬中华文化，加强精神纽带；④加强人员往来，扩大各界交流；⑤维护国家主权，协商涉外事务；⑥结束敌对状态，达成和平协议。

2009年5月26日，胡锦涛在北京会见时任中国国民党主席吴伯雄和他率领的国民党大陆访问团全体成员，并就在新的起点上进一步推动两岸关系向前发展发表了六点重要意见：①关于增进两岸政治互信。今后两岸关系的发展，坚持大陆和台湾同属一个中国是关键所在。②关于两岸经济合作。今后一个时期仍然要把全面加强两岸经济合作作为重点，当前最突出的任务是共同应对国际金融危机冲击。③关于加强两岸文化教育交流。我们要比以往更加努力地开展两岸文化教育交流，共同传承和弘扬中华文化，增强中华文化认同、中华民族认同。④关于涉外事务。两岸中国人有能力、有智慧妥善解决台湾参与国际组织活动问题。⑤关于结束两岸敌对状态、达成和平协议。促进正式结束两岸敌对状态、达成和平协议，是"两岸和平发展共同愿景"提出的目标，已经成为两岸双方的重要主张。双方要为解决这些问题进行准备、创造条件，可以先由初级形式开始接触，积累经验，以逐步破解难题。⑥关于国共两党交流对话。国共两党交流对话、特别是高层交往，对保持两岸关系发展势头具有不可替代的重要作用，应该继续下去，而且要越办越好。同时，两岸关系发展需要两岸广大同胞特别是基层民众的广泛参与。

2010年4月29日，胡锦涛在上海会见中国国民党荣誉主席连战、吴伯雄和亲民党主席宋楚瑜等应邀出席上海世博会开幕式的台湾各界人士。胡锦涛强调，要继续增进两岸政治互信，不断增强两岸关系和平发展的推动力；要继续扩大两岸各界交流，不断激发两岸关系和平发展的生命力；要继续深化经济合作，不断提高两岸经济的竞争力；要继续推动两岸关系和平发展，不断增强中华民族的凝聚力。

2011年5月10日，胡锦涛在北京会见中国国民党荣誉主席吴伯雄时，就推动两岸关系发展提出四点意见：①继续把握两岸关系和平发展大局。国共两党、两岸双方要坚持体现一个中国原则的"九二共识"，继续坚决反对"台独"分裂活动。②继续维护国共两党、两岸双方的良性互动，在两岸关系上更多发出积极正面信息，及时妥善处理可能发生的问题。③继续稳步推进两岸交流合作。积极对待两岸经济合作框架协议各项后续商谈，及早达成并签署投资保障协议。同时，大力推进文化教育交流，尤其重视和加强青少年交流，增强中华文化的认同和中华民族的认同。④继续保障台湾基层民众共享两岸交流合作成果。

2013年2月25日，习近平在人民大会堂会见中国国民党荣誉主席连战及随访的台湾各界人士。习近平强调，继续推动两岸关系和平发展、促进两岸和平统一，是新一届中共中央领导集体的责任，并提出推动两岸关系和平发展的具体意见。连战强调，双方应在反对"台独"、坚持"九二共识"基础上"求一中架构之同，存一中内涵之异"；两岸人民同属中华民族，都是受中华文化熏陶的中国人，理所当然应增进同胞情谊，互助互谅，拒绝分裂，走向融合。

2013年4月8日，习近平在博鳌会见台湾两岸共同市场基金会荣誉董事长萧万长一行时强调，大陆方面对推动两岸关系和平发展，决心是坚定的，方针政策是明确的，并对促进两岸合作提出四点希望：①本着两岸同胞一家人的理念促进两岸经济合作；②两岸加强经济领域高层次对话和协调，共同推动经济合作迈上新台阶；③两岸加快经济合作框架协议后续协议商谈进程，提高经济合作制度化水平；④两岸同胞团结合作，共同致力于实现中华民族伟大复兴。

2013 年 6 月 13 日，习近平会见中国国民党荣誉主席吴伯雄和他率领的中国国民党访问团全体成员时指出，两岸关系今天已站在新的起点上，面临着重要的机遇，我们应该认真总结经验，清醒认识并主动因应形势发展变化，坚定不移走两岸关系和平发展道路，巩固和深化两岸关系和平发展的政治、经济、文化、社会基础，推动两岸关系不断取得新的成就。他就两岸关系发展提出四点意见：①从中华民族整体利益的高度把握两岸关系大局；②在认清历史发展趋势中把握两岸关系前途；③增进互信，良性互动，求同存异，务实进取；④稳步推进两岸关系全面发展。

2013 年 10 月 6 日，习近平在印度尼西亚巴厘岛会见了台湾两岸共同市场基金会荣誉董事长萧万长一行。习近平强调，两岸双方应该坚持走两岸关系和平发展的正确道路，倡导"两岸一家亲"的理念，加强交流合作，共同促进中华民族伟大复兴。

2014 年 2 月 18 日，习近平在北京钓鱼台国宾馆会见中国国民党荣誉主席连战及随访的台湾各界人士时强调，两岸双方秉持"两岸一家亲"的理念，顺势而为，齐心协力，推动两岸关系和平发展取得更多成果，造福两岸民众，共圆中华民族伟大复兴的中国梦。

2014 年 5 月 7 日，习近平在人民大会堂会见亲民党主席宋楚瑜一行时强调，两岸关系和平发展是两岸同胞顺应历史潮流做出的共同选择。只要我们都从"两岸一家亲"的理念出发，将心比心，以诚相待，就没有什么心结不能化解，没有什么困难不能克服。我们推动两岸关系和平发展的方针政策不会改变，促进两岸交流合作、互利共赢的务实举措不会放弃，团结台湾同胞共同奋斗的真诚热情不会减弱，制止"台独"分裂图谋的坚强意志不会动摇。

2014 年 9 月 26 日上午，习近平在人民大会堂会见台湾和平统一团体联合参访团时指出，国家统一是中华民族走向伟大复兴的历史必然，在涉及国家统一和中华民族长远发展的重大问题上，我们旗帜鲜明、立场坚定，不会有任何妥协和动摇；我们所追求的国家统一不仅是形式上的统一，更重要的是两岸同胞的心灵契合；遏制"台独"分裂活动是确保两岸关系和平发展的必然要求，对于任何分裂国家的行径，我们绝不会容忍。

2014 年 11 月 9 日，习近平在人民大会堂会见台湾两岸共同市场基金会荣誉董事长萧万长一行时指出，要尊重彼此对发展道路和社会制度的选择，希望两岸双方共同努力，排除干扰两岸双方在坚持"九二共识"、反对"台独"的共同政治基础上建立并持续增进互信，是确保两岸关系和平发展正确方向和良好势头的关键。由于两岸间存在一些差异等原因，两岸关系遇到一些困难和阻力在所难免，越是这样越需要加强交流、增进互信，保持良性互动、相向而行，为扩大和深化两岸经济、文化、科技、教育等各领域交流合作采取更多积极措施，尤其要为两岸基层民众、青年交流往来多创造条件，以增进相互了解，融洽彼此感情，实现心灵契合。

2015 年 3 月 4 日，习近平看望出席全国政协十二届三次会议的民革台盟台联委员，听取委员们的意见和建议，并发表重要讲话。习近平指出，两岸关系和平发展是一条维护两岸和平、促进共同发展、造福两岸同胞的正确道路，我们始终把坚持"九二共识"作为同台湾当局和各政党开展交往的基础和条件，核心是认同大陆和台湾同属一个中国。民族振兴、人民幸福是两岸同胞的共同追求，两岸同胞要携手同心，为实现中华民族伟大复兴贡献智慧和力量。

2015 年 5 月 4 日，习近平在北京会见了朱立伦率领的中国国民党大陆访问团时指出，两岸关系和平发展成果来之不易，经验弥足珍贵。概括地说，就是要坚持走两岸关系和平发展道路，坚持"九二共识"、反对"台独"的政治基础，坚持开展两岸协商谈判、推进各领域交流合作，坚持为两岸民众谋福祉。两岸同胞同根同源、同文同种，历来是命运与共的。在经济全球化深入发展、两岸联系日益密切的今天，两岸是割舍不断的命运共同体。面对新形势，国共两党和两岸双方要坚定信心、增进互信，维护两岸关系和平发展进程，携手建设两岸命运共同体。习近平就此提出五点主张：①坚持"九二共识"、反对"台独"是两岸关系和平发展的政治基础，其核心是认同大陆和台湾同属一个中国。②深化两岸利益融合，共创两岸互利双赢，增进两岸同胞福祉，是推动两岸关系和平发展的宗旨。③两岸交流，归根到底是人与人的交流，最重要的是心灵沟通。④国共两党和两岸双方要着眼大局，本着相互尊重的精神，不仅要求同存异，更应努力聚同化异，不断增进政治互信。⑤只要两岸同胞、全世界的中国人团结起来，心往一处想，劲往一处使，实现中华民族伟大复兴必定是指日可待的。

（二）新阶段对台工作的指导思想

胡锦涛和习近平关于推动两岸关系和平发展、促进祖国和平统一的一系列讲话，全面系统阐述了两岸关系和平发展的重要思想，描绘了两岸关系和平发展的蓝图。两岸关系和平发展的重要思想，是我党对台工作理论创新和实践创新的结晶，全面把握民族根本利益和国家核心利益，深刻揭示了两岸关系发展规律和前进道路，贯穿了实现和平统一的战略考虑和务实思路，包含了一系列新观念、新政策、新主张，进一步丰富和发展了"和平统一、一国两制"的科学内涵，是新形势下对台工作的指导思想。

第一，提出"台独"分裂活动违背了中华民族维护国家统一的坚强意志，是没有出路和注定要失败的。台湾问题事关祖国统一，事关国家核心利益。对台工作在党和国家工作中具有全局性、战略性的重要地位。我们愿意以最大诚意尽最大的努力争取以和平方式解决台湾问题，但绝不会容忍台湾独立，绝不会允许任何人以任何方式把台湾从中国分割出去。"台独"分裂势力及其活动日益成为两岸关系发展的最大障碍，成为对台海地区和平稳定的最大现实威胁，两岸同胞必须坚决反对和遏制"台独"。

第二，提出两岸关系现状的定义，丰富了一个中国原则的内涵。坚持一个中国原则，是构建和平稳定的两岸关系的重要基础。1949 年以来，尽管两岸尚未统一，但大陆和台湾同属一个中国的事实从未改变，这就是两岸关系的现状。中国是两岸同胞的中国，是我们共同的家园，任何涉及中国主权和领土完整的问题必须由全中国 13 亿人民共同决定。

第三，提出构建和平稳定发展的两岸关系，和平和发展应成为两岸关系发展的主题。其主要内容有：①坚持体现一个中国原则的"九二共识"是实现两岸关系和平发展的政治基础，要建立政治上的互信，相互尊重，求同存异。②加强经济上的交流合作，互利互惠，共同发展，是实现两岸关系和平发展的有效途径。③"九二共识"基础上的两岸对话和平等协商，是实现两岸关系和平发展的必由之路。④为两岸同胞谋福祉是实现两岸关系和平发展的根本归宿。鼓励两岸同胞加强交往，增进相互理解，密切两岸同胞的感情，使两岸同胞的感情更融洽，合作更深化，共同开创两岸关系和平发展的新局面，共同促进中华民族的伟大复兴。

第四，强调和平统一工作也要体现以民为本，为民谋利。台湾同胞是我们的骨肉兄弟，是发展两岸关系的重要力量，也是遏制"台独"分裂活动的重要力量。无论在什么情况下我们都要尊重他们、信赖他们、依靠他们，并且设身处地为他们着想，千方百计维护和照顾他们的正当权益。我们要真心诚意地为台湾同胞谋福祉办实事。

第五，制定反分裂国家法，将中央对台方针政策法律化。2005年3月14日，十届全国人大三次会议审议通过了《反分裂国家法》。这部法律将中央解决台湾问题的大政方针以法律的形式固定下来，充分体现了我们以最大的诚意、尽最大的努力争取和平统一的一贯主张，同时表明了全中国人民维护国家主权和领土完整，决不允许"台独"分裂势力以任何名义、任何方式把台湾从中国分裂出去的共同意志和坚定决心。这部重要法律的颁布实施，对打击和遏制"台独"分裂活动，促进两岸关系和平发展，推进祖国和平统一进程，维护台海地区和平稳定，维护国家主权和领土完整，维护中华民族的根本利益，具有重大的战略意义。

第六，两岸应当共同努力，建立互信、搁置争议、求同存异、共创双赢。首先要建立互信。这对推动两岸关系和平发展至关重要。反对"台独"，坚持"九二共识"，是双方建立互信的根本基础。只要在这个核心问题上立场一致，其他事情都好商量。其次要搁置争议。必须看到，两岸关系发展中还存在一些历史遗留问题，也还可能遇到一些新情况和新问题，其中一些问题一时不易解决。我们应该以实事求是的态度，务实面对，妥善处理。搁置争议需要政治智慧。双方都要从两岸关系和平发展大局出发，把握好这一点。有了互信，再加上搁置争议，双发就能够求同存异，也就能够通过交流和协商不断累积共识、共创双赢，就能够切实为两岸同胞谋福祉、为台海地区谋和平，开创两岸关系和平发展的新局面。

上述对台工作的指导思想，体现了我党对台方针政策的连续性、稳定性和与时俱进的创造性，体现了坚决遏制"台独"分裂活动、捍卫国家主权和领土完整、维护两岸关系和平稳定发展的坚定意志，体现了对台湾同胞的关心、理解和希望，体现了全国人民致力于早日解决台湾问题、实现祖国统一的共同意志和迫切愿望，必将对两岸关系的和平发展和祖国和平统一事业产生积极而深远的影响。

第三节　两岸关系的发展与祖国和平统一

1949年国民党败退台湾后，两岸处于长期对峙隔绝状态。为了早日结束这种不幸状态，实现两岸人民正常往来和国家统一，中国政府在提出"和平统一、一国两制"主张的同时，也采取了一系列推动两岸关系和平发展的措施。1979年以来，在两岸人民的努力推动下，两岸关系从隔绝、对立走向交流、对话，排除各种艰难险阻，沿着和平稳定的方向不断前行，谱写两岸关系发展的辉煌篇章。

一、"两蒋"时期的两岸关系

1949 年，在解放战争中取得决定性胜利的中国共产党制订了"武力解放台湾"的战略方针，并加紧军事部署。而败退台湾的国民党残余在外国势力的支持下，武装盘踞台湾，仍然扛着"中华民国"的旗号，以中国王统自居并试图以台湾为根据地"反攻大陆"。两岸处于严重的军事对峙状态。

朝鲜战争结束后，随着国际国内形势的变化，中国政府调整对台政策，提出了"和平解放台湾"的新主张，建议举行会谈，和平解决台湾问题。蒋介石集团却顽固坚持反共立场，拒绝和谈，加速进行"反攻大陆"的准备。1961 年 4 月 1 日，蒋介石下令，成立一个名为"国光作业室"的新单位准备"光复大陆"。尔后，国民党当局开始在台湾岛内征收"国防特别捐"。1963 年 9 月 6 日，蒋介石命令蒋经国到华盛顿密见美国总统肯尼迪寻求支持。但是，由于 1961 年 4 月"猪猡湾事件"①的教训，以及美国考虑与中国进一步改善关系的可能性（当时中美两国早已密集展开于维也纳、日内瓦的秘密会谈），肯尼迪拒绝了蒋经国请求美国支持"反攻大陆"的构想。1965 年 8 月，两艘台湾军舰准备偷袭内地，从台湾高雄左营军港起航，迂回到蒋介石声称最适合"反攻大陆"地点的广东、福建交界的一处海岸，与新中国军队发生海战，国民党海军在那场海战中吃了大败仗。正是这场所谓的"八六海战"失败，改变了蒋介石原定的"反攻大陆"战略。蒋经国时期则知难而退困守孤岛，偏安一隅，"光复大陆"的野心也渐失。两岸 30 年的对峙，使两岸人民一直处于相互隔绝的状态，给两岸的中国人民带来了极大的痛苦和不便。

20 世纪 70 年代末，国际国内形势发生了重要而深刻的变化，中国政府出于对整个国家民族利益与前途的考虑，提出了"和平统一、一国两制"的基本方针，并郑重地建议国民党当局与我们举行"对等谈判"。但对于中国政府提出的"和平统一、一国两制"的方针，蒋经国当局采取了反对抵制的态度，公开拒绝大陆方面提出的倡议，制定了"不谈判、不妥协、不接触"的"三不"方针加以对抗，主张以"三民主义统一中国"。进入 20 世纪 80 年代，经过海峡两岸同胞、港澳同胞和海外侨胞的共同努力，蒋经国当局在民间交往上略有松动，将"不谈判、不妥协、不接触"的政策，改为"不逃避、不退让、不畏缩"的"新三不政策"。1987 年，台湾领导人蒋经国宣布台湾长达 38 年的戒严解严，随后两岸开放因国共内战而分离的家属相互探亲，两岸长达 30 多年的隔绝状态被打破，两岸人员往来和经济、文化等各项交流随之发展起来。

---

① "猪猡湾事件"：1961 年 4 月 17 日，在中央情报局的协助下逃亡美国的古巴人，在古巴西南海岸猪猡湾，向菲德尔·卡斯特罗领导的古巴革命政府发动的一次失败的入侵。"猪猡湾事件"标志着美国反古巴行动的第一个高峰。在联合国安全理事会针对美国的这次进攻是否合法的讨论中，古巴指责美国非法进攻的提议被美国否决。对美国来说这次未成功的进攻不但是一次军事上的失败，而且也是一次政治上的失误。国内外对这次进攻的批评非常强烈，刚刚上任 90 天的约翰·肯尼迪政府为此大失信誉。卡斯特罗政权和古巴革命被巩固。由于古巴担心美国再次进攻，因此古巴开始与苏联靠近，这个靠近不断升级，最终导致了 1962 年的古巴导弹危机。

在"一个中国"问题上，蒋氏父子均坚持一个中国的原则和反对"台独"的立场。1950年朝鲜战争爆发，美国派第七舰队进入台湾海峡。1950年6月27日，杜鲁门以共产党占领台湾将直接危及太平洋地区安全为由，公开抛出"台湾地位未定"论。蒋介石看出美国有分裂中国的阴谋。当美国抛出"台湾地位未定论"之前和他商谈此事时，他没有同意，而且决定即使第七舰队撤离台湾，他也要坚持一个中国的立场。6月28日，经蒋介石授权，国民党"外长"叶公超发表声明，明确表示：台湾是中国领土之一部分，仍为各国所公认，国民党接受美国防务计划，但不影响国民党维护中国领土完整之立场。蒋介石指出："台湾是中国的一部分，在法律上是没有问题的。"第一次台海危机[①]之后，美国又逼迫蒋介石撤出金门和马祖，企图造成海峡两岸划峡而治局面，以达到分割中国的目的。蒋介石也顶住美国压力，坚持"一个中国"不分裂祖国。毛泽东因此曾说，"台湾放在蒋先生的手中我放心，对蒋介石我们可以等待"。对"台独"，蒋介石则予以严厉打击，毫不手软。他说："谁搞台独，我搞他脑袋。"所以，毛泽东同志评价蒋介石"还有一点良心，不想成为千古罪人。在台湾，还是蒋介石当'总统'好。"蒋经国继任台湾"总统"后，仍然坚持一个中国的原则和反"台独"的立场。

二、李登辉、陈水扁时期的两岸关系

1988年，蒋经国去世，李登辉当选国民党主席。李登辉主政初期在两岸关系方面，也有些善意表示，如说"台湾和大陆是不可分割的领土"，"所有中国人同为血脉相连的同胞"，并提出愿意"建立双方沟通管道"，"研讨国家统一事宜"等。1990年6月，江泽民在一次讲话中指出："只要双方坐下来，真正本着一个中国的原则商谈祖国统一，而不是搞'两个中国'、'一中一台'、'一国两府'，一切问题都可以提出来讨论、商量。"台湾当局对此虽然没有正面回应，但在改善两岸关系方面还是有所变化。例如，宣布终止所谓"动员戡乱时期"[②]，确定以"民间、间接、单向、渐进"的原则开放两岸关系，分"近程、中程、远程"的步骤制定并通过"国家统一纲领"[③]等。1992年10月，江泽民在中国共产党第十四次全国代表大会上庄严宣布："在一个中国的前提下，什么问

---

① 为了反对美国和蒋介石签订《共同防御条约》，1954年9月，中国人民解放军两次炮击金门，随后于1955年1月解放一江山岛。对此，美国一方面呼吁通过联合国"斡旋"，另一方面对中国进行战争威胁，甚至叫嚣要使用核武器，造成台湾海峡地区的紧张局势，史称"第一次台海危机"。

② 动员戡乱，全称是全国总动员戡平叛乱，是国民党统治集团为挽救它在内战中的败局和加紧对人民的镇压而实施的，中国共产党被列为"叛乱团体"和"戡乱"的对象。1947年7月4日蒋介石向国民党政府第六次国务会议提交了"厉行全国总动员，以戡共匪叛乱"的动员令，同时国民党政府的国民大会在不变更《宪法》条文之下，制定了《动员戡乱时期临时条款》，具有优于《宪法》之位阶，从此全国进入了"动员戡乱时期"。1991年5月1日，台湾当局废止《动员戡乱时期临时条款》，宣告动员勘乱时期终止。

③ 所谓"国家统一纲领"是指台湾当局在1991年2月23通过的推动两岸关系的指导原则。其在前言中表示"中国的统一，在谋求国家的富强与民族长远的发展，也是海内外中国人共同的愿望。海峡两岸应在理性、和平、对等、互惠的前提下，经过适当时期的坦诚交流、合作、协商，建立民主、自由、均富的共识，共同重建一个统一的中国"。"其目标就是"建立民主、自由、均富的中国。然后规定了"国家统一"的四条基本原则，设计了三段相应的进程，即近程——交流互惠阶段"、"中程——互信合作阶段"和"远程——协商统一阶段"。

题都可以谈，包括就两岸正式谈判的方式问题同台湾方面进行讨论，找到双方都认为合适的办法。"由于当时两岸就一个中国的原则达成口头共识，1993 年 4 月，大陆海峡两岸关系协会和台湾海峡交流基金会负责人在新加坡举行第一次"汪辜会谈"，迈出"两岸关系历史性的重要一步"。

　　为进一步改善两岸关系、推动和平统一进程，1995 年 1 月 30 日，江泽民发表《为促进祖国统一大业的完成而继续奋斗》的重要讲话，提出的八点主张在海内外引起巨大反响。然而，李登辉当局不仅没有对此做出积极回应，反而抛出"两国论"论调，一步步滑向"台独"深渊，使两岸关系急转直下。1995 年 6 月，李登辉以所谓"私人"名义访美，他在康奈尔大学的演讲中大肆兜售"中华民国在台湾"，妄图在国际上制造"两个中国"或"一中一台"。李登辉走到这一步绝非偶然。李登辉主政后的国民党主流派日趋"台独"化，并推行"两个中国"或"一中一台"分裂祖国的政策。国民党"主流派"与在野的民进党在关于台湾前途等重大问题上的主张日益趋同，政策界限日渐模糊。民进党前主席黄信介说："李登辉上台后，事实上执行的就是'台独'政策，与我（民进党）并无差异，我搞'台独'，他（国民党）搞'独台'，只不过他只做不说，我比较老实，把它说出来而已。"陈水扁担任台湾地区领导人时把李登辉称为"台独"教父。1988 年刚上台不久，李登辉就着手进行所谓"宪政改革"1993 年又全面改组"内阁"，产生第一任台籍"行政院长"，为国民党本土化迈出了第一步；同时修改"刑法"和"国安法"有关条款，使岛内外"台独"活动公开化、合法化。1992 年，台湾当局发表《现阶段两岸关系与中国大陆政策》白皮书，公然宣称"台湾主权独立"，导致"台独"势力举行盛大游行。1993年，李登辉参与主导制定所谓"参与联合国"政策，企图在国际上制造"两个中国"或"一中一台"。1994 年他在会见日本右翼作家司马太郎时称，"中国这个词含糊不清"，台湾人要建立"自己的国家"。1997 年科索沃战争爆发后，李登辉分裂祖国的活动进一步升级。同年 5 月，他出版了《台湾的主张》一书，鼓吹要把中国分成 7 块，7 月更是公然抛出"两国论"。李登辉的分裂言行，激起了全体中国人民和中国政府的愤怒，祖国大陆遂展开反分裂、反"台独"的斗争，两岸事务性接触与谈判因此中断，两岸政治与军事关系再次呈现紧张、对立局面，并潜藏军事冲突危机。

　　2000 年，在时任中国国民党主席的李登辉操纵下，代表民进党的陈水扁当选台湾地区领导人。陈水扁上台后，全面继承了李登辉"两国论"的衣钵，拒不接受一个中国的原则，推翻"九二共识"，重演"两国论"闹剧，不遗余力鼓吹"一边一国"，大肆推行"渐进式台独"。2002 年 8 月 3 日，陈水扁经过精心策划，利用视频传输方式，向在日本东京举行的"世界台湾同乡联合会"发表讲话，公然声称"台湾跟对岸中国一边一国"，鼓吹要用"公民投票"方式决定"台湾的前途、命运和现状"①。为落实其"一边一国"分裂主张，挑战一个中国原则，陈水扁采取了一系列手段：一是通过提高与美国等主要西方国家的"官方"接触层次，蚕食一个中国框架；二是通过所谓"攻击性"的"烽火外交"策略，大搞"金钱外交"，收买一些小国家承认台湾是一个国家；三是继续不遗余力地推

―――――――――――

① 中共中央台办国务院台办新闻发言人. 中共中央台办国务院台办新闻发言人就陈水扁鼓吹"台独"发表谈话. 人民日报，2002-08-06（第 1 版）.

动所谓"重返联合国"活动，想方设法谋求挤入世界卫生组织等只能由主权国家参加的国际组织，图谋达到制造"一边一国"的目的。在陈水扁的主导下，台湾当局利用执政地位和资源，在政治、经济、文化教育等层面全面推行"去中国化"，为台湾走向"独立"铺路。2002 年 8 月提出所谓的 "一边一国"和"公投制宪"问题，公然制定"台独"时间表；2004 年悍然推动所谓"3.20 防御性公投"，把"台湾正名"提上日程，以此制造台湾的"事实独立"；2008 年又推出"宪改"和"入联公投"。可以说，陈水扁在台上的 8 年，顽固坚持"台独"立场，不断挑起两岸对抗，蓄意为两岸交流制造障碍，严重危害着国家安全和领土完整，将两岸关系推到了危险的边缘。

三、2008 年以来两岸关系的新发展

台湾是中国神圣领土不可分割的一部分，台湾人民和大陆人民同属炎黄子孙。解决台湾问题，实现祖国完全统一，是中华民族的根本利益和共同愿望。尽管陈水扁当局一意孤行，否认"九二共识"，拒绝与大陆接触和对话，采取拖延、观望、模糊的立场和态度。但是，它阻挡不了海峡两岸人民热爱和平，渴望统一的美好情感和强烈愿望。

自 2005 年 4 月下旬以来，时任中国国民党主席连战、亲民党主席宋楚瑜、新党主席郁慕明相继访问大陆，与中国共产党最高领导层达成愿景共识，认同"一个中国"的"九二共识"，反对"台独"，扭转了民进党上台后制造的两岸关系的紧张局面，为台海两岸良性互动、共谋和平与发展开启了一个新的时代。在 2008 年台湾地区领导人选举中，陈水扁和民进党下台，丧失了运用政权的力量推动"台独"活动、制造"台独"重大事变的条件，国民党重新在台湾执政。国民党候选人马英九上台后，国共两党有了在反对"台独"、坚持"九二共识"的共同政治基础上改善两岸关系的条件。从此，台海形势总体上趋向稳定，两岸关系结束了 20 世纪 90 年代中期以来的紧张动荡局面，进入了和平发展时期。2008 年 5 月，时任中共中央总书记胡锦涛会见时任国民党主席吴伯雄，双方决定促进在"九二共识"基础上立即恢复两岸协商谈判，把握来之不易的历史机遇，继续依循并切实落实"两岸和平发展共同愿景"，推动两岸关系实现重大历史性转折。近几年来，在两岸双方的共同努力下，两岸关系和平发展的势头良好，取得一系列的突破性进展和丰硕成果，两岸关系正在朝着两岸人民期望的方向稳步发展。

（一）两岸政治基础进一步巩固，政治互信持续增强

反对"台独"、坚持"九二共识"，维护一个中国框架的共同认知，是两岸开展对话协商的必要前提，也是两岸关系和平发展的重要基础。坚持在"一中框架"下开展两岸交流合作发展及解决两岸关系问题是大陆一贯的立场。党的十八大提出，两岸双方在巩固反对"台独"、坚持"九二共识"的政治基础上，应增进维护一个中国框架的共同认知，有力夯实两岸政治互信。

对此，在台湾重新执政的国民党亦予以积极回应。马英九对两岸关系问题就多次表示，反对"台独"、坚持"九二共识"立场，强调"'九二共识'是两岸关系持续发展的

关键、是两岸协商的基础"，表态不会推动"两个中国"、"一中一台"及"台湾独立"，并明确指示台湾各"部会"公文应使用"中国大陆"或"大陆"，禁止独称"中国"。台湾"陆委会"也明确表示，在台湾支持"中华民国宪法对两岸定位的规范"等同于支持"九二共识"。2013年2月25日，连战与习近平会面时以个人身份表示，"求一中架构之同，存一中内涵之异"。同年6月13日，吴伯雄在与习近平会面时首次获马英九授权宣示，"两岸各自的法律、体制都实施一个中国原则，都用一个中国框架定位两岸关系，而不是国与国的关系"。这是台湾方面首次呼应大陆"一中框架"的做法，获得了大陆的高度赞同，两岸政治互信达到新的高度。也就是说，两岸关系和平发展是建立在"九二共识"这个基础上取得的，这是两岸最基础的政治互信。

在两岸关系发展处于深水区向更高层级迈进时，对于遇到的政治瓶颈难题，需要两岸以更大的政治勇气，突破冷战思维的藩篱，建立更大的政治互信，推动政治对话商谈加以解决。2014年2月，台湾"陆委会"负责人王郁琦访问大陆，与国台办主任张志军在南京举行"两岸事务主管部门首长会议"。"张王会"是60多年来双方两岸事务主管部门负责人首度直接会谈，标志着两岸关系处在"深水区"推动政治对话商谈迈出了重要而关键的一步，充分体现了两岸政治互信不断加强。2014年6月，国台办主任张志军访台，这是1949年以来大陆对台事务主管部门负责人首度访台。张志军此次行程有两大重点：一是与台湾方面大陆委员会主委王郁琦举行双方两岸事务主管部门负责人第二次正式会面；二是与台湾各地各界基层民众"深接触"。张志军此次访台增进了大陆对岛内社情民意的了解，使对台工作更加有的放矢，保持与推动两岸关系向前发展势头，坚定与鼓舞两岸同胞对两岸关系和平发展的信心，这对推动两岸关系和平发展有着重要的意义。

与此同时，在两岸双方的支持下，两岸民间政治对话活动异常活跃。2013年10月11日，两岸四家民间团体和学术机构共同发起举办首届两岸和平论坛，红蓝绿不同背景的学者积极参与，共同发表了首届两岸和平论坛纪要，为新形势下开展两岸民间政治对话搭建了平台。两岸学术机构、社会团体包括绿营智库，在两岸三地多次共同举办"筑信研讨会"、"北京会谈"和"香港会谈"等代表性广、影响力强的民间政治对话活动。这些对话有利于消除两岸在政治关系、军事安全、涉外事务等方面的隔阂和误解、增进理解和信赖，进一步巩固和增进双方政治互信，有利于为今后开展两岸政治商谈积累经验，营造社会氛围。

（二）两岸两会协商制度化，成果突出

2008年以来，和平发展的时代潮流、共创双赢的两岸民意推动着两会制度化协商不断前行。在"九二共识"的基础上，两岸两会秉持"平等协商、善意沟通、积累共识、务实进取"的原则，根据两岸交流的发展与需求，适时适宜地积极推进各类协商。

2008年6月，应海峡两岸关系协会邀请，时任海峡交流基金会董事长江丙坤率海基会协商代表团访问北京。双方就尽快解决两岸周末包机和大陆居民赴台旅游两项议题交换了意见，并就推进两会协商、加强两会联系交往等事宜进行了讨论。时任海峡两岸关系协会会长陈云林和时任海峡交流基金会董事长江丙坤在北京签署了《海峡两岸包机会谈纪要》《海峡两岸关于大陆居民赴台湾旅游协议》。这是两岸两会领导人十年来的首次会

谈，标志着中断九年的两会制度化协商正式恢复。

2008 年 11 月，时任国务院台湾事务办公室主任陈云林以海峡两岸关系协会会长的身份带团访台。这是 15 年来海峡两岸关系协会会长首次访问台湾，两岸两会领导人首次在台湾会见。陈云林此行被认为是一次"开拓之旅"、"合作之旅"与"和平之旅"，开启了两会交流制度化，签署了四项协议（空运、海运直航、通邮和食品安全）。这四项协议的签署，标志着两岸大体上完成"三通"进程，为两岸关系更加全面发展提供必要的条件和基础。由 1979 年全国人大常委会《告台湾同胞书》所首倡的"三通"主张，在两岸同胞持续不懈的努力下，终于经两岸制度化协商而焕然形成，为两岸关系的发展书写了新的历史篇章。

2009 年 4 月，两岸两会领导人第三次会谈在南京举行，签署了《海峡两岸空运补充协议》《海峡两岸金融合作协议》《海峡两岸共同打击犯罪及司法互助协议》，并就大陆企业赴台投资事宜达成原则共识。同年 12 月，两会领导人在台中市举行第四次会谈，签署了《海峡两岸渔船船员劳务合作协议》《海峡两岸农产品检疫检验合作协议》、《海峡两岸标准计量检验认证合作协议》。这意味着两岸实现"三通"更为全面、更加直接。

2010 年 6 月，两岸两会领导人第五次会谈在重庆举行，签署了《海峡两岸经济合作框架协议》《海峡两岸知识产权保护合作协议》。同年 12 月，两会领导人在台北举行第六次会谈，签署了《海峡两岸医药卫生合作协议》。两岸经济关系由此跨入了新的历史纪元。

2011 年 10 月，两岸两会领导人在天津举行第七次会谈，签署了《海峡两岸核电安全合作协议》，公布了关于继续推进两岸投保协议协商和加强两岸产业合作两项共同意见。

2012 年 8 月，两岸两会领导人在台北举行第八次会谈，签署了《海峡两岸投资保护和促进协议》《海峡两岸海关合作协议》，并发表有关投保协议人身自由与安全保护的共识。

2013 年 6，两岸两会领导人在上海举行第九次会谈，签署了《海峡两岸服务贸易协议》。

2014 年 2 月，两岸两会领导人在台北举行第十次会谈。双方签署了《海峡两岸气象合作协议》与《海峡两岸地震监测合作协议》。

2015 年 8 月，两岸两会领导人在福州举行第十一次次会谈。双方签署了《海峡两岸民航飞行安全与适航合作协议》及《海峡两岸避免双重课税及加强税务合作协议》。

两岸两会协商充分体现了"因时制宜、高效专业、紧贴民生"的特点，两会所签协议有效推动了两岸经济、社会、民生等诸多领域的交流交往与合作，其丰硕成果惠及两岸民众。两岸制度化协商顺应形势发展和两岸民众的期盼，开辟了两岸深化互利合作的新前景，进一步坚实了两岸关系和平发展的制度保障，使协商化解分歧、合作取代对抗、发展共创双赢的理念深入人心，厚植了两岸关系和平发展的基础。

（三）两岸经济合作不断深化

两岸经济合作是两岸关系和平发展的重要组成部分。台湾在资金、技术、管理和营销方面有较强优势，大陆在劳动力、土地、市场方面有明显优势。两岸经济交流与合作，可以实现优势互补、互利双赢，并得到了台湾民众的普遍认可。尽管 1996 年李登辉不顾台湾同胞的切身利益，提出了"戒急用忍"①的政策，限制台商投资祖国大陆；尽管陈水扁上台后采取种种措施限制台商在祖国大陆的投资，给两岸经济发展设置障碍，但是，两岸经贸交流与合作的势头锐不可当，特别是 2008 年以来，两岸经济合作水平不断深化。根据商务部的统计，2013 年 1~10 月，两岸贸易额为 1 642.8 亿美元，同比上升 21.1%，占大陆对外贸易总额的 4.8%。其中，大陆对台湾出口为 336.8 亿美元，同比上升 16.5%，自台湾进口为 1 306 亿美元，同比上升 22.3%。台湾是大陆第 7 大贸易伙伴和第 5 大进口来源地，大陆继续成为台湾最大的贸易伙伴、出口市场和顺差来源地。经过 30 多年两岸人民坚持不懈的努力，两岸交流已经形成全方位、多角度、大覆盖面的良好局面。

　　两岸经济交流合作机制化进一步健全和巩固。两岸自 1991 年各自成立海峡交流基金会、海峡两岸关系协会后，在"九二共识"的基础上，于 1993 年在新加坡举行一次会谈，签署 4 项协议。2008 年两会恢复协商，在"先急后缓、先易后难、先经后政"的原则下，至 2015 年一共举行 11 次会谈，签署 23 项协议，务实解决两岸交流所衍生的各项问题。特别是 2010 年两岸签署的《海峡两岸经济合作框架协议》（Economic Cooperation Framework Agreement，ECFA），是两岸经贸关系发展的里程碑事件。2013 年 6 月，两岸两会在上海签署了《两岸服务贸易协议》，这对于两岸经济交流交往机制化和两岸特别是台湾服务业发展具有重要战略意义。

　　两岸经贸合作不断深入。1991 年，台湾开放企业赴大陆间接投资。1992 年，通过"台湾地区与大陆地区人民关系条例"，台湾开放企业赴大陆直接投资。据台湾统计，台商赴大陆投资超过 1 300 亿美元。台商的投资增加了大陆的税收、外汇、就业机会以及社会稳定的力量，同时，台商经常回台湾采购相关原料、零组件与机器设备，促进了台湾对大陆的出口，为台湾经济发展注入了新的活力，也为两岸经贸合作开拓了新的空间。以 2013 年为例，两岸贸易总额（含香港）为 1 647.2 亿美元，为台湾赚取 762.19 亿美元的外贸顺差，创造了互利双赢的经济成果。

　　两岸金融合作日益紧密。两岸金融合作经历了由慢而快、由简入繁、由浅入深、由少而多的过程。自 1983 年开始，一直到 2009 年发展极为缓慢，自 2009 年两岸签署金融监管合作备忘录以来，两岸金融合作进入快速发展时期，业务量增长速度很快，2010 年两岸金融交易额为 4 416 亿美元，到 2014 年增长为 6 876 亿美元。现在台湾成为第二大人民币离岸市场。2013 年 1 月 29 日，两岸首次召开证券期货监理合作会议，共同宣布六大证券市场开放措施，放宽了两岸资本市场相互投资、证券业相互设点参股等。同年 2 月 6 日，岛内外汇指定银行正式开办人民币业务。同年 4 月 1 日，两岸启动货币清算机制，两岸货币互通的实现成为继"两岸三通之后的第四通"。同年 12 月 10 日，大陆 4 家商

---

　　① "戒急用忍"：在 20 世纪 90 年代初期，为控制迅速崛起的台商对大陆的投资行为，台湾当局制定"准许""禁止""专案审查"三类标准规范。面对一浪高过一浪的台商投资热潮，1996 年 9 月 14 日，李登辉在第三届经营者大会上表示："我们要必须秉持'戒急、用忍'的大原则，来因应两岸当前的关系。"要求台商减少对大陆的投资。自此，"戒急用忍"成为台湾当局大陆政策的基本出发点。为贯彻李登辉的"戒急用忍"主张，台湾当局职能部门在很短时间内完成"戒急用忍政策化"，限制台商对大陆的投资。同时，李登辉等当局要员还不时煽动对大陆的敌意，并且开始对两岸交往、各种交流进行限制，"戒急用忍"政策开始扩展到整个两岸关系各个领域。"戒急用忍"的直接目标就是阻止台商对大陆的投资，长远目标就是要戒发展两岸关系之急，忍"台独"以屈求伸之忍。

业银行的香港分支机构在台北同步发行宝岛债，这被视为两岸金融合作新的里程碑，有利两岸贸易和投资便利化。同时，两岸对金融业的开放力度进一步增大。截止到 2013 年年底，有 11 家台湾地区银行在大陆设立分行，其中 6 家已获准扩展人民币业务服务物件范围。继 2012 年中国银行与交通银行在岛内设立分行后，2013 年 6 月建设银行也在台湾岛内设立分行。

（四）两岸人员往来规模持续扩大，交流日益深入

20 世纪 80 年代以来，两岸关系逐步从对峙、对抗、老死不相往来走向缓和、和解与密切的相互往来。尤其是大陆一直积极鼓励台湾同胞到大陆探亲访友、观光旅游、投资经商、求学就业，促进了台湾同胞到大陆观光旅游与探亲经商的人数不断增多，屡创新高。据公安部统计，到 2012 年年底，台湾居民入境人数累计超过 7 000 万人次。然而，多年来受台湾当局政策管制，大陆居民却无缘到台旅游、投资经商、求学就业，形成极不正常的单向局面。2008 年春，国民党候选人马英九在台湾地区领导人"大选"中获胜，两岸签署大陆居民赴台旅游协议，两岸人员往来不断扩大。2013 年，两岸人员往来规模达 808 万人次，其中，大陆居民赴台 292 万人次，同比增长 11%。2014 年，两岸人员往来规模持续扩大，全年人员往来总量为 941.1 万人次，同比增加 16.52%，再创历史新高。其中，台湾居民来大陆达到 536.6 万人次，大陆居民赴台达到 404.6 万人次。大陆居民赴台旅游达到 322 万人次，同比增加 47%。两岸民众的密切往来，不但拉近了彼此的心理距离，也有利于消除隔阂、增进双方的了解与互信。

伴随着人员交流规模的扩大，两岸文化、教育、科技、体育等领域交流日益深入，交流的深度与广度不断提升。两岸各界建立了机制化交流平台，如两岸信息产业技术标准论坛、两岸"文创汇"、两岸四地青年论坛、两岸婚姻家庭论坛、两岸社区治理论坛、两岸青少年新媒体文创论坛、两岸同名村活动等，为两岸民众更深入的交流创造了良好条件，密切了同胞感情。

四、加强交流与合作，推动两岸关系和平发展，促进祖国和平统一

实现祖国统一是全体中国人民肩负的重大历史使命，是中华民族走向伟大复兴、实现中国梦的历史必然。以和平方式实现统一，最符合包括台湾同胞在内的中华民族的根本利益。争取祖国和平统一的基础是确保两岸关系和平发展，两岸关系和平发展是实现和平统一的必由之路。两岸关系和平发展有利于两岸同胞扩大共同利益、增强精神纽带、融洽彼此感情，有利于两岸双方建立互信互动、积累共识、解决争议，有利于两岸经济共同发展、共同繁荣，有利于遏制"台独"活动、维护国家主权和领土完整，有利于实现中华民族伟大复兴。

两岸的交流合作与对话协商，是两岸人民增进了解、沟通感情的桥梁和纽带，是推动两岸关系和平发展、促进祖国和平统一的重要因素。胡锦涛指出："通过交流合作增进感

情融合、增加共同利益，通过协商谈判积累共识、减少分歧，循序渐进解决问题。"开展两岸交往交流与合作，是两岸同胞的共同愿望，符合两岸同胞的根本利益。两岸双方按照"建立互信、搁置争议、求同存异、共创双赢"的方针，秉持"先易后难、先经后政、把握节奏、循序渐进"的思路，着力提高交流合作的质量和机制化进程，巩固深化了两岸关系和平发展的政治、经济、文化、社会基础，持续创造了两岸互利双赢的新局面。

两岸关系和平发展符合两岸同胞共同愿望，符合中华民族整体利益，符合时代发展进步潮流。当前的两岸关系已达 60 多年来的最佳状态，两岸同胞加强交流合作的愿望比以往任何时候都更为强烈，两岸各领域开展互利合作的条件比以往任何时候都更加具备，两岸关系和平发展的前景比以往任何时候都更加光明，把握两岸关系和平发展的主题、开创两岸关系和平发展新局面的主张正在成为两岸同胞的自觉行动，推动两岸关系和平发展已经具有更为坚实的基础、更为强劲的动力、更为有利的条件。如今，两岸关系和平发展正处在一个新的历史起点，两岸双方应当紧紧抓住机遇，牢牢把握持续推进两岸关系和平发展的主题，进一步增强政治互信、推进经济合作、加强文化交流、扩大人民往来、推进对话协商，加强各领域制度化建设，夯实两岸关系和平发展的政治、经济、文化、民意和社会基础，使两岸关系和平发展成为不可逆转的趋势，着力构建两岸关系和平发展新框架，努力开创两岸关系和平发展新局面，为祖国和平统一创造更充分的条件。

祖国的统一是中华民族的根本利益所在，两岸统一是实现中华民族伟大复兴的历史必然。当前两岸虽然在"一个中国"政治内涵的理解上，在国家的统一方式上还有较大的分歧，"台独"意识和文化在台湾还存在。但是，两岸同胞是一家人，海峡两岸血脉相连，炎黄子孙心心相印，共同的民族利益，共同的民族文化，必将使海峡两岸获得共同的语言和立场，从而捐弃前嫌、化解恩怨，携手共图祖国和平统一的千秋伟业。我们坚信，在"和平统一、一国两制"的方针和"一个中国"的共识基础上，海内外中华儿女紧密团结、共同奋斗，牢牢把握两岸关系和平发展的主题，积极推动两岸关系和平发展，祖国的完全统一就一定能够实现。正如江泽民所说："不管在实现祖国完全统一的道路上还有多少艰难险阻，海峡两岸全体中国人和所有中华儿女，从中华民族的根本利益出发，携手共进，祖国的完全统一和民族的全面振兴，一定能够实现。"①

---

① 江泽民. 江泽民论建设有中国特色社会主义（专题摘编）. 北京：中央文献出版社，2002：506.

第六章　科学发展与环境保护

科学发展观是我国特色社会主义理论体系新成果，是指导党和国家全部工作的强大思想武器。随着我国经济社会的发展进程，科学发展观必须贯彻到我国现代化建设全过程，全面落实经济建设、政治建设、文化建设、社会建设、生态文明建设五位一体总体布局，不断开拓生产发展、生活富裕、生态良好的文明发展道路。环境保护既是科学发展观的题中之意，也是直接具体地落实科学发展观的关键之举。人与自然的和谐是经济能够得到持续发展的前提，也是人类文明延续的保证。

第一节　科学发展观的新要求

中国共产党在 90 多年的奋斗历史中，努力地把马列主义的基本原理与中国革命、建设和改革开放的具体实际相结合，先后创造了毛泽东思想和包括邓小平理论、"三个代表"重要思想、科学发展观和"四个全面"战略布局在内的中国特色社会主义理论体系四大理论成果，不断实现着党的指导思想的与时俱进和科学创新。

一、科学发展观的演进

科学发展观的提出和形成经历了一个逐步深化的演进过程，大致分为以下三个阶段。

（一）萌芽阶段

1999 年 3 月至 2003 年 9 月，是科学发展观的萌芽阶段。该阶段在实践和理论两个方面同时强调，发展是在经济增长的基础上，坚持以人为本，坚持社会全面、协调、可持续的发展。

1999 年 3 月 10 日，胡锦涛参加第九届人大二次会议福建代表团审议时说："我们必须牢固树立发展是硬道理的思想，树立科学的发展观。我们搞的是社会主义市场经济，必须按照市场要求配置资源、组织生产和流通。……只有这样，才能真正实现没有水分的、实实在在的、有良好效益的、能给人民带来实惠的发展。"①这是在我党历史上首次提出"科学的发展观"概念。

2003 年 4 月，在"非典"疫情蔓延期间，胡锦涛到广东视察工作时，提出了要坚持全面的发展观的思想。他指出："抓住新机遇，增创新优势，开拓新局面，努力实现加快发展、率先发展、协调发展。"②他要求广东交出物质文明、政治文明、精神文明协调发展的优异答卷。

（二）形成阶段

2003 年 10 月到 2007 年 5 月，是科学发展观的形成阶段。该阶段系统阐述科学发展观的理论基础、实践来源、科学内涵和基本要求，形成了比较完整的科学发展观理论体系。

2003 年 10 月，党的十六届三中全会通过的《中共中央关于完善社会主义市场经济体制若干问题的决定》明确提出了"坚持以人为本，树立全面、协调、可持续发展观，促进经济社会和人的全面发展"，强调要"按照统筹城乡发展、统筹区域发展、统筹经济社会发展、统筹人与自然和谐发展、统筹国内发展和对外开放的要求"③，推进改革和发展。这是在党的文件中第一次提出科学发展观的概念，标志着科学发展观的形成。

2004 年 9 月，党的十六届四中全会强调："要坚持以经济建设为中心，树立和落实科学发展观，正确处理改革、发展、稳定的关系，不断开拓发展思路、丰富发展内涵，推动社会主义物质文明、政治文明、精神文明协调发展。""坚持以人为本、全面协调、可持续的科学发展观，更好地推动经济社会全面发展。"这是我党第一次明确提出"以科学发展观统领经济社会发展全局"④。

2005 年 10 月，在党的十六届五中全会上，胡锦涛强调"要坚持以科学发展观统领经济社会发展全局，加强和改善宏观调控，着力推进改革开放，加快调整经济结构、转变经济增长方式，促进社会和谐，实现经济社会全面协调可持续发展"⑤。全会通过的《中共中央关于制定国民经济和社会发展第十一个五年规划的建议》，强调把经济社会发展切实转入全面协调可持续发展的轨迹。这标志着中国共产党全面确立了科学发展观这一战略性发展理念。

2006 年 10 月，党的十六届六中全会通过的《中共中央关于构建社会主义和谐社会若干重大问题的决定》指出，科学发展观是推进社会主义现代化建设必须长期坚持的重要指导思想。

---

① 王彦田. 胡锦涛参加福建代表团审议时强调: 树立科学的发展观　保持良好精神状态. 人民日报, 1999-03-10（第 4 版）.
② 胡锦涛. 抓住机遇　增创新优势　开拓新局面　努力实现加快发展率先发展协调发展. 人民日报, 2003-04-16（第 1 版）.
③ 中共中央文献研究室. 十六大以来重要文献选编（上）. 北京：中央文献出版社，2005：465.
④ 中共中央文献研究室. 十六大以来重要文献选编（中）. 北京：中央文献出版社，2006：451-456.
⑤ 中共中央文献研究室. 十六大以来重要文献选编（中）. 北京：中央文献出版社，2006：1026.

（三）发展阶段

2007 年 6 月至今，是科学发展观的丰富、完善和不断发展的阶段。该阶段进一步阐发了科学发展观的科学内涵、历史地位及其科学意义，进一步丰富和发展了科学发展观。

2007 年 6 月 25 日，胡锦涛在中央党校省部级干部进修班发表重要讲话时指出："党的十六大以来，党中央继承和发展党的三代中央领导集体关于发展的重要思想，提出了科学发展观。科学发展观，第一要义是发展，核心是以人为本，基本要求是全面协调可持续，根本方法是统筹兼顾。"①同年 10 月，党的十七大报告重申和阐发了科学发展观的科学内涵、历史地位和科学意义，并将统筹兼顾从五个方面扩展到了八个方面。此外，还提出了深入贯彻科学发展观的四个方面要求：要求我们始终坚持"一个中心、两个基本点"的基本路线，要求我们积极构建社会主义和谐社会，要求我们深化改革开放，要求我们切实加强和改进党的建设。

2012 年 11 月，党的十八大进一步提出，建设中国特色社会主义事业总体布局由经济建设、政治建设、文化建设、社会建设"四位一体"拓展为包括生态文明建设的"五位一体"。"建设中国特色社会主义，总依据是社会主义初级阶段，总布局是'五位一体'，总任务是实现社会主义现代化和中华民族伟大复兴。"②"五位一体"总布局是我党在领导人民建设中国特色社会主义的实践中认识不断深化的结果。邓小平首先提出物质文明、精神文明的"两个文明"建设，此后，发展为经济建设、政治建设、文化建设的"三位一体"。党的十七大将经济建设、政治建设、文化建设、社会建设"四位一体"的中国特色社会主义事业总体布局写入党的章程。党的十八大"五位一体"的新布局是在科学发展观指导下产生的，更加强调以人为本的发展，强调均衡、协调和可持续发展。这是总揽国内外大局、贯彻落实科学发展观的一个新部署和新要求，为我国到 2020 年实现全面建成小康社会的奋斗目标提供强有力的指引。

习近平在省部级主要领导干部学习贯彻十八届四中全会精神全面推进依法治国专题研讨班的讲话中指出，党的十八大以来，党中央从坚持和发展中国特色社会主义全局出发，提出并形成了全面建成小康社会、全面深化改革、全面依法治国、全面从严治党的战略布局。"四个全面"战略布局反映了马克思主义中国化的新成果，是我们在新的历史起点上坚持和发展中国特色社会主义，实现"两个一百年"奋斗目标和中华民族伟大复兴中国梦的行动指南。习近平同志的系列讲话，科学回答了全面建成小康社会面临的诸多重大问题，全面小康核心在全面，着眼点在中国特色社会主义事业"五位一体"总体布局，动力在全面深化改革，保障在全面依法治国，关键在全面从严治党。"四个全面"战略布局相辅相成、相互促进、相得益彰，构成了科学的、完整的中国化马克思主义理论体系。

改革开放 30 多年来，我国经济社会发展取得了举世瞩目的辉煌成就，综合国力与国际地位显著提升，人民生活水平不断提高，全面建设小康社会取得重大进展。党的十八大提出"五位一体"建设总布局，提出要从源头扭转生态环境恶化趋势，为人民创造良好生

---

① 胡锦涛在中央党校发表重要讲话强调坚定不移走中国特色社会主义伟大道路　为夺取全面建设小康社会新胜利而奋斗. 人民日报, 2007-06-26（第 1 版）.

② 赵婀娜，杨雪梅，魏贺，等. 特稿：五位一体总布局　美好未来新期待. 人民网, 2012-11-12.

产生活环境，努力建设美丽中国，实现中华民族永续发展，是我国社会主义现代化发展到一定阶段的必然选择，体现了科学发展观的基本要求。"五位一体"总布局具有丰富内涵：经济建设是根本，政治建设是保证，文化建设是灵魂，社会建设是条件，生态文明建设是基础；尤其是对经济持续健康发展、人民民主不断扩大、文化软实力显著增强、人民生活水平全面提高、资源节约型和环境友好型社会建设取得重大进展的新要求。经济建设、政治建设、文化建设、社会建设、生态文明建设"五位一体"协调发展，有利于实现全面建成小康社会的奋斗目标，有利于创造中华民族更加美好的未来[①]！

二、科学发展观的历史必然性

（一）科学发展观是我国社会经济发展新阶段的必然要求

党的十三大提出我国现代化建设大体分"三步走"：第一步从 1981 年到 1990 年 GNP 翻一番，解决人民的温饱问题；第二步从 1991 年到 20 世纪末，GNP 再翻一番，人民生活达到小康水平；第三步到 21 世纪中叶，人均 GNP 达到中等发达国家水平，人民生活比较富裕，基本实现现代化。党的十五大明确提出："展望新的世纪，我们的目标是，第一个十年实现 GNP 比 2000 年翻一番，使全国人民的小康生活更加宽裕，形成完善的社会主义市场经济体制；再经过十年的努力，到建党一百年（2020 年）时，使国民经济更加发展，各项制度更加完善；到下个世纪中叶（2050 年）中华人民共和国成立一百年时，基本实现现代化，建成富强民主文明的社会主义国家。"这实际上提出了到 21 世纪中叶，跨度达 50 年的新的"三步走"发展战略。2012 年 11 月 8 日，党的十八大报告提出了"两个一百年"：第一，在中国共产党成立一百年时，全面建成小康社会。第二，在新中国成立一百年时，建成富强民主文明和谐的社会主义现代化国家。2012 年 11 月 29 日，根据党的十八大精神，习近平自参观《复兴之路》大型展览伊始发表一系列重要讲话，提出并丰富了中国梦思想，不仅为各族人民规划了"民族复兴、国家富强、人民幸福、合作共赢"的中国梦宏伟蓝图，也为中华儿女量化了实现中国梦的实践路线图。

从党的发展战略看，21 世纪头二十年是我国经济社会发展的重要战略机遇期。措施得当，加快发展，我国就会进入一个平稳的较快发展的历史阶段，就能为全面建设小康社会进而实现现代化奠定坚实的基础。从经济体制改革看，我国已进入完善社会主义市场经济体制的新阶段。经济社会若不能全面、协调发展，一些深层次的改革措施就很难推行。从对外开放看，我国加入世界贸易组织标志着参与经济全球化进入了一个新的阶段。经济对外依存度的提高，既扩大了我国市场空间，也增加了贸易摩擦，加剧了资源竞争，经济发展的不确定性和风险性增大。尤其是当前我国经济社会发展进入新常态，必须强调"经济社会发展与环境保护相协调"，以推动绿色发展、循环发展、低碳发展，在保护环境中实现经济发展和民生改善。保护生态环境、治理环境污染迫在眉睫，严守生态保护红线，让透支的资源环境逐步休养生息，增加生态产品供给和环境容量至关重要。因此，

---

① 新华社评论员. 坚持五位一体　把握总体布局——学习贯彻党的十八大精神之四. 新华网，2012-11-19.

科学发展观符合现阶段我国社会经济发展新阶段的内在要求，只有坚持科学发展观才能实现我国社会经济可持续发展。

（二）科学发展观是解决发展进程中的现实矛盾和问题的迫切需要

改革开放三十多年来，我国经济高速增长，创造了世界奇迹，但同发达国家相比，差距仍然较大。例如，2003 年我国 GDP 总量占世界的 4%，而美国高达 32.6%、日本占 15.2%、欧盟占 26.8%。除了发达国家在经济上、科技上占优势的压力将长期存在之外，我国在发展进程中存在以下矛盾和问题：①经济和社会发展不协调的矛盾较为突出，尤其是劳动力众多与就业压力增大的矛盾，这表现为人口总量、就业人口、老龄人口、农村劳动力转移、就业问题十分突出。如何将人口负担转化为人力资源，是我国经济建设与社会发展的重要战略问题。②资源相对不足与粗放式经济增长方式的矛盾。我国以占世界 9% 的耕地、6% 的水资源、4% 的森林，养活约占世界 1/4 的人口；同时，大多数矿产资源人均占有量不到世界平均水平的一半。在经济增长方式上，单位 GDP 的能耗是世界平均水平的 2.6 倍，与发达国家相比差距更大。这种粗放型的增长方式已经难以为继。③城乡差距、地区差距、社会群体收入差距进一步拉大的矛盾。"三农"问题已经成为制约国家进一步发展的"瓶颈"。个人收入分配结构呈"金字塔形"，贫富悬殊拉大。其他如自主创新能力不强、环境的瓶颈制约问题日益突出等。解决这些问题和突出矛盾，需要我们牢牢把握新的发展阶段的特征，切实抓住重要战略机遇期，制定正确的发展目标和方针政策，转变发展观念，创新发展模式，提高发展质量，努力实现又好又快发展。

（三）科学发展观是顺应世界潮流及应对国际竞争的必然选择

第二次世界大战结束后，全世界被带入一场巨大的发展潮流之中，全世界普遍关注的热点问题是经济增长。在 20 世纪 60 年代，一些发展中国家提高了经济增长速度，但这并没有改善发展中国家的经济社会状况。单纯的经济增长却带来了严重的经济社会问题，包括农民贫困、两极分化严重、社会动荡不安、环境污染、能源危机、温室效应等严重后果。其中，在 20 世纪 60~70 年代，人类的环境问题不仅成为制约经济社会发展的严峻问题，而且成为威胁人类生存的突出问题。

面对上述现实，人们对经济增长的发展观产生了怀疑。首先，1962 年，美国女生物学家切尔·长逊发表了环境科普著作《寂静的春天》，引发了人们关于发展观念的争论。1972 年，美国学者巴巴拉·沃德和雷内·杜博斯合著《只有一个地球》，把人类对生存与环境的认识推向可持续发展的境界。1987 年，以挪威首相 G. H. 布伦特兰夫人为首的世界环境与发展委员会向联合国提交了一份题为《我们共同的未来》的报告："持续发展是在满足当代人需要的同时，不损害人类后代满足其自身需要的能力。"同时，该报告还阐述了持续发展的战略，即生态的持续性、经济的持续性、社会的持续性，把生态、经济、社会统一为不可分割的整体①。1992 年，联合国环境与发展大会在巴西里约热内卢召开，通过了《21 世纪议程》。该议程详尽而深切地阐明了环境与发展的关系，丰富了可持续发展观，提供了落实可持续发展战略的行动方案，为人类改善环境、完善发展提供了广阔的前景。此后，联合国《1994 年人类发展报告》提出了人类发展指数（human development index，HDI）——寿命、知识和生活水平。从这三个要素可以看出，人类发展指数是经济增长、社会进步、环境和谐的综合反映，人类发展指数的产生，是旧发展观转变为新发展观的一个重要标志②。发展观的这种历史演变，是人类对现代化实践在认识上不断深化的结果。

和平与发展是当今时代的主题。科学发展观既符合时代发展潮流，又符合当代中国国情；既体现出鲜明的时代特征，又体现出中国这个世界上人口最多的大国对全球、对人类的负责态度。在实践中贯彻落实科学发展观，不仅会对中国的改革和发展产生巨大而深远的影响，而且会对全人类的可持续发展做出巨大贡献！

三、科学发展观与生态文明的辩证统一

加强环境保护是深入贯彻落实科学发展观、促进经济发展方式转变的关键和突破口。传统的经济发展方式是从自然中开发资源，然后作为原材料对其进行加工，生产出产品或商品，同时向环境排放大量的废水、废气、废渣和环境污染物，造成了环境污染和生态破坏。在 20 世纪中叶，世界发达国家出现的伦敦烟雾事件、洛杉矶的光化学污染事件，日本的水俣病、痛痛病、哮喘病等世界八大公害事件及北欧、北美出现的酸雨和全球生物多样性减少等都充分地证明了这一点③。新中国成立以来，尽管我们借鉴了发达国家的经验教训，在指导思想上确定了"预防为主、防治结合"的原则，但由于传统观念、经济实力、技术水平、管理效能、生产方式、产业结构和消费模式等因素的影响，对环境的污染和生态的破坏非常严重。因此，保护环境必须转变经济发展方式，这是落实科学发展观的客观要求。《国民经济和社会发展第十二个五年规划纲要》要求：耕地保有量保持在 18.18 亿亩；单位工业增加值用水量降低 30%，农业灌溉用水有效利用系数提高到 0.53；非化石能源占一次能源消费比重达到 11.4%；单位 GDP 能源消耗降低 16%，单位 GDP 二氧化碳排放降低 17%；主要污染物排放总量显著减少，化学需氧量、二氧化硫排放分别减少 8%，氨氮、氮氧化物排放分别减少 10%；森林覆盖率提高到 21.66%，森林蓄积量增加 6 亿立方米。这是深入贯彻落实科学发展观的重大举措，是建设生态文明、转变经济发展方式的重要手段，也是中国政府向世界、社会、人民做出的庄严承诺。

科学发展观的第一要义是发展，核心是以人为本，根本方法是全面协调可持续，基本要求是统筹兼顾。科学发展观所追求的是着力把握发展规律、创新发展理念、转变发展模式、破解发展难题、提高发展质量和效益，实现又好又快的发展。科学发展观是把解决民

① 世界环境与发展委员会. 我们共同的未来. 王之佳，等译. 长春：吉林人民出版社，1997：305.
② 周少靖. 当代世界现代化实践中科学发展观的历史演进. 理论前沿，2007，（15）：26.
③ 吕忠梅. 环境法新视野. 北京：中国政法大学出版社，2000：18.

生问题放在首位，坚持走生产发展、生活富裕、生态良好的文明发展道路。科学发展观追求的发展模式是由投入资源、制成产品、再生利用、新型产品构成的循环发展模式，要求在生产的初端投入的资源尽可能地减少，最大限度地节约资源能源，生产的产品尽可能地耐用和再利用，而在生产的终端产出的废物则尽可能地减量化、资源化和无害化，提倡清洁生产。科学发展的归宿在建设资源节约型、环境友好型社会，促进人与自然和谐，使人们在优良的环境中生产生活。归根到底，科学发展就是坚持以人为本的全面、协调、可持续发展，是经济、政治、文化、社会等方面的发展与人的全面发展的辩证统一，是发展强度与资源环境承载力相适应，是经济发展与人口资源环境相协调。

党的十七大报告明确提出，建设生态文明，基本形成节约能源资源和保护生态环境的产业结构、增长方式、消费模式，使生态文明观念在全社会牢固树立。生态文明作为全面建成小康社会的奋斗目标首次写入党的政治报告，这是我们党对社会主义现代化建设规律认识的新发展。党的十八大报告再次论述生态文明，并独立成篇。报告要求按照人口资源环境相均衡、经济社会生态效益相统一的原则，控制开发强度，调整空间结构，促进生产空间集约高效、生活空间宜居适度、生态空间山清水秀，给自然留下更多修复空间，给农业留下更多良田，给子孙后代留下天蓝、地绿、水净的美好家园；提出要把生态文明建设放在突出地位，融入经济建设、政治建设、文化建设、社会建设各方面和全过程，努力建设美丽中国，实现中华民族永续发展。

加强生态文明建设，是深入贯彻落实科学发展观的应有之义，是实现全面建成小康社会奋斗目标的内在需要。生态文明是人类文明的一种形态，它以尊重和维护自然为前提，以人与人、人与自然、人与社会和谐共生为宗旨，以建立可持续的生产方式和消费方式为内涵，以引导人们走上持续、和谐的发展道路为着眼点。生态文明强调人的自觉与自律，强调人与自然环境的相互依存、相互促进、共处共融，既追求人与生态的和谐，也追求人与人的和谐。可见，生态文明是人类对传统文明形态特别是工业文明进行深刻反思的成果，是人类文明形态和文明发展理念、道路和模式的重大突破。科学发展观的"科学"就在于将人、自然、社会和谐发展切实提上了日程。一方面，科学发展观的核心是以人为本，强调发展要满足人的需求、重视人的因素，将最终成效落实到提高人民生活水平上；另一方面，科学发展观关注发展的可持续性，重视经济发展过程中的节约生产、清洁生产、绿色生产，注重经济、政治、文化、社会发展的连续性、持久性，将当前与长远、当代与子孙后代的永续发展辩证地统一起来。

因此，生态文明与科学发展观在本质上是一致的，都是以尊重和维护生态环境为出发点，强调人、自然、社会协调发展，以可持续发展为支撑，以生产发展、生活富裕、生态良好为准则，以人的全面发展为归宿。建设生态文明，必须以科学发展观为指导，从思想意识上实现三大转变：必须从传统的"向自然宣战""征服自然"等理念，向树立"人与自然和谐相处"的理念转变；必须从粗放型的以过度消耗资源破坏环境为代价的增长模式，向增强可持续发展能力、实现经济社会又好又快发展的模式转变；从把增长简单地等同于发展的观念、重物轻人的发展观念，向以人的全面发展为核心的发展理念转变。

当今世界，能源资源短缺和生态环境破坏已经成为各国在发展中面临的问题。能源资源节约的经济增长模式、和谐的生态环境，正在成为新的竞争优势。人类社会的发展实践证明，如果生态系统不能持续提供资源能源、清洁的空气和水等要素，物质文明的持续发展就会失去载体和基础，进而整个人类文明都会受到威胁。从 20 世纪 60 年代开始，人类对自身与自然关系的反思迅速升温。1972 年，联合国发表《人类环境宣言》；20 世纪 90 年代以后，《里约环境与发展宣言》、《二十一世纪议程》、《关于森林问题的原则声明》、《联合国气候变化框架公约》和《生物多样性公约》等一系列有关环境问题的国际公约和国际文件相继问世，标志着实现人与自然和谐发展成为全球共识。加强以节约能源资源和保护生态环境为核心的生态文明建设，必将增强我国的国际竞争力、综合国力和可持续发展能力，开辟出发展的新天地。

第二节　我国的环境形势

新中国成立 60 多年来，发展成就举世瞩目，经济持续高速增长，综合国力极大提高，人民生活显著改善。单看 GDP 就由 1952 年的 679 亿元猛升到 2010 年的 5.88 万亿美元，经济总量超过日本跃居世界第二。截止到 2013 年年底，中国的 GDP 为 8.3 万亿美元，实际增长率为 7.8%[1]，2014 年年底达到 10.4 万亿美元[2]。但是，中国的发展基本沿袭了工业发达国家的老路，尤其是在人口庞大、资源相对贫乏的压力下，环境污染和生态破坏造成了更为严重的后果，中国脆弱的生态环境和有限的自然资源正在危险地支撑着有史以来最多的人口和最大的发展压力。

一、当前环境总体形势严峻

（一）资源瓶颈约束压力巨大

1. 自然资源严重短缺

自然资源是人类赖以生存和发展的基础。我国自然资源的总体情况不容乐观：自然资源总量大，种类多，但人均资源占有量少，开发难度大；我国资源开发利用不尽合理，浪费和损失严重，导致我国资源问题很严峻。到 2030 年，经济发展需要的 45 种重要的矿产资源可能只有 6 种能够满足国内的需求。我国石油的进口量占需求量的比重将近 50%，铁矿石的进口量占需求量的比重超过 50%。农产品总体上的自给率很高，虽然有的产品自给率百分之百，但是也存在着结构性的矛盾。例如，2008 年消费 4 000 多万吨大豆，其中进口占 70%，目前需要的大豆差不多仍然保持 70%的进口量，而榨油用大豆进口比例占 80%以上。

① 资料来源：金投外汇网，http：//forex. cngold. org/school/c2976171. html，2015-01-05.
② 资料来源：金投外汇网，http：//forex. cngold. org/school/c2982494. html，2015-01-05.

从水资源看，中国人均水资源量不大，只相当于世界人均水资源占有量的 1/4，居世界第 110 位。根据世界水资源研究所提出的标准，中国人均水资源量处于缺水上下限（1 000~5 000 立方米/人）的中低值，总体缺水。联合国已将中国列为全球 13 个最缺水的国家之一。同时，中国的水资源分布也极不均匀，北方地区人均水资源量仅 988 立方米，低于 1 000 立方米的重度缺水标准，黄河、淮河、海河流域及内陆河流域共有 11 个省（自治区、直辖市）的人均水资源拥有量低于 1 750 立方米的缺水紧张线，其中山东为 380 立方米，河北为 330 立方米，北京不足 300 立方米，天津仅为 150 立方米，成为世界上最缺水的地区之一。更为严峻的是，部分地区严重的水污染，造成合格水源减少，水质性缺水已威胁到我国业已不足的水资源供给。

从土地资源看，中国土地总面积居于世界第三位，但人均土地面积仅为 0.777 公顷，相当于世界人均土地面积的三分之一。其中，耕地面积大约占世界总耕地的 7%，而且随着人口的不断增长，工矿、交通、城市建设用地不断增加，人均耕地不断减少。同时，人类不合理的生产活动，致使水土流失严重，土地沙化、盐渍化和草场退化面积不断扩大而损失掉大片的良田。中国的土地资源形势严峻，一方面，在人口增长与经济发展压力下，土地资源短缺状况日益突出；另一方面，土地资源利用粗放，浪费严重，土地资源管理不当，加重了形势的严峻性。

2. 经济增长代价高昂

中国粗放型传统经济增长方式有六个特点，即高投入、高消耗、高排放、不协调、难循环、低效率。中国 GDP 占全世界的 6%，能源消耗占世界总量的 15%，主要原材料消耗占全世界的 30%~54%，我国资源生产率只相当于美国的 1/10，日本的 1/20。单位 GDP 二氧化硫、氮氧化物的排放量是经济合作与发展组织（Organization for Economic Co-operation and Developmenut，OECD）国家平均水平的 8 倍左右。由于中国技术和管理水平比较低下，经营方式比较粗放，能源、资源的消耗量大，资源利用效率低，污染物排放严重，因而环境污染所导致的经济损失近年来不断呈上升的态势。据原国家环保总局政策研究中心估算，我国 1992 年环境污染损失约为 986 亿元，占当年 GNP 的 4%。据中国社会发展中心估算，1993 年我国环境污染损失约为 963 亿元，占当年 GNP 的 2.8%，生态破坏损失约为 2 394 亿元，占当年 GNP 的 6.9%。1997 年据世界银行估算，中国仅空气和水污染造成的经济损失，每年就高达 540 亿美元，相当于同期 GDP 的 8%。2001 年，国家环保总局组织了西部生态状况调查，调查结果表明，仅西部九省区因生态破坏造成的直接经济损失就高达 1 494 亿元，相当于该地区同期 GDP 的 13%[①]。

（二）生态环境安全形势不容乐观

我国环境污染的严峻形势可以用三句话概括：污染物排放总量居高不下，远超过环境容量；环境质量令人担忧；环境污染事故进入高发期。早在 2005 年，我国七大水系污染四类以上水质占 59%，其中有 27% 为劣五类水质，基本丧失了使用功能。近岸海域超

---

① 张维庆，孙文盛，解振华. 人口、资源、环境与可持续发展干部读本. 杭州：浙江人民出版社，2004：344.

污染四类海水水质占 34.5%，超标污染元素主要为氮和磷。湖泊水体富氧化严重，全国 75%的湖泊出现不同程度的富氧化。劣五类水质的湖泊占 43%，"三湖"（太湖、巢湖、滇池）湖体水质均为劣五类。2006 年，国家环保总局公布的数据表明，在国家掌握监测数据的 559 个城市中，达到国家空气质量一级标准的城市只占 4.3%，达到国家空气质量二级标准的城市占 58.1%，三级和超过三级标准的城市占 37.6%。据测算，我国二氧化硫、化学需氧量和消耗臭氧层物质（ozone depleting substance，ODS）排放量居世界第一位；二氧化碳排放量也居世界第一位。世界空气污染最严重的 20 个城市，中国占了 16 个。全国有 1/2 的城市居民生活在空气污染的环境中，1/5 的城市居民生活在空气严重污染的环境中。全国城市垃圾年产生量 1.5 亿多吨，无害化处理率不足 20%；全国有近 1/2 的区域环境噪声超标。水域荒漠化趋势日益加剧，全国 7 大水系中，有 2 400 千米河段鱼虾绝迹，珍稀濒危水生野生动物数量急剧减少，目前仅存 400 余种[①]。

国家环境保护"十二五"规划指出：我国依然面临严峻的环境形势。一些重点流域、海域水污染严重，部分区域和城市大气灰霾现象突出，许多地区主要污染物排放量超过环境容量；农村环境污染加剧，重金属、化学品、持久性有机污染物及土壤、地下水等污染显现；部分地区生态损害严重，生态系统功能退化，生态环境比较脆弱；核与辐射安全风险增加。人民群众环境诉求不断提高，突发环境事件的数量居高不下，环境问题已成为威胁人体健康、公共安全和社会稳定的重要因素之一；生物多样性保护等全球性环境问题的压力不断加大；环境保护法制尚不完善，投入仍然不足，执法力量薄弱，监管能力相对滞后。同时，随着人口总量持续增长，工业化、城镇化快速推进，能源消费总量不断上升，污染物产生量将继续增加，经济增长的环境约束日趋强化。

环境破坏导致经济社会发展受到严重影响，生态平衡受到严重威胁。大气污染、水污染、废弃物污染及辐射污染等严重损害着广大人民群众的身心健康。江河断流使水资源供需矛盾更加激化，给下游地区的社会经济发展造成了严重影响。另外，生物资源的过量消耗和物种的大量消失，也进一步削弱了工农业生产的原材料供给能力，制约了经济社会的协调发展。以水土流失、土地沙化、土壤盐渍化为特征的土地整体退化的趋势未得到根本改变；植被质量低、生态功能弱的现象并未扭转；耕地数量型占补平衡与质量型下降并存；湿地破坏严重；生物多样性受到严重威胁。我国是世界上生物多样性最为丰富的国家之一，全国共有高等植物 3 万余种，脊椎动物 6 347 种，陆地生态系统类型近 600 种。由于对自然资源的过度开发利用和环境污染，野生物种的栖息地面积不断缩小和遭受破坏，加上一些地区的滥捕、滥猎、滥采，野生动植物数量不断减少，生物多样性受到严重威胁。据统计，全国共有濒危或接近濒危的高等植物 4 000~5 000 种，占到了我国高等植物总数的 15%~20%，已确认有 258 种野生动物濒临灭绝。在《国际濒危物种贸易公约》列出的 640 种世界性濒危物种中，我国濒危物种占 156 种。

二、环境问题对我国人民生活、政治、经济等方面的影响

（一）环境问题对人类生存的影响

距地面几十米的近地面层大气，是人类和生物的生存空间。这一层空气质量的好坏直接影响着人类的生产和生活。洁净空气是人类赖以生存的必要条件之一。科学告诉我们，人体每天需要吸入 10~12 立方米的空气，一个人在 5 个星期内不吃饭或 5 天内不喝水，尚能维持生命，但超过 5 分钟不呼吸空气，便会死亡。通常而言，大气有一定的自我净化能力，从而使大气保持洁净。但是，随着工业及交通运输业的不断发展，排放出的大量汽车尾气与空气中的一些物质成分发生化学反应，生成对人体十分有害的一氧化氮、乙醛等新物质，改变了空气的正常机能，使空气质量变坏。当我们生活在受到污染的空气之中时，健康就会受到影响。

如果对空气质量不加以控制和防治，将严重地破坏生态系统和人类生存条件。例如，大气逆温现象直接影响大气污染物的扩散。一般条件下，气温是随着高度的增加而降低的，平均每上升 100 米，温度约降低 0.6℃。同时，大气低层温度高，空气密度小；高层温度低，空气密度相对较大，"头重脚轻"的现象使低层特别是近地面层空气中的污染物和粉尘向高空发散，从而降低在大气低层的污染程度。但是，在某些特定条件下，如一场冷空气过后，就会出现气温随高度增加而升高的现象，导致空气"头轻脚重"，大气科学中称这种现象为"逆温"。发生逆温的大气层叫"逆温层"。逆温层的厚度可从几十米到几百米，它就像一层厚厚的被子盖在地面上空，空气不能向上扩散，"无路可走"又向下蔓延，从而加重了大气污染，危害人体健康，有人称"逆温"是冬天的隐性杀人帮凶，后果触目惊心。例如，1953 年，美国美丽的滨海城市洛杉矶仅因一次烟雾事件，在短短的 1~2 天内，草木枯黄，上千人中毒，400 多人死亡。调查表明，究其原因：一是日益增多的现代化交通工具——汽车排放的尾气形成了这种烟雾；二是洛杉矶一年中约有 300 天出现逆温，使这种烟雾形成之后，常常积聚不散。1952 年 12 月，伦敦烟雾事件也与"逆温"有关，整个伦敦地区在一周内死亡人数比往年同期增加 3 500~4 000 人，45 岁以上死亡人数为平时的 3 倍，1 岁以下婴儿死亡数也增加 1 倍[①]。

我国目前有 1/4 的人口饮用不合格的水，1/3 的城市人口呼吸着严重污染的空气，70%死亡的癌症患者与污染相关，20%的儿童铅中毒，大城市里每 10 对夫妇就有 1 对因污染影响生育[②]。2007 年经济合作与发展组织公布的首份中国环境政策报告书披露，中国有1/3 的河段、75%的主要湖泊、25%的沿海水域正遭受"严重污染"；中国超过 1.7 万个城镇没有污水处理厂，近 10 亿人的排泄物几乎没有经过收集和处理；中国每天有多达 3 亿人饮用遭到污染的水，每年有 1.9 亿人受到与水有关的疾病的折磨，水污染每年导致 3 万名儿童死于腹泻；到 2020 年之前，中国的空气污染会导致 60 万个城市人口过早死亡，每年发生 2 000 万例呼吸系统疾病，550 万例慢性支气管炎和健康受损病例；中国是全球

---

① 曹明德. 生态法原理. 北京：人民出版社，2002：137.
② 潘岳. 环境友好型城市. 北京：中国环境科学出版社，2006：16.

第二大温室气体排放国，是全球制造和使用最多破坏臭氧产品的国家；中国大气污染减排目标不能达到大气环境标准，一部分大城市的大气环境已进入全球黑名单；生态系统遭到严重破坏，各处有害垃圾数量远远超出中国妥善安全处理的能力范围，非法丢弃垃圾对人们的健康和环境构成了巨大威胁……这可能使中国 GDP 损失 13%[①]。

（二）环境问题对经济和外贸的影响

环境保护与经济发展存在着既对立又统一的关系：盲目追求经济增长，将会严重破坏环境和资源，从而影响经济发展本身；合理运用自然资源，在环境可承载限度下发展经济，可以积累资金、提高技术从而促进环境保护。发展中国家必须把经济发展和环境保护两者协调起来，才能实现可持续发展。

目前，我国是世界上资源短缺、污染严重的国家之一，自然资源和生态环境的承载能力均已大幅下降，呈现大范围生态退化和复合性环境污染的严峻局面。按照传统工业经济增长方式，必然进一步加剧能源消耗和环境污染，导致战略性资源枯竭和生态危机，造成资源支撑不住、环境容纳不下、经济社会发展难以为继、民族生存空间严重收缩的严重后果。中国改革开放 30 多年取得了西方 100 多年的经济成果，而西方 100 多年的环境污染在中国 30 多年间也得到集中体现。因此，我们一方面要继续坚定不移地大力发展经济；另一方面又要切实注重节约资源和保护生态环境。这是科学发展观"又好又快"和可持续发展的具体体现，也是生态文明建设的根本要求。

近年来，贸易和环境关系越来越紧密，绿色贸易壁垒[②]已成为发达国家实施贸易保护的重要手段。例如，欧盟出台了全球最严格的"双绿指令"，即《关于在电气电子设备中禁止使用某些有害物质指令》及《报废电子电气设备指令》，这影响了我国 10 大类 20 万个品种产品的出口，导致我国每年损失 317 亿美元贸易额，占出口欧盟电器产品 7 成以上。同时，由于进口国实行更为严苛的技术标准、环保标准和绿色卫生检疫制度，绿色贸易壁垒严峻挑战中国传统农业，直接限制了中国农产品的出口，极大降低了中国农产品的竞争力。例如，欧盟宣布禁止茶叶使用的农药标准由旧标准的 29 种增加到新标准的 62 种，部分农药的标准比原标准提高了 100 倍以上。各种各样的贸易壁垒直接导致出口量下降，环境、能源等压力迫使我们不得不迅速调整产业结构，这些情况对我国经济发展都产生了严重影响。又如，从 2006 年 5 月起，日本对进口农产品实施的《食品中残留农业化学品肯定列表制度》的规定涉及了 799 种农业化学品和 302 种食品、54 782 个限量标准。残留限量新标准比原来的标准覆盖面广得多，要求也严得多，直接影响中国近 80 亿美元的农产品出口贸易，涉及中国 6 000 多家对日农产品出口企业。但是，这些标准明显具有歧视性，日本针对许多进口农产品的农药最高残留量限量标准都高于国内标准，给中国农产品出口日本市场人为地设置了技术贸易壁垒[③]。

---

① 王高利. 中国环境政策报告：污染事件揭弊官员考核机制. 公益时报，2007-07-24.
② 绿色贸易壁垒是在现代国际贸易中，进口国或地区以保护生态环境、有限资源及人类和动植物为由，以保护本国市场和贸易，维护国家经济利益为目的，通过制定、颁布、实施严格的环境保护法规和苛刻的环境保护技术标准，以限制国外产品或服务进口的贸易保护措施。参见董险峰. 持续生态与环境. 北京：中国环境科学出版社，2006：339.
③ 资料来源：丽水农业信息网，http://www.lsnj110.gov.cn/html/main/dcyjview/90347.html，2015-08-28.

（三）环境问题对政治外交的影响

环境外交是外交活动的重要组成部分，为解决全球或区域性的环境问题，在国际会议、国际组织或其他外交场合，所开展的双边或多边环境合作、国际交流和外交斗争，它是通过外交手段达到解决环境问题的总形式。环境外交的基础是国际环境关系，其是国际关系的重要组成部分，反映了主权国家之间在人口、资源、环境、发展等方面的相互关系。国际间的冲突与合作、国际间的相互依存在国际环境关系中表现十分突出。

1. 21 世纪国际环境外交的新特点

21 世纪国际环境外交的新特点如下。

第一，环境外交主体的多极化趋势。由于发展方式和国情不同，各国在解决和处理某些具体环境问题方面表现出不同的观点和立场，在环境外交主体上表现出多极化现象。

第二，环境外交关系的公约化、法律化。环境冲突常常容易引发经济冲突和政治冲突，国际社会为避免冲突的频繁发生，解决问题的发展趋势就是法律化，由此也产生了现代国际法的一个分支——国际环境法。

第三，环境问题成为国家利益的重要内容。环境问题日益与政治、经济及社会问题交织，不仅增加了解决问题的难度，而且成为国际冲突的一个重要起因，尤其是发展中国家与发达国家之间的矛盾进一步尖锐。世界各国政府和人民已经意识到，环境问题不仅涉及人类的生存，而且也涉及国家发展的根本利益。

2. 中国国际环境合作面临的困难

中国国际环境合作面临的困难有如下方面。

第一，双边合作及引资难度将加大。尽管中国签署的双边环境保护协议或备忘录从数量上说不少，但具体实施的深度和广度不够。例如，与澳大利亚、美国、韩国、法国等国合作的形式和内容仍需进一步开拓；与俄罗斯、印度、巴基斯坦、哥伦比亚等国合作仅停留在书面上。1992 年，在联合国环境与发展大会上，大多数发达国家承诺提供占其 GNP 0.7%的官方援助，但这几年除了丹麦、芬兰、挪威、瑞典、荷兰五个国家之外，其他发达国家不仅没有采取行动兑现向发展中国家提供新的额外的资金的承诺，而且其官方发展援助在其 GNP 中的比重也在逐年下降，目前已减至 20 年来的最低点。

第二，周边国家环境问题日益凸显。周边国家环境问题不仅涉及一国的跨界环境保护国际责任问题，而且还影响该国与周边国家的关系。周边国家的环境问题实质是跨界环境污染问题。中国由于同 15 个国家边界接壤，和周边国家在环境问题上的摩擦不断。例如，日本、韩国认为沙尘暴来源于蒙古和中国，使日本患呼吸道疾病的人数上升，给日本经济造成损失；俄罗斯、马来西亚和印度尼西亚认为中国的造纸业毁坏了它们的原始森林；美国认为中国十年内会成为其西海岸的主要污染源；等等。西方一些国家已经把环境保护和人权问题联系在一起，变成对华外交的主题。

（四）环境问题对社会稳定的影响

环境污染对公众健康的危害将引发社会强烈不满。据统计，环境污染引发的群体性事件以年均 29%的速度递增。2005 年，全国发生环境纠纷 5 万起，对抗程度明显高于其他群体事件。一些地区植被破坏，水土流失，生态失调，土地荒漠化越来越严重。当地农民被迫远走他乡，成为"生态灾民"。2007 年，全国共发生 8 万余起环境纠纷，上访投诉 60 多万起，每年以 30%的速度递增。自 2009 年以来，在"两会"的提案中，环境保护一直是一个热门问题，已超过公共安全、教育、医疗，成为前五位的热点关注问题。

从改善城乡环境的实际情况看，我国污染防治投资几乎全部投向工业和城市，农村的环保设施几乎为零。城市环境的改善是以牺牲农村环境为代价的——企业搬迁，城区空气质量改善了，近郊污染加重了；简单填埋生活垃圾，城区面貌改善了，城乡结合部的垃圾二次污染加重了。农村在为城市装满"米袋子""菜篮子"的同时，出现了严重的地力衰竭、生态退化和农业面源污染。环境恶化已经成为"三农"问题的一个新问题和社会冲突的重要来源。

从区域发展的实际情况看，国家基于西部是我国大江大河的源头和生态环境的天然屏障，对西部地区不断提出限制发展、保护环境的要求，而保护的成果却主要被发达地区无偿享用。近年来的南水北调、森林禁伐、退耕还林，最直接的受益者就是发达地区。"谁受益谁补偿"的原则没有得到落实，是东西部差距仍在不断拉大的重要原因之一。

综上所述，中国改革开放 30 多年以来，经济上取得了奇迹般的发展，但在发展过程中滋生了严重的环境问题。对此，需要引起全社会的高度重视，群策群力，加强环境治理和环境保护。同时，我们要清醒地认识到，由于环境问题的复杂性，中国的环境治理过程不是一蹴而就的，这需要一个长期的历史过程。

第三节　环境保护政策

环境是人类赖以生存和发展的基础，一个国家的环境遭到破坏，不仅会殃及人民的生活，而且会对这个国家的长治久安与繁荣昌盛构成根本性威胁。环境问题是社会经济发展的产物，环境保护政策是解决环境问题的关键。新中国成立 60 多年来，党中央、国务院高度重视环境保护工作，近年来将其作为贯彻落实科学发展观的重要内容，作为转变经济发展方式的重要手段，作为推进生态文明建设的根本措施。

一、它山之石——国外环境保护政策借鉴

人类环境保护存在着三个历史性的标志：1972 年在斯德哥尔摩召开的第一次世界性人类环境会议提出，保护和改善人类环境，已经成为一个紧迫的目标，并且需要和世界和平、全球经济与社会发展这两个既定的基本目标协同实现；1992 年在里约热内卢召开的联合国环境与发展大会提出可持续发展战略的崭新理念——既满足当代人的需要，又不

损害子孙后代满足其需求能力的发展；2002 年在约翰内斯堡召开的可持续发展首脑会议强调，将联合采取行动以"拯救我们的星球，促进人类发展，并实现共同的繁荣与和平"。

（一）从国际层面上看

从 1972 年斯德哥尔摩人类环境会议召开以来，随着全球环境变迁，各项解决环境问题的环境保护条约或公约应运而生。1992 年《联合国气候变化框架公约》提出了人类在面临全球环境问题时的新挑战——气候变化、臭氧层耗损、有害废弃物转移等环境问题，为保护环境设定了专门目标及其实现这些目标的五项原则。1997 年《京都议定书》要求 39 个缔约方 2012 年温室气体排放量与 1990 年排放水平相比，平均要减少 5.2%；同时规定了发达国家的 3 个"灵活机制"——发达国家之间的"排放交易机制"、发达国家与东欧经济转型国家之间的"联合履行机制"、发达国家与发展中国家之间的"清洁发展机制"。其中，"清洁发展机制"允许发达国家在发展中国家投资实施"减排"项目，并以此获得"减排"信用以抵减其国内的"减排"义务，为发达国家与发展中国家提供了"双赢"的环境保护合作机制。

2009 年，哥本哈根联合国气候变化大会商讨了《京都议定书》一期承诺到期后的后续方案，并对未来应对全球气候变化签署协议，维护了《联合国气候变化框架公约》及其《京都议定书》"共同但有区别的责任"的原则，坚持延续"巴厘路线图"的谈判进程，强调发达国家强制减排和发展中国家自主减缓的全球应对气候变化的行动，并就全球长期目标、资金和技术支持、透明度等焦点问题达成广泛共识。

2014 年 9 月 23 日，联合国气候峰会在纽约举行，这是有史以来规模最大的专门讨论气候变化问题的国际会议。作为 2015 年巴黎气候大会前最重要的一次会议，关系到 2015 年各国能否达成新的全球气候协议。作为 2015 年 12 月在巴黎举行的《联合国气候变化框架公约》第 21 届缔约国会议的东道国元首、法国总统奥朗德指出，气候变化是人类面临的艰巨挑战，世界不能忘记 2009 年的哥本哈根气候变化会议未能达成协议的失败教训，并有责任促成巴黎会议取得成功；并指出 2013 年全球二氧化碳在大气中的浓度达到了历史最高水平，全球变暖不仅对国家和区域构成威胁，同时危及世界和平与安全，气候变化导致的流离失所人数比战争还要多[①]。

（二）从国家层面看

20 世纪 30 年代，波及全球的经济危机宣告了自由主义政府论结束，特别是自 20 世纪初到 20 世纪中叶，先后发生震惊世界的八大公害事件（见章后附录），引发了全球第一次保护环境的高潮。工业发达国家治理环境污染大致呈以下阶段性的特点。

1. 20 世纪 80 年代中期以前，政府立法保护环境

在这一时期，世界上许多国家通过立法明确了环境保护是国家的一项基本职责。例如，希腊在 1975 年颁布的《希腊共和国宪法》（第 24 条）规定："保护自然和文化环

---

① 资料来源：中国新闻网，http://news.xinmin.cn/world/2014/09/26/25503795.html，2014-09-26.

境，是国家的一项职责，国家应当就环境保护制定特殊的预防或强制措施。"①1972 年 10月，《巴拿马共和国宪法》（第 110 条）规定："根据国家的经济和社会发展情况，积极养护生态条件，防止环境污染和生态失调，是国家的一项基本职责。"②例如，美国于 1969年颁布了《国家环境政策法》；日本于 1967 年颁布了《公害对策基本法》，都规定以明确国家和政府对防治公害的职责为立法的目的之一。1967 年，保加利亚颁布的《自然保护法》规定："保护自然是全民族的任务，是国家机关、社会团体的基本职责和全体公民的义务。"③同时，通过法律设立国家环境保护机构，强化政府的环境保护职责，以许可、审批、标准控制等命令——控制型的管理手段救济环境损害，清除环境污染对人类健康的风险，改善环境质量。

总体而言，这一时期环境防治的特点是治理的宗旨是末端治理，通过立法制定了环境保护的标准，防治的对象是污染者——企业，治理的主体是政府，政府大多成立了专门的环境管理机构，责成企业治理污染。例如，美国的《国家环境政策法》第 1 条规定："联邦政府将与各州和地方政府以及有关的公共和私人团体进行合作，采取一切切实可行的手段和措施——包括财政和技术上的援助，发展和增进一般福利，创造和保持人类与自然得以在一种建设性和谐中生存的各种条件，实现当代美国人及其子孙后代对于社会、经济和其他方面的要求，这乃是联邦政府一如既往的政策。"该条开宗明义地说明政府在这一时期的大气污染治理中的重要角色。同时，为了确保政府的这一使命的实现，美国的《国家环境政策法》还首创了环境影响评价制度，要求所有的联邦政府机关对人类环境质量具有重大影响的各项重大联邦决策行为进行环境影响评价。又如，日本作为 20 世纪 50~60 年代后崛起的发达国家，随着经济的高速发展，环境污染问题十分严峻，付出了沉重的代价。"四大公害"事件（见章后附录）的后遗症催生了日本一系列的公害防治法，如 1962 年的《煤烟控制法》、1967 年的《公害对策法》、1970 年的《关于处罚有关人身健康的公害犯罪的法律》、1973 年的《公害健康被害补偿法》、1974 年的《空气污染防制法》等。其中，1967 年制定的《公害对策法》被认为是第一部国家级的环境污染防治法，以法律手段在日本全面推行公害防治的各种措施④。但是，如果仔细探究，不难发现这些法律对策随处都可见末端治理的踪影，落下了先污染、后治理的"亡羊补牢"的遗憾，其主要特点是以防止环境污染危害人体健康和生活环境为目的、对排出污染物质行为采用排放标准手段以强制遵守；在控制上主要是借助公权力来进行环境保护，其控制形式类似于警察行政的命令与控制的方式。

2. 20 世纪 80 年代中期至 90 年代，经济手段与法律制度相结合

20 世纪 70 年代的命令——控制手段在环境保护方面虽然取得了成绩，但其背后的问题也日益显现，包括环境污染防治法律制度的短期性、局部性、高成本性等。于是，在环境保护的监管制度中，逐渐引入市场经济手段成了必然的价值取向。20 世纪 80 年代以

① 文伯屏. 西方国家环境法. 北京：法律出版社，1988：28.
② 蔡守秋. 环境法教程. 北京：法律出版社，1995：36.
③ 蔡守秋. 环境法教程. 北京：法律出版社，1995：235.
④ 曹明德. 生态法原理. 北京：人民出版社，2002：157.

来，以环境税费和排污交易为代表的环境污染防治的经济手段进入各国环境法律制度的视野，通过应用排污收费或税、财政补贴、信贷优惠等经济政策，以改变人们的成本和利益结构，从而改变人们的选择。例如，美国是推行排污权交易规模最大、成效最显著的国家，早在 20 世纪 70 年代中期，美国国家环保局（Environmental Protection Agency，EPA）就开始将排污权交易政策用于大气污染源及河流污染源管理。迄今为止，美国已建立起以补偿（Offset）[①]、泡泡（Bubble）[②]、排污银行 （Banking）[③]和容量节余 （Netting）[④]为核心内容的一整套排污权交易制度，在实践中取得了明显的经济和社会效益[⑤]。其中，以 1990 年通过的《清洁空气法》为标志实施的酸雨控制计划——二氧化硫排污权交易政策最具有推广和借鉴价值。该法一方面规定，由于大量减少排放二氧化硫而获得剩余容许排污量的企业获得了排污权，可以出售其排污权而获得经济回报；另一方面，因不得已而必须超过政府所规定的容许排出量的企业，则可以通过有偿购买的方式，取得其他企业剩余的二氧化硫容许排出量（排污权）。该政策形成了一套趋于成熟的体系，有着完备的法律制度提供支持与保障，使其设计和运行程序化、规范化。因此，排污权交易制度是环境政策中的一种以市场为基础的经济手段，其目的在于有效地控制国家污染物质排放总量，同时，还能促使各经营单位积极革新技术，减少排污量。

综上所述，这一时期，环境污染防治法律制度最突出的特点就是由以政府为主角的防治手段——命令式的强制性的行政手段转变为以环境税费、排污交易等经济刺激为主的市场经济手段；同时，治理对象——企业有了交易与成本的自我衡量的自觉行为机制，并且该机制通过法律制度来予以确立和保障。

3. 20 世纪 90 年代开始，社会公众广泛参与

进入 20 世纪 80 年代以来，环境危机进一步恶化，呈全球化、综合化、高技术化、极限化等特征[⑥]。国际社会掀起了新一轮的环保高潮，特别是 20 世纪 90 年代以来，各国积极探索以自愿合作为基础，倡导社会公众广泛参与、共同合作的环境防治手段。1995年，美国克林顿政府提出了《重塑环境管制》（Reinventing Environmental Regulation）的

---

① 补偿是指在非达标区，新扩改的项目必须取得相应的排污削减量以"抵消"或补偿它们本身的排放，这种排污削减量可以在本厂、本公司内部或在泡泡内调剂，也可以通过许可证交易市场或贮存排污削减信用的银行购买。这一政策在保证大气质量标准的实现和维护的同时，允许非达标地区的工业继续得到发展。

② 泡泡是指将一个工厂的多个排放点、一个公司下属的多个工厂或一个特定区域内的工厂群视为一个"泡泡"。在泡泡内部，允许一些污染源增加排放，而其他污染源则要更多地削减以抵消排放量的增加。泡泡必须将泡泡内部的污染物削减到所规定的基准排放水平以上。在非达标地区，国家环保局要求只有在此基准排放水平再多削减 20%的前提下，才能批准组合泡泡和实行排污交易。

③ 排污银行是指污染源单位可以将"排放减少信用"存入银行，可以在气泡、抵消和净得计划中使用该"排放减少信用"。各州有权制定本州的银行计划和银行规划，包括如下内容："排放减少信用"的所有权；"排放减少信用"所有者的资格；管理发放、持有、使用"排放减少信用"的条件。

④ 容量节余是指在泡泡内部实行污染物排放总量控制，并根据国家有关政策和法规，确定泡泡内污染物排放总量的控制标准或污染物的削减总量。在达到允许的排放总量的前提下，泡泡可以按照实际的技术经济条件，决定内部各个污染源的排放水平和削减水平。在泡泡内实行总量控制，可以充分发挥企业治理污染的积极性，因为它可使工厂企业（而不是政府管理部门）决定如何达到削减目标，从而避免了控制费用高的污染源的过度削减，减少污染控制的总费用。

⑤ 吕忠梅. 论环境使用权交易制度. 政法论坛（中国政法大学学报），2000，（4）：126-135.

⑥ 陈良生，张梓太. 宪法与行政法的生态化. 北京：法律出版社，2001：32-33.

报告，倡导政府在强制性的管制措施外，更多采用市场性、合作性和自愿性的环保措施[①]。1998 年法国的《环境法典》和 1999 年加拿大的《环境保护法》都有专章具体规定关于公众参与的内容。1992 年，联合国通过了《二十一世纪议程》，表明了联合国对自愿措施的认可和提倡[②]。2002 年，欧洲委员会《"简化和改善环境管制"行动计划》鼓励在欧盟层面及各成员国采用协同管制、自我管制、自愿协议、公开协调、财政干预和信息运动等方法实现环境目标[②]。

　　这一时期由于环境问题的日趋全球化、严峻化，各国无不致力于探索一条新的行之有效的污染防治手段，其结果是：各国政府在加强强制性监管法律措施的同时，采用各种经济、社会手段激励企业自觉、自愿参与到大环境保护中来，使企业由被动接受变为主动遵守；同时，健全民主机制，鼓励社会公众广泛参与环境保护，是政府与利害关系人的事转变为全体成员大家的事。

　　经过近几十年的不懈努力，各国的环境保护工作取得了不同程度的进展，环境质量有所改善，但是，各国消除污染、改善环境的效果离人类需要的环境目标还相差甚远，环境保护尚需我们付出更多的艰辛与努力。

二、我国的环境保护政策

目前我国的环境保护政策，主要体现在以下两个层面。

（一）国际层面

　　近 20 年来，人们相继发现"全球变暖"、"臭氧层空洞"和"酸雨沉降"等波及全球的重大环境问题，并意识到其对人类生存和发展的严峻挑战。为此，中国积极参加各项国际环境保护的合作与交流，并很好地履行了自己的责任和义务。例如，签署并努力推进《京都议定书》《联合国气候变化框架公约》《保护臭氧层维也纳公约》等 20 多个国际环境公约的不断完善；1999 年，实现了消耗臭氧层物质的生产和消费的冻结目标；2002 年，启动了国际履约环保产业园建设；等等。改革开放以来，随着环保事业的稳步发展，我国在环境保护领域的国际合作与交流活动异常活跃。积极参加多边环境谈判，维护国家利益和发展权益，以更加开放的姿态和务实合作的精神参与全球环境保护事务。我国积极参加了有关环境保护的缔约方会议和有关国际会议，缔约或签署了多项国际环境公约，并参与有关工作，维护了我国和广大发展中国家的利益。参与并履行了《生物多样性公约》《防治荒漠化国际公约》《联合国气候变化框架公约》《湿地公约》《濒危野生动植物国际贸易公约》等国际公约，并积极采取相应措施，做出履约承诺。我国在履行《保护臭氧层维也纳公约》的过程中，积极开发氟利昂替代物质，并达到国际先进水平。积极推进多边和双边的国际合作，特别是在积极推进蒙特利尔多边基金方面，自 2007 年 7 月 1 日起，停止全氯氟烃和哈龙的生产与消费，提前实现《关于消耗臭氧层物质的蒙特利尔

---

① 李挚萍. 环境法的新发展——管制与民主之互动. 北京：人民法院出版社，2006：14.

议定书》的履约目标，兑现了我国对国际社会的承诺；在双边合作、全球环境基金等领域取得突破。2015年3月26日~28日，澳门国际环保合作发展论坛及展览（Macao International Environmental Co-operation Forum，MIECF）在澳门威尼斯人酒店展览厅举行。中国科技交流中心组织协调内地机构参展，设立的"国家科技部展区"受到广泛关注，成功展示了我国在减少空气污染物排放方面的最新技术成果，与澳门贸易投资促进局、澳门生产力暨科技转移中心、澳门创新科技中心等机构进行了专业对接和洽商，取得了预期环境保护合作效果。总之，我国与多个国家签订了环境合作协定，积极借鉴国外的先进经验，促进了我国环境保护事业的健康发展。

（二）国内层面

20世纪50~70年代，由于人口膨胀和经济粗放型增长，我国环境形势趋于恶化。我国环保政策在70年代初产生，70年代末80年代初，在改革开放的新形势下，我国环保政策形成了适合我国国情的战略原则和制度框架。20世纪90年代，我国开始实施可持续发展战略，环保政策的地位和作用日益增强，在一定程度上扭转了环境急剧恶化的局面，取得了明显的环境效益，成为当代我国的一项基本国策。

具体而言，改革开放以来，其演进历程大致呈现以下特征。

（1）1973年8月5日~20日中国政府召开了第一次全国环境保护会议，正式确立了环境保护工作的"三十二字"方针，即"全面规划、合理布局、综合利用、化害为利、依靠群众、大家动手、保护环境、造福人民"。

（2）1983年12月31日至1984年1月7日，在第二次全国环境保护会议上，中国政府提出了"经济建设、城乡建设和环境建设要同步规划、同步实施、同步发展，实现经济效益、社会效益和环境效益的统一"的环境保护战略方针；同时，宣布"环境保护"是续"计划生育"和"改革开放"之后的又一项基本国策，制定了"预防为主，防治结合"、"谁污染谁治理"和"强化环境管理"的三大环境保护政策。

（3）1992年8月，在联合国环境与发展大会之后，中国政府提出了"环境与发展十大对策"，即实行持续发展战略；采取有效措施，防治工业污染；深入开展城市环境综合整治，认真治理城市"四害"（废气、废水、废渣和噪声）；提高能源利用率，改善能源结构；推广生态农业，坚持不懈地植树造林，切实加强生物多样性保护；大力推进科技进步，加强环境科学研究，积极发展环保产业；运用经济手段保护环境；加强环境教育，不断提高全民族的环境意识；健全环境法规，强化环境管理；参照联合国环境与发展大会精神，制订中国行动计划（"中国21世纪议程"）。

（4）进入21世纪以来，中国政府提出要树立"以人为本"的科学发展观，构建和谐社会的重要战略构想。2005年年底，国务院发布《关于落实科学发展观，加强环境保护的决定》。在国民经济和社会发展"十一五"规划中，国家将主要污染物排放量削减10%，作为必须完成的约束性指标，把环境保护提升到事关国家长远发展和人民切身利益的战略位置。中国环保工作进入了保护环境、优化经济增长的新阶段，主要目标是建设环境友好型社会。

2006年4月，第六次全国环境保护大会进一步明确了今后一个阶段的环保目标、任务和政策措施，强调做好新形势下的环保工作，关键是要加快实现"三个转变"：一是从重经济增长轻环境保护转变为保护环境与经济增长并重，把加强环境保护作为调整经济结构、转变经济增长方式的重要手段，在保护环境中求发展；二是从环境保护滞后于经济发展转变为环境保护和经济发展同步，做到不欠新账，多还旧账，改变先污染后治理、边治理边破坏的状况；三是从主要用行政办法保护环境转变为综合运用法律、经济、技术和必要的行政办法解决环境问题，自觉遵循经济规律和自然规律，提高环境保护工作水平。这是对中国经济发展与环境保护关系认识的新飞跃，是对环境与经济两者关系的根本性调整，是国家发展战略层面上的一次历史性转变。

2007 年上半年，《中国环境宏观战略研究》成为我国环境保护领域的一项重大基础工程，主要目的是针对未来 10~20 年我国经济社会发展的前景，提出国家环境战略，以便为制定"十二五"及以后的国民经济和社会发展规划提供科学支持。2011 年 4 月 21 日，该研究成果成功发布：我国环境状况是局部有所改善、总体尚未遏制、形势依然严峻、压力继续加大，环境压力比世界上任何国家都大，环境资源问题比任何国家都突出，解决起来比任何国家都困难。总之，《中国环境宏观战略研究》是一项"总结过去、指导现在、谋划未来"的重大工程，是我国首次开展的环境保护战略研究。该战略研究强调，要避免发达国家走过的先污染后治理、牺牲环境换取经济增长的老路，积极探索代价小、效益好、排放低、可持续的中国环境保护新道路，加快构建符合国情的环境保护宏观战略体系、全防全控的防范体系、高效的环境治理体系、完善的环境法规政策标准体系、健全的环境管理体系和全民参与的社会行动体系[1]。"十二五"时期是中国环保事业充满希望的五年，为了进一步落实研究成果，中国要加快绿色发展，推进环境保护历史性转变，继续探索环保新道路，努力开创"十二五"环境保护新局面，实现生态环境保护的战略目标：到 2020 年，主要污染物排放得到控制，环境安全得到有效保障；到 2030 年，污染物排放总量得到全面控制，环境质量全面改善；到 2050 年，环境质量要与民众日益提高的物质生活水平相适应，与社会主义现代化强国相适应[2]。

总之，改革开放 30 多年来，在应对日益复杂的环境形势中，我国环境保护政策不断深化发展，相关法律法规不断完善，经济手段和政策在环保中开始发挥作用，环境保护政策逐步深入人心。面向未来的环境问题，我国的环境保护政策制定应该充分吸取历史的经验和教训，在吸收国外环保经验的同时，充分认识我国自身的环境问题特征，更灵活地运用经济手段和各种制度，在政府主导的前提下更广泛地调动社会各方面的力量。

三、我国环境保护政策的展望

2007 年，经济合作与发展组织的《OECD 中国环境绩效评估》报告指出，中国在环境政策的实施方面做了大量努力，建立了一整套的法规体系、经济手段和政策手段，来促使社会和公众关注环境问题；在地方层面，已经建立鼓励实施环境政策的措施和奖励机

① 武卫政. 中国环境宏观战略研究：我国环境压力世界第一. 人民日报, 2011-04-22.
② 韩基韬. 中国环境保护部公布《中国环境宏观战略研究》报告. 国际在线专稿, 2011-04-21.

制；一些经济比较发达的省份开始重视公众对高质量环境的需求，并认识到良好的环境质量给社会和经济发展所带来的益处。但是，这些还不足以应对经济快速增长所带来的环境压力和挑战，也不能获得污染削减和自然保护所带来的潜在经济收益。作为世界贸易组织的一员，我国加强环境保护更是具有世界性、历史性的责任和义务。因此，今后我国应注重从以下几方面全面系统地构造环境保护政策体系。

（一）规范职权相对独立于政府的环境监管机构——环境保护管理部门和机构

从世界各国的情况看，理顺执法体制是提高执法效能、克服地方保护主义的关键环节。发达国家的环境保护机构都有较大的独立性，将分散于各部门的环境保护工作集中起来，由相当于部一级的环境保护专门机构统管，这成为环境保护管理体制发展的一个共同趋势。1970年英国和加拿大成立了环境部，1974年联邦德国成立了相当于部一级的环境局。美国、日本环境保护管理机构的权限更大，由政府首脑兼任该机构的首脑，美国在总统执行署设立了环保局，日本设立了由国务大臣任长官的环境厅。这种模式有利于环境保护机构地位的独立和主导，从而在环境保护中发挥更大的作用。

党的十七届二中全会确定了国务院机构改革的总体方案，十一届全国人大一次会议表决通过了组建"环境保护部"，并于2008年3月27日挂牌成立。环境保护部设立了14个内设机构，增加了3个司局，分别为污染物排放总量控制司、环境监测司和宣传教育司，环境保护部的机关行政编制则为311名，对推动全国环保系统机构改革、加强系统的组织和能力建设将产生积极的推动和引导作用。环境保护部在职能配置上强化统筹协调、宏观调控、监督执法和公共服务四个方向。环境保护部参与国家的宏观决策已成为其核心职能，必将加快环保事业发展步伐。

但是，当前面对农村环境污染问题日趋严重，点源污染与面源污染共存，生活污染与工业污染叠加，加之各种重污染企业向农村转移，农村发生环境风险事故的概率加大的现实情况，单纯依靠现行环境保护法律法规中所规定的县级以上人民政府和部门的环保职能，未把乡镇政府作为一个独立的主体明确其环保职能，导致乡镇环保机构建设、人员配备及经费投入无法可依，严重影响农村环境监管体系的建设。因此，应加快对相关法律法规的修改，依法明确乡镇政府的环境保护职能职责。尤其注意合理分配各级政府的环境保护职权，对上级政府管理成本过高，且乡镇政府能够承担的一些环境管理事项，下放乡镇政府管理，同时，完善关于乡镇环保机构执法主体资格的法律规范，增加关于保障乡镇政府环境保护工作经费的相关内容。为加强农村环境监管工作，包括四川省、浙江省、江苏省、山东省、湖北省、湖南省和重庆市等在内的地方已开始探索建立乡镇环保机构，并取得了积极成效。省、市两级政府和相关部门要在监测、监察能力建设上，给予县（市、区）、乡（镇）两级更多的倾斜支持，同时，加强对基层环保工作人员的教育培训，不断提升基层环保人员的监管水平。

（二）采用法律手段，加强和完善环境保护的法律法规体系

1. 从立法理念上确立环境立法的基本原则

环境立法需要将科学发展原则贯穿于整个环境法律体系之中。目前，备受关注的有关循环经济立法在很大程度上体现了科学发展思想，是将科学发展理念贯彻于环境法律体系中的一条重要途径。为此，应当尽可能使其相关制度和机制具有可操作性，真正成为贯彻和实现科学发展观的有效的法律基础。科学发展要求我们不仅要顾及眼前，更要关注未来，需要人们改变过去习惯的"末端控制"的环保思想，立足于"源头控制"和"全过程控制"的经济、社会、环境协调发展，将环境立法的重点由过去的污染物排放控制、污染物处理控制转变为以污染源削减、污染物总量控制为重点，减轻对环境的污染和破坏。

在十八届三中全会上，生态文明建设更是成为重要的改革议题之一，具备了更多新的特点：在"五位一体"的总布局中，生态文明就像一条"红线"将其他四个方面紧密串联起来，形成一个有机整体，站在"五位一体"高度上进行的发展规划，是对生态文明进行的顶层设计；明确提出改变现有的"唯 GDP 至上"的经济社会发展评价体系，把资源消耗、环境损害、生态效益纳入评价体系，把单纯的强制性环境约束指标转变为有效衡量生态文明发展的考核标准，体现了国家对生态文明的高度重视；将生态文明提升到更高的战略层面，丰富了生态文明发展的内涵。《中共中央关于全面深化改革若干重大问题的决定》指出，建设生态文明，必须建立系统完整的生态文明制度体系，实行最严格的源头保护制度、损害赔偿制度、责任追究制度，完善环境治理和生态修复制度，用制度保护生态环境。制度建设是推进生态文明建设的重要保障，是实现美丽中国梦的根本途径。

2. 在具体步骤上分层次推进环保立法工作

制定、修改、完善环境保护的基本法律。《中华人民共和国环境保护法》自 1989 年颁布实施，至今已经 20 多年。在借鉴国际经验的基础上，新环境保护法修改的总体思路是突出强化政府环境保护责任，将政府行为法律作为主要调整对象，重点解决地方政府干扰环境执法问题，认真落实主要领导是第一责任人、分管领导是直接责任人的要求，从科学决策、目标责任制、监督机制、责任追究等方面创建和强化一批之有效的环境管理制度。

国家环境保护总局通过的《"十一五"全国环境保护法规建设规划》中明确提出，中国将制定环境保护的基本法律——国家环境政策法，其应涵盖：国家环境保护的目标、原则和基本政策；环境保护的基本制度和体制；环境保护事务与其他经济社会发展事务的协调机制；政府、企业和公众等不同主体的基本环境权利和义务，特别是各级政府的环境责任及相应的监督考核机制；环境管理的基本权能和执法手段；基本法与其他环境保护单项法律的关系及其他基本事项。

2014 年 4 月 24 日，第十二届全国人大常委会第八次会议审议通过《中华人民共和国环境保护法》修正案草案，这被称为中华人民共和国历史上最严厉的部门基础法之一。总体而言，《中华人民共和国环境保护法》的修订，不仅提出了生态文明的理念，而且规定了相关的法律制度、机制和责任，以及保障生态文明理念的具体实施。

首先，在对传统的环境保护与经济社会发展相协调原则修正的基础之上，明确了经济社会发展与环境保护相协调的环境优先原则，确立了损害者担责的新原则，以实现环境污染和生态损害的责任并用。

其次，有针对性地规范流域水污染和区域大气污染的防治问题，实现了由点源的控制向区域的协调和联动防治转型；授予了环境保护和其他负有环境保护监督管理职责的部门对违法排污设备的查封、扣押权，对及时解决环境污染和生态破坏的违法问题意义重大。

再次，科学借鉴了国际通行的公民诉讼制度，建立起环境公益诉讼制度，放宽了环境公益诉讼主体的资格条件，强调发挥社会监督政府与企业的作用，即在设区的市级以上民政部门登记的环保社会组织，只要从事五年以上环境保护工作且无违法记录，即信誉良好，即可作为原告主体对违法的企业或地方政府提起环境民事或行政公益诉讼，发挥社会监督政府与企业的作用。最高人民法院将适时出台环境公益诉讼相关的司法解释，为环境公益诉讼的实施提供制度保障。

最后，《中华人民共和国环境保护法》中设立了信息公开和公众参与一章，体现了环境保护的民主性。该法专门规定了信息公开的要求、程序及条件，并对公众参与环境保护的渠道、方式和程序做了原则性规定。

总之，该环境保护基本法的修订案健全了环境保护的力量架构，政府、企业、社会达成新的角色平衡，从而形成了新的法律秩序[1]。

第一，此次《中华人民共和国环境保护法》的修订还存在一些问题：没有明确承认和宣告公民的环境权；环境保护监管体制不顺的局面仍然没有得到理清。此次修订《中华人民共和国环境保护法》规定了生态补偿等措施，但是总体来说，和生态保护有关的自然资源开发利用、林业环境、农业环境、水环境、水土保持等方面规定修改得很少，综合性不足，仍然属于全国人大常委会通过的法律，与《中华人民共和国水法》、《中华人民共和国森林法》和《中华人民共和国土地管理法》等的法律层级一样，难以起到统帅这些环境资源专门领域法律的作用，且没有上升为大环境意义上的环境保护基本法。按照党的十八届三中全会决定的要求，中央将成立生态文明改革领导小组，开展生态文明体制建设的改革工作，届时将进一步修订《中华人民共和国环境保护法》[1]。

第二，修订、填补相关法律法规。修订《中华人民共和国水污染防治法》、《中华人民共和国大气污染防治法》和《中华人民共和国环境影响评价法》等基本法，制定污染源限期治理管理条例、规划环境影响评价条例、环境监测条例等，为实施"区域限批"、总量控制、限期治理、停产整治、淘汰落后的生产技术设备及工艺、关停环境违法企业等监管制度和强制措施提供法律依据。

"十三五"将要填补的法律空白包括自然保护区法、生物安全法、核安全法、土壤污染防治法、遗传资源保护法、生态保护法等多部法律；同时还将制定西部开发生态保护监督条例、农村环境保护条例、生态示范管理办法等多部条例和部门规章。

---

① 常纪文. 解读《环境保护法》修订的亮点、难点和遗憾. 中国环境报，2014-04-29.

（三）采用经济手段，制定和实施有利于环保的经济政策

环境问题是外部不经济性的产物，要解决环境问题，必须从环境问题的根源入手，通过一系列政策、措施，将外部不经济内部化，而环境经济政策就是将外部不经济性内部化的最为有效的途径。环境经济政策，是指按照价值规律的要求，运用价格、税收、信贷、收费、保险、价格、利润等经济手段，来调节或影响市场主体行为的政策组合。其实质是向污染者非强制地提供经济刺激的手段，以引导经济当事人进行自觉选择，以便最终实现环境效益。例如，利用税收政策，当人们的行为符合环境保护的要求时，就会享受到相应的减税、免税等优惠，反之则会增加税收。世界银行哈密尔顿等将实施可持续发展的政策手段列成一个矩阵（表6-1）。其中，前两列就是环境经济手段[①]。

表6-1　政策矩阵——可持续发展的政策与手段

主题	政策与手段			
资源管理与污染控制	利用市场	创建市场	实施环境法规	鼓励公众参与
	减少补贴	产权/分散权力	标准	公众参与
	环境税	可交易的许可制度	禁令	信息公开
	使用费	国际补偿制度	许可证和配额	
	押金—退款制度			
	专项补贴			

21世纪以来，我国对环境保护十分重视，一些环境经济政策也逐步推出。但是，与发达国家相比，我国的环境经济政策毕竟刚刚开始，还不完善。例如，多年来，经过不断调整和完善，排污收费制度对遏制环境污染起到了一定作用，但由于环保部门行政权力有限，法律规定的处罚额度太低，排污收费制度在调控企业经济活动方面仍显得软弱无力。

因此，用经济杠杆调节环境保护的相关利益分配，如完善排污收费政策、完善环境保护税收政策、推动环境污染责任保险政策等势在必行。

1. 完善排污收费政策

排污收费是指向排污者根据污染物的排放量征收一定的费用或税收，以促使排污者采取措施控制污染。

排污收费政策早在1978年就在我国提出并开始实践，迄今为止已经成为应用最广泛的环境经济政策。排污收费政策实施30多年来，排污收费资金的使用对中国的环境保护有显著的作用。这种作用主要体现在增加了污染的治理能力，同时加强了环保系统的建设。但是，目前我国的排污收费标准太低，对污染者的刺激作用很小，污染者宁可缴纳排污费也不去治理污染，这对环境保护很不利。同时收费不全面，收费对象主要集中于大中型企业和事业单位。另外，由于国家没有统一的管理模式，各地按照自己的利益确定管理模式，造成了排污收费管理上的混乱，资金被挤占、挪用的现象非常严重。例如，对逾期拒不缴纳排污费的，2003年修订颁布的《排污费征收使用管理条例》第21条规定，处以罚款的数额只是应缴纳排污费数额1倍以上3倍以下。这样规定明显罚款额度过轻。对

---

① 董险峰. 持续生态与环境. 北京：中国环境科学出版社，2006：103-104.

于追求利润的企业来说，因为企业缴纳排污费比起对环境的投资依然少得多，它们宁可缴纳排污费或罚款来代替对环境的投资。同时该罚款数额与税收征管法的不缴或少缴税款，处以50%以上5倍以下的罚款的规定也不一致。另外，《排污费征收使用管理条例》第23条对环境保护专项资金使用者不按批准的用途使用环境保护专项资金的，仅仅规定责令限期改正；逾期不改正的，只是剥夺其10年申请专项资金的权利并处以挪用资金数额1倍以上3倍以下的罚款，这也是极其软弱的。因为作为挪用者怀着侥幸的心理，如果挤占、挪用资金产生更大经济效益的话，那么剥夺其申请权利就不足为重了。面对这些问题，应当结合税制改革的进程，实现排污收费收支两条线，设立专门账户，实行专款专用；同时扩大征收范围，提高收费标准。

相对于行政性的排污收费，排污权交易是把排污权作为一种商品进行自由买卖的交易方式。排污权交易是指在一定区域内，在污染物排放总量不超过允许排放量的前提下，内部各污染源之间通过货币交换的方式相互调剂排污量，从而达到减少排污量、保护环境的目的。这一概念最早由美国经济学家戴尔斯于20世纪70年代提出，目前在国外广泛使用。

具体来说，建立合法的污染物排放权利，以排污许可证的形式出现，并允许这种权利自由买卖；在污染源存在治理成本差异的情况下，治理成本较低的企业可以采取措施以减少污染物的排放，剩余的排污权可以出售给那些环境治理成本较高的企业，市场交易使排污权从治理成本低的企业流向治理成本高的污染者，并通过重复多次的市场交易，使排污权的价格得以确立。就此来看，排污权的可交易性使排污权优越于排污收费制度。因此，排污权交易制度的作用机制更为复杂一些，它的具体路径是，首先，由政府部门确定一定区域的环境质量目标，据此评估该区域的环境容量及污染物的最大允许排放量；其次，通过发放许可证的办法将这一排放量在不同污染源之间分配；最后，建立排污权交易市场，使这种由许可证代表的排污权能合理地买卖。

尽管由于有关排污权交易的政策和法律滞后，排污总量的确定成为难题，排污权初始分配也存在障碍，排污权交易市场不规范等原因，其在我国尚处于起步阶段，但近年来，通过浙江等省的率先试点，排污权交易制度取得了显著的成就，为以后在全国的全面铺开积累了宝贵的经验。2007年11月，浙江省嘉兴市在全国率先推行排污权交易，新建设项目所需的主要污染物排放指标化学需氧量（chemical oxygen demand，COD）和二氧化硫，必须是从老企业通过减排工程削减下来的。只有购买了排污权，新项目才能获准进入市场，否则企业将面临停水、停电、停产等一系列惩罚。2008年，嘉兴市还在全国率先挂牌成立了排污权储备交易中心，全年市、县（市区）两级共实现排污权交易136宗，交易额达1.19亿元。2009年2月，财政部、环境保护部批复同意浙江省在太湖流域杭嘉湖地区和钱塘江流域开展化学需氧量排污权有偿使用和交易试点，同时在浙江全省范围开展二氧化硫排污权有偿使用和交易试点，这标志着浙江省排污权有偿使用和交易试点进入实质性实施阶段。同年，浙江省政府出台《关于开展排污权有偿使用和交易试点工作的指导意见》的地方规章，并挂牌成立浙江省排污权交易中心，正式启动排污权有偿使用和交易试点工作。试点几年来，浙江省从政策研究、制度设计、平台构建和市场交易等方面开展试点实践，出台《浙江省排污权有偿使用和交易试点工作暂行办法实施细则》、

《浙江省排污权有偿使用收入和排污权储备资金管理暂行办法》、《浙江省初始排污权有偿使用费征收标准管理办法（试行）》及《浙江省排污权抵押贷款暂行规定》等政策文件，推动各市、县初始排污权核定与分配，开征有偿使用费，实行建设项目主要污染物总量准入审核和交易替代，建成省控以上重点污染源刷卡排污系统，实现浓度和总量"双控"，启动建设排污权指标基本账户，出台以吨排污权税收指标为主要评价标准的产业转型升级排污总量控制激励政策，开展"三三制"分类排序，实行差异化减排考核政策，实现激励先进、淘汰落后，促进产业转型升级。通过努力，至2014年上半年，浙江全省11个设区市的68个县（市、区）已进行试点，累计开展排污权有偿使用9 573笔，缴纳有偿使用费17.25亿元，排污权交易3 863笔，交易额7.73亿元，排污权租赁388笔，交易额699.28万元，326家排污单位通过排污权抵押获得银行贷款66.55亿元，试点工作走在全国前列。

在一片争议声中我国排污权交易开始试点，至今已取得了突破性的进展。环境保护部的数据显示，2014年年底，包括内蒙古、天津、河北等11个试点省份的排污权有偿使用和交易金额累计将近40亿元。2014年8月25日，国务院办公厅发布了《关于进一步推进排污权有偿使用和交易试点工作的指导意见》，对国内已试点7年的排污权交易，进行制度设计。根据该意见的精神，各省环保厅纷纷出台地方政策，积极贯彻和落实该意见精神。例如，湖北省于同年10月15日印发了《湖北省排污权有偿使用和交易试点工作实施方案（2014—2020年）》，要求湖北省到2017年基本建立排污权有偿使用和交易制度，到2020年全面推行排污权有偿使用制度。

但同时，由于排污权是个新事物，涉及环境保护和污染减排的方方面面，工作十分复杂，无论是省内交易、跨地区交易还是跨国际交易仍面临许多实际问题。例如，各地排污权有偿使用定价方法和依据不够清晰明确，有偿使用价格、有偿使用年限不均衡等问题较为突出。又如，地方政府重视一级市场，对二级市场的培育发展指导不够，企业"惜售"问题较突出。因此，根据《关于进一步推进排污权有偿使用和交易试点工作的指导意见》，财政部、国家发展和改革委员会、环境保护部等部门将研究制定排污权有偿使用费收取使用和交易价格等管理规定，进一步规范各地定价方法和依据，完善激励机制，出台扶持政策，加强监督管理，切实把排污权二级市场培育好、发展好、壮大好[1]。所以，如何在环境管理工作中充分运用排污权交易这一政策，建立排污权交易市场，还是一项长期、艰巨的任务。

2. 完善环境保护税收政策

所谓环境税，是国家为了保护环境与资源，实现可持续发展战略而凭借其主权权力对一切开发、利用环境资源的单位和个人，按照其对环境资源开发利用的程度或对环境造成破坏的程度征收的一个新税种，目的是促使开发利用者节约资源、减少污染物的排放量。保护环境，不是只有一个单一的环境税种[2]。环境税在发达国家应用十分普遍，主要有二氧化硫税、水污染税、噪声税、固体废物税和垃圾税五种。一般来说，环境税是依

① 欧春梅. 环保部谈排污权交易试点. 东方早报，2014-09-05.
② 雷明. 绿色投入产出核算——理论与应用. 北京：北京大学出版社，2000：117.

据"谁污染、谁缴税"的原则设置的，把环境税收取得的收入专项用于环境保护，使税收在环保工作中发挥巨大的作用。

目前，我国税种虽然很多，但还没有独立的环境税，致使环境保护的税收政策力度不够，主要表现在以下方面。首先，缺少以保护环境为目的的专门税种。除了资源税外，专门针对环境问题的征税根本不存在。这样就限制了税收对环境污染的调控力度，弱化了税收在环境保护方面的作用。其次，现有税种中有关环境保护的规定不健全。例如，资源税仅对矿产品和盐类资源课税，征收范围过窄，基本上只属于矿藏资源占用税；消费税也没有将"白色污染"制品等有害消费品纳入征管范围。最后，考虑环境保护因素的税收优惠措施单一，缺乏针对性、灵活性，影响税收优惠政策实施效果。例如，国际上通用的加速折旧、再投资退税、延期纳税等方式均可应用于环保税收政策中，以增加税收政策的灵活性和有效性。

由此，我国应从以下环节完善环境税收政策。首先，消除不利于环保的补贴和税收优惠，配合财政、税务部门研究制定有关环保的企业税收优惠政策，特别是在制定《企业所得税法实施条例》中，进一步明确对环保等有关企业的税收优惠方式和标准，运用降低或取消出口退税等手段，控制高污染、高环境风险产品出口。其次，综合考虑环境税费结合，研究二氧化硫费改税。再次，实施融入型环境税方案对现有税制进行绿色化，将一些重污染产品纳入消费税调整范围。最后，引进独立型环境税，推动对重污染产品加征环境污染税，促使排污企业外部成本的内部化，促进企业产品的技术升级和更新换代。

3. 推动环境污染责任保险

环境污染责任保险是以对污染的损害的赔偿和治理为标的的保险。这是在市场经济条件下，进行环境风险管理的一项基本手段。

当前，我国正处于环境污染事故的高发期，一些污染事故受害者得不到及时赔偿，易引发社会矛盾。企业参加环境污染责任保险，一旦责任事故发生，由保险公司及时对受害方进行赔偿，避免责任难以落实的情况，同时也通过市场手段平息纠纷，减轻政府的额外负担。新华网上海频道记者陆文军2009年3月18日报道：从17日在沪召开的"2009年环境污染责任保险国际研讨会"上传出消息，备受关注的环境污染责任保险机制已经在国内多个省市开始试点，引入保险制度为环境污染事件造成的损失埋单，将成为未来我国环境风险保障体系的重要一环。例如，江苏省为保护江苏水域环境，防范和妥善处理船舶污染事故，推出内河船舶污染责任保险；沈阳市率先在地方立法中明确规定：支持和鼓励保险企业设立危险废物污染损害责任险种，并鼓励相关单位投保。又如，湖北省武汉市专门安排200万元资金为购买保险企业按保费50%进行补贴；湖南省确立了化工、有色、钢铁等18家重点企业作为环境污染责任保险试点；宁波市已有4家保险公司开展了环境污染责任保险业务；上海一些保险机构也创设了环境污染责任保险业务。

由于环境污染责任险的专业性非常强，今后还需从以下环节完善：在国家上位法没有设立强制条款的情况下，如何建立地方环境污染责任险法律、法规体系；环境责任保险产品设计如何更加体现地方特点；保险售后服务如何更加满足企业、公众、社会的需求；如何建立科学合理的风险评估体系、费率机制和事故定损方法。特别是当前全球金融危机下，企业不同程度地遇到经营困难，如何调动企业购买环境责任保险的积极性；等等。可喜的是，自国家环境保护总局和中国保险监督管理委员会于 2007 年联合印发《关于环境污染责任保险工作的指导意见》（环发〔2007〕189 号），启动环境污染责任保险政策试点开始，各地环保部门和保险监管部门联合推动地方人大和人民政府，制定发布了一系列推进环境污染责任保险的法规、规章和规范性文件，引导保险公司开发相关保险产品，鼓励和督促高环境风险企业投保，取得积极进展。尤其是根据环境风险管理的新形势新要求，环境保护部、中国保险监督管理委员会以环发〔2013〕10 号印发《关于开展环境污染强制责任保险试点工作的指导意见》，强调了环境污染强制责任保险工作的重要意见，明确了环境污染强制责任保险的试点企业范围，合理设计了环境污染强制责任保险条款和保险费率，健全了环境风险评估和投保程序，建立健全环境风险防范和污染事故理赔机制，强化信息公开，完善促进企业投保的保障措施，这标志着我国的环境污染强制责任险法制化上了一个新的台阶。

（四）进一步强化环保监督管理

据经济合作与发展组织 2007 年 7 月 17 日公布的《OECD 中国环境绩效评估》报告分析，中国"环境政策实施的最大障碍在地方"，因为"地方领导的政绩考核目标、提高地方财政收入的压力和对当地居民有限的责任与义务，都使得对经济发展的考虑优先于环境问题"。

（1）提高环保准入门槛，严格环境准入。把总量削减指标作为建设项目环评审批的前置条件，实行区域、流域、行业"增产减污"的原则。严格控制污染"增量"。对未按期完成减排任务、超过总量指标、环境违法现象突出，以及没有完成淘汰落后产能任务的地方或企业集团，实行"区域限批"，暂停该地区或行业新增污染物项目的环评审批。国家对产能过剩、污染严重的行业实行更为严格的管理。

（2）加快推动产业结构调整，坚决淘汰污染严重的落后生产工艺、生产能力和产品。加强对重点监控企业的监督管理，实施技术改造、推进清洁生产和循环经济。加大电力工业"上大压小"的节能减排工作。

（3）落实污染减排目标责任，实施严格的问责制度。经国务院授权，环境保护部分别与各省级人民政府和六家电力集团公司签订了污染减排目标责任书。各省、自治区、直辖市已将减排指标分解落实到地市和重点排污单位，严格责任追究制度。

（4）加强环保基础工作。建立和完善科学的减排指标体系，改进统计办法，完善统计制度，做好重点污染源排污数据的统一采集、统一核定、统一公布。建立和完善准确的减排监测体系，按计划、分步骤地组织对国控重点污染源实施联网自动监控。

（五）鼓励公众参与，动员全社会力量保护环境

推动公众依法有序参与环境保护，是党和国家的明确要求，也是加快转变经济社会发展方式和全面深化改革步伐的客观需求。党的十八大报告明确指出，"保障人民知情权、参与权、表达权、监督权，是权力正确运行的重要保证"。近年来，环保部门通过政

府网站和新闻媒体，向全社会公开全国环境质量和各地环境质量，实行重点城市环境质量日报预报，主要水系重点断面水环境质量周报、月报，公开政府环境管理的行为、企业环境行为，增强了环保的透明度。在制定环境法律法规、编制环境规划、开展环境影响评价过程中，依法实行环境听证，积极疏通公众参与环境保护的渠道。国家环境保护总局发布了《环境信息公开办法（试行）》，对环保部门及污染严重企业公开环境信息提出了要求，这是继国务院《政府信息公开条例》颁布后，政府部门发布的第一部有关信息公开的规范性文件，这对于畅通环境信息的公开渠道、完善环境信息公开的机制和制度，具有重要的现实意义。2014年新修订的《中华人民共和国环境保护法》在总则中明确规定了"公众参与"原则，并对"信息公开和公众参与"进行专章规定。中共中央、国务院《关于加快推进生态文明建设的意见》中提出要"鼓励公众积极参与。完善公众参与制度，及时准确披露各类环境信息，扩大公开范围，保障公众知情权，维护公众环境权益"。为贯彻落实党和国家对环境保护公众参与的具体要求，满足公众对良好生态环境的期待和参与环境保护事务的热情，环境保护部于2015年7月13日印发了《环境保护公众参与办法》，实现了我国首个对环境保护公众参与做出专门规定的部门规章的突破①。该办法切实保障公民、法人和其他组织获取环境信息、参与和监督环境保护的权利，畅通参与渠道，规范引导公众依法、有序、理性参与，促进环境保护公众参与更加健康的发展。在地方层面，河北、山西、沈阳、昆明等省（市）相继出台了关于环境保护公众参与的条例或其他形式的法规，对本省（市）公众参与的范围、形式、内容、程序等方面做出详细规定，使公众参与更加规范化、制度化、理性化。

同时，今后要继续从法律和政策上建立广泛的公众监督制度和公共管理体制，鼓励成立环保团体和绿色团体，对企业污染环境的行为进行公众管理。环保团体可根据实际情况，对这些企业的行为进行劝导、举报，甚至依法提起诉讼。同时，为了奖励那些参与环境保护的参与者，环境执法部门可专项设立经费，给那些参与者以高额的奖励，鼓励其积极参与环境保护的工作，奖励那些积极同污染环境的行为做斗争或在公害事故中救助有功的人员和组织。

（六）在国际合作上，把环境保护纳入国家的外交议程

按照党的十七大"环保上相互帮助、协力推进，共同呵护人类赖以生存的地球家园"的精神进行调整和完善的我国环境外交政策，把应对气候变化等国际环境问题作为调整我国能源结构和产业结构的机遇，以积极和务实的态度参与全球可持续发展进程。而世界性的环境污染问题最为典型的是臭氧层的破坏与"地球变暖"的温室效应。究其原因就在于全球性的共同大气环境污染，随之而来的气象变异将会危及全球生态之生存。因此，维持地球气候系统的正常机能是世界各国共同的责任，我国也概莫能外。特别是利用《联合国气候变化框架公约》及《京都议定书》给发展中国家大气排污治理带来的机遇与挑战，在国内日益严峻的环境形势下，国内的环境污染防治制度到了"有所为，有所不为"的关键时期了。目前，我国应以积极主动的姿态借鉴国际环境保护方面的宝贵经验，注重

---

① 中国环境保护部网，http://www.mep.gov.cn/gkml/hbb/bl/201507/t20150720_306928.htm，2015-01-20.

从以下方面做好国内环境保护工作。

首先，借鉴其他国家环保法律、经济、监管等政策，尤其是环保的经济手段，完善和填补我国的各项环保政策，逐步建立环境保护的立体体系，改善我国日趋恶劣的环境形势。

例如，美国在历史上也曾经历过严重的环境污染，震惊世界的八大污染事件有两个便发生在美国。但因其治理有方，20世纪80年代与70年代相比，美国烟尘排放量减少了50%，微尘排放量减少了90%，大气污染治理成效明显。美国治理环境污染首先抓立法。尤其是1970年美国国会通过了具有划时代意义的《清洁空气法》，并经过多次修订，大大加强了治理权力和力度，为治理环境污染提供了行之有效的法律依据。其中对未达标区的治理措施非常严格：只要有一种污染物未达到国家空气质量标准的地区均为未达标区。其具体措施表现在对之限期达标，强制采取"气泡政策"——把一个单位或一个地区排放的污染物总量比作一个"气泡"，可以在政府规定的条件下，有选择、有重点地使用空气污染治理资金，调节该单位或该地区所有排放口的排放量。在实施"气泡政策"时，"气泡"必须由政府依法制定。污染源不得自立"气泡"进行市场交易。同时对于严重危害人体健康和安全的物质，如致癌物，不适用"气泡政策"。美国近年来由于引进了"气泡政策"等市场机制来减少环境污染，大大减少了治理费用[①]。

其次，借国际条约相关环境保护政策之机，加强环境保护国际合作。

自从1972年斯德哥尔摩人类环境会议召开以来，随着全球环境变迁，各国都在共同努力解决全球人类面临的环境问题。目前，荷兰、日本、欧洲各国等许多的发达国家正在寻找实施清洁发展机制的机会。新华网布鲁塞尔2009年3月2日电（记者刘秀荣）：欧盟各国环境部长2日在布鲁塞尔发表声明，重申欧盟将继续努力，与各方一道，力促全球减排新协议在年底前达成。欧盟各国环境部长在当天举行的部长会议后发表声明指出，欧盟争取在2009年12月召开的哥本哈根联合国气候变化会议上就《京都议定书》在2012年到期后的全球减排新协议达成一致，并重申，在新的全面协议达成之前，欧盟将坚守到2020年把温室气体排放量在1990年基础上减少20%的承诺，并愿意和其他主要排放国一道将减排目标提高到30%。同时，欧盟敦促美国落实温室气体的中期减排目标，希望美国对其到2020年温室气体减排的中期目标做出承诺。欧盟轮值主席国捷克的环境部长马丁·布尔希克说，美国曾经表示到2050年将其温室气体排放量在1990年的基础上减少80%，欧盟委员会负责环境事务的委员季马斯也说："我们希望发达国家能够做出到2020年减排30%的承诺，美国也应向这个目标靠近。"季马斯说，美国总统奥巴马曾表示，美国决心在环保领域发挥领导作用，但要做到这一点就应该制定中期的减排目标。他认为，美国近年来在环保方面的所作所为并不能令人满意。2012年的多哈全球气候峰会没能按2009年的哥本哈根会议精神助推《京都议定书》的付诸实施，留下了雷声大雨点小的遗憾。

这也为我国实现环境污染防治从"末端治理"到"源头清洁"的全过程治理带来历史性的转机。同时，当前国际社会提出的减缓二氧化碳排放的主要政策和措施——提高利用效率，发展可再生能源，大规模植树等，都对生态环境有所改善。对于我国而言，这些

---

① 周军英. 美国控制大气污染对策. 环境科学研究, 1998, 11（6）：57.

不仅符合我国经济增长方式从粗放式向集约式转变的需要，而且有利于促进我国能源利用效率的提高和能源结构的优化，有利于改善环境。所以，我国应利用"清洁发展机制"带来的机会和好处，为我国环境乃至全球环境的改善服务。

令人欣慰的是，近年来，随着在环境保护国与国合作方面的纵深发展，国内环境保护的国际合作的喜讯时有耳闻。2014年11月16日，习近平在布里斯班会见欧盟委员会主席容克，希望落实好中欧合作2020战略规划，加强在气候变化等问题上的协调配合，积极探讨第三方合作，深化在二十国集团框架内的合作[1]。2014年7月9日，习近平在第六轮中美战略与经济对话和第五轮中美人文交流高层磋商联合开幕式上致辞强调，中美应不断挖掘合作潜力，共同应对气候变化这一全球性挑战[2]。2015年9月28日，习近平出席联合国气候变化问题领导人工作午餐会时指出，中国愿意继续承担同自身国情、发展阶段、实际能力相符的国际责任，中国一直本着负责任的态度积极应对气候变化，将应对气候变化作为实现发展方式转变的重大机遇，积极探索符合中国国情的低碳发展道路，进一步加大控制温室气体排放力度，争取到2020年实现碳强度降低40%~45%的目标。此外，中国还将推动"中国气候变化南南合作基金"尽早投入运营，以支持其他发展中国家应对气候变化[3]。

综上所述，借鉴国外的先进经验，并结合我国的具体情况，积极改进和完善我国环境保护政策乃当务之急。同时，"迫切需要的是：认识和尊重个人和国家在可持续发展方面的相应权利义务；建立和实施国家和国家间实现可持续发展的新的行为准则；加强现有的避免和解决环境纠纷的方法，并发展新的方法"[4]。因而，在探索环境保护政策不断改进、完善的历程上，路漫漫其修远兮。在此，以1987年世界环境与发展委员会发布的长篇报告《我们共同的未来》首次提出的"可持续发展"——"既满足当代人的需要，又不对后代满足其需要的能力够成危害的发展"昭示不断完善环境保护政策的终极目标——人类要发展，尤其是贫困地区的发展；发展要有限度，它不应危及后代人的发展。

附录：世界八大环境公害事件[5]

1. [比利时]马斯河谷烟雾事件（1930年12月）

比利时马斯河谷地段分布着三个钢铁厂、四个玻璃厂、三个炼锌厂和炼焦厂、硫酸厂、化肥厂等许多工厂。1930年12月初，在两岸耸立90米高山的峡谷地区，出现了大气逆温层，浓雾覆盖河谷，工厂排到大气中的污染物被封闭在逆温层下，不易扩散，浓度急剧增加，造成大气污染事件。一周内60人死亡，为平时同期死亡人数的10.5倍，几千人受害发病，市民中心脏、肺病患者的死亡率最高，也有大量家畜死亡。发病症状为流

① 陈赟. 习近平会见欧盟委员会主席容克. http://news.xinhuanet.com/2014-11/16/c_1113268682.htm，2014-11-16.

② 习近平. 中美共同应对气候变化挑战. http://www.gw.com.cn/news/news/2014/0709/200000360130.shtml，2014-07-09.

③ 习近平. 争取2020年实现碳强度降低40%-45%的目标. http://news.cnstock.com/news/sns_bwkx/201509/3578376.htm?cj，2015-09-28.

④ 吕忠梅. 环境法新视野. 北京：中国政法大学出版社，2000：71.

⑤ 傅桃生. 环境应急与典型案例. 北京：中国环境科学出版社，2006：60-62.

泪、喉痛、胸痛、咳嗽、呼吸困难等。

2. [美国]多诺拉烟雾事件（1948 年 10 月）

多诺拉是美国宾夕法尼亚州匹兹堡市南边的一个工业城市。由于它坐落在一个两岸耸立着 100 米高山的马蹄形河湾的内侧，因而形成了一个河谷工业地带。市中有大型炼钢厂、硫酸厂和炼锌厂等很多工厂，它们不停地排放大量含二氧化硫等的有害气体和粉尘。1948 年 10 月 27 日，工厂排放的烟雾蓄积深谷中扩散不开。据当时记载：10 月 27 日早晨烟雾覆盖了多诺拉。地面处于死风状态，烟雾越来越稠厚，几乎凝结成一块。在午后视线也仅仅能看到街的对面，除烟窗之外工厂都消失在雨雾中，空气开始令人作呕，甚至有种怪味，这是二氧化硫的刺激性气味。烟雾一直持续了 4 天，直到 31 日才散去。这个小镇当时只有 14 000 人，4 天内就有约 5 900 人因空气污染而患病，17 人死亡，患者人数占全城人数的 43%，发病症状主要是胸闷、呕吐、腹泻、眼痛、喉痛、流鼻涕、干咳、头痛等。

3. [英国]伦敦烟雾事件（1952 年 12 月）

伦敦位于泰晤士河开阔河谷中。1952 年 12 月 4 日，一个大型移动性高气压脊逼近伦敦，它像一张密不透风的网将整个伦敦裹住，致使伦敦出现无风状态和 60~150 米低空逆温层，从家庭和工厂排出的燃煤烟尘被封盖滞留在低空逆温层下。几天过后，全城沉浸在浓雾中，大气中的烟尘含量超过卫生标准的 10 倍，二氧化硫的平均浓度则超过 20 多倍，人们几乎窒息。几千个市民感到胸口窒闷，并有咳嗽、喉痛、呕吐等症状。受害最深的是老人，几天之内，成批死去。直到 10 日人们才盼到新鲜空气。从 12 月 5 日~8 日的 4 天中，伦敦死亡人数达 4 000 人，大大超过平常水平，患呼吸道疾病和心脏病的噩运接踵而来，1956 年、1957 年又连续发生了两起类似中毒事件。

4. [美国]洛杉矶光化学烟雾事件（1955 年）

汽车代替昔日陈旧车辆后，给人们带来了交通的便利，但又无情地向人间撒下了恶果，洛杉矶的一个悲剧就在于此。

第二次世界大战后，随着工业的发展和人口的剧增，汽车消费成为洛杉矶一个主要的消费，350 多万辆汽车每天将超过 1 000 多吨烃类、30 吨氮氧化合物和 4 200 吨一氧化碳排入大气中，加之市区空气水平流动缓慢，在紫外线照射下，发生光化学反应，生成一种浅蓝色光化学烟雾。1955 年发生了一场严重的光化学烟雾污染事件，使当地 65 岁以上近 400 人死亡，一般人的眼睛、鼻子、喉咙、气管和肺部的黏膜都受到刺激，出现红肿、流泪、喉痛、胸痛和呼吸衰竭乃至思维紊乱、肺水肿等现象，家畜也同时患病，橡胶制品老化，汽车和飞机的正常运行都严重受阻，郊区的玉米、蜜柚、烟草、葡萄等作物与林木受到不同程度的危害，仅葡萄一项就减产 30%，65 000 公顷的松林 62% 受害、29% 干枯。

5. [日本] 水俣事件（1953 年）

自 1953 年开始，日本熊本县水俣湾地区开始有病人呈现面部呆痴、全身麻木、口齿不清、步态不稳，进而耳聋失明，最后精神失常、全身弯曲、高叫而死，还出现"自杀猫"

"自杀狗"等怪现象，截至 1959 年 1 月，受害人数达 1 004 人，死亡 206 人。到 1959 年才揭开谜底，是某化肥厂在氮肥生产中，采用氯化汞和硫酸汞做催化剂，含甲基汞的毒水排入水体，从而污染了水俣海域，鱼虾和贝类富集了水中的甲基汞，人或动物吃鱼贝后，最终引起中毒或死亡。

6. [日本]富山事件（1955 年）

富山市位于日本本州中部县，濒临日本海，面积 4 252 平方千米。境内有庄川、神通川、黑部川等众多河流，随着工业的发展，1955 年后神通川居民不知不觉地陆续染上一种令人费解的疾病，一开始是腰、手、脚等关节疼，持续几年后，身体各部位神经痛和全身骨痛。病人行动不便，呼吸困难，骨骼软化萎缩，自然骨折，最后病人饮食不进，在衰弱疼痛中死去或自杀。到底是什么原因引发的这种病呢？非常令人费解。直到 1961 年才查明，原来在神通川上游，日本三井金属矿业公司建造了一座炼锌厂。建厂后，大量工业废水不断排入神通川，这里的居民食用了废水中的被镉污染的稻米（镉米），久而久之，体内自然积累了大量的镉而患"痛痛病"。到 1965 年年底，近 100 人因"痛痛病"死亡。一具尸体竟有 73 处骨折，即在人体总数 206 块骨骼中平均不到 3 块就发生一处骨折。

7. [日本]四日事件（1955 年）

四日市是一个以石油联合企业为主的城市。1955 年以来，石油冶炼和工业燃油产生的废气每年将总量达 13 万吨的粉尘和二氧化硫排到大气中，使这个城市终年烟雾弥漫。1961 年，该市居民呼吸道疾病骤增，尤其是哮喘病的发病率大大提高，居民患支气管炎、支气管哮喘、肺气肿及肺癌等呼吸道疾病，称为"四日气喘病"。截止到 1972 年，日本全国患这种病者高达 6 376 人。

8. [日本]米糠油事件（1968 年）

1968 年，在日本北九州、爱知县等 23 个府县发现一种怪病，病人开始眼皮肿、手掌出汗、全身起红疙瘩，严重时恶心呕吐、肝功能降低，渐渐地全身肌肉疼痛、咳嗽不止，有的引起急性肝炎或医治无效而死。该年 7~8 月患者达 5 000 多人，死亡 16 人，实际受害者超过 10 000 人，同时造成数万只鸡死亡。后来查明，因管理不善，操作失误，致使米糠油中混入了在脱臭工艺中使用的热载体多氯联苯，造成食物油污染，致使食用者中毒或死亡。

第七章　国际形势与中国外交

21 世纪是一个全球化的世纪。世界各国在政治、经济、文化、军事等领域的交往日益深化，相互依赖、相互影响的程度不断提高。对当代中国而言，融入全球化进程成为历史必然选择。为了在国际社会中最大限度地维护和实现国家利益，需要正确的外交政策指导，而外交政策的制定，又离不开对国际形势的清醒认识与准确评判。

第一节　当代国际形势

党的十八大报告在"继续促进人类和平与发展的崇高事业"部分指出："当今世界正在发生深刻复杂变化，和平与发展仍然是时代主题。世界多极化、经济全球化深入发展，文化多样化、社会信息化持续推进，科技革命孕育新突破，全球合作向多层次全方位拓展，新兴市场国家和发展中国家整体实力增强，国际力量对比朝着有利于维护世界和平方向发展，保持国际形势总体稳定具备更多有利条件。""同时，世界仍然很不安宁。国际金融危机影响深远，世界经济增长不稳定不确定因素增多，全球发展不平衡加剧，霸权主义、强权政治和新干涉主义有所上升，局部动荡频繁发生，粮食安全、能源资源安全、网络安全等全球性问题更加突出。"①认真领会这一重要论述是我们正确认识当代国际形势及中国外交战略举措的基本前提。国际局势虽然复杂多变，但是改革开放 30 多年来的对外交往实践清醒地告诉世人，中国只有积极参与国际社会事务，抓住机遇、迎难而上，才能在激烈的国际竞争中更好地维护中华民族的根本利益。这正如中国改革开放总设计师邓小平明确指出的那样——"发展才是硬道理"。我们有理由相信，在世界和平与发展的大环境下，随着中国经济社会的持续发展及外交环境的不断改善，中华民族的伟大复兴一定能够早日实现。

---

① 胡锦涛. 坚定不移沿着中国特色社会主义道路前进　为全面建成小康社会而奋斗. 北京：人民出版社，2012：46.

一、作为时代主题的和平与发展

（一）人类当前所面临的安全挑战

进入 21 世纪，和平、发展、合作成为时代潮流，国际战略安全形势总体呈稳定态势，但人类和平与发展的事业仍面临诸多挑战。一方面，霸权主义、局部战争等传统安全威胁仍影响着世界的和平与稳定；另一方面，2001 年的美国"9·11"恐怖袭击事件，以及 2003 年的 SARS、2009 年的甲型 H1N1 流感等非传统安全威胁也正日益凸显。传统安全威胁和非传统安全威胁相互交织，是当今世界所面临的复杂而严峻的安全挑战。

传统安全威胁主要是指由于战争与武装冲突等因素的存在而带给国家及国际社会的威胁。而就非传统安全威胁来说，一般认为，有这样五大类问题构成了对当今人类社会安全的新挑战：一是人类为了可持续发展而产生的安全问题，包括环境安全、资源利用、全球生态问题及传染性疾病的控制和预防；二是人类社会活动中个体国家或者个体社会失控失序而对国际秩序、地区安全乃至国际稳定所造成的威胁，包括经济安全、社会安全、人权、难民等问题；三是跨国界的有组织犯罪，如贩卖人口、毒品走私等；四是非国家行为体对现有国际秩序的挑战和冲击，典型的是国际恐怖主义；五是由于科技发展及全球化所产生的安全脆弱性问题，如网络安全、信息安全及基因工程安全[1]。

在上述五类非传统安全问题中，排在第一位的是恐怖主义。恐怖主义是系统地使用暗杀、伤害和破坏，或者通过威胁使用上述手段，以制造恐怖气氛，宣传某种事业，以及强迫更多的人服从于它的目标的行为。国际恐怖主义是指跨越国界的恐怖主义，或者是指针对在恐怖主义分子本国以外的目标而运用的恐怖主义[2]。当前世界的反恐斗争形势严峻复杂。自冷战结束以来，过去在冷战格局下被暂时掩盖和忽视的一些民族、宗教矛盾冲突得到了一定程度的释放。恐怖主义势力携手民族分离主义势力、宗教极端主义势力等向主权国家的传统权威提出了挑战，不断地在世界各地制造针对平民的残忍暴力事件，亟须世界各国政府联手共同应对。同时，在各国联手共同打击恐怖主义势力的过程中，各相关国家也面临着界定恐怖主义的标准及如何既有效打击恐怖主义势力又保证不侵犯一国在国际法上的基本权利等一系列复杂的问题。

（二）维护和平与促进发展的途径

《联合国宪章》序言郑重宣告："我联合国人民同兹决心：欲免后世再遭今代人类两度身历惨不堪言之战祸……并为达此目的：……运用国际机构，以促成全球人民经济及社会之进展；用是发愤立志，务当同心协力，以竟厥功。……议定本联合国宪章，并设立国际组织，定名联合国。"这表明，在以无政府性为最大特征的国际社会中，为了维护世界和平与促进各国人民共同发展，通过国家之间缔结条约来建立国际组织，用以协调各主权国家相互间多方面的利益和行动，是一条重要途径。有西方学者认为，联合国及其前

---

① 朱锋."非传统安全"解析.中国社会科学，2004，（4）：140.
② 米勒 D，波格丹诺 V.布莱克维尔政治学百科全书.中国问题研究所，等译.北京：中国政法大学出版社，1992：757.

身国际联盟代表了所有正在出现的国际组织的制度根源,即基于"对人类共同体的信仰"、"大国维和行动"的需要及"实用主义合作"①。

国际组织(international organization)一般是指两个以上的政府机构、民间团体或个人为实现特定的国际合作目标,通过协议形式所创建的常设性机构。国际组织又可以分为政府间组织和非政府间组织。政府间组织是由两个以上的国家为谋求合作、通过其政府间订立的符合国际法的协议而创立的、具有一整套常设机构的国家联合体。任何国际组织,凡不是经由政府间协议而创立的,都被认为是为此种安排而成立的非政府间组织。据统计,1907年,全世界总共只有213个国际组织,其中政府间组织只有37个;但是到了20世纪末期,全世界国际组织的总数就已经达到了44 128个。也就是说,在不到100年的时间里国际组织的规模扩张了200多倍,而其中的政府间组织数目已达5 885个②。当代比较重要的政府间组织主要包括联合国、世界贸易组织、国际货币基金组织及世界银行等。

1. 联合国

第二次世界大战期间,为了维护和平与促进国际合作,人们认为有必要建立一个普遍性的国际组织来取代此前的国际联盟。联合国(United Nations, UN)这个名称由当时的美国总统罗斯福提议并于1942年首次使用。1944年,几个主要国家的代表在敦巴顿橡树园举行会议,会议确立了一些原则,以此为基础,来自50个国家的代表于1945年在旧金山举行会议,成立了联合国。同年10月,大多数签字国正式批准了《联合国宪章》,联合国正式宣告成立,随后大部分国家加入了联合国。联合国总部设在美国纽约,其正式语言为中文、英文、法文、俄文及西班牙文,而工作语言是英文与法文。

1)联合国的宗旨

《联合国宪章》第1条明确规定了该组织的宗旨,共4项。

(1)维持国际和平及安全,并为此目的:采取有效集体办法,以防止且消除对于和平之威胁,制止侵略行为或其他和平之破坏;并以和平方法且依正义及国际法之原则,调整或解决足以破坏和平之国际争端或情势。

(2)发展国际间以尊重人民平等权利及自决原则为根据之友好关系,并采取其他适当办法,以增强普遍和平。

(3)促成国际合作,以解决国际间属于经济、社会、文化及人类福利性质之国际问题,且不分种族、性别、语言或宗教,增进并激励对于全体人类之人权及基本自由之尊重。

(4)构成一协调各国行动之中心,以达成上述共同目的。

2)联合国的原则

《联合国宪章》第2条明确规定了本组织的原则,共7项。

(1)本组织系基于各会员国主权平等之原则。

(2)各会员国应一秉善意,履行其依本宪章所担负之义务,以保证全体会员国由加入本组织而发生之权益。

---

① 罗尔克 J. 世界舞台上的国际政治. 第9版. 宋伟, 等译. 北京: 北京大学出版社, 2005: 268-270.

② 梁西. 国际组织法(总论). 武汉: 武汉大学出版社, 2001: 22.

（3）各会员国应以和平方法解决其国际争端，避免危及国际和平、安全及正义。

（4）各会员国在其国际关系上不得使用威胁或武力，或以与联合国宗旨不符之任何其他方法，侵害任何会员国或国家之领土完整或政治独立。

（5）各会员国对于联合国依本宪章规定而采取之行动，应尽力予以协助，联合国对于任何国家正在采取防止或执行行动时，各会员国对该国不得给予协助。

（6）本组织在维持国际和平及安全之必要范围内，应保证非联合国会员国遵行上述原则。

（7）本宪章不得认为授权联合国干涉在本质上属于任何国家国内管辖之事件，且并不要求会员国将该项事件依本宪章提请解决；但此项原则不妨碍第七章内执行办法之适用。

联合国是现代国际组织网络的协调中心。特别是其在维护世界和平方面，正如上海合作组织成员国元首理事会第八次会议发表的《上海合作组织成员国元首杜尚别宣言》第四项所郑重指出的那样："预防冲突应遵守《联合国宪章》、安理会有关决议及国际法基本准则。联合国安理会对维护世界和平与安全负有主要责任，在该领域具有主导作用。"

2. 世界贸易组织

世界贸易组织的前身是关税及贸易总协定（GATT1947），是1947年签订的一个国际协定，它包括一系列与关税和贸易政策有关的双边协定。其主要宗旨是使世界贸易从配额、限制、管制中摆脱出来而获得自由，同时试图鼓励经济发展，降低和稳定关税。该协定的总则为关税与贸易总协定的缔约方规定了最惠国条款，它还规定了每一成员方负有的应另一成员方的要求进行关税减让谈判的义务。1986年关贸总协定乌拉圭回合谈判启动后，欧共体和加拿大于1990年分别正式提出成立世界贸易组织的议案。1994年4月在摩洛哥马拉喀什举行的关贸总协定部长级会议正式决定成立世界贸易组织。世界贸易组织是一个独立的永久性国际组织，1995年1月1日正式开始运作，负责管理世界经济和贸易秩序，总部设在瑞士日内瓦。

国内有学者指出，作为英文缩写的WTO，其所代表的意义有三个方面：一个在世界贸易方面的重要国际组织；一个体系庞大的国际贸易条约群体；一个起积极推动作用的多边贸易谈判场所[①]。下面试分述之。

作为一个国际组织，世界贸易组织有"经济联合国"的称号[②]。截至2015年11月30日，世界贸易组织成员的数目为162个，越来越多的发展中国家加入了世界贸易组织，要求加入或正在申请加入的国家或地区还在继续增加。在世界贸易组织体制下，积极推动国际经济秩序朝着更加公正、合理的方向迈进，已经成为世界各国的普遍共识。

世界贸易组织成员历次谈判形成的国际贸易条约，既有多边的，也有诸边的，体系庞大，包括货物贸易多边协定（具体包括1994年《关税与贸易总协定》、《农业协定》、《实施卫生与植物卫生措施协定》、《纺织品与服装协定》、《技术性贸易壁垒协定》、《与贸易有关的投资措施协定》、《关于实施1994年关税与贸易总协定第6条的协定》、《关于实施1994年关税与贸易总协定第7条的协定》、《装运前检验协定》、《原产地

---

① 赵维田. 世贸组织（WTO）的法律制度. 长春：吉林人民出版社，2000：25.

② 这是一种形象的说法，与联合国不同：世界贸易组织的成员方既包括主权国家，也包括非主权的单独关税区。

规则协定》、《进口许可程序协定》、《补贴与反补贴措施协定》和《保障措施协定》）；《服务贸易总协定》及附件、《与贸易有关的知识产权协定》、《关于争端解决规则与程序的谅解》、《贸易政策审议机制》和诸边贸易协定（具体包括《民用航空器贸易协定》、《政府采购协定》、《国际奶制品协定》和《国际牛肉协定》）。

作为重要的多边贸易谈判场所，世界贸易组织对推动世界贸易的自由化起着重要的作用。组织各成员方就贸易问题进行谈判，为成员方谈判提供机会和场所，是世界贸易组织从关贸总协定继承下来的一项重要职能。世界贸易组织组织谈判场所的职能主要体现在两个方面：一是为成员方在执行《建立世界贸易组织协定》各附件所列协议遇到问题时，提供谈判场所，以解决有关的多边贸易问题；二是为各成员方继续进行新议题的谈判提供场所。乌拉圭回合结束时，不可能完全解决国际贸易中的所有问题，有许多问题由于在谈判中难以达成一致，而不得不留待以后继续谈判予以解决，如贸易与环境保护问题、贸易与劳工标准问题、政府采购问题和具体服务贸易部门自由化问题等。在乌拉圭回合结束后，世界贸易组织按照部长会议举行有关谈判的决议，已组织了涉及服务贸易部门的多项谈判。有些谈判达成了有关协议，如《全球金融服务协议》《基础电信协议》等。按照部长会议的安排，世界贸易组织今后还将继续组织各种谈判。世界贸易组织管理协议的职能是对多边贸易谈判达成的多边贸易协议、诸边贸易协议的实施予以管理，它对协议的管理职能不仅涉及目前已达成的协议，而且也负责管理今后将在世界贸易组织框架下达成的新协议的实施。

2001 年 12 月 11 日，《中国加入世贸组织议定书》生效，中国正式成为世界贸易组织的第 143 个成员。国际社会普遍认为中国加入世界贸易组织，不仅将促进中国自身的改革开放和经济发展，还将鼓舞全球经济增长的信心，有助于多边贸易体制的发展。加入世界贸易组织，是中国改革开放和现代化建设的必然要求，是中国在经济全球化的新形势下，审时度势做出的重大战略决策，符合中国人民的根本利益和长远利益，它标志着中国的对外开放进入了新的阶段，对中国进一步完善社会主义市场经济体制，促进国民经济与社会发展，具有重大的现实意义。

3. 国际货币基金组织

1944 年，在美国新罕布什尔州的布雷顿森林召开了一次由 44 个国家参加的"联合国货币金融会议"，简称"布雷顿森林会议"。这次会议通过了《国际货币基金组织协定》和《国际复兴开发银行协定》，统称为布雷顿森林协定。根据 1944 年《国际货币基金组织协定》，1945 年 12 月 27 日，作为政府间国际金融组织的国际货币基金组织正式成立，总部设在华盛顿。

国际货币基金组织的宗旨是：促进国际货币合作；促进国际贸易的扩大和平衡发展，从而促进和保持高水平的就业和实际收入；促进汇价的稳定，在各成员国之间保持有秩序的汇率安排；协助建立成员国之间经济性交易的多边支付制度，帮助消除阻碍世界贸易发展的外汇限制。

国际货币基金组织的资金来源于各成员国认缴的份额。成员国享有一般提款权，即按所缴份额的一定比例购买和使用外汇。1969 年又创设"特别提款权"（special drawing right，SDR）①，作为国际流通手段的一个补充，以缓解某些成员国的国际收支失衡状况。成员国有义务提供经济资料，并在外汇政策和管理方面接受国际货币基金组织的监督。

国际货币基金组织还充当着咨询有关货币方面的信息中心和研究机构的角色。

国际货币基金组织的最高权力机构为理事会，由各成员派正、副理事各一名组成，一般由各国的财政部长或中央银行行长担任。每年9月举行一次会议，各理事会单独行使本国的投票权（各国投票权的大小由其所缴基金份额的多少决定）。执行董事会负责日常工作，行使理事会委托的一切权力，由24名执行董事组成，其中8名由美国、英国、法国、德国、日本、俄罗斯、中国、沙特阿拉伯指派，其余16名执行董事由其他成员分别组成16个选区选举产生；中国为单独选区，亦有一席。执行董事每两年选举一次，总裁由执行董事会推选，负责基金组织的业务工作，任期5年，可连任，另外还有3名副总裁。

4. 世界银行

世界银行，主要是指国际复兴开发银行（International Bank for Reconstruction and Development），它是在布雷顿森林会议之后，根据1944年《国际复兴开发银行协定》而于1945年创建的。世界银行成立初期的宗旨是致力于第二次世界大战后欧洲复兴，帮助在第二次世界大战中被破坏的国家的重建，其资金来源于成员国的捐款和从开放市场获取的贷款。法国是第一个从世界银行得到贷款的国家。1948年以后，世界银行转向世界性的经济援助，它只对那些它认为在经济上具有可行性的项目提供资金支持，通过向生产性项目提供贷款和对改革计划提供指导，帮助欠发达成员国实现经济发展。

1994年7月，世界银行在一份报告中为该行未来的发展确定了六项原则：提高向发展项目提供贷款的选择性；加强与各类发展机构的伙伴关系；认真适应借款国的需求，促进它们参与世界银行相关项目的设计和执行；扩大贷款项目对经济发展的总体影响；消除官僚主义，讲究实效；完善世界银行自身的财务管理。世界银行贷款的条件要求主要有三个方面：第一，只有参加国际货币基金组织的国家，才允许申请成为世界银行的成员，贷款是长期的，一般为15~20年不等，宽限期为5年左右，利率为6.3%左右；第二，只有成员国才能申请贷款，私人生产性企业申请贷款要由政府担保；第三，成员国申请贷款一定要有工程项目计划，贷款专款专用，世界银行每隔两年要对其贷款项目进行一次大检查。

世界银行主要下设机构有：最高权力机构"理事会"，由成员国的财政部长、中央银行行长或级别相当的官员担任理事，每年秋天与国际货币基金组织联合召开年会；执行董事会由21名执行董事组成，其中5名由拥有股份最多的美国、英国、法国、日本、德国委派，另外16名由其他成员国按地区选出。该行历届行长一般由美国总统提名，均为美国人。行长同时兼任国际开发协会会长、国际金融公司主席、多国投资保证机构的主席等职。

总的说来，世界贸易组织、国际货币基金组织、世界银行，并称为当代世界经济体

---

① 特别提款权是国际货币基金组织于1968年创设的，按各成员国认缴份额的比例分配的一种使用资金的权利，它是成员国在国际货币基金组织账户上一种用数字表示的人为资产。成员国分得特别提款权无须再向国际货币基金组织缴交任何其他资金；可以无条件地使用特别提款权；特别提款权归成员国长期所有。

系的三大支柱。这三大国际组织的运作维持着第二次世界大战后至今的国际经济秩序。一般而言，国际经济秩序由国际贸易秩序、国际投资秩序、国际金融秩序等构成。由于金融是现代经济的核心，所以国际金融秩序也是国际经济秩序的核心；国际金融中的银行、证券、融资借贷等制度必须以资本项目的外汇制度为前提，从这个意义上说，作为国际金融秩序一个重要维度的国际货币秩序更是核心中的核心，它决定了国际经济秩序的性质和功能。但是，现行国际货币体系是不合理的。美元的霸权主导地位构成了当今国际货币秩序的基本特征，也构成了国际经济交易制度安排的主要内容。美元霸权主导下的国际货币秩序，既是一种不均衡的秩序，从根本上来说也是一种不稳定的秩序，它更多地体现了美国的意志和利益，忽视甚至损害了其他国家的利益。美元霸权主导下的国际经济秩序，深刻地影响着经济全球化进程①。

二、充满矛盾的经济全球化进程

随着资本的全球扩张，世界科技水平飞速发展，社会分工和国际分工日益深化，生产的社会化和国际化程度也不断提高，世界各国、各地区的经济活动越来越超出一国和地区的范围而相互联系、相互依赖，趋于一体化，一般把这种世界各国、各地区的经济活动趋于一体化的现象称为经济全球化。正如马克思、恩格斯所说："资产阶级，由于开拓了世界市场，使一切国家的生产和消费都成为世界性的了。"②经济全球化主要表现为生产、贸易、金融、投资的全球化。在经济全球化的过程中，必然会涉及不同文明之间的交流、碰撞乃至斗争。

经济全球化是一把双刃剑，它在给国际经济发展提供机遇的同时，也给国际经济、政治、安全等各方面提出了复杂的挑战。经济全球化加强了国际社会的广泛交流与合作，促进了资源的全球化配置；但是，由于经济全球化是在不公正、不合理的国际经济旧秩序没有根本改变的情况下发生和发展的，西方发达国家力图主导经济全球化，所以经济全球化加剧了各国经济发展的不平衡性，使南北发展差距继续扩大，贫富分化加剧。同时，发达资本主义国家，特别是美国往往借助经济全球化的进程，通过其占优势的全球性经济活动及其影响力，传播甚至强行推行其理念、价值观和政治制度。此外，由于经济全球化，各国经济相互依赖，一国的经济尤其是大国的经济波动和震荡会很快波及其他国家乃至全世界，资本主义市场经济固有的内在矛盾和消极方面，特别是发达国家的经济周期性波动的弊端势必会影响到全球。2008 年爆发于美国进而席卷全球的世界经济金融危机就是一例明证。

经济全球化是在国际经济秩序仍存在不公正不合理因素的情况下发生和发展的，是西方发达国家主导的经济全球化。由于发达资本主义国家在制定贸易和竞争规则方面具

① 美元霸权就是指美国借助其货币的国际信用特权，无所顾忌地发行美元以平衡其国际收支，以"金融自由化"作标榜而疏于监管，促使美国的投机资本、跨国金融企业利用国际金融机构的力量从其他国家获利。参见徐涛，侯绍泽. 论美元霸权与当代国际货币秩序. 上海财经大学学报（哲学社会科学版），2007，（6）：83-90.
② 中共中央马克思恩格斯列宁斯大林著作编译局. 马克思格斯选集. 第 1 卷. 北京：人民出版社，1995：276.

有更大的发言权，并且控制着一些国际组织，所以发达资本主义国家在经济全球化进程中占据着优势地位，是经济全球化的主要受益者。

对发展中国家来说，经济全球化是一个难得的历史机遇，也是一个巨大的挑战。经济全球化对广大的发展中国家的积极影响主要表现在：可以利用资源全球自由流动的机会，引进先进的技术和管理经验，并通过吸引外资来扩大就业，从而促进本国生产力水平的提高。同时，经济全球化趋势使各国经济的相互依存、相互影响日益加深，发展中国家经济社会发展的稳定性会受到一定程度的影响。面对经济全球化带来的机遇和挑战，发展中国家在扩大开放时应根据本国的具体条件，循序渐进，注意提高防范和抵御风险的能力。

综上所述，经济全球化是一个充满矛盾的进程。由于西方发达资本主义国家占据了先机和各种优势地位，包括各种制度和科技发展的优势地位，所以大多数发展中国家可能被进一步边缘化。伴随着经济全球化的深入发展，国际社会共同面临的重大课题就是如何实现世界各国的平等参与及公平受益。全球化的经济需要全球性的合作。各国应本着责任与风险共担的精神，加强国际合作，共同维护国际经济稳定发展。国际社会还应共同努力，推动国际经济秩序向更加公正合理的方向发展，构建互惠共赢的多边经济体制，以利于实现各国共同发展。人类需要的是一个世界各国平等、互惠、共赢、共存的经济全球化。

三、不可逆转的世界多极化趋势

经济全球化进程的主导作用是推动着世界政治格局多极化的演变[①]。世界政治格局的多极化是国际关系发展的必然结果，是不以人的意志为转移的客观趋势。当今世界正处于大变动的历史时期——两极格局已经终结，新的政治格局尚未形成，大国之间的关系在重新调整和定位，各种政治力量重新分化组合，世界正朝着多极化方向曲折发展。冷战后，在众多的政治力量中，美、欧、俄、日、中这五大力量处在突出地位，它们之间的互动关系深刻影响着整个世界的政治经济格局。

美国是当今世界上唯一的超级大国，无论是经济实力、军事实力、科技水平、政治影响力，还是综合国力，均高居世界之首。美国力图在国际事务中发挥主导作用。不过，也应该看到，由于美国在小布什时代从霸权国向强权国的转变，即由过去的规则推动者变为规则破坏者，美国与其传统盟友之间的关系面临考验[②]。伴随着经济全球化进程对美国经济独霸世界的局面的逐步打破，加之 2008 年爆发于美国并席卷全球的世界经济金融危机的影响，美国模式也面临着挑战。曾任美国助理国防部长的哈佛大学教授约瑟夫·奈，在 2008 年 11 月撰文指出，这场金融危机的后果之一是"美国的支配地位将大为削弱"[③]。

① 俞正梁. 经济全球化进程中的新世纪世界格局. 复旦学报（社会科学版），2000，（1）：1-2.

② 阎学通. 变化中的世界与中国. 现代国际关系，2006，（9）：7-9.

③ 奈 J. 奥巴马和美国实力. 新加坡联合早报网，http://www.zaobao.com/special/us/pages9/us2008elect 081112a.shtml，2008-11-12.

文章指出，华尔街和美国监管者的糟糕表现，对美国的软实力，即其经济模式的吸引力造成了重大损害。这些不仅对美国现在的国家实力形成负面影响，而且对美国未来长期的影响力造成一种伤害。美国国家情报委员会对 2025 年的一份新的预测推断，美国的支配地位将会被大大削弱。同时，美国持续具有优势的一个关键领域——军事实力在将来的竞争中会不如现在这么重要。当然，问题的关键不仅是美国的衰落，而且也意味着"其他国家的崛起"。基于此，约瑟夫·奈认为，美国必须认识到"单边行动无法达致目标"，即使是最强大的国家，也有越来越多的问题不在其控制范围内。由于信息革命和全球化，世界政治正起着某种变化，从传统的手段方面来看，美国的实力是不错，但这些手段却越来越无法掌控世界政治。例如，国际金融稳定对美国的繁荣至关重要，但美国却需要其他国家的合作来确保这一点。全球气候变化也会影响生活质量，但是，美国却无法单独解决这个问题。而且，在一个毒品、传染病和恐怖主义等越来越容易渗透过边界的世界里，美国必须动员国际合作来解决共同面对的威胁和挑战。

　　欧盟的成立与发展大大加强了欧洲的一体化，成为影响世界经济政治的重大因素。《欧洲联盟条约》规定，任何欧洲国家均可申请加入欧盟，只要它尊重欧盟的民主价值观，并致力于推广它们。更具体的条件被称为"哥本哈根标准"。该标准规定，一个国家只有满足以下条件才能加入欧盟：政治上要有稳定的体制保障民主、法治和人权；经济上要有运作良好的市场经济，能够应对欧盟内部的竞争压力和市场力量；法律上要接受欧盟既定的法律和做法，特别是政治、经济和货币联盟的主要目标①。随着 2013 年 7 月克罗地亚的加入，欧盟目前包括 28 个成员国，即奥地利、比利时、塞浦路斯、捷克、丹麦、爱沙尼亚、芬兰、法国、德国、希腊、匈牙利、爱尔兰、意大利、拉脱维亚、立陶宛、卢森堡、马耳他、荷兰、波兰、葡萄牙、斯洛伐克、斯洛文尼亚、西班牙、瑞典、英国、罗马尼亚、保加利亚及克罗地亚。经过半个世纪的不懈努力，欧盟已先后建立了关税同盟，实行共同外贸、农业和渔业政策，统一了内部大市场，基本实现了商品、人员、资本和服务的自由流通，建立了经济与货币联盟。欧盟在共同外交与安全建设上取得进展，任命了共同外交与安全政策高级代表，制定了首部《欧洲安全战略》；欧洲快速反应部队和欧洲警察部队已初步建立，并在马其顿、波黑等地独立承担维和任务；成立了欧洲军备局，并组建军事及民事行动计划小组、欧洲宪兵部队和欧洲战斗群。欧盟进一步加强司法与内政合作，建立欧洲警察署，强化外部边境管理，设立反恐协调员，并决定加快建立统一司法区。欧盟还制定了首部《欧洲宪法条约》。近年来，随着综合实力的增强，欧盟在国际事务中的影响日益增大。欧盟重视维护联合国的地位和作用，主张有效多边主义。欧盟重视对美关系，主张在反恐、防扩散及中东伊朗核问题上加强协调。欧俄务实合作关系稳定发展，签署了旨在推动建立经济、自由安全与司法、外部安全和科教文四大"共同空间"的"路线图"协议。欧盟进一步加强与中国、日本、加拿大、印度等大国关系，积极谋求建立欧亚全面伙伴关系和欧非战略伙伴关系，计划与地中海沿岸 12 国及拉美南方共同市场建立自由贸易区。加强对非洲的关注，首次推出《对非洲战略》。欧盟的战略目标是通

---

① 参见欧盟驻华官方代表团网页，http://eeas.europa.eu/delegations/china/key_eu_policies/enlargement/index_zh.htm，2014-05-27.

过欧洲的联合与团结，重建强大而统一的欧洲，摆脱美国的控制，争取在国际舞台上发挥更大的作用，成为多极世界中的一极。

日本在 20 世纪 60 年代末的经济增长达到一定峰值，曾经长期占据世界第二大经济体的座位。随着经济实力的加强，自 20 世纪 80 年代起，日本"大国意识"强烈抬头，各届政府都把改变"经济大国、政治侏儒、军事附庸"的现状，争做真正意义上的世界大国当做主要目标。近年来，日本积极展开大国外交：以日美同盟为核心，加强对欧关系；致力于稳定对华关系，深化与东盟关系，谋求确立日本在亚太的主导作用；以经济实力为后盾，积极扩大在国际社会尤其是在第三世界的影响，同时积极参与地区和国际政治、经济和安全事务，力争成为联合国安理会常任理事国。此外，日本积极扩充军事力量，不断加大海外派兵力度；并采取多项立法措施，寻求突破和平宪法的限制，谋求成为军事大国。2007 年 1 月 9 日，日本防卫厅正式升格为防卫省。对此，日本共同社的报道认为："随着防卫省的成立，海外派遣也相应成为自卫队的主要任务。分析显示，今后防卫省将增加海外派遣任务，并制定永久性的法制实现自卫队的随时派遣，另外还将加速对宪法禁止的行使集体自卫权的讨论，由此，日本安保政策迎来了一个转折点。"①由于日本在历史上曾经犯下的军国主义罪行及日本政坛右翼势力的错误言行，国际社会对日本积极谋求成为政治、军事大国的战略意图不能不有所警惕，日本在迈向世界大国的道路上障碍颇多，还有很长的一段路要走。

俄罗斯自冷战结束以后，虽已失去超级大国的地位，但其政治军事实力仍不容小视，而且其经济潜力巨大。在政治上，俄罗斯继承了苏联在联合国安理会常任理事国的席位，保留了重要的世界政治大国地位。在军事上，俄罗斯继承了苏联超强的军事资源，是当今世界上唯一的一个可以与美国进行军事抗衡的国家；而且，作为全球第二大军事强国，俄罗斯在国际反恐及军备控制等领域保持着强有力的话语权。此外，俄罗斯石油、天然气资源丰富，在地理位置上横跨欧亚大陆，具有明显的地缘战略优势。进入 21 世纪后，得益于石油价格上涨、国家政局稳定和部分经济改革措施效果良好，俄罗斯的经济出现了快速发展，综合国力大大提升。在这样的条件下，俄罗斯明确提出要力争成为多极世界中的一极。俄罗斯时任总统普京在 2000 年 7 月 8 日的国情咨文中指出，俄罗斯唯一的选择就是做一个强国，一个强大而自信的国家，一个不反对国际社会、不反对别的强国并与它们共存的强国，争取在 20 年内以一个同美国平起平坐的大国姿态在世界舞台上扮演主要角色。为了实现这一目标，俄罗斯重视增强和发挥自身的国际政治影响力，奉行全方位的务实外交政策，主动采取政治、军事和外交行动，努力阻止北约向独联体国家东扩，积极加强与独联体国家及印度、中国等国家的关系，并大力拓展与拉美地区的国家关系，坚决维护本国的核心利益及其在全球范围内的政治经济利益。

中国是发展中的社会主义大国，也是维护世界和平与地区稳定的重要力量。中国是联合国安理会常任理事国，奉行独立自主的和平外交政策，在国际事务中起着其他大国所不能替代的作用，有望成为未来多极世界中不可忽视的一极。1990 年 3 月邓小平指出："美苏垄断一切的情况正在变化。世界格局将来是三极也好，四极也好，五极也好，苏联

---

① 于青采. 第一现场：日本防卫省挂牌记. 人民日报，2007-01-10.

总还是多极中的一个，不管它怎么削弱，甚至有几个加盟共和国退出去。所谓多极，中国算一极。中国不要贬低自己，怎么样也算一极。"①改革开放以来，中国实现了从封闭半封闭经济到全方位开放，中国经济和社会发展取得了辉煌的成就。2007 年中国进出口贸易总额从 1978 年的 206 亿美元猛增到 21 737 亿美元，增长了 104 倍。2008 年中国 GDP 总量为 300 670 亿元，超过了德国而跃居世界第三位；而一向以世界经济第二称雄的日本，其 2010 年 GDP 为 54 700 亿美元，同比落后于中国 4 400 亿美元。至此，中国跃居世界经济第二位。对此，中国政府态度审慎，强调中国将长期处于社会主义初级阶段的基本国情不变——中国经济总量虽大，但除以 13 亿多人口，人均 GDP 还排在世界第八十位左右②。当然，就中国的影响力而言，无疑已经成长为世界经济大国。在政治上，中国是联合国安理会五个常任理事国之一，举足轻重。在这种情况下，国际社会希望中国承担更多的国际责任。近十年来，中国政府多次向世界郑重宣告，中国是一个负责任的大国。中国的迅速发展不是世界的威胁，而是世界的机遇。党的十五大报告指出："中国是维护世界和平和地区稳定的坚定力量。我们进行社会主义现代化建设，需要一个长期的和平国际环境特别是良好的周边环境。中国的发展不会对任何国家构成威胁。今后中国发达起来了，也永远不称霸。中国人民曾经长期遭受列强侵略、压迫和欺凌，永远不会把这种痛苦加之于人。"中国积极实施对外开放政策，加入世界贸易组织，不断融入当今经济全球化进程之中。中国致力于维护联合国在国际社会的权威地位，并积极参与世界重大危机及热点问题的和平解决机制，为维护世界和平、促进发展做出贡献。中国在对外交往中守信践诺，言必信，行必果。总之，中国作为维护和平、促进发展的坚定力量，在国际社会中继续发挥负责任大国的作用，为世界的和平、稳定、繁荣、发展做出应有的贡献。

此外，一些地域广阔、人口众多、资源丰富的发展中大国，如印度、巴西等，随着近年来的政治、经济、军事等实力的增强，也日益受到国际社会的重视；而这些国家自身也有着在国际社会和地区事务中发挥积极作用的强烈要求。多极力量之间利益不同，目标各异，在国际舞台上它们或相互合作，或相互竞争，或在合作中竞争，或在竞争中合作，从而构成一幅多极力量合作中共存、竞争中发展的世界图景。

世界多极化趋势表明，在国际舞台上，多种力量或多个力量中心在发挥作用。世界多极化意味着，国际事务不可能由单个国家主宰。在经济全球化进程日益加快的今天，各国之间的相互依存越来越紧密，人类面临的"全球性问题"也日益增多，仅靠单个国家的力量已无力应对。因此，不同国家乃至整个国际社会相互合作是国际政治的基本模式。这实际上是对霸权主义和强权政治的否定，符合国际关系民主化的潮流。实现国际社会的相互合作，就必须在多极化的基础上建立公正、合理、稳定的国际新秩序。只有一个多极的世界才能包容现实世界的多样性，才能更有利于世界和平与发展。正如习近平 2014 年 4 月在欧洲学院发表的演讲所指出的那样，"要和平不要战争、要多边不要单边、要对话不要对抗"才是国际关系实践的理性要求和前进方向。

---

① 中共中央文献编辑委员会. 邓小平文选（第 3 卷）. 北京：人民出版社，1993：353.

② 中国国家主席习近平 2014 年 4 月在比利时欧洲学院发表的演讲中提及了人均 GDP 情况. http：//msn. ynet. com/1183/2014/04/02/144@527711. htm，2014-04-01.

第二节　中国外交政策

一、新中国独立自主的和平外交政策的确立

中华人民共和国一贯奉行独立自主的和平外交政策。以毛泽东为代表的第一代中央领导集体深刻认识到，中国要想实现真正的民族独立和赢得国家在国际上的平等地位，就必须靠中国人民自己努力争取，而决不能幻想通过依附某一世界大国来换取支持。因此，必须在外交政策上保持独立自主，不容许任何帝国主义国家的干涉。1949 年 9 月 29日通过的、具有临时宪法性质的《中国人民政治协商会议共同纲领》第 54 条就已明确规定："中华人民共和国外交政策的原则，为保障本国独立、自由和领土主权的完整，拥护国际的持久和平和各国人民间的友好合作，反对帝国主义的侵略政策和战争政策。"根据这一外交政策的基本原则，"中华人民共和国联合世界上一切爱好和平、自由的国家和人民，首先是联合苏联、各人民民主国家和各被压迫民族，站在国际和平民主阵营方面，共同反对帝国主义侵略，以保障世界的持久和平"（《中国人民政治协商会议共同纲领》第11 条）。《中国人民政治协商会议共同纲领》关于外交政策的相关规定，明确了新中国独立自主的和平外交政策的总方向[①]。

由于中华人民共和国在成立后的较长一段时间里，面临着直接的战争威胁，所以，中国在这一时期的具体外交策略主要是建立国际统一战线来制约可能的外部入侵。为此，毛泽东先后提出了两个中间地带和三个世界划分的战略。20 世纪 60 年代，随着世界各种政治力量的进一步分化和改组，毛泽东指出，"我们现在提出这么一个看法，就是有两个中间地带：亚洲、非洲、拉丁美洲是第一个中间地带；欧洲、北美加拿大、大洋洲是第二个中间地带。日本也属于第二个中间地带"[②]。根据这样的判断，在当时的国际关系格局下，中国不仅对发展与亚非拉国家的关系继续采取积极的态度，而且对建立和改善同西方国家的关系给予了一定程度的重视。1974 年，毛泽东在会见来访的赞比亚总统卡翁达时又提出了三个世界划分的战略："美国、苏联是第一世界。中间派，日本、欧洲、澳大利亚、加拿大，是第二世界。咱们是第三世界。"[③]毛泽东指出："亚洲除了日本，都是第三世界。整个非洲都是第三世界，拉丁美洲也是第三世界。"[④]毛泽东关于划分三个世界的战略思想，对中国外交政策产生了巨大的影响。同时，周恩来提出了"和平共处"五项原则。这些战略思想和外交原则，推动中国加强了同第三世界国家的团结，争取了第二世界国家共同反对霸权主义，改善了我国的国际环境，提高了我国的国际威望。

---

① 谢益显. 中国当代外交史（1949-1995）. 北京：中国青年出版社，1997：3.

② 中华人民共和国外交部, 中共中央文献研究室. 毛泽东外交文选. 北京：中央文献出版社, 世界知识出版社, 1994：509.

③ 中共中央文献研究室. 毛泽东文集. 第 8 卷. 北京：人民出版社, 1999：441.

④ 中共中央文献研究室. 毛泽东文集. 第 8 卷. 北京：人民出版社, 1999：442.

二、新的国家安全观与中国外交政策的调整

十一届三中全会以后，我们对国际形势的判断有了重要的变化。首先是在对待国家安全问题上的看法有了重大转变。1985 年 6 月 4 日邓小平在军委扩大会议上指出，"世界很大，复杂得很，但一分析，真正支持战争的没有多少，人民是要求和平、反对战争的。还要看到，世界新科技革命蓬勃发展，经济、科技在世界竞争中的地位日益突出，这种形势，无论美国、苏联、其他发达国家和发展中国家都不能不认真对待。由此得出结论，在较长时间内不发生大规模的世界战争是有可能的，维护世界和平是有希望的。根据对世界大势的这些分析，以及对我们周围环境的分析，我们改变了原来认为战争的危险很迫近的看法"①。这一新的战略认识，其意义非常重大。有了这样一个新的国家安全观，就为中国从过去的"政治挂帅"转变为"以经济建设为中心"提供了根本支撑。

在新的国家安全观指导下，中国的外交政策有了重大的调整。邓小平指出："我们奉行独立自主的正确的外交路线和对外政策，高举反对霸权主义、维护世界和平的旗帜，坚定地站在和平力量一边，谁搞霸权就反对谁，谁搞战争就反对谁。所以，中国的发展是和平力量的发展，是制约战争力量的发展。现在树立我们是一个和平力量、制约战争力量的形象十分重要，我们实际上也要担当这个角色。"②在这一外交政策的指导下，中国在 20世纪 80 年代开始与苏联改善关系，同时淡化了与美国"反霸"的军事战略关系。这是新中国成立以来中国对外政策所经历的最重要的调整。

20 世纪 80 年代末 90 年代初，东欧剧变、苏联解体，国际形势发生急剧而深刻的变化。两极格局终结，新的格局又尚未形成；多极化趋势继续发展，但霸权主义和强权政治仍然存在。面对新的形势，邓小平指出："第三世界有一些国家希望中国当头。但是我们千万不要当头，这是一个根本国策。这个头我们当不起，自己力量也不够。当了绝无好处，许多主动都失掉了。中国永远站在第三世界一边，中国永远不称霸，中国也永远不当头。但在国际问题上无所作为不可能，还是要有所作为。"③这一重要论述后来被概括为"决不当头，有所作为"，充分展示了邓小平外交思想的务实精神。邓小平外交思想的核心就是要一切从"搞好自己的事"（即以经济建设为中心的中国特色社会主义现代化建设）出发来进行外交战略谋划，坚持独立自主、对外开放，以维护中华民族的根本利益为基准；同时，中国坚决奉行和平共处五项原则，这也符合世界各国的共同利益需求。

三、21 世纪和谐世界的外交理念

随着中国国力的提升、国际地位的显著提高，国际社会对中国在世界上承担更多的维护和平与促进发展的责任的呼声日益高涨。在这样一种形势下，一方面要求我们深刻

① 中共中央文献编辑委员会. 邓小平文选（第 3 卷）. 北京：人民出版社，1993：127.
② 中共中央文献编辑委员会. 邓小平文选（第 3 卷）. 北京：人民出版社，1993：128.
③ 中共中央文献编辑委员会. 邓小平文选（第 3 卷）. 北京：人民出版社，1993：363.

反思邓小平同志"决不当头，有所作为"的外交战略思想的精神实质，正确认识自身的国情、国力，不能妄自尊大；另一方面，也要为中华民族根本利益计，更加积极主动地参与国际社会，充分发挥中国在其中的积极建设性作用，与世界各国人民携手共创世界和平、稳定与繁荣的新局面。

在这一新形势下，自十六大以来，党中央注意研究"世情"和"国情"，从"全球战略"高度考虑问题，与时俱进，提出了"和谐世界"的重大外交理念。2005 年 9 月 15 日，胡锦涛在联大会议上做了"推动建设持久和平、共同繁荣的和谐世界"的主题演讲，引起了国际社会的普遍关注。2012 年，党的十八大报告再次庄严宣告："要和平不要战争，要发展不要贫穷，要合作不要对抗，推动建设持久和平、共同繁荣的和谐世界，是各国人民共同愿望。"①

和谐世界的外交理念表明：中国坚持以相互尊重为出发点，以协作、共赢为原则处理对外关系，追求国际政治关系民主化及国际经济关系的公平、合理化。世界各国不分大小、强弱，只有在政治上相互尊重、平等协商，才能实现国际关系民主化；而政治关系处理得当，才能做到在安全上相互信任、加强合作，共同维护世界和平稳定。在经济全球化趋势不可逆转的历史潮流下，世界各国只有在经济上相互合作、优势互补，才能共同推动经济全球化朝均衡、普惠、共赢方向发展；同时，在经济发展过程中，还要密切关注环保问题，各国需要在环保上相互帮助、协力推进，以实现人类社会的可持续发展。同时还应该认识到，在全球化进程中需要深刻尊重文明多样性，求同存异；世界上不同的文明与文化是完全可以相互借鉴的，只有加强不同文明与文化之间的交流和沟通，才能共同促进人类文明的繁荣与进步。

和谐世界理念，有着深厚的中国传统文化背景。中华文明与西方文明相比，更崇尚合作，更少诉诸战争，有很强的兼容并蓄能力。为推动世界向实现持久和平的方向发展，需要重视发挥中国传统文化所具有的道德和文化力量。先秦儒家思想的重要内核即"和为贵"②；早在西周时期，中国就有"和实生物，同则不继"③的思想。此处的"和"，是作为与"同"相对立的范畴提出的，它是一个包含了差异性和多样性的存在，是差异性和多样性基础上的平衡、协调与统一。在政治哲学的意义上，"和"代表着秩序。儒家思想认为，为了达致"和"的秩序，首先，要"各明其位"，各种要素、各种成分、各个局部都要明确各自在统一的整体中所处的位置；其次，要"各得其所"，各种要素、各种成分、各个局部要在统一的整体中构成一定的关系，相成相济，共生共长；最后，要"各尽所能"，各种要素、各种成分、各个局部要在统一的整体中发挥各自的作用，从而使这一整体呈现和谐、稳定和有序的状态④。

传统儒家的这一基本思想对于国际社会来讲具有重要现实意义。众所周知，国际社会的典型特点是"无政府性"，即主权国家都是各自独立的实体，互不隶属，在各主权国

　① 胡锦涛. 坚定不移沿着中国特色社会主义道路前进　为全面建成小康社会而奋斗. 北京：人民出版社，2012：46-47.

　② 出自《论语》"礼之用，和为贵"。参见朱熹. 四书章句集注. 北京：中华书局，1983：51.

　③ "和实生物，同则不继"意为金木水火土相配合能生成万物，五种滋味相协调能满足口味，六种音律相协和才能悦耳；一种声音谈不上动听的音乐，一种颜色构不成五彩缤纷，一种味道称不上美味，一种物体无法进行优劣的比较。

　④ 管向群. 传统和谐思想的启示. 光明日报，2005-10-18.

家之上并不存在超主权的世界政府。基于这一特点，国际关系学中的现实主义传统认为指导国际关系的基本原则就是实力外交、国家利益至上。而在当今时代，人们越来越清醒地认识到，单靠实力、利益原则解决不了当前世界面临的核武器威胁、大规模杀伤性武器扩散、资源短缺等全球性问题。因此，国际社会在当今的全球化时代必须加强合作，以共同解决仅靠单个国家所无法解决的问题。中国提倡的和谐世界理念，不是自欺欺人地认为当今世界是和谐的，也不是追求世界和谐的空洞表态，更不是像某些别有用心者所歪曲的那样把"和谐"作为动词来宣示同化、干涉其他国家，而是充分体现了中国积极推动国际社会协调合作、共创双赢和多赢的负责任大国的善意与诚意。"和谐世界"的主张再次定义、更加明确了中国在全球化世界中的国际责任，即作为世界的中国，把自身的发展与人类共同进步联系在一起，既充分利用世界和平发展带来的机遇发展自己，又以自身的发展更好地维护世界和平、促进共同发展。

在坚定不移地推动和谐世界建设的同时，中国的发展离不开和平的外部环境，但这是共同维护、争取创造来的，而不是中国单方面放弃自己的核心利益、从别人那里哀求乞讨来的。2013年1月28日，习近平在主持第十八届中共中央政治局第三次集体学习时强调："我们要坚持走和平发展道路，但决不能放弃我们的正当权益，决不能牺牲国家核心利益。"[1]这是执政的中国共产党领导人第一次为中国如何坚持走和平发展道路阐明原则底线，也是我党新一代领导人第一次明确阐述其对外交往的原则和思路[2]。

综上所述，中国的独立自主和平外交政策，其宗旨是维护世界和平，促进世界各国的共同发展，互利互惠。这一政策在我国外交工作的实践中不断得到丰富和发展。独立自主的和平外交政策，是马克思主义中国化的重要理论成果，不断开创着我国外交工作的新局面，为我国社会主义现代化建设赢得了有利的国际环境。中国坚持在和平共处五项原则的基础上同所有国家发展关系，致力于同国际社会一道为人类和平与发展的崇高事业而奋斗，推动国际政治经济秩序朝着更加公正合理的方向发展，共建持久和平、共同繁荣的和谐世界。

第三节　中国外交格局

中国坚持在和平共处五项原则基础上全面发展同各国的友好合作，积极改善和发展同发达国家的关系，拓宽合作领域，妥善处理分歧，推动建立长期稳定健康发展的新型大国关系；坚持与邻为善、以邻为伴，巩固睦邻友好，深化互利合作，努力使自身发展更好惠及周边国家；加强同广大发展中国家的团结合作，共同维护发展中国家正当权益，支持扩大发展中国家在国际事务中的代表性和发言权；积极参与多边事务，支持联合国、二十

---

① 2011年9月发表的《中国的和平发展》白皮书首次明确界定了中国的核心利益，包括国家主权，国家安全，领土完整，国家统一，中国宪法确立的国家政治制度和社会大局稳定，经济社会可持续发展的基本保障。

② 新华网，http://news.xinhuanet.com/politics/2013-01/30/c_114560069.htm，2013-01-30.

国集团、上海合作组织、金砖国家等发挥积极作用，推动国际秩序和国际体系朝着公正合理的方向发展；扎实推进公共外交和人文交流，开展同各国政党和政治组织的友好往来，夯实国家关系发展社会基础，维护我国海外合法权益。

党的十八大以来，中央领导集体积极运筹与主要大国关系，全力稳定和拓展周边睦邻友好关系，大力加强与发展中国家友好合作，深入参与和引导多边外交进程①。简而言之，大国是关键，周边是首要，发展中国家是基础，多边是舞台。当今世界，大国政治仍然主导着国际格局，国际关系实践也主要是大国外交的博弈②。大国关系历来是国际关系的实质内容。中国与世界其他大国的关系主要包括中美关系、中俄关系、中日关系、中欧关系及中印关系。

一、中美关系

中国在争取与世界各国友好相处、推进和谐世界建设的过程中，同美国的关系占据十分重要的位置。中国作为一个正在兴起的对维护世界和平与促进发展负有越来越重要责任的大国，必然会在国际事务中与美国发生越来越多的联系。中国一向非常重视中美关系，几代中央领导集体都把建立、维护、发展中美间正常关系置于外交首位。从中国方面来看，中美关系的健康发展可以帮助中国解决现代化建设过程中所需的外部市场、资金、技术及管理经验等问题。而从美国方面来看，美国前常务副国务卿佐立克曾将美中关系定位为"利益攸关方"，这基本上代表了美国各界的共识；美国主流观点认为与中国的关系是美国最重要的双边关系之一，世界上很多问题的解决，美国都需要中国的合作。从全球范围内来看，中美关系的双方，一个是全球最大的发展中国家，一个是全球最大的发达国家；一个是具有鲜明的社会主义立场的国家，一个是具有典型资本主义色彩的国家，所以，中美关系牵涉到世界和平与发展的大局，具有重大的全球性战略意义。就当前中美关系的总体特征而言，两国间的合作是主流，而分歧也无法避免。但是，应该看到中美间的共同利益远远超过分歧，中美间的共同利益决定了双方之间的分歧需要通过协商和对话来解决。

（一）中美关系正常化以来的历史发展

1972 年 2 月 21 日~28 日，美国总统尼克松访问中国。同年 2 月 28 日，中美在上海发表联合公报。1978 年 12 月 16 日，中美发表建交公报，宣布两国自 1979 年 1 月 1 日起互相承认并建立外交关系。

1979 年 1 月 28 日至 2 月 5 日，国务院副总理邓小平正式访问美国，这是中华人民共和国领导人第一次访问美国。1982 年 8 月 17 日，中美两国政府就美售台武器问题发表联合公报，即"八一七公报"，美方承诺逐步减少并最终停止售台武器。

---

① 杨洁篪. 新形势下中国外交理论和实践创新. http://news1.uschinapress.com/china/20130904/80450.html，2014-08-16.
② 北京大学叶自成教授认为，中国必须实行大国外交战略，这一战略的主要内容应以大国关系为主体。参见叶自成. 中国实行大国外交战略势在必行. 世界经济与政治，2000，（1）：5.

1989 年北京发生政治风波后，美国带头对华实施"制裁"，在政治上不断对中国施加压力，严重损害两国关系。美国先后宣布向台湾地区出售 150 架 F-16 战斗机，允许台湾当局领导人李登辉以所谓"私人身份"访问美国。这是台湾当局分裂祖国，制造"两个中国"的有预谋的活动，也是美国损害中国主权，干涉中国内政的严重事件。对此，中国政府做出了强烈反应，采取一系列外交行动，并在台湾海峡附近海域进行了四次军事演习。美国政府认识到台湾问题的敏感性及其在中美关系中的重要性，于是重申继续遵守"一个中国"的政策，遵守中美三个联合公报，不支持"两个中国"和"一中一台"的主张，不支持台湾独立，不支持台湾加入联合国。

1997 年 10 月，江泽民应邀对美国进行国事访问。在双方发表的《中美联合声明》中，两国领导人决定，为了促进世界和平与发展，中美两国将致力于建立面向 21 世纪的建设性战略伙伴关系。这种战略伙伴关系不同于冷战时期存在的那种战略关系，其实质是不对抗、不结盟、不针对第三国。1998 年 6 月，在台湾问题上，美方公开阐述了"三不政策"，即不支持台湾独立，不支持"一中一台"和"两个中国"，不支持台湾加入任何必须由主权国家加入的国际组织[①]。1999 年 11 月 10 日~15 日，中国政府代表团同美国政府代表团在北京就中国加入世界贸易组织问题举行谈判，11 月 15 日，双方签署中华人民共和国政府和美利坚合众国政府关于中国加入世贸组织的双边协议。至此，中美两国正式结束了双边谈判。中美两国签署上述协议是一个双赢的结果，有利于加快中国加入世界贸易组织的进程，有利于促进中美经贸合作的全面发展，有利于中美关系的稳定和发展。

2001 年，美国共和党小布什政府上台之初，推行保守主义外交政策，视中国为战略竞争对手而不是战略伙伴，中美关系的发展面临着新的挑战。但是，"9·11"事件发生后，中国政府明确表达了反对恐怖主义的立场，中美增加了新的利益共同点，从而推动了中美关系继续发展。2002 年 2 月，美国总统小布什来华访问，将中美关系定位为"建设性合作关系"，中美两国重新走上了正常发展的道路。2002 年 10 月，江泽民再次访问美国，双方在应对恐怖主义、传染性疾病、核武器扩散等全球性挑战方面取得了进展，两国政府间的关系变得更加具有建设性和合作性，进一步推动了中美关系的发展。2005 年 11 月，小布什总统再次访问中国，中美两国元首在会谈后召开的记者会上表示，保持中美关系持续、健康、稳定发展，是时代的要求，是两国人民的共同意愿，双方一致同意要从战略高度和长远角度看待与处理中美关系，牢牢把握共同利益，妥善处理彼此关系，增进了解、扩大共识、加强互信，全面推进中美建设性合作关系。

2006 年 4 月 18 日~21 日，胡锦涛回访美国。访美期间，胡锦涛发表了题为《全面推进中美建设性合作关系》的重要讲话，指出：中美关系已超越双边关系的范畴，越来越具有全球影响和战略意义；面对传统和非传统安全威胁的挑战，中美在维护世界和平、促进共同发展方面拥有广泛而重要的共同战略利益；发展中美关系，是维护两国和两国人民共同利益的需要，也是促进亚太地区和世界和平、稳定、繁荣的需要。中美双方不仅是利益攸关方，而且应该是建设性合作者。美方十分赞同胡锦涛的看法。布什总统表示，中美

---

① 钱其琛. 外交十记. 北京：世界知识出版社，2003：315.

合作领域日益宽广，对世界和平发挥着日益重要的影响，中国是维护世界和平的关键伙伴。美国参议院临时议长史蒂文斯说，美中关系具有世界意义，亚太地区乃至世界的和平稳定在很大程度上取决于美中关系的发展①。

2009 年 1 月 1 日，适逢中美建交 30 周年，两国元首互致贺电，热烈庆祝两国建交 30 周年。2009 年 1 月 4 日晚，胡锦涛应约同小布什通电话，在过去 30 年中，美中进行了良好合作，值得庆贺。胡锦涛强调，在新的历史时期，中美双方通过共同努力，一定能够牢牢把握两国建设性合作关系的大方向，推动中美关系健康稳定、全面深入向前发展。

党的十八大以来，中美关系的发展势头继续向好。中美就构建新型大国关系达成重要共识。在中美元首安纳伯格庄园会晤中，习近平与奥巴马一致同意，中美将共同努力构建新型大国关系，造福两国和世界人民。习近平用三句话对新型大国关系内涵进行了精辟概括：一是不冲突、不对抗；二是相互尊重；三是合作共赢。习近平还指出，为落实构建中美新型大国关系共识，双方要提升对话互信新水平，在开展务实合作方面采取新步骤，建立大国互动新模式，探索管控分歧新办法。中美建立新型大国关系前无古人、后启来者，是一项没有现成经验可循的历史创举，不会一帆风顺，但只要我们看清形势、认准目标、坚定信心、不断推进，就一定能推动中美关系健康稳定发展②。

（二）中美关系的症结：台湾问题

中美关系的发展，关键是要认真执行中美三个联合公报，核心是解决好台湾问题，而这就必须要求美方排除《与台湾关系法》的干扰。

1979 年 1 月 1 日，中美两国发表《中美建交联合公报》，正式建立大使级外交关系，美国宣布断绝同台湾的所谓"外交关系"，并于年内撤走驻台美军，终止美台《共同防御条约》（即"断交、废约、撤军"）。美国国会对此反应强烈，并对美国政府施加压力，双方最后达成妥协。1979 年 3 月 29 日，美国国会通过了《与台湾关系法》，4 月 10 日经卡特总统签署后生效。《与台湾关系法》的基本内容是：美国决定同中华人民共和国建交是基于台湾的前途将通过和平方式解决这样的愿望；美国与台湾"断交"后，将继续与台湾保持联系，驻对方的代表享有外交豁免权；美台《共同防御条约》终止后，"任何以非和平方式决定台湾将来命运的努力"，都会被美国视为"对西太平洋地区和平与安全的威胁"，从而"引起美国的严重关切"；美军撤离后，美国将继续向台湾提供"旨在使台湾保持自卫所必需的防御武器与防务设施"。实际上，《与台湾关系法》是 1954 年 12 月 2 日美台《共同防御条约》的翻版，其实质是在美台断交后美国仍然承认台湾并与其保持"外交"关系，继续推行旨在制造"两个中国"和"一中一台"的所谓"双轨政策"，并把台湾置于美国的武力保护之下，从而达到利用台湾问题对中国形成长期牵制的目的。这是对中美关系政治基础的明目张胆的破坏，成为中美关系正常发展的严重障碍。

美国单方面制定的所谓《与台湾关系法》，侵犯了中国的主权，干涉了中国的内政，

---

① 外交部长李肇星谈胡锦涛主席访问美国. 新华网，http://news.xinhuanet.com/newscenter/2006-04/22/content_4461378.htm，2006-04-22.

② 杨洁篪. 新形势下中国外交理论和实践创新. http://news1.uschinapress.com/china/2013090 4/80450.html，2013-08-16.

从"本质上、原则上、条款上"都违背了中美三个联合公报的原则和精神。中国政府对美国的这一法案自始就表示强烈反对。中方多次指出，中美三个联合公报是中美关系的政治基础，美方理应恪守中美三个联合公报的原则，停止执行所谓的《与台湾关系法》，不要向"台独"势力发出任何错误信号，真正信守自己的承诺，奉行一个中国政策，反对"台独"，这样才能使中美关系在健康的基础上顺利向前发展。这不仅符合中美双方的利益，而且有利于维护亚太地区的和平与稳定。

二、中俄关系

在大国关系中，中俄关系是发展较为顺利也是较为稳定的双边关系，是冷战后大国关系的典范，也是不同文化、不同文明之间密切交流和友好相处的典范。中国与俄罗斯在多极化方面有着共同的利益，特别是在反对美国单极霸权上形成了重要战略共识和利益结合点。

（一）中俄关系发展历程

1991年12月27日，中国承认俄罗斯联邦并建立大使级外交关系。1992年年底叶利钦总统访华，双方发表了《关于中华人民共和国和俄罗斯联邦相互关系基础的联合声明》，宣布相互视为友好国家，实现了两国关系从中苏关系到中俄关系的平稳过渡。1994年9月双方签署了第二个《中俄联合声明》，宣布两国建立睦邻友好、互利合作的建设性伙伴关系。1996年4月在北京签署了第三个《中俄联合声明》，双方正式宣布建立"平等信任、面向21世纪的战略协作伙伴关系"。双方一致认为两国发展面向21世纪的战略协作伙伴关系，是两国做出的战略选择，符合两国的共同利益，也有利于地区及世界的和平与稳定。

中俄战略协作伙伴关系是以和平共处五项原则为基础，不结盟、不对抗、不针对任何第三国的新型国家关系，并为双方在各个领域进行最广泛的平等互利合作创造了条件。双方在政治上完全平等，经济上互利合作，安全上相互信任，国际事务中加强协作。机制化是中俄战略协作伙伴关系运作方式的重要特点，主要内容包括如下方面。

（1）高层定期政治会晤制度。两国国家元首和政府首脑每年会晤一次，两国外长常来常往，就共同关心的问题广泛深入地交换意见。在北京和莫斯科建立中俄元首间热线电话联系。

（2）双方合作协调和指导制度。两国建立"中俄总理定期会晤委员会"，统管双方在经济、贸易、科技、能源、运输、核能等一系列重要领域的合作，敦促解决合作中出现的重大问题。

（3）国际磋商制度。两国将充分利用各种场合和形式在各个级别上就涉及各自重大利益及双方共同关心的全球性、地区性重大问题交流信息，认真探讨，制定对策，协调立场，相互配合。

（4）民间交往制度。两国已建立跨世纪的综合性民间友好机构，即"中俄友好、和平与发展委员会"。通过社会各界人士的广泛参与，加强人民之间深层次的理解和信任，加强两国人民世代友好的基础。

1996 年 12 月，李鹏访问俄罗斯，中俄总理定期会晤机制正式启动。自 1997 年起，中俄两国元首和政府首脑年年举行会晤，并使一年一度的会晤机制化，成为中俄战略协作伙伴关系的重要组成部分。到 1999 年中俄政府首脑已进行了四次定期会晤。1997 年，中俄友好、和平与发展委员会正式成立。通过几次元首互访，双方一致同意将中俄战略协作伙伴关系全面推向 21 世纪。2006 年，中国举办"俄罗斯年"，2007 年，俄罗斯举办"中国年"。中俄文化交流增进了两国人民的相互理解和友谊，使"世代友好、永不为敌"的思想在两国得到了广泛传播，给两国政治、经贸、科技、人文等领域的合作增添了新的活力，有利于巩固和扩大中俄战略协作伙伴关系的社会基础。

2008 年 5 月 23 日，中俄两国元首在京签署《中华人民共和国和俄罗斯联邦关于重大国际问题的联合声明》。该联合声明指出，当今世界正处在大变革之中，求和平、谋发展、促合作已经成为时代的要求。世界多极化趋势不可逆转，经济全球化深入发展，科技进步速度加快，全球合作和区域合作方兴未艾。同时，在世界上单边主义和强权政治依然存在，民族和宗教矛盾引发的局部冲突此起彼伏，全球经济失衡加剧，新威胁、新挑战层出不穷。有鉴于此，该声明主张，世界各国应携手努力，有效应对共同威胁和挑战，建设持久和平、共同繁荣的和谐世界；应遵循《联合国宪章》宗旨和原则，严格遵守互相尊重主权和领土完整、互不侵犯、互不干涉内政、平等互利、和平共处的原则及国际法和其他公认的国际关系准则，摒弃"冷战思维"和集团政治，弘扬平等、民主、协作精神。该声明还指出，双方支持联合国在国际事务中发挥主导作用，联合国在维护世界和平、促进各国合作、推动共同发展中的作用不可替代。双方一致赞同联合国进行必要、合理的改革，加强其权威，提高其效率，以增强应对新威胁、新挑战的能力。

近年来，俄中关系快速发展，两国元首保持定期会晤，双方各层面交往密切，各领域合作不断取得积极进展。习近平担任中国国家主席后，将俄罗斯作为首次出访第一站，加强了中俄经贸、能源和战略安全合作，夯实了中俄全面战略协作伙伴关系基础[①]。这充分体现了中俄关系的高水平和特殊性。2014 年 5 月俄罗斯总统普京应邀访问中国，习近平与普京进行了重要会谈，签署并发表了中俄联合声明，这是两国关系在新阶段发展的重要成果。

（二）中俄关系的着力点

在国际事务中，中俄有着广泛的共同利益，在一系列重大问题上相互支持，保持着密切磋商与协作。

双方共同倡导成立上海合作组织，为维护地区和平与稳定发挥重要作用。上海合作组织的前身是由中国、俄罗斯、哈萨克斯坦、吉尔吉斯斯坦和塔吉克斯坦组成的"上海五国"会晤机制。2001 年 6 月 14 日，"上海五国" 元首在上海举行第六次会晤，乌兹别克斯坦以完全平等的身份加入"上海五国"。2001 年 6 月 15 日，上述六国元首举行了首

---

① 杨洁篪. 新形势下中国外交理论和实践创新. http://news1.uschinapress.com/china/20130904/80450.html, 2013-08-16.

次会晤，并签署了《上海合作组织成立宣言》，宣告上海合作组织正式成立。上海合作组织的宗旨是：加强各成员国之间的相互信任与睦邻友好；鼓励各成员国在政治、经贸、科技、文化、教育、能源、交通及环保等领域的有效合作；共同致力于维护和保障地区的和平、安全与稳定；建立民主、公正、合理的国际政治经济新秩序。

自 2005 年以来，中俄第一次"和平使命"联合军事演习在中国山东半岛和黄海水域进行。从那时起，每隔一两年就要举行一次"和平使命"系列联合演习，在中国和俄罗斯境内交替进行。自 2012 年起，中俄两国连续举行了三次海上联合军事演习，基本围绕维护海上交通线的课题，并在 2014 年演习中突出了演练海上联合保交行动的指挥协同和保障。这些演习的一个共同目的是震慑暴力恐怖势力、民族分裂势力及宗教极端势力等"三股势力"，维护本地区的安全与稳定。中俄联合军事演习在两国关系中是史无前例的，标志着两国关系达到了新的水平。此外，中俄联合军事演习将有助于深化中俄互信，加强两国、两军在防务安全领域的合作与协调，提高共同应对国际和地区安全面临的新挑战、新威胁的能力。有评论指出，"和平使命"中俄联合反恐军事演习已基本形成机制，每两年举行一次演习将成为惯例①。"和平使命"反恐军事演习的机制化、常态化，将进一步有利于中国与俄罗斯及上海合作组织各成员国武装力量增进了解，有利于各国相互学习借鉴军队建设，特别是在反恐方面的经验从而提高各国军队的作战训练水平，也有利于加强上海合作组织框架内的反恐合作。

除了政治、安全领域的协作，中俄在经贸、能源领域的合作空间也是非常广阔的，特别是能源领域的合作在近年来发展十分迅速。从目前的数据来看，俄罗斯原油与天然气的产量均居世界首位。而中国作为世界第二大能源消费国，石油自给程度却不高。2008年，中国进口原油 1.79 亿吨，原油对外依存度已接近 50%。实现能源供应多元化，成为近年来中国能源安全战略的一个重要目标。因此，中国需要通过陆路运输来减弱对海上运输的依靠，而俄罗斯作为与中国毗邻的油气资源大国和长期稳定的油气出口国，无疑应成为中国寻求石油运输陆路安全的最佳突破口②。随着新时期俄罗斯外交战略的调整，中俄能源合作也获得了重大的战略价值考虑。应该说，在中国可资利用的海外资源中，俄罗斯的地位举足轻重，独一无二。特别是在中国目前所面临的能源安全形势下，通过陆路将俄罗斯的石油输入中国在经济上最合算，在政治上也最安全。通过合作也必将有助于深化中俄战略协作伙伴关系，实现双赢。2009 年 4 月 21 日，中俄能源谈判代表第四次会晤，达成《中俄石油领域合作政府间协议》，双方管道建设、原油贸易、贷款等一揽子合作协议随即生效。这标志着中俄能源合作实现了重大突破，双方将进一步在能源领域开展全面、长期、稳定的合作③。特别值得提到的是，2014 年 5 月 21 日，在中俄两国领导人的共同见证之下，《中俄东线天然气合作项目备忘录》终于问世。根据这份备忘录，从

---

① 军事专家："和平使命"演习基本形成机制. 新华网，http://news.xinhuanet.com/mil/2009-07/17/content_11725355.htm，2009-07-17.

② 目前中国石油进口来源大部分是中东和非洲，源于这些地区的石油进口运输需经过马六甲海峡。

③ 在世界经济金融危机的背景下，这一协议很快就得到了落实。据新华网消息，2009 年 5 月 18 日，将俄罗斯的原油输送至我国境内的中俄原油管道中国境内段在黑龙江省漠河县兴安镇正式开工建设。这对实现我国油气进口多元化、保障我国能源安全具有重要意义。

2018 年起，俄罗斯通过中俄天然气管道向中国供气，每年 380 亿立方米，为期 30 年，合同总额 4 000 亿美元。这对改善中国的能源结构具有重要作用，同时也标志着中俄能源合作开始进入一个双向驱动、稳步加速的全新发展阶段，更为中俄构建成熟大国关系打下了更加坚实的基础①。

三、中日关系

中国和日本一衣带水，又同为亚洲和世界上具有重要影响的国家，中日关系是最重要的双边关系之一。

（一）中日关系正常化以来的历史演变

1972 年 9 月 29 日，中日两国共同发表了《中华人民共和国政府和日本国政府联合声明》，宣布自该声明公布之日起，中华人民共和国和日本国之间迄今为止的不正常状态宣告结束。此后，两国政府和两国人民之间的友好关系在新的基础上获得了很大发展。为了巩固和发展两国间的和平友好关系，1978 年 8 月 12 日，《中华人民共和国和日本国和平友好条约》缔结，以法律形式确认了《中日联合声明》的各项原则，为中日关系的全面发展奠定了政治基础。

冷战结束后，中日关系有了进一步的发展。应日本国政府邀请，江泽民于 1998 年 11 月 25 日~30 日对日本进行国事访问，这是中国国家主席首次访问日本，具有重要历史意义。1998 年 11 月 26 日，双方发表《中日关于建立致力于和平与发展的友好合作伙伴关系的联合宣言》，为两国在 21 世纪发展友好合作关系确立了行动指南。该文件指出，冷战后，亚洲地区在世界政治、经济和安全事务中的影响进一步增强，在未来世纪将起重要作用。中日两国作为亚洲和世界有影响的国家，在维护和平、促进发展方面负有重要责任。双方要共同维护地区和平、促进地区发展；同时，任何一方都不得在本地区谋求霸权，不使用武力或以武力相威胁，而要坚持以和平手段解决一切纠纷。此外，在正视过去及正确认识历史的问题上，日方明确表示，遵守 1972 年的《中日联合声明》和 1995 年 8 月 15 日内阁总理大臣的谈话，痛感由于过去对中国的侵略给中国人民带来巨大灾难和损害的责任，对此表示深刻反省。中方希望日本汲取历史教训，坚持和平发展道路。在此基础上，两国发展长久友好关系。

进入 21 世纪以后，日本首相小泉纯一郎顽固坚持参拜靖国神社，在历史问题上不能正确认识，导致在 21 世纪初的 6 年间中日两国高层的双边往来断绝，中日关系呈现"政冷经热"的局面，即中日两国间的经济关系持续发展，但是政治关系却时起时伏，政治、经济问题交错影响。中国在对日策略上采取"政经分离"的方针，致力于把"政冷"对"经热"的负面影响降到最低限度。一方面坚决反对小泉纯一郎参拜靖国神社，冻结了双方的高层往来；另一方面则积极推动中日在其他领域，特别是经济领域的交流。然而，日本方

---

① 杨成. 俄罗斯能源供需格局地位因何下降. http://finance.ifeng.com/a/20140522/12383155_0.shtml，2014-05-22.

面在对华关系上采取"政经不可分"的方针，动辄把经济问题与政治、安全问题挂钩①。"政冷经热"这一现象表明，中日关系健康、全面地发展符合两国人民各自的根本利益，是不可阻遏的历史潮流。

2006 年 10 月，日本首相安倍晋三对中国进行了正式访问，双方高层往来开始正常化。安倍晋三访华期间，两国发表联合新闻公报，双方同意构建基于共同战略的互惠关系。2007 年 4 月，温家宝对日本进行正式访问，双方发表了《中日联合新闻公报》，就构建"基于共同互惠利益关系"达成了共识。应日本国政府邀请，胡锦涛于 2008 年 5 月 6 日~10 日对日本国进行了"暖春之旅"国事访问。"暖春之旅"的访问取得重大成果。2008 年 5 月 7 日，中日双方在东京签署了《中日关于全面推进战略互惠关系的联合声明》。这份文件在继承已有 3 个政治文件原则的基础上，根据中日关系的新发展，确定了两国关系长远发展的指导原则，规划了两国关系的未来发展，成为中日之间第 4 份重要政治文件。该声明指出，中日关系对两国都是最重要的双边关系之一，两国互为合作伙伴，互不构成威胁，长期和平友好合作是双方唯一选择。两国将全面推进中日战略互惠关系，相互支持对方的和平发展，实现中日两国和平共处、世代友好、互利合作、共同发展的崇高目标。双方重申，1972 年 9 月 29 日发表的《中日联合声明》、1978 年 8 月 12 日签署的《中日和平友好条约》及 1998 年 11 月 26 日发表的《中日联合宣言》，构成中日关系稳定发展和开创未来的政治基础。只有继续坚持和全面落实 2006 年 10 月 8 日及 2007 年 4 月 11 日发表的《中日联合新闻公报》的各项共识，正视历史，面向未来，才能不断开创中日战略互惠关系新局面。双方将不断增进相互理解和相互信任，扩大互利合作，使中日关系的发展方向与世界发展潮流相一致，共同开创亚太地区和世界的美好未来。该声明还列出了中日两国构筑对话与合作框架的五大领域，以进一步开展合作：增进政治互信；促进人文交流，增进国民友好感情；加强互利合作；共同致力于亚太地区的发展；共同应对全球性课题。

但是，自 2008 年金融危机以来，日本政坛的右翼力量随着一系列内困外忧而日渐抬头，日本政府领导人的政治右倾化严重，在历史问题上拒绝反思，一意孤行，严重阻碍着中日关系进一步向前发展。

（二）中日关系发展中的障碍

影响中日关系健康发展的问题主要是日本对待侵华战争的历史问题的态度及包括钓鱼岛问题在内的东海问题等。

自第二次世界大战结束到 20 世纪 80 年代末，日本主流社会基本上能够遵守"和平宪法"、《旧金山和约》等政治文件，对侵略战争认罪、反省并道歉。但是，进入 20 世纪 90 年代以后，情况开始发生变化。日本右翼保守势力制造了一系列严重违背《中日联合声明》精神、伤害中国人民感情的恶性事件，对中日恢复邦交时所确立的政治基础造成了很大的冲击。日本右翼势力的这些举动包括：修改历史教科书，歪曲历史，否认侵略战

① 金熙德. 中日"政冷经热"现象探析. 日本学刊, 2004,（5）: 8, 16, 18. 关于"政冷经热"这一特点的详细分析，可进一步参阅刘江永. 中国与日本：变化中的"政冷经热"关系. 北京：人民出版社, 2007.

争罪行，推卸侵略战争责任，为侵略战争历史翻案；日本政要不断参拜靖国神社，在对待历史问题上的认识出现重大倒退；在对待甲级战犯问题上，日本朝野上下不断放出各种奇谈怪论，为日本第二次世界大战甲级战犯开脱罪责；日本政府不断突破"和平宪法"的限制，抛弃"专守防卫"原则，加速发展军力和向海外派兵。特别值得一提的是，2014 年 4 月，蓄意开历史倒车的日本右翼政权提出了修改"和平宪法"的计划：先修改宪法解释 ①，然后解禁集体自卫权。这引起了国际社会的高度警惕。

除了历史问题，中日两国之间还有钓鱼岛领土主权争端。中国对钓鱼岛及其附属岛屿的主权是有坚实的国际法依据的，是不容置疑的。1895 年，日本趁甲午战争窃取了这些岛屿，划归冲绳县管辖。1943 年 12 月，中国、美国、英国发表的《开罗宣言》规定，日本需将其窃取的中国领土归还中国。1945 年的《波茨坦公告》规定："《开罗宣言》之条件必将实施。"同年 8 月，日本接受《波茨坦公告》，宣布无条件投降，这就意味着日本将台湾及其附属的钓鱼岛诸列屿归还中国。但 1951 年 9 月 8 日，日本却同美国签订了片面的《旧金山和约》，将钓鱼岛诸列屿连同冲绳交由美国托管。中国政府对此明确表达了坚决不予承认的立场。但是，1971 年 6 月 17 日，日美签订"归还冲绳协定"时，钓鱼岛诸列屿也被划入"归还区域"，交给了日本。截至目前，钓鱼岛尚处于日本事实上的控制之下。

与钓鱼岛诸列屿主权归属争端相关的是东海大陆架油气资源开发问题②。中国政府从发展中日关系出发，在坚持我国对钓鱼岛诸列屿的主权不容挑战这一原则立场的前提下，提出"搁置争议，共同开发"③，目的是通过合作增进相互了解，为最终合理解决主权的归属创造条件。

四、中欧关系

中国是东方文明的重要代表，欧洲则是西方文明的发祥地。中国和欧盟同是当今国

---

① 《日本国宪法》第 96 条规定了严格的宪法修改程序，这使《日本国宪法》自 1947 年 5 月 3 日生效实施至今一直没有修改过。但是，从一般法理来讲，宪法的发展可以通过宪法修改、宪法解释及宪法惯例的方式进行。宪法解释的原则主要有依法解释、符合制宪目的、以宪法的根本精神和基本原则为指导、适应社会发展需要、字面解释及整体解释等原则；各国宪法解释的具体程序各有不同。此次日本右翼试图修改宪法解释，涉及对"放弃战争，奉行和平主义"这一根本精神和基本原则的背离，理应遭到国内外的一致反对。

② 值得指出的是，从国际法的角度来看，钓鱼岛的主权归属并不能改变（中国）东海大陆架划界格局，因此，蕴藏在东海大陆架里的丰富的油气资源的开发从国际海洋法的角度看与钓鱼岛的主权归属无关。参见 Ma Y J. Legal problems of seabed boundary delimitation in the East China Sea. Occasional Papers/Reprints Series in Contemporary Asian Studies (Baltimore)，1984：104. 转引自袁古洁. 国际海洋划界的理论与实践. 北京：法律出版社，2001：207.

③ 1978 年 10 月 25 日，邓小平同志作为国务院副总理访日，在同日本首相福田赳夫的会谈中，邓小平同志强调双方在钓鱼岛问题上要以大局为重，并在之后举行的记者招待会上高瞻远瞩地指出，实现邦交正常化时，双方约定不涉及这个问题，谈中日和平友好条约时，我们双方也约定不涉及。我们认为，谈不拢，避开比较明智，这样的问题放一下不要紧。我们这一代人智慧不够，我们下一代人总比我们聪明，总会找到一个大家都能接受的好办法来解决这个问题。1979 年 5 月 31 日，邓小平同志会见来华访问的自民党众议员铃木善幸时表示，可考虑在不涉及领土主权情况下，共同开发钓鱼岛附近资源。同年 6 月，中方通过外交渠道正式向日方提出共同开发钓鱼岛附近资源的设想，首次公开表明了中方愿以"搁置争议，共同开发"模式解决同周边邻国间领土和海洋权益争端的立场。

际舞台上的重要力量，在维护世界和平与促进经济发展方面发挥着日益重要的作用。中欧双方处理国际问题的理念相近，中国主张"和而不同"，而欧盟强调"多元一体"；都倡导多边主义，支持维护联合国的权威，致力于推进全球合作，主张努力通过外交手段和平解决国际争端。中欧分别作为最大的发展中国家和最大的发达国家集团，在平等互利的基础上开展经贸合作，有利于促进经济全球化良性发展，也有利于推动世界多极化。在全球化和国际格局快速变化的背景下，中欧关系已超越双边范畴，具有日益重要的全球战略意义。中欧关系目前已形成了全方位、宽领域、多层次的合作局面。

（一）中欧全面战略伙伴关系

1975 年 5 月 6 日，中国与欧洲经济共同体（欧洲联盟前身）建立正式关系。1983 年 11 月 1 日，中国与欧洲煤钢共同体和欧洲原子能共同体建立外交关系，从而与欧洲共同体全面建交。

1989 年以前，中欧关系发展比较顺利，各个领域的交流与合作逐步扩大。1989 年之后，欧盟各国追随美国对华实行制裁，使中欧关系急转直下跌入低谷。根本原因是，随着东欧剧变、德国统一和苏联解体，中国在西方的战略中价值下降，因为苏联已不再对西欧构成安全威胁，政治制度和价值观念上向西方趋同，而中国仍坚持社会主义制度。另外，西方错误估计形势，以为通过施加高压可以促使中国的社会主义制度和共产党领导也会像东欧国家那样垮台。经过大约三年的较量，中国顶住了西方的压力，坚持改革开放，经济社会稳定发展，促使欧盟出于现实利益和保持对华影响考虑，从 1993 年开始调整对华政策，逐步取消了除军售禁令以外的所有"制裁"措施。1994 年，欧盟提出要同中国发展长期稳定的政治经济关系。此后，中欧关系加速发展。1998 年，中欧建立领导人年度会晤机制；2002 年，中欧签署政治对话协议；2003 年，中欧建立全面战略伙伴关系。目前，双方已建立 30 多个磋商与对话机制，涵盖政治、经贸、科技、能源、环境等领域。2013 年，在中欧建立全面战略伙伴关系十周年之际，中欧双方一同发表了《中欧合作 2020 战略规划》。这一规划为中欧双方在和平与安全、繁荣、可持续发展和人文交流四个领域提出了 93 个倡议。总之，中欧合作，"世界将更安全、更均衡、更美好"[1]，中欧关系的未来值得期待。

（1）政治领域。1994 年，中欧签署政治对话协议。1998 年 1 月，中欧领导人在第二届亚欧首脑会议期间举行会晤，决定建立领导人年度会晤机制。此后，中欧双方高层互访频繁，政治互信不断加强。中欧间各级别政治对话与磋商机制的不断完善，有力地推动了双边关系的健康发展。2001 年，双方决定建立全面伙伴关系。2003 年 10 月，第六次中欧领导人会晤后，双方决定发展全面战略伙伴关系。2003 年，中国发表了首份对欧盟政策文件，显示高度重视对欧工作。

（2）经贸领域。根据中国海关总署 2009 年 1 月 13 日公布的数据，欧盟连续五年成为我国第一大贸易伙伴——2008 年中欧双边贸易总值为 4 255.8 亿美元，增长 19.5%，分

---

[1] 此为中国外交部负责人的官方表述。参见中欧关系的未来值得期待. 新华网，http://news.xinhuanet.com/world/2014-03/24/c_119921116.htm，2014-03-24.

别高于同期中美、中日双边贸易增速 9 百分点和 6.5 百分点；其中，我国出口 2 928.78 亿美元，进口 1 326.99 亿美元，同比分别增长 19.5%与 19.6%。欧盟是中国累计第一大技术供应方和累计第四大实际投资方。截至 2008 年 9 月，我国累计从欧盟引进技术 28 794 项，累计合同金额 1 167.2 亿美元；欧盟累计对华直接投资项目 29 777 个，实际投入 613.2 亿美元。

（3）科技领域。1998 年 12 月，双方签署《中欧科技合作协定》；2003 年 10 月，签署全球卫星定位系统"伽利略计划"合作协议；2004 年，中欧续签科技合作协定，同年 12 月，签署《中欧和平利用核能研发合作协定》；2005 年 5 月，"中欧科技战略高层论坛"在北京举行；2006 年 10 月，"中欧科技年"在布鲁塞尔正式启动，同年 11 月，包括中国、欧盟在内的七方代表在法国签署国际热核聚变实验反应堆（International Thermonuclear Experimental Reactor，ITER）计划联合实施协定及相关文件。

（4）文教领域。2004 年 12 月，中欧签署"中国窗口项目"财政合作协议，欧方将投入 900 万欧元招收中国学者和学生赴欧学习；中国与德国、英国、法国等国签署了互认学历学位协议，在 13 个欧盟国家的 23 所孔子学院已开课。2006 年 5 月，中欧高教合作研讨会在北京举行。2006 年 10 月，中国政府启动了为期 5 年的"中国-欧盟学生交流奖学金项目"，自 2007 年起每年向 100 名欧盟青年学生提供政府奖学金。2004 年 2 月，中欧签署《关于中国旅游团队赴欧共体旅游签证及相关事宜的谅解备忘录》。同年 9 月，中国旅游团队赴欧的旅游业务正式开展。2006 年，中国公民首站赴欧盟国家人数约 116.5 万人次。

此外，中欧在工业、农业、能源、交通、气候变化、民航、信息、卫生、质检、社会保障、司法与民政等领域也进行了富有成效的对话与合作。

（二）中欧关系的新变化

随着中欧双边经贸合作的快速发展，自 2005 年以来，中欧关系中的摩擦逐渐增多。近年来，欧盟针对我国出口产品的贸易救济案件数量有所上升。2007 年 9 月至 2008 年年底，欧盟共对我国产品发起十多起反倾销调查，涉及钢铁、化工、食品等多个产品，涉案金额达 50 多亿美元。另外，欧盟由于经济发达，科技水平高，近年来新出台的技术、环境等法规数量比较多，对包括中国在内的一些发展中国家，甚至对部分发达国家的产品，很容易形成事实上的技术贸易壁垒。

中欧关系摩擦增多的原因主要有两个方面。首先是由于近年来中欧经贸关系中的竞争性的一面开始突出。由于中国产品的竞争力提高，对欧盟国家制造业形成了一定的压力；中国对欧盟国家贸易出口处于出超地位，这造成了欧盟国家的心理失衡，并在一定程度上减弱了欧盟发展对华关系的动力。因此欧洲舆论借机大肆炒作"中国经济威胁论"，造成了对中欧关系长远发展的不利影响。其次，由于政治制度方面的根本区别，中欧双方在民主、人权等领域的分歧也一直存在，虽则中欧在人权领域的对话开展已有十余年，并且欧方也承认中国在人权领域取得了进展，但其仍对中欧发展阶段的差异等问题未能充分理解，偏见仍存。这些分歧在双方经贸领域摩擦增多的背景下被进一步放大，对中欧政治关系的健康发展带来了不利影响。特别是 2008 年，由于欧盟少数国家领导人在西藏和人权等问题上的错误做法损害了中国的核心利益，中欧之间的政治互信和民意基础受到影响，原定于当年举行的第十一次中欧领导人会晤未能如期举行。

中欧关系虽然存在一些摩擦，但是我们应该看到，这些问题不会影响到中欧关系的大局。由于中欧之间没有直接地缘战略冲突和历史遗留问题，也没有根本利害冲突，因此双方关系的发展并不存在重大政治障碍。与此同时，随着 2008 年席卷全球的世界经济金融危机的蔓延，中欧需要共同应对全球性挑战，扩大和深化双方合作的必要性与紧迫性日益上升。

在此背景下，2009 年 1 月 30 日中欧双方发表了联合声明。联合声明指出，中欧关系不仅有力地促进了中国和欧盟各自的发展，也为世界的和平与繁荣做出了重要贡献。双方要从全球战略角度维护与发展中欧关系，进一步加强中欧全面战略伙伴关系是双方的共同愿望和根本利益所在。在深度推进中欧全面战略伙伴关系的进程中，双方要加强对话以增进互相理解；同时要在平等、互信和互相尊重的原则基础上，妥善处理分歧，扩大和深化各领域的合作。此外，双方还承诺加强在国际和地区问题上的协调与合作，加强联合国在国际事务中的主导作用，通过对话协商解决国际争端①。2009 年 5 月 20 日，第十一次中欧领导人会晤成功举行。这充分表明，中欧双方能够经受住各种困难与波折的考验，中欧双方有着巩固与发展双边关系的共同愿望，也标志着中欧全面战略伙伴关系站在了新的历史起点。

2013 年，中欧共同制定了中欧合作 2020 战略规划，在近百个领域提出了一系列具有雄心的合作目标。2014 年 4 月，习近平访问欧洲，在比利时欧洲学院做了重要演讲，以"建设文明共荣之桥"、连接中欧两大文明为基本指导思想，提出了"要共同坚持市场开放，加快投资协定谈判，积极探讨自由贸易区建设，努力实现到 2020 年双方贸易额达到10 000 亿美元的宏伟目标"②。由此可见，中欧关系的良好发展是稳定可期的。

五、中印关系

近年来，随着南亚邻邦印度的崛起，在中国的外交战略布局中，中印关系的地位日益提升。中印作为在世界上的两个发展中大国，领土接壤，人口总数接近 25 亿人，约占地球总人口的 40%。两国在 21 世纪初已经双双跻身于世界发展速度较快的经济体之列。随着综合国力不断增强，印度加快推进其大国外交战略，积极争取成为联合国安理会常任理事国。中印关系健康发展，不仅符合双方的根本利益，而且对世界的和平与发展也具有重大影响。中印两国作为和平共处五项原则的创始国，都主张在这五项原则的基础上推动国际政治民主化进程。因此，中印关系远远超出了双边关系的范畴，具有全球性的战略意义。

---

① 中欧联合声明. 新华网，http://news.xinhuanet.com/newscenter/2009-01/31/content_10738674.htm，2009-01-31.
② 参见中国国家主席习近平 2014 年 4 月在比利时欧洲学院的演讲. http://msn.ynet.com/1183/2014/04/02/144@527711.htm，2014-04-02.

（一）中印战略合作伙伴关系

自拉吉夫·甘地 1988 年访华以来，虽然中印关系发展过程中有些曲折，但总体上逐渐恢复正常并取得了较大发展①。特别是进入 21 世纪后，中印之间高层互访不断，外交关系迅速改善，双边贸易额大幅攀升，在国际和区域事务中双方保持了良好的沟通与合作，学术和民间等各方面的人员交流也空前增多，两国还宣布要建立面向和平与繁荣的战略合作伙伴关系。2005 年 4 月 11 日，中印两国政府首脑在新德里共同签署了两国政府的联合声明，宣布建立中印面向和平与繁荣的战略合作伙伴关系，并一致认为发展两国的战略合作伙伴关系将有助于双方共同应对全球范围的挑战和威胁。2006 年 11 月 21 日，中印两国发表联合声明提出"十项战略"，并指出："作为正在形成中的多极化国际秩序中的两个主要国家，中印同时发展将对未来国际体系产生积极影响。"有报道称，Chindia（这个词特指 China 与 India）的外交合作是中国的"全方位外交"和印度的"新不结盟外交"相结合的产物，两国的外交原则是重视"老朋友"，欢迎"新朋友"；"龙象握手"预示着地球村外交秩序与经济格局的地壳变动②。

2008 年 1 月 14 日，印度总理曼莫汉·辛格访华期间，中印两国总理联合签署了《中华人民共和国和印度共和国关于二十一世纪的共同展望》，决心通过发展两国面向和平与繁荣的战略合作伙伴关系，推动建设持久和平、共同繁荣的和谐世界。该共同展望指出：不断推进国际关系民主化和多边主义是 21 世纪的重要目标，中印作为具有重要的地区性和全球性影响的大国，不仅具有确保两国经济社会全面协调可持续发展的使命，而且肩负着推动亚洲和世界和平与发展的重要历史责任；应肯定和加强联合国在促进国际和平、安全和发展上的核心作用，双方支持对联合国进行全方位的改革；在亚洲区域经济一体化进程加快的背景下，双方将继续积极发展两国战略合作伙伴关系，通过发展面向和平与繁荣的战略合作伙伴关系，推动建设持久和平、共同繁荣的和谐世界。

（二）中印关系中的边界问题

领土边界问题涉及主权国家的根本利益。目前中印领土边界争端悬而未决，这对两国战略合作伙伴关系的深度推进形成了一定程度的消极影响。中印边界全长约 2 000 千米，分为东、中、西三段，其中东段和西段的争议较大。

---

① 1988 年 12 月，印度总理拉·甘地访华，使两国关系进入一个新阶段。双方同意在边界问题解决之前，共同维护实控线地区的和平与安宁，同时努力改善和发展双边关系，决定成立边界问题联合工作小组和经贸、科技联合小组，两国还签署了科技和民航合作协定。1991 年 12 月，李鹏访问印度，两国签署了领事条约、恢复设领协议、恢复边贸备忘录和和平利用外空科技合作谅解备忘录。这次访问推动了中印关系的全面改善和发展。1996 年 11 月底，江泽民对印度进行国事访问，这是中印建交以来，中国国家元首首次访问。1998 年 5 月，印度进行核试验，并以"中国威胁"为借口对中国进行无端攻击，使中印关系严重受挫。中方进行了针锋相对的斗争。此后，印度政府反华言行有所收敛，并通过各种渠道与中方接触，寻求修复两国关系。1999 年 2 月，中印两国外交部官员在北京举行了首轮会晤，确认中印互不构成威胁。2000 年 5 月，印度总统纳拉亚南对中国进行国事访问。双方就大力发展印中友好合作、加强经贸合作和人员交往以及加快核实边境实控线进程等达成了许多共识。

② 外电外报关注胡锦涛访印："龙象共舞"跨越珠峰. 中国新闻网, http: //www. chinanews. com. cn/gj/news/2006/11-22/825019. shtml, 2006-11-22.

中印边界争端属于历史遗留问题。1914 年，英国殖民主义者炮制了非法的"麦克马洪线"①，中国历届中央政府都不予承认。1947 年印度独立后，不仅继承了英国对中国部分领土的侵占，而且进一步侵占中国大片领土，于 1953 年扩展到"麦克马洪线"。1954 年，印度按其侵占和无理主张单方面在地图上将中印"未定界"改画为"已定界"。1959 年，印度根据其改画过的地图线正式对中国新疆阿克赛钦地区提出领土要求。1960 年 4 月，周恩来总理前往新德里与尼赫鲁总理举行会谈，由于印度坚持无理立场，双方未达成协议。随后举行的两国官员会晤也无结果。1962 年 10 月，印度在边境向中国发动全面武装进攻，企图用武力攫取领土，中国被迫进行自卫还击。此后，两国边境地区在相当长的一段时期内基本保持平静。1987 年 2 月，印度在非法侵占"麦克马洪线"以南的中国领土上建立所谓"阿鲁纳恰尔邦"，中方对此多次严正声明，绝不承认。

1988 年 12 月，印度总理拉·甘地访华，双方表示在寻求双方都能接受的解决边界问题办法的同时，应积极发展其他方面的关系，努力创造有利于解决边界问题的气氛和条件。此后，双方通过关于边界问题的副外长级联合工作小组达成一致意见，认为边界问题不应成为两国发展其他双边领域关系的障碍，而应通过和平谈判加以解决。

1993 年，两国政府签署了《关于在中印边境实际控制线地区保持和平与安宁的协定》，并成立了专家小组，讨论制定协定的实施办法，并已取得一些积极进展。1995 年 11 月，双方撤除了两军在边境东段旺东地区过于接近的哨所，使边境局势更趋稳定。1996 年 11 月底，中印两国在新德里签订了《关于在中印边境实控线地区军事领域建立信任措施的协定》，这是中印在建立相互信任方面采取的重要举措。协定的签署和实施有助于进一步维护中印边境实控线地区的和平与安宁，为边界问题的最终解决创造良好的气氛。

2003 年 6 月，印度总理瓦杰帕伊访华期间，双方重申愿通过平等协商，寻求公正合理及双方都能接受的解决边界问题的方案，在最终解决之前共同努力保持边境地区的和平与安宁，致力于继续执行为此目的签署的有关协定。双方同意各自任命特别代表，从两国关系大局的政治角度出发，探讨解决边界问题的框架。2008 年，中印签署《中华人民共和国和印度共和国关于二十一世纪的共同展望》，其中进一步明确指出，中印双方将"继续坚定地致力于通过和平谈判解决包括边界问题在内的遗留分歧，同时确保这些分歧不会影响双边关系的积极发展"。

中印两国 2012 年签署"边防合作协定"，致力于加强边界安全管控，消除两国军队在实际控制线附近可能产生的误解。这是中印关系"开拓之年"和"丰收之年"的标志性成果。在此基础上，2013 年 2 月，中印边界问题特别代表第 17 次会晤在印度首都新德里举行。印度媒体称，这次会晤非常具有建设性，这是在中印边境事务磋商和协调工作机制之下，两国高官首次就边界谈判的细节问题进行磋商，双方讨论了信任措施，包括"边防

---

① 1913 年，在英国阴谋策动"西藏独立"的背景下，在印度西姆拉举行了中、英、藏三方会议。英国代表麦克马洪在会议期间背着中国代表，同当时被藏独势力控制的西藏地方政府代表草签了印度东北部地区与西藏南部之间的边界线，把包括达旺在内的大片中国西藏领土划入英属印度，史称"麦克马洪线"。但在全国人民的压力下，1914 年 7 月 3 日袁世凯政府代表拒绝在所谓的"西姆拉条约"上签字，并声明"凡英国和西藏本日或他日所签订的条约或类似的文件，中国政府一概不能承认"。西姆拉会议遂以谈判破裂告终。根据国际法，西藏无权代表中国，西藏只是作为中国代表团成员的身份出席西姆拉会议，西藏代表的签署是无效的。因此，"麦克马洪线"是非法的、自始无效的。

合作协定"的执行及解决边界问题的框架协定等议题。在会晤后，中国外交部发表声明称，"双方一致认为，中印近年来保持边界谈判势头，有效管控涉边分歧，为两国关系健康顺利发展创造了有利条件"。在边界问题解决前，中印双方要充分发挥好涉边机制作用，继续致力于寻求公平合理和双方都能接受的解决边界问题方案，共同维护边境地区的和平与安宁①。

---

① 参见人民网，http：//world. people. com. cn/n/2014/0213/c157278-24342305. html，2014-02-13.

参考文献

蔡守秋. 1995. 环境法教程. 北京：法律出版社.

曹明德. 2002. 生态法原理. 北京：人民出版社.

陈良生，张梓太. 2001. 宪法与行政法的生态化. 北京：法律出版社.

邓永昌. 2008. 中国和平发展与西方的战略选择. 北京：社会科学文献出版社.

董险峰. 持续生态与环境. 北京：中国环境科学出版社.

傅桃生. 2006. 环境应急与典型案例. 北京：中国环境科学出版社.

龚学增. 2007. 宗教问题概论. 第 3 版. 成都：四川人民出版社.

国家宗教局. 2003. 宗教工作的理论与实践. 北京：宗教文化出版社.

国务院台湾事务办公室. 1993-09-01. "台湾问题与中国统一"白皮书. 人民日报（第 1 版）.

国务院台湾事务办公室，国务院新闻办公室. 2000-02-22. "一个中国的原则与台湾问题"白皮书. 人民日报（第 1 版）.

国务院新闻办公室. 2009-03-02. 西藏民主改革 50 年. 新华社社论.

国务院新闻办公室. 2015-09-06. 民族区域自治制度在西藏的成功实践白皮书.

国务院新闻办公室. 2015-09-25. 新疆各民族平等团结发展的历史见证白皮书..

胡锦涛. 2012. 坚定不移沿着中国特色社会主义道路前进　为全面建成小康社会而奋斗. 北京：人民出版社.

黄正柏. 2007. 当代八国外交政策概要. 北京：人民出版社.

雷明. 2000. 绿色投入产出核算——理论与应用. 北京：北京大学出版社.

李挚萍. 2006. 环境法的新发展——管制与民主之互动. 北京：人民法院出版社.

刘江永. 2007. 中国与日本：变化中的"政冷经热"关系. 北京：人民出版社.

刘铁明. 2007. 形势与政策. 第 2 版. 长春：吉林人民出版社.

刘仲康，韩中义，古丽夏. 2001. 关于正确认识和处理新形势下新疆宗教问题的调查报告. 马克思主义与现实，（2）：34-38.

吕忠梅. 2000. 环境法新视野. 北京：中国政法大学出版社.

罗尔克 J. 2005. 世界舞台上的国际政治. 第 9 版. 宋伟，等译. 北京：北京大学出版社.

毛泽东. 1999. 毛泽东文集. 第 8 卷. 北京：人民出版社.

米勒 D，波格丹诺 V. 1992. 布莱克维尔政治学百科全书. 邓正来，等译. 北京：中国政法大学出版社.

潘岳. 2006. 环境友好型城市. 北京：中国环境科学出版社.

世界环境与发展委员会. 1997. 我们共同的未来. 王之佳，等译. 长春：吉林人民出版社.

外交与国防政策委员会. 2008. 未来十年俄罗斯的周围世界. 万成才译. 北京：新华出版社.

王作安. 2000. 中国的宗教问题和宗教政策. 北京：宗教文化出版社.

文伯屏. 1988. 西方国家环境法. 北京：法律出版社.

夏立平. 2008. 当代国际体系与大国战略关系. 北京：时事出版社.

谢益显. 1997. 中国当代外交史（1949-1995）. 北京：中国青年出版社.

阎光亮. 2007. 形势与政策. 第 2 版. 沈阳：辽宁大学出版社.

张声作. 1997. 民族与宗教. 北京：中国社会科学出版社.

张幼文，黄仁伟. 2004. 2004 中国国际地位报告. 北京：人民出版社.

赵维田. 2000. 世贸组织（WTO）的法律制度. 长春：吉林人民出版社.

中共国家民委党组. 2008-12-31. 民族团结：中国特色社会主义的重要保证. 人民日报.

中共中央文献编辑委员会. 1993. 邓小平文选. 第 3 卷. 北京：人民出版社.

中共中央文献研究室综合研究组，等. 1995. 新时期宗教工作文献选编. 北京：宗教文化出版社.

中央统战部. 1991. 民族问题文献选编. 北京：中共中央党校出版社.

朱成虎，唐永胜，蒲宁. 1999. 走向 21 世纪的大国关系. 南京：江苏人民出版社.

朱云生，张清学. 2009. 形势与政策. 北京：科学出版社.